चलते-चलते

चलते-चलते

11 चयनित साक्षात्कार

सुरेश चव्हाणके

प्रभात
पेपरबैक्स
www.prabhatbooks.com

प्रकाशक
प्रभात पेपरबैक्स
प्रभात प्रकाशन प्रा. लि. का उपक्रम
4/19 आसफ अली रोड, नई दिल्ली–110002
फोन : 23289777 • हेल्पलाइन नं. : 7827007777
इ–मेल : prabhatbooks@gmail.com ❖ वेब ठिकाना : www.prabhatbooks.com

संस्करण
प्रथम, 2022

★

CHALTE-CHALTE
Interviews by Shri Suresh Chavhanke

Published by **PRABHAT PAPERBACKS**
An imprint of Prabhat Prakashan Pvt. Ltd.
4/19 Asaf Ali Road, New Delhi-110002

ISBN 978-93-5521-290-0

राष्ट्र-धर्म के लिए अपना सर्वस्व अर्पित कर
परिश्रम की पराकाष्ठा करनेवाले हमारे महान् शूरवीर
पूर्वजों के महापराक्रम और संकल्प को आगे बढ़ाने के लिए
अनादिकाल से समर्पित
अगणित योद्धाओं
तथा
सुदर्शन के दर्शकों
और वाद-विवाद, असहमति-आलोचना,
सत्य तथा संवाद की
सनातन लोकतांत्रिक धारा को
हृदयपूर्वक समर्पित।

भूमिका

मेरे पत्रकारिता जीवन में 'चलते-चलते' शो का एक विशेष महत्त्व है, वैसे तो मैं 33 वर्षों से (1989) से पत्रकारिता कर रहा हूँ। चैनल का 2005 से प्रधान संपादक हूँ। 'चलते-चलते' प्रारंभ (7 फरवरी, 2016) होने के पहले मेरा 'बिंदास बोल' शो न केवल स्थापित हो गया था, बल्कि यह शो मेरी और 'सुदर्शन चैनल' की पहचान बन चुका था।

इस शो में मेरी पत्रकारिता पर, पत्रकारीय दृष्टि-प्रस्तुति पर उस वक्त भले ही कुछ लोग प्रश्न उठा रहे हों, पर आज वह शैली अंशतः और मुद्दे पूर्णतः हिंदुस्थानी मीडिया जगत् के मुद्दे बने हुए हैं, फिर भी इस 'चलते-चलते' शो से पहले मेरे विरोधी मुझे पत्रकार मानने को तैयार नहीं थे। उनके अनुसार चैनल का मालिक स्वयं अपने चैनल पर कुछ भी बोले, वह पत्रकारिता नहीं थी। साथ ही 'बिंदास बोल' के आक्रामक स्वरूप के कारण कई बड़े नेता उसमें आने को तैयार नहीं थे। ऐसे में मुझे एक नए शो की आवश्यकता थी, जिससे चैनल पर मेरी उपस्थिति भी तीन दिनों से बढ़कर चार दिन होनेवाली थी। इसे देखते हुए इस शो को करने का निर्णय लिया गया।

इसका स्वरूप बैठकर भेंट-मुलाकात न हो, यह भी तय हुआ तो 'चलते-चलते' मैं यह मुलाकात करूँगा और नई तकनीक के कैमरों एवं माइक के द्वारा उसे शूट किया जाए। साथ ही स्थान नैसर्गिक हो। इसका निर्णय हुआ। पर नाम क्या हो, इस पर बहुत चर्चा होने पर भी सहमति नहीं बन रही थी।

तो मैंने कार्यक्रम का स्वरूप 'चलते-चलते' शीर्षक ही तय किया, तब सभी ने कहा कि आक्रामक 'बिंदास बोल' के सुरेश चव्हाणके के शो का नाम इस लाइट अंदाज में स्वीकार होगा? साथ ही इस नाम से कोई संदेश भी नहीं जा

रहा है तो कैसे होगा? तब प्रयोग के बाद तय करेंगे, यह तय हुआ। जो प्रयोग पहले 2/3 शो में ही इतना यशस्वी हुआ कि यह नाम अपने आप आगे बढ़ा, यहाँ तक कि किसी ने भी नाम पर पुनः चर्चा ही नहीं की।

परंतु इस शो में सबसे बड़ी चुनौती थी अतिथि के आने की। मेरे आक्रामक रूप व खुलेआम हिंदुत्व ही राष्ट्रीयत्व की भूमिका रखनेवाले को विरोधी, असहमत, भिन्न विचार के लोग इंटरव्यू कैसे देंगे? यह यक्ष प्रश्न था! इसलिए हमने यह तय किया कि हम साक्षात्कार माँगते समय यह भी कहेंगे कि आप जो भी बोलेंगे, हम दिखाएँगे। कोई भी काट-छाँट/एडिट नहीं करेंगे। अविकल प्रस्तुति। इस वचन का अच्छा परिणाम भी हुआ। दूसरी चुनौती थी कि सुदर्शन को आर.एस.एस. का और 'कम्यूनल' चैनल माननेवाले कैसे आएँगे? इस भ्रम और संदेह को तोड़ने के लिए हमने दूसरी लाइन तय की, आप अपने ही लोगों के सामने अपनी बात रखकर क्या करोगे? आइए, आपको हम अपना मंच दे रहे हैं। विरोधी विचारों के दर्शकों के सामने आप अपनी बात रखें। कुछ भी न काटने का वचन है ही। इसका परिणाम हुआ। इन बातों के साथ शो तय हुआ।

पहले अतिथि डॉ. सुब्रमण्यम स्वामी तय हुए। उनके साथ पहला प्रयोग करने में अड़चन नहीं थी और स्वामी जैसे आक्रामक और कई खुलासे करने का कंटेंट वाले गेस्ट से शो सोशल मीडिया में भी चलने की संभावना थी, हुआ वैसे ही। पहला ही एपिसोड कई कारणों से पसंद किया गया। किसी ने कहा, 'गेस्ट बहुत अच्छे थे।' जिनको स्वामी पसंद नहीं थे, उन्होंने शो फॉर्मेट को पसंद किया तो किसी ने स्थान (इसमें बगीचा/गार्डन) को तो किसी ने मुद्दों को पसंद किया, पर अब असली चुनौती प्रारंभ हुई थी। अगला गेस्ट कौन? शो में विरोधी विचारों के व्यक्ति को लाना था। कई नामों में पहला नाम वरिष्ठ कांग्रेस नेता विचारक मणिशंकर अय्यर का तय हुआ, परंतु उन्होंने स्पष्ट मना कर दिया। यह काम गेस्ट कोऑर्डिनेशन विभाग के लोगों से संभव नहीं था, तब के हमारे रेजिडेंट एडिटर राकेश त्रिपाठीजी ने स्वयं मोर्चा सँभाला। वह बी.बी.सी. से लेकर कई बड़े मीडिया संस्थानों में पत्रकारिता कर चुके हैं। इस कारण कम-से-कम मणिशंकरजी ने उनसे बात करना स्वीकार किया। मिलकर और फोन पर सप्ताह भर बात चलती रही। पहले ही अतिथि ने इतने सारे प्रश्न और आपत्तियों को रखा कि आगे हमको कट्टर-से-कट्टर विरोधी, असहमत को फाइनल करने में उनका उपयोग किया।

श्री अय्यर का इंटरव्यू बहुत-बहुत हिट रहा। दर्शकों ने पहले ही प्रसारण में बहुत पसंद किया।

इंटरनेट पर तो ट्रेंड हुआ ही। दर्शकों ने फोन, इ-मेल से भी पुनः प्रसारण की माँग की। दो धुर विरोधी विचारों के व्यक्ति की मुलाकात नहीं संवाद, साक्षात्कार से आगे शास्त्रार्थ था, यहाँ तक कि प्रशंसा भी हुई।

हमसे असहमत लोगों, मीडिया समालोचकों और दर्शक वर्ग से प्रशंसा मिली। वैचारिक विरोधी मित्रों ने भी इस भेंटवार्त्ता को अपनी शुभकामनाएँ दीं।

इस शो से हमें कांग्रेस और वामपंथियों में प्रवेश मिला। आगे इसमें कई असंभव लगनेवाले लोग आए। कई मुख्यमंत्री, राज्यपाल और केंद्रीय मंत्रियों के साथ ही अन्ना हजारे जैसे गांधीवादी सामाजिक लोग भी शामिल हुए। कोरोना में इसके रुकने तक इसके अब तक 100+ एपिसोड हुए। इन शो को पाँच वर्षों बाद भी यूट्यूब व टी.वी. पर करोड़ों व्यूज मिल रहे हैं और इसे अब भी देखा जा रहा है।

इसकी लोकप्रियता को देखते हुए, अहर्निश-अनकट वार्त्ता और विषय-वस्तु को देखते हुए (अनेक क्या प्रायः सभी अतिथियों ने इस मंच पर पहली बार कोई बात की। अनेक तथ्य प्रकाश में आए।) इसे मुद्रित रूप में लाने का सुझाव दिया।

पत्रकारिता, राजनीति, दर्शन, समाज-विज्ञान, कानून के अनेक विद्वान् प्रोफेसरों, विशेषज्ञों और शोधार्थियों विद्यार्थियों ने भी इन साक्षात्कारों को पुस्तक स्वरूप में प्रस्तुत किए जाने का अनुरोध किया; और भी सुझाव दिए।

लगातार और कभी-कभार मिलते रहे सुझावों, प्रतिक्रियाओं और आलोचनाओं से भी हमें संबल मिला।

इसे पुस्तक स्वरूप में लाने का निर्णय लिया गया है, जिससे कि जिन लोगों ने टी.वी. और डिजिटल माध्यमों पर इंटरव्यू न भी देखे हों तो इसे सुविधानुसार पढ़ सकें।

यह पाठकों को पसंद आएगा। ऐसी मजबूत आशा है। साथ ही पत्रकारिता छात्रों, प्रशिक्षुओं को, यहाँ तक कि पत्रकार मित्रों को भी इससे बहुत कुछ सीखने को मिलेगा। यह पुस्तक मीडिया के प्रत्येक छात्र के लिए उपयोगी होगी। प्रत्येक लाइब्रेरी में रहेगी, यह आशा है। इसलिए इसकी प्रथम प्रस्तुति में हमने विभिन्न विचारों, धाराओं के 11 अतिथि भेंटदाताओं को चुना है। आगे विभिन्न समूह में इसके कई और भाग आएँगे। इसे आप यूट्यूब पर भी वीडियो देखें। इसलिए साथ में क्यूआर कोड भी दिया है।

सुदर्शन पर प्रसारित हो चुके इन चयनित साक्षात्कारों को शब्दांकन (ट्रैंस्क्रिप्ट्) प्रमोदजी ने किया है।

आशा है, यह पुस्तक आपको अच्छी लगे। हमें आपके बहुमूल्य सुझावों, प्रतिक्रियाओं, समीक्षाओं की प्रतीक्षा रहेगी।

जिन अतिथियों के साक्षात्कार इस पुस्तक में संकलित हैं, उन सभी का आभार। सभी का धन्यवाद।

—सुरेश चव्हाणके
होस्ट, चलते-चलते
चेयरमैन एवं प्रधान संपादक
सुदर्शन न्यूज
www.SureshChavhanke.in
mail@SureshChavhanke.in
कार्यालय : +91 1204999994
मो. : +91 9711208384
Sudarshan news, A 84, sector 57,
Noida, Hindusthan-201307

अनुक्रम

1

योगी आदित्यनाथ

इस साक्षात्कार में मैंने योगीजी को मुख्यमंत्री बनने के लिए अग्रिम शुभकामनाएँ दी थीं। 2017 के चुनाव में योगीजी ने पहला इंटरव्यू सुदर्शन को दिया था।

पूरा इंटरव्यू भावी मुख्यमंत्री से पूछे जाएँ, ऐसे प्रश्न रखे।

यह 'चलते-चलते' उनके अधिकृत मुख्यमंत्री घोषित होने के सवा महीने पहले हुआ था, तब तक किसी ने भी उनके मुख्यमंत्री बनने की बात नहीं कही थी, बल्कि चुनाव के समापन तक उनका नाम किसी भी छोटे-बड़े मीडिया ने नहीं चलाया था, इसलिए नहीं कि वह उसके लिए पात्र नहीं थे बल्कि शायद इसलिए कि भाजपा की राजनीति सॉफ्ट दिशा में जाती दिख रही थी। परंतु मैंने इस भेंटवार्त्ता से पहले ही उत्तर प्रदेश भाजपा के प्रभारी महासचिव ओमप्रकाश माथुरजी से पूछे थे, उनकी 25 मिनट की मुलाकात में पाँच मिनट योगीजी पर दिए थे, परंतु उन्होंने कोई संकेत नहीं दिया था। बल्कि योगीजी के बनने के बाद उन्होंने पूछा भी कि क्या सुदर्शन को पहले ही पता था, जो हमें नहीं पता था!

पर योगीजी पर पूछे प्रश्नों को लेकर हिंदुत्ववादियों में भरपूर चर्चा रही, वैसे आपको याद होगा कि चुनाव प्रक्रिया समाप्ति के बाद कई नाम मीडिया में चल रहे थे। सभी समाचार चैनलों के कैमरे उनके साथ चलने भी लगे थे, फिर भी योगीजी ही मुख्यमंत्री बनेंगे, हम यही चला रहे थे। मुख्यमंत्री चुने जाने के दिन सुबह तक तो मीडिया ने सिन्हाजी का लगभग 'शपथ विधि' कर दिया था! चैनलों पर यह ब्रेकिंग और एक्सक्लूसिव न्यूज की तरह चलाया जा रहा था।

पर घोषणा के दिन सुबह योगीजी को लेने के लिए विशेष विमान गोरखपुर जाने के समाचार से मीडिया में हलचल हुई थी, फिर भी सभी यह चला रहे थे कि शायद योगी नाराज हैं और केंद्रीय नेतृत्व ने उनको समझाने के लिए बुलाया होगा!

तब हमारे कुछ वरिष्ठ पत्रकारों को लगा कि हमें भी मजबूत संभावना के बारे में चलाना चाहिए, परंतु मैं अपने निर्णय पर अडिग था।

आखिर जब योगीजी का नाम घोषित हुआ, तब सभी मीडियावाले, भाजपा के अन्य वरिष्ठ नेता भी आश्चर्य व्यक्त कर रहे थे। इसलिए योगीजी ने मुख्यमंत्री बनने के बाद पहला लंबा इंटरव्यू मुझे दिया, तब इस बात के बारे में बोले भी थे।

मेरे पास यह पुष्ट जानकारी कैसे थी, यह मैं इस पुस्तक में नहीं बताऊँगा, क्योंकि पत्रकारिता के राजविश्वसनीय स्रोत मैं पत्रकारिता छोड़ूँ, तब या बुढ़ापे में शायद लिखूँगा।

तब तक इस सिद्धांत का पालन करूँगा। अपने भरोसेमंद स्रोत के विश्वास और गोपनीयता को बनाए रखना बड़ी पत्रकारिता की आधारभूत जिम्मेदारी है। जो हर पत्रकार को निभानी भी चाहिए।

इस साक्षात्कार में योगीजी से पूछे गए प्रश्न ही बचे हुए चुनावों का एजेंडा बने थे।

साक्षात्कार के बाद

'चलते-चलते' के बाद उनकी टीम ने हमारी टीम से कहा था कि आज योगीजी को उनके नैसर्गिक रूप में देखा। योगीजी की 'हिंदू युवा वाहिनी संगठन' ही नहीं, उत्तर प्रदेश के समस्त हिंदू संगठनों के साथ ही देश भर के हिंदू संगठनों ने इस मुलाकात को बहुत पसंद भी किया। इसलिए साझा किया और इस पर काफी चर्चा भी की, जो उनके मुख्यमंत्री बनने के बाद हमारी भविष्यवाणी पर ज्यादा केंद्रित थी, यद्यपि योगीजी के लिए सुदर्शन कोई नई बात नहीं थी। उनके विरुद्ध कुछ भी चलता था तो वह स्वयं फोन करके उस पर लाइव भी देते थे। इसका परिणाम यह है कि योगीजी ने 2019 के लोकसभा चुनावों का पहला इंटरव्यू भी मुझे ही दिया और यह भी कहा कि 2017 के चुनावों में भी आपसे ही शुरुआत की थी।

2019 के लोकसभा चुनाव के इंटरव्यू की भी शुरुआत आपसे ही करेंगे।

हालाँकि यह शो प्रदर्शित होने के लंबे समय तक भविष्यवाणी को लेकर चर्चा में रहा। पर मेरे पास जो प्रामाणिक विश्वसनीय समाचार स्रोत था, अनुमान था या मेरी पत्रकारिता की भविष्यवाणी की क्षमता पर मेरा विश्वास था। उस पर मैं दृढ़ रहा।

पर इस 'चलते-चलते' इंटरव्यू की बात ही कुछ और थी। इसे न योगीजी कभी भूलेंगे, न मैं, न हमारी उस दिन की टीम।

स्थान : सांसद आवास, दिल्ली
प्रथम प्रसारण तिथि : 15 फरवरी, 2017

सुरेश चव्हाणके : नमस्कार! 'चलते-चलते' में हम आपके सामने एक ऐसे व्यक्तित्व को लाए हैं, जिनकी अब तक 'चलते-चलते' में सबसे ज्यादा डिमांड थी। भाजपा के स्टार प्रचारक, पाँच बार के सांसद, हिंदू हृदय सम्राट् जिनको कहा जाता है—योगी आदित्यनाथजी!

योगी आदित्यनाथ : नमस्कार!

सुरेश चव्हाणके : आपकी बहुत डिमांड थी और आपने समय दिया—हम आपके आभारी हैं, लेकिन कार्यक्रम की शुरुआत का प्रश्न ही यह है कि क्या आपकी कट्टर समर्थक 'हिंदू युवा वाहिनी' नाराज है, क्योंकि आपको मुख्यमंत्री का उम्मीदवार घोषित नहीं किया?

योगी आदित्यनाथ : नहीं, ऐसा नहीं है। देखिए, 'हिंदू युवा वाहिनी' एक मिशन के साथ काम कर रही है और वो मिशन है कि उत्तर प्रदेश के अंदर हर नागरिक की सुरक्षा सुनिश्चित हो और जो आजादी के बाद से ही भारत की राजनीति में सेक्युलरिज्म के नाम पर हिंदू विरोध का वर्चस्व हुआ है, इसका खात्मा हो और इस देश के अंदर बहुसंख्यक समाज को सम्मान मिले। सबकी सुरक्षा हो। सबकी समृद्धि का मार्ग प्रशस्त हो। 'हिंदू युवा वाहिनी' उसके लिए कार्य कर रही है।

सुरेश चव्हाणके : लेकिन ऐसा कोई बीजेपी का फेस नहीं दिख रहा है न! जो ये सब चीजें कर पाएगा, आपके सिवा।

योगी आदित्यनाथ : नहीं, देखिए, मैं कोई फेस नहीं हूँ।

सुरेश चव्हाणके : नहीं, मैंने ये नहीं कहा कि आप नाराज हैं! मेरा सवाल है कि आपके समर्थक नाराज हैं, क्योंकि आप पूरी तरह (फुल) लगे हुए हैं, ये दिख रहा है।

योगी आदित्यनाथ : नहीं, मैं भी लगा हूँ और हमारे सारे लोग भी लगे हैं। कुछ लोग...उनकी अपनी नाराजगी है। टिकट के दावेदार रहे होंगे, मैंने इस चीज को पहले ही कह दिया था और मैंने कहा कि हर व्यक्ति टिकट नहीं पा सकता। दूसरा, जिसको टिकट पाने की लाइन में खड़ा होना है तो वो बीजेपी में जाकर अपना रास्ता बनाए और बाकी जो लोग होंगे, वो इस चीज को नोट करेंगे कि कोई भी विचारधारा के विरुद्ध किसी भी ऐसे व्यक्ति का समर्थन नहीं करेगा, जो हिंदू विरोधी

हो और जिसकी गतिविधियाँ सामाजिक सुरक्षा व राष्ट्रीय सुरक्षा के लिए खतरा पैदा करती हों। ऐसे किसी व्यक्ति को हमसे जुड़ा हुआ व्यक्ति समर्थन नहीं करेगा, न करना चाहिए, अगर एक-दो लोग इस तरीके से निकले हैं, जिन्होंने कहा है कि हम भारतीय जनता पार्टी के अधिकृत प्रत्याशियों का विरोध करेंगे, प्रत्याशी खड़ा करेंगे। यद्यपि उसमें से सभी लोग, लगभग-लगभग सभी लोगों ने अपना विड्रॉ कर लिया और मना कर दिया कि हम चुनाव नहीं लड़ेंगे। हर व्यक्ति स्वतंत्र है और इस विचारधारा में सारे लोग विचारधारा की लड़ाई लड़ें मेरे साथ!

सुरेश चव्हाणके : अब ऐसा भी लग रहा है कि बीजेपी आपको थोड़ा प्रोजेक्ट भी कर रही है ज्यादा, हालाँकि आपकी डिमांड ग्राउंड से इतनी ज्यादा है कि मुझे लगता है कि आपका एक दिन भी खाली नहीं होगा, सारे दिन रैलियाँ लगी होंगी।

योगी आदित्यनाथ : मैं···जनता का धन्यवाद करता हूँ कि पब्लिक मुझे सुनना चाहती है, क्योंकि जनता को मालूम है कि मैं जो बोलूँगा वो सच बोलूँगा, सच के सिवाय कुछ भी नहीं बोलूँगा!

सुरेश चव्हाणके : और उनके हृदय का बोलेंगे···

योगी आदित्यनाथ : और इसलिए जो उसकी पीड़ा है, उस पीड़ा को टच करता हूँ, उसके लिए लड़ता हूँ। मेरे जीवन की साधना ही यही है कि उस पीड़ित को कहीं पर राहत दिलाने में योगदान कर सकूँ। उसमें कुछ प्रयास अपने स्तर पर कर सकूँगा और पार्टी जहाँ पर कार्यक्रम कर रही है, मैं वहाँ पर जा रहा हूँ।

सुरेश चव्हाणके : ये लेकिन बोलने से नहीं होगा न! आप लोगों की नाराजगी है पार्टी पर कि ढाई साल हो गए, अभी तक मुजफ्फरनगर दंगों के लोगों को न्याय नहीं मिला।

योगी आदित्यनाथ : देखिए, मामला न्यायालय में है। ये पीड़ा स्वाभाविक है, क्योंकि जनता सत्ता में आने से पूर्व किसी दल और नेता पर जब ये विश्वास करती है कि हम अगर इनको समर्थन करेंगे तो हमारी सारी समस्याओं का समाधान ये लोग निकाल लेंगे। स्वाभाविक रूप से हर चीज की एक प्रक्रिया है। समय लग सकता है, लेकिन जब वह पब्लिक, चूँकि इतनी उतावली होती है कि वह चाहती है कि नहीं, अभी हो, आज ही हो!

सुरेश चव्हाणके : क्योंकि पीड़ा भी उतनी गंभीर है!

योगी आदित्यनाथ : हाँ, ये सच है कि मुजफ्फरनगर के लोग भी बंद हैं और बिसाढ़ा वाले लोग भी बंद हैं।

सुरेश चव्हाणके : हूँ! बल्कि उसमें से तो एक तो जेल में मारा गया।

योगी आदित्यनाथ : एक जेल में मारा भी गया है और ये चीजें बताती हैं कि उत्तर प्रदेश में कितनी अराजकता है और मैं कहता हूँ कि केवल मुजफ्फरनगर के ही नहीं बंद हैं; मैं आज बरेली जा रहा हूँ। बरेली में सर्वाधिक दंगे हुए हैं उत्तर प्रदेश में समाजवादी पार्टी की सरकार के समय! और उन दंगों में एकपक्षीय कार्रवाई होती गई और जो दंगाई थे, उनको स्टेट प्लेन से प्रदेश के मुख्यमंत्री बुला करके सम्मानित करते थे, जब भी मैंने बरेली जाने का प्रयास किया, आप सोचिए कि मुझे पाँच वर्षों में बरेली एक भी बार जाने नहीं दिया गया, ये चीजें साबित करती हैं, क्योंकि मैं जाऊँगा तो मैं इनको एक्सपोज कर दूँगा। इसलिए ये मुझे नहीं जाने देंगे··· आज जा रहा हूँ···और मैं···

सुरेश चव्हाणके : ये सबकुछ आजम खान के प्रभाव में होता है, ऐसा आपका कहना है?

योगी आदित्यनाथ : देखिए, आजम खान जैसे लोग हों या फिर अखिलेश यादव। ये सारी-की-सारी···इन सबकी सोच नकारात्मक सोच है। समाज के प्रति, राष्ट्र के प्रति, व्यवस्था के प्रति और ये लोग जिस पद पर जाते हैं, उस पद को पूरी तरह दुरुपयोग करके नष्ट कर देना चाहते हैं, मुझे लगता है कि हमें यू.पी. में इस प्रकार के लोग नहीं चाहिए। हम इनको एक सिरे से खारिज करेंगे और बेदखल करेंगे सत्ता से!

सुरेश चव्हाणके : आजम खान समर्थकों की नाराजगी है कि आपने उनको 'सूअर' बोल दिया!

योगी आदित्यनाथ : देखिए, व्यक्ति अपने कृत्यों से पहचाना जाता है। उनकी जो भाषा होती है, उनके जो कृत्य होते हैं, गैंगरेप की घटना को जिस तरीके से वह व्यक्ति, वो करता है और भारत के एक यशस्वी प्रधानमंत्री के प्रति जो उनके वक्तव्य होते हैं, मुझे लगता है कि एक अधम-से-अधम जीव ही इस प्रकार की बात कर पाएगा।

सुरेश चव्हाणके : अगर आप सत्ता में आते हैं तो आजम खान का क्या करेंगे?

योगी आदित्यनाथ : देखिए, वह तो एक निरीह जीव होगा। कौन उसको पूछ रहा है! लेकिन मुजफ्फरनगर जैसे दंगों की, बरेली जैसे दंगों की जाँच नए सिरे से जरूर होगी कि आखिर इनकी तह में क्या था और कौन इसके वास्तविक दोषी

हैं! ये जो निर्दोष लोग जेल में बंद हैं, जिन पर झूठे मुकदमे दायर किए गए हैं, उनको न्याय मिलना ही चाहिए!

सुरेश चव्हाणके : अगर आप सत्ता में आते हैं तो क्या प्राथमिकता रहेगी?

योगी आदित्यनाथ : देखिए, भारतीय जनता पार्टी ने अपनी प्राथमिकता स्पष्ट कर दी है। किसानों के लिए भी, नौजवानों के लिए भी, सुरक्षा के लिए भी और प्रदेश में जो व्यापक कानून व्यवस्था की बदतर स्थिति है, इस सबके बारे में भी भारतीय जनता पार्टी ने कहा है कि हम हर खेत को पानी देंगे। किसानों की आय को दुगना करने का कार्य करेंगे। किसानों को उनकी उपज का उचित दाम मिले, यह हम व्यवस्था जहाँ सुनिश्चित करेंगे; वहीं लघु और सीमांत किसान, जो पिछले बारह-पंद्रह वर्षों में बदहाल हुआ है, आत्महत्या करने के लिए मजबूर हुआ है, हम यह व्यवस्था सुनिश्चित करेंगे कि उन सबके ऋण माफ हो करके उसको उठने का; एक नए सिरे से आगे बढ़ने का एक अवसर मिले। उसके लिए उनको बहुत सीमित, उसमें जो है ऋण, पर उनको जो कर्ज दिया जाए ब्याज पर, उनको कर्ज देने की व्यवस्था हम करेंगे। गन्ना किसान उत्तर प्रदेश का बदहाल है। बकाया मूल्य का तत्काल भुगतान और आनेवाले समय में यह व्यवस्था सुनिश्चित करेंगे। गन्ना किसानों को चौदह दिन पहले चौदह दिन का उसका गन्ना मूल्य का भुगतान तत्काल उसके खाते में डाल दिया जाए। ये व्यवस्था भारतीय जनता पार्टी ने किसानों के लिए की है तो वहीं साथ-ही-साथ नौजवानों के लिए भी। आप सोचेंगे कि उत्तर प्रदेश में केवल पुलिस विभाग में और शिक्षा विभाग में चार लाख पद खाली हैं। उत्तर प्रदेश में पिछले पाँच वर्ष के दौरान, जो भी आयोग थे, सबको हाईकोर्ट को बर्खास्त करना पड़ा, क्योंकि आकंठ भ्रष्टाचार में डूबे थे। उत्तर प्रदेश पब्लिक सर्विस कमीशन, उच्चतर शिक्षा चयन आयोग, माध्यमिक शिक्षा चयन आयोग, पुलिस की भर्ती; जितनी भी भर्तियाँ हुई हैं, आज के दिन पाँच लाख से अधिक सरकारी पद उत्तर प्रदेश के अंदर खाली हैं। सत्तर लाख नौजवानों के लिए स्किल डेवलपमेंट के अंतर्गत रोजगार की व्यवस्था देने का कार्य भारतीय जनता पार्टी कर रही है। हमने ग्रुप थर्ड, ग्रुप फोर्थ की किसी भी सेवा में इंटरव्यू की व्यवस्था समाप्त कर दी है, क्योंकि यह नौजवानों के हित को ध्यान में रखकर के मेरिट के आधार पर उसका सेलेक्शन हो जाए और पारदर्शी व्यवस्था हो जाए।

सुरेश चव्हाणके : बिल्कुल, आप जवान की···मैं इंट्रप्ट करता हूँ, क्योंकि विपक्षियों का ये कहना है कि योगी आदित्यनाथ के पास युवाओं के लिए कार्यक्रम

ही नहीं है। बस दंगा करो या बदला लो या मुसलमानों की लड़कियों को उठा लो। यहीं तक सीमित हैं!

योगी आदित्यनाथ : आखिर ये भी नौजवान का ही काम है, न कि नौजवान को हम एक रचनात्मक दिशा में ले जा रहे हैं। जिसको इन्होंने गुंडागर्दी, अराजकता में लगाया है। हमने उसको एक रचनात्मक दिशा दी है। राष्ट्र निर्माण की दिशा में वह काम कर रहा है और आवश्यकता पड़ने पर अराजक तत्त्वों को सत्ताधारी··· सत्ता के संरक्षण में पल रहे गुंडों को उन्हीं की भाषा में जवाब देना, ये नौजवान ही कर सकता है और उत्तर प्रदेश का वह नौजवान, जो इस कार्य को वहाँ पर बेझिझक करने में···कर रहा है, उसको मैं बधाई दूँगा, लेकिन भारतीय जनता पार्टी नौजवानों के लिए अपनी पूरी नीति के साथ वहाँ पर चुनाव में उतरी है। हम लोगों ने ये व्यवस्था भी सुनिश्चित की है कि बालिकाओं के साथ छेड़खानी की घटना, सपा और बसपा दोनों ने छेड़खानी करनेवाले, रेप करनेवाले, लूटपाट करनेवाले, खनन माफिया, भूमाफिया इन सबको अपना टिकट दिया है। भारतीय जनता पार्टी ने कहा है कि हम उत्तर प्रदेश में सत्ता में आएँगे। एंटी रोमियो स्क्वॉयड का गठन करेंगे, भारतीय जनता पार्टी ने कहा है कि हम उत्तर प्रदेश में किसानों की स्थिति को बेहतर करने के लिए उसकी पशुधन, उसकी विपत्ति के समय में कारगर होता है तो अवैध बूचड़खानों को हम बंद करेंगे। एन.जी.टी. दो साल से उत्तर प्रदेश सरकार को कह रहा है कि उत्तर प्रदेश में अवैध बूचड़खानों को बंद करो।

सुरेश चव्हाणके : हिंदुस्थान में सबसे ज्यादा गोहत्या अगर कहीं पर होती है तो उत्तर प्रदेश में!

योगी आदित्यनाथ : तो इस चीज को रोकने की प्रभावी कार्रवाई के साथ-साथ यांत्रिक कत्लखानों को भी प्रतिबंधित करने की बात भारतीय जनता पार्टी ने अपने लोक कल्याण संकल्प पत्र में कही है, तो भारतीय जनता पार्टी ने इस बात को भी कहा है कि सांप्रदायिक हिंसा के प्रति संवेदनशील क्षेत्रों में हो रहे सामूहिक पलायन को हम सख्ती के साथ रोकेंगे। डिप्टी कलेक्टर की तैनाती होगी। स्पेशल टास्क फोर्स बनेगा और जिलाधिकारी इसके प्रति जवाबदेह होंगे। ये चीज भारतीय जनता पार्टी ने कही है, अगर समग्र विकास की आप बात करेंगे···

सुरेश चव्हाणके : नहीं, हम इसपर थोड़ा आगे बात करते हैं, जो पलायन वाला मुद्दा है, क्योंकि सबसे ज्यादा गंभीर है, हिंदुस्थान में अगर हिंदुओं का सबसे ज्यादा पलायन कहीं से हो रहा है तो वो बंगाल और उत्तर प्रदेश है।

योगी आदित्यनाथ : बिल्कुल ठीक बोला आपने!

सुरेश चव्हाणके : तो उसके लिए इक्जैक्ट क्या करेंगे, क्योंकि केवल बातों से तो लोग रुकेंगे नहीं, क्योंकि बात सुनकर वो भय तो जाएगा नहीं, जो गुंडा जमीन पर वहाँ दहशत फैला रहा है, उसका क्या उपाय होगा?

योगी आदित्यनाथ : देखिए, जनता को बताने की आवश्यकता नहीं है। हमें केवल एक अनुकूल माहौल चाहिए प्रदेश में।

सुरेश चव्हाणके : हूँ!

योगी आदित्यनाथ : बीजेपी अगर सत्ता में आएगी तो इस प्रकार की घटनाएँ स्वयं रुकेंगी। दूसरा मैं आपको एक बात बताऊँ…

सुरेश चव्हाणके : हूँ!

योगी आदित्यनाथ : 2001 और 2011 की जनगणना के आँकड़े इस बात को बताते हैं कि पूरे देश के अंदर मुस्लिम आबादी हर जिलों में बढ़ी है।

सुरेश चव्हाणके : हूँ!

योगी आदित्यनाथ : गोरखपुर और उसके आसपास के जिलों में कम हुई है।

सुरेश चव्हाणके : वो तो आपका प्रभाव है।

योगी आदित्यनाथ : प्रभाव नहीं! मैं ये कह रहा हूँ न, अगर हम गोरखपुर में बिना सत्ता में आए यह काम कर सकते हैं। बीजेपी सत्ता में आएगी तो पूरे प्रदेश के अंदर इस प्रकार की अराजकता को और पलायन को तथा गुंडागर्दी को रोकेंगे और सख्ती के साथ रोकेंगे!

सुरेश चव्हाणके : आपका कहना उलटा हो जाएगा, मुसलमान पलायन करेगा?

योगी आदित्यनाथ : कोई पलायन नहीं करेगा। हम सबकी सुरक्षा सुनिश्चित करेंगे, अगर कोई भारत का नागरिक है तो उसकी सुरक्षा की गारंटी सरकार की होगी, लेकिन अगर कोई भारत में रहकर के और यहाँ पर पाकिस्तान का झंडा लहराएगा, उसको पलायन क्या, उसके लिए कहाँ के दरवाजे खुले होंगे, ये हर व्यक्ति देख सकता है, जान सकता है!

सुरेश चव्हाणके : ये तो आप मुख्यमंत्री बनेंगे तभी संभव होगा, ऐसा लगता है!

योगी आदित्यनाथ : मैं बनूँ, न बनूँ, मेरे लिए वो महत्त्वपूर्ण नहीं है। मेरे लिए महत्त्वपूर्ण है कि हम हर नागरिक को सुरक्षा की गारंटी देंगे, क्योंकि एक

अनुकूल परिस्थितियाँ, यहाँ उस समय मौजूद होंगी।

सुरेश चव्हाणके : गंभीर मुद्दों में लव जिहाद हो गया, पलायनवाला हो गया, आपने गाय के ऊपर बोल ही दिया कि आप उसपर ऑलरेडी कार्रवाई करेंगे। एक सुप्त मतलब इंटरनल अंडरग्राउंड चलनेवाली घटना, मैं आपसे इंटरव्यू करने के लिए जब रिसर्च कर रहा था तो मुझे बहुत लोगों ने आँकड़े भेजे कि केवल मुस्लिम धर्मांतरण ही नहीं, उत्तर प्रदेश में क्रिश्चियन धर्मांतरण का रेशियो भी पिछली बार से पिछले दस सालों में तेरह गुना बढ़ा है।

योगी आदित्यनाथ : बढ़ा है˙˙˙!

सुरेश चव्हाणके : थर्टीन टाइम!

योगी आदित्यनाथ : बढ़ा है˙˙˙! एक सच्चाई ये है˙˙˙और हम लोगों को भी इस बात को देखना होगा कि चर्च न्याय पंचायत स्तर पर अपना एक-एक, दो-दो पादरी नियुक्त कर चुका है।

सुरेश चव्हाणके : हूँ!

योगी आदित्यनाथ : हम लोगों ने ये चीजें भी देखी हैं कि उन्होंने ऐसे नौजवानों को पकड़ा है, जो बिना कुछ किए बहुत लग्जरी जीवन जीने के आदी हैं।

सुरेश चव्हाणके : हूँ!

योगी आदित्यनाथ : ˙˙˙या उन नौजवानों को किसी क्रिश्चियन लड़की के साथ फँसा करके और उसके माध्यम से फिर इस गतिविधियों को अंजाम देना, ये सारी चीजें हम लोगों ने बहुत नजदीक से देखी हैं। बहुत सारी जगह उनको वहाँ से भगाया भी गया है। कार्रवाई भी करवाई गई है और˙˙˙

सुरेश चव्हाणके : यानी इसपर भी एक्शन प्लान है आपके पास?

योगी आदित्यनाथ : सारे एक्शन प्लान हमारे पास हैं!

सुरेश चव्हाणके : बिल्कुल˙˙˙क्योंकि क्रिश्चियनवाला कहीं ऐसे लगता है कि हिंदू-मुस्लिम टकराव के बीच में क्रिश्चियन बड़ा साइलेंटली काम कर रहा है।

योगी आदित्यनाथ : देखिए, ये सब चीजें नहीं होने दी जाएँगी। जो समाज-विरोधी है और जिसके घातक दुष्परिणाम इस देश को आनेवाले समय में भुगतने पड़ सकते हैं, उसको सख्ती के साथ रोकने की कार्रवाई होगी।

सुरेश चव्हाणके : अब इस (इलेक्शन) चुनाव में अखिलेश और राहुल गांधी दो युवा˙˙˙सवाल के साथ एक साथ आए हैं˙˙˙

योगी आदित्यनाथ : देखिए, मुलायम सिंहजी ने इस गठबंधन के बारे में

साफ कह दिया है। मुलायम सिंहजी एक वरिष्ठ नेता हैं। अनुभवी नेता हैं। वे जानते हैं कि समाजवादी पार्टी···

सुरेश चव्हाणके : मतलब, अभी आपने मुल्ला मुलायम से उनको अनुभवी मुलायम कह दिया··· ?

योगी आदित्यनाथ : हाँ! देखिए, उन्होंने अपने राजनीतिक जीवन में जो किया है; देखिए कांग्रेस के वोट बैंक को बहुत चालाकी के साथ झटका है। वे जानते हैं कि कांग्रेस का समाजवादी पार्टी के साथ आना, कहीं ये न हो कि कांग्रेस हमारा वोट बैंक झटक ले, एक और दूसरा ये है कि समाजवादी पार्टी को इस बात के लिए मुझे लगता है कि अपने आप की पीठ ठोंकनी चाहिए कि समाजवादी पार्टी का सफाया तय है। हार के बाद वो कम-से-कम हार का ठीकरा राहुल गांधी के सिर फोड़ सकते हैं···

सुरेश चव्हाणके : हा···हा···हा···हा··· !

योगी आदित्यनाथ : ये कहने के लिए कि देखो भाई, राहुल गांधी जहाँ जाते हैं, वहाँ हार सुनिश्चित होती है। ये हार तो राहुल गांधी के कारण हुई है। समाजवादी पार्टी के कारण थोड़ी हुई है। तो ये···

सुरेश चव्हाणके : तो आपका···लेकिन आपका अटैक राहुल पर नहीं दिख रहा है ज्यादा इस बार ?

योगी आदित्यनाथ : मैं कह रहा हूँ कि हमारा अटैक तो है ही, क्योंकि मेरा अटैक तो किसी पर भी नहीं है। मेरा अटैक तो मुद्दों को लेकर के है और जो उस समस्या के लिए जिम्मेदार है। मैं उसपर बोल रहा हूँ। उसके खिलाफ बोल रहा हूँ तो राहुल गांधी तो स्वयं इस चीज के लिए जो है···राहुल गांधी के ऊपर हार का पूरा ठीकरा ये लोग फोड़नेवाले हैं। दूसरा, गठबंधन ऐसा इन लोगों का है, जो अभी प्रभावी होने से पहले जब पहले चरण का चुनाव संपन्न हो गया, यानी 73 सीट्स पर चुनाव संपन्न हो गया, तब इनका साझा जो है···

सुरेश चव्हाणके : घोषणा-पत्र···

योगी आदित्यनाथ : घोषणा-पत्र जारी होता है। एक, दूसरा, बहुत सारी जगह ये लोग, यानी···कागजों में तो साझा···गठबंधन है, लेकिन वास्तविकता ये है कि जमीन पर एक-दूसरे के खिलाफ ये लोग लड़ रहे हैं।

सुरेश चव्हाणके : हूँ···बहुत जगह!

योगी आदित्यनाथ : बहुत सारी जगह!

सुरेश चव्हाणके : ये भी कहा जाता है कि ये गठबंधन का आधार केवल

सोनिया गांधी और भविष्य की प्रियंका गांधी की सीट, जो अभी सोनिया की है, ये बचाने के लिए किया गया है, क्योंकि बाकी तो राज्यों में दस सीट भी शायद कांग्रेस की आती!

योगी आदित्यनाथ : देखिए, कांग्रेसमुक्त भारत, मोदीजी ने ये आह्वान 2014 से पहले किया था और मुझे लगता है कि···इस बार के इलेक्शन के बाद वो चीज दिखाई देगी।

सुरेश चव्हाणके : दिखाई देगी···अखिलेश पर क्या कहेंगे, क्योंकि अखिलेश ने एक ऐसी छवि मीडिया से बनवाई है, जो एक विकासवाली हो या एक पोलाइट पर्सन की हो, वो जो···बाकी यादव कंपनी थी, उनके घरवाली फैमिली वाली, वो वाली छवि से अपने आप को बाहर निकालने में कम-से-कम मीडिया जगत् में तो वो कामयाब रहे हैं!

योगी आदित्यनाथ : देखिए, मीडिया को उत्तर प्रदेश के अंदर पाँच सालों में हुए पाँच सौ से अधिक दंगों को भी ध्यान रखना होगा। दूसरा, आज उत्तर प्रदेश में नेशनल क्राइम ब्यूरो सर्वाधिक अपराध मानता है। उसके जिम्मेदार अखिलेश यादव हैं, क्योंकि मुख्यमंत्री के साथ-साथ गृह मंत्रालय भी उनके पास है। 2014-15 में हत्या, लूट, अपहरण और बलात्कार की तीन हजार, चार सौ घटनाएँ यू.पी. में होती हैं और पंद्रह-सोलह में ये बढ़कर के नौ हजार से ऊपर हो जाती हैं। ये अखिलेश यादव की···ये काम उनका···

सुरेश चव्हाणके : फेल्योर हैं!

योगी आदित्यनाथ : ये काम उनका बोल रहा है। विकास के मामले में आप देखेंगे तो देखिए, पहले कृषि विकास दर आप देखेंगे तो कभी कृषि विकास दर उत्तर प्रदेश में सर्वाधिक थी। आज सबसे पिछले पायदान पर उत्तर प्रदेश खड़ा है। उत्तर प्रदेश में विकास ठप हुआ है। कहने के लिए इनके पास दो योजनाएँ हैं—एक लखनऊ मेट्रो और एक आगरा-लखनऊ एक्सप्रेस-वे। दोनों की सच्चाई यह है लखनऊ मैट्रो का उद्घाटन ये लोग कर चुके हैं···लोकार्पण कर चुके हैं, लेकिन आजतक मेट्रो एक भी दिन नहीं चली है। आगरा लखनऊ एक्सप्रेस-वे की स्थिति ये है कि लोकार्पण मुलायम सिंहजी के जन्मदिन पर हो गया है, लेकिन अभी तक कह रहे हैं, छह महीने के बाद उस पर यातायात शुरू होगा।

सुरेश चव्हाणके : अभी तो मार्किंग भी नहीं हुआ है?

योगी आदित्यनाथ : अभी नहीं हुआ है और अभी आप उसकी बात कह रहे हैं। दूसरी बात, एक्सप्रेस-वे जब राष्ट्रीय राजमार्ग प्राधिकरण बनाता है तो

उसपर लागत आती है सोलह से सत्रह करोड़ रुपए प्रति किमी., इनके द्वारा जो बनाया गया है, उसमें आया है बत्तीस से चौंतीस करोड़···

सुरेश चव्हाणके : डबल!···

योगी आदित्यनाथ : प्रति किमी. ···

सुरेश चव्हाणके : लेकिन उनका तो दावा है कि हमने तो सस्ता बनाया है?

योगी आदित्यनाथ : तो यही तो सस्ता है, जो मैं आपको बता रहा हूँ!

सुरेश चव्हाणके : हा··हा··· !

योगी आदित्यनाथ : ···कि सोलह से सत्रह करोड़ रुपए में राष्ट्रीय राजमार्ग प्राधिकरण इस तरह के एक्सप्रेस-वे बनाता है। अभी उत्तराखंड के अंदर बारह हजार करोड़ रुपए की लागत से चारधाम रोड प्राधिकरण का शुभारंभ माननीय प्रधानमंत्रीजी ने और गडकरीजी ने किया है। उसमें बारह हजार करोड़ का है बद्रीनाथ, केदारनाथ, गंगोत्री, यमुनोत्री को जोड़नेवाला एक फोरलेन···वो बनेगा। उसमें टनल भी बननी हैं लगभग नाइंटी···

सुरेश चव्हाणके : और वो भी पहाड़ों में बनेगा!

योगी आदित्यनाथ : पहाड़ों में!

सुरेश चव्हाणके : ये फिर भी जमीन पर है।

योगी आदित्यनाथ : वहाँ पर इससे कम लागत आई है। ठीक, नया मार्ग बनना है एकदम, एकदम नया काम होना है।

सुरेश चव्हाणके : और वो ऑल वेदर रोड भी है।

योगी आदित्यनाथ : उन स्थितियों में आप अनुमान कर सकते हैं कि अखिलेश यादव और उनकी कंपनी···! भारतीय जनता पार्टी की सरकार यू.पी. में आएगी।···ओम प्रकाश चौटाला शिक्षक घोटाले में जेल में बंद हैं। यहाँ पर यू.पी.एस.सी. के सेलेक्शन में जिस प्रकार की धाँधली हुई थी; यू.पी. में उच्चतर शिक्षा चयन आयोग, माध्यमिक शिक्षा चयन आयोग, जितने भी आयोग हैं, ये सब हाईकोर्ट के द्वारा बर्खास्त किए गए हैं, भंग किए गए हैं। तमाम भर्तियों में जो घोटाले हुए हैं, खनन माफिया, वो अगर बहुत शरीफ हैं तो उत्तर प्रदेश के अंदर। बीस जिलों के अंदर व्यापक स्तर पर खनन हुआ है और उस खनन का रॉयल्टी राजस्व, यानी स्टेट गवर्नमेंट के खाते में नहीं गया। उसकी रॉयल्टी स्टेट गवर्नमेंट को नहीं मिली। मुख्यमंत्री और उनके चहेतों को मिल गई। लाखों-करोड़ का ये घोटाला है। इन सबकी जाँच होगी तो ये लोग कहाँ रहेंगे, इसका अनुमान लगाया जा सकता है···और मुजफ्फरनगर के दंगाई रहे हों या फिर बरेली के या फिर प्रदेश

के अंदर जगह-जगह हुए दंगों के, यानी ईस्टर्न पार्ट को छोड़ दें तो बाकी वेस्ट में तो बहुत खराब स्थिति थी। इन दंगाइयों को स्टेट प्लेन से बुलाकर सम्मानित करनेवाला व्यक्ति तो अखिलेश यादव ही है न!

सुरेश चव्हाणके : इसलिए, काम बोलता है। ये आप···ये आप···काम बता रहे हैं, लेकिन फिर भी एक कोई काउंटर फेस नहीं होने का दुष्परिणाम भाजपा को नहीं भुगतना पड़ेगा?

योगी आदित्यनाथ : देखिए, भारतीय जनता पार्टी एक राष्ट्रीय पार्टी है। एक लोकतांत्रिक पार्टी है और भारतीय जनता पार्टी अपने उस इश्यू को लेकर के चल रही है कि हम कोई परिवार, वंश या फिर जाति की पार्टी नहीं हैं। पूरी पार्टी लड़ रही है। हमारे पास एक इंटरनेशनल फेस मोदीजी का है और मोदीजी की जो सब रैलियाँ हो रही हैं, व्यापक सफलतापूर्वक जिस प्रकार से संपन्न हो रही हैं, वह एक महत्त्वपूर्ण हमारे पास फेस हैं। माननीय राजनाथ सिंहजी हैं, कलराजजी हैं, उमा भारतीजी हैं, केशव मौर्यजी हमारे प्रदेश अध्यक्ष हैं···ये सब फेस हैं, जिनको पार्टी ने आगे किया है और हम लोग सब सहयोगी बनकर के उसमें सपोर्ट कर रहे हैं।

सुरेश चव्हाणके : मायावतीजी···एक फैक्टर पर चर्चा होनी जरूरी है, हालाँकि अब उतना बड़ा फैक्टर नहीं रहा, लेकिन फिर भी उस फैक्टर को आप कैसे देखते हैं?

योगी आदित्यनाथ : देखिए, पश्चिमी उत्तर प्रदेश में सर्वाधिक पीड़ित कोई है तो जाटव है—जाट और जाटव। ग्रामीण क्षेत्र में सर्वाधिक पीड़ित मुस्लिम गुंडों से हैं तो वह दलित हैं!

सुरेश चव्हाणके : ये तो फैक्ट है, हाँ···!

योगी आदित्यनाथ : आखिर इस सच्चाई को मायावतीजी क्यों नहीं समझ पाईं, मैं नहीं समझ पा रहा हूँ।

सुरेश चव्हाणके : वो तो उलटा···

योगी आदित्यनाथ : क्योंकि, यद्यपि···

सुरेश चव्हाणके : ···उलटा सौ टिकट दिए हैं उन्होंने···

योगी आदित्यनाथ : 2012 के चुनाव के समय उन्होंने साफ घोषणा की थी। उन्होंने उस समय कहा था कि मुसलमानों ने हमें वोट नहीं दिया है। उनको जो वोट मिला था, दलितों का वोट मिला था उस समय भी, लेकिन मायावतीजी ने दलितों के साथ बड़ा अनर्थ किया है, जो नया उन्होंने एक···

सुरेश चव्हाणके : मुस्लिमवाला···

योगी आदित्यनाथ : ···बनाने का प्रयास किया है और मुझे लगता है कि दलित समुदाय किसी भी स्थिति में उसको स्वीकार नहीं कर सकता। उसके हितों की रक्षा करनेवाला, उसको सुरक्षा प्रदान करनेवाला ही उसका वोट पा सकता है और मैं इस बात को दावे के साथ कह सकता हूँ कि बड़ी मात्रा में दलित समुदाय का वोट भारतीय जनता पार्टी को मिलेगा।

सुरेश चव्हाणके : लोकसभा के समय तो आपके पास आया था···

योगी आदित्यनाथ : आया था!

सुरेश चव्हाणके : लेकिन क्या वह अभी भी बना रहेगा?

योगी आदित्यनाथ : आया था, अभी भी आएगा!

सुरेश चव्हाणके : क्योंकि लोगों ने उनके मन में कुछ भ्रम डालने की कोशिश की!

योगी आदित्यनाथ : भ्रम डालने से कुछ नहीं होगा, वो जो चीज को फेस कर रहा है···

सुरेश चव्हाणके : हूँ···!

योगी आदित्यनाथ : आखिर···

सुरेश चव्हाणके : क्योंकि मुसलमानों से ग्राउंड पर दंगा और सारे मामलों में ज्यादा लड़नेवाला तो दलित ही होता है!

योगी आदित्यनाथ : मैं वही कह रहा हूँ···

सुरेश चव्हाणके : व्यापारी हिंदू या बिजनेसमैन हिंदू तो नहीं जाता?

योगी आदित्यनाथ : मुजफ्फरनगर का दंगा रहा हो, बरेली का रहा हो, कानपुर का रहा हो, लखनऊ का रहा हो, मेरठ का रहा हो, मुरादाबाद का रहा हो, आगरा का रहा हो, कहीं भी आप देखिए, वो दंगा···हिंदू में कोई था तो दलित था, जो उससे पीड़ित था और उसको फेस कर रहा था। सर्वाधिक लोग···इस सरकार में दलित उत्पीड़न की सर्वाधिक घटनाएँ समाजवादी पार्टी के समय में हुई हैं, तो इसलिए हुई हैं, क्योंकि एक वर्ग विशेष को प्रश्रय देकर उन दलितों पर अत्याचार करने, शोषण करने की खुली छूट समाजवादी पार्टी की सरकार ने दी थी और एक भी बार मायावतीजी उसके खिलाफ नहीं बोलीं, अगर आगरा में कोई घटना होती है दलित उत्पीड़न की, हिंदू उत्पीड़न की तो प्रो. रामशंकर कठेरिया खड़े होते हैं उनके पक्ष में। उन आततायियों के खिलाफ मुकाबला करने के लिए मुजफ्फरनगर में होता है तो कोई संजीव बालियान और सुरेश राणा होते हैं, वहाँ पर खड़े होते

हैं। उन दलितों के पक्ष में मुरादाबाद में होते हैं तो कोई सर्वेश सिंह खड़े होते हैं उनके पक्ष में। आपके बरेली में होते हैं तो वहाँ पर इस प्रकार का ही कोई भारतीय जनता पार्टी, हिंदू संगठनों का नेता खड़ा होता है, जब उनकी विपत्ति आएगी, तब मायावतीजी शांत होंगी। अखिलेश यादव अपना वोट बैंक मजबूत करने के लिए उनपर अत्याचार कराएगा और जब चुनाव की बात आएगी, तब मायावतीजी को दलित याद आ जाएगा। ये नहीं चल सकता! दलित अपने स्वाभिमान और सम्मान की रक्षा करने के लिए कृत संकल्पित है और वह इस बात को भी जानता है। आप इस बात को देखेंगे। यू.पी. में यू.पी. का दलित सर्वाधिक रामभक्त है। कोई अपरकास्ट का व्यक्ति अपने नाम के साथ राम नहीं जोड़ता, लेकिन उत्तर प्रदेश का दलित अपने नाम के साथ राम जोड़ता है।

सुरेश चव्हाणके : वाह! राम का विषय आ ही गया है, तो राम मंदिरवाले विषय के बगैर आपका इंटरव्यू पूरा हो ही नहीं सकता… !

योगी आदित्यनाथ : राम मंदिर बनाने के लिए हम कृत संकल्पित हैं!

सुरेश चव्हाणके : नहीं, अभी तो सिर्फ तारीख बताइए।

योगी आदित्यनाथ : तारीख भी हम बताएँगे!

सुरेश चव्हाणके : हूँ… !

योगी आदित्यनाथ : आप ये मान के चलिए कि एक साल के अंदर बहुत अच्छी प्रोग्रेस इसमें होने जा रही है।

सुरेश चव्हाणके : क्या राज्यसभा में आपके नंबर बढ़ते हैं, यू.पी. चुनाव के बाद तो… ?

योगी आदित्यनाथ : एक रास्ता निकलेगा…

सुरेश चव्हाणके : न्यायालय की लंबी प्रक्रिया का वेट करने के बजाय राज्यसभा से होगा?

योगी आदित्यनाथ : एक रास्ता इसका निकलेगा, राज्य में सरकार इसलिए आवश्यक है; 1986 में आप जाइए, उस समय न्यायालय ने राज्य से पूछा था, राज्य सरकार से पूछा था कि क्या कानून-व्यवस्था की कोई समस्या तो इसके कारण पैदा नहीं होगी, क्योंकि उस समय राम जन्मभूमि का ताला खुलना था। राज्य सरकार में वीर बहादुर सिंहजी मुख्यमंत्री थे तो वीर बहादुर सिंहजी ने कहा कि नहीं, ऐसी कोई स्थिति नहीं आएगी। राज्य सरकार कंट्रोल करने में सक्षम है। रामजन्मभूमि का ताला खुला था। आज न्यायालय इस मामले में कोई कार्रवाई करता है तो राज्य से पूछेगा, अगर अनुकूल सरकार नहीं होगी तो उन स्थितियों

में एक समस्या फिर खड़ी हो सकती है। विलंब और हो सकता है। पहले हमें अनुकूल माहौल देना होगा। रास्ता निश्चित निकलेगा।

सुरेश चव्हाणके : मतलब लोकसभा से पहले मंदिर बन जाएगा?

योगी आदित्यनाथ : आप ये मानकर चलिए कि वो प्रक्रिया प्रारंभ हो चुकी होगी!

सुरेश चव्हाणके : प्रारंभ हो भी चुकी है, अगर यहाँ पर यू.पी. में कुछ गड़बड़ होती है तो उसपर असर नहीं होगा?

योगी आदित्यनाथ : देखिए, उन स्थितियों में राज्य सरकार की भूमिका होगी।

सुरेश चव्हाणके : वो महत्त्वपूर्ण है!

योगी आदित्यनाथ : वो महत्त्वपूर्ण होगी, इसलिए हम चाहते हैं कि भारतीय जनता पार्टी आए!

सुरेश चव्हाणके : बिल्कुल। वैसे तो आज देश के और विदेश के भी कई मुद्दे आपके इंटरव्यू के लिए सोशल मीडिया से आए थे, लेकिन हमने, जो कि यू.पी. चुनाव अभी इस वक्त केंद्र में है, इसलिए उसको फोकस रखकर आपसे बात की है, फिर भी कुछ पूछना रह गया हो और आप चाहते हों कि यू.पी. की जनता को बताएँ तो ऐसा क्या है?

योगी आदित्यनाथ : देखिए, मैं तो यू.पी. की जनता से एक ही अपील करूँगा कि उत्तर प्रदेश के सामने एक पहचान का संकट खड़ा हुआ है और जिन लोगों ने पीड़ा दी है, उनको समर्थन न करें! कभी नहीं! कतई नहीं!

सुरेश चव्हाणके : बिल्कुल! तो चलिए, आपने समय निकाला और 'चलते-चलते' में आए, इतने व्यस्त समय में आज आप स्टार प्रचारक, 'मोस्ट डिमांडेड पर्सन ऑफ यू.पी. पॉलिटिक्स' हैं तो आपके हम आभारी हैं और आभार व्यक्त करने के साथ-साथ आपको मुख्यमंत्री बनने के लिए भी शुभकामनाएँ देते हैं।

योगी आदित्यनाथ : बहुत-बहुत धन्यवाद!

सुरेश चव्हाणके : नमस्कार!

□

2

साध्वी प्रज्ञा ठाकुर

साध्वी प्रज्ञा सिंह ठाकुरजी की गिरफ्तारी से पहले क्षणों की ब्रेकिंग न्यूज से ही हमने अपनी भूमिका स्पष्ट कर दी थी, "कोई भी हिंदू साधु-संत-साध्वी आतंकवादी नहीं हो सकते। यह केवल 'हिंदू आतंकवाद' को स्थापित करने के लिए रचे गए षड्यंत्र का प्रपंच मात्र है। हम न केवल इसे नकारते हैं, बल्कि इसका पुरजोर विरोध भी करते हैं।"

इस भूमिका के कारण हम संपूर्ण मीडिया जगत से अलग ही कवरेज कर रहे थे। संपूर्ण हिंदू समाज—साधु-संत या राजनेता हमसे सहमत तो थे, पर साध्वी या हमारी भूमिका के साथ कोई भी खुलकर खड़ा नहीं हो रहा था। इसलिए तथाकथित 'हिंदू आतंकवाद' विरोधी हम एकमात्र मुखर और प्रखर स्वर बने रहे, बल्कि कई बड़े-बड़े नेता साध्वीजी के साथ के फोटो-वीडियो नकारते हुए दूरी बना रहे थे, क्योंकि सरकारी षड्यंत्र में साध्वीजी की तरह फँसाए जाने का सभी को डर था। छोटे-बड़े सभी मीडिया संस्थानों ने इतना भयानक माहौल तैयार किया था कि कोई हिम्मत नहीं जुटा पा रहा था। उस समय एकमात्र समर्थक होने के नाते विश्व भर के हिंदू हमसे संपर्क करने लगे। नई-नई जानकारी आने लगी। षड्यंत्र को परत-दर-परत हम खोलने लगे। पुलिस द्वारा उनके धार्मिक, आध्यात्मिक पूजा-पाठ और नित्यकर्म करने देना तो दूर। साध्वीजी के साथ किए जा रहे अमानवीय, अश्लील और अभद्रता की पराकाष्ठा को हमने बताना जब प्रारंभ किया तो हम पर दसों दिशाओं से जबरदस्त दबाव बनाया जाने लगा।

साध्वी के साथ खड़े रहोगे तो तुमको भी इसमें शामिल कर देंगे। सभी कुछ बरबाद कर देंगे। सरकार की शक्ति के, सामर्थ्य के बारे में सोच लो। चैनल का लाइसेंस भी जाएगा, तुम भी जाओगे। पर हमें इस दबाव ने इस बात की अनुभूति

दे दी कि हम सत्य और न्याय के साथ हैं। षड्यंत्र की हमारी थ्योरी सही है। इससे मेरे अंदर के आध्यात्मिक व्यक्तित्व ने कहा कि हम सत्ता के साथ नहीं, सत्य के साथ ही खड़े रहेंगे। चाहे जो परिणाम हो! हम न केवल पीछे हटेंगे, अपितु अधिक आक्रामकता से सत्य को रखेंगे। परिणाम यह हुआ कि सत्ता से समर्थित लोगों ने हमारे विरुद्ध षड्यंत्र प्रारंभ कर दिए। हमें कई जगह से जानकारी भी मिलने लगी।

एक दिन अचानक वामपंथी तथाकथित साधु स्वामी अग्निवेश ने प्रेस कॉन्फ्रेंस कर हम पर बम धमाकों में शामिल होने का संगीन आरोप लगाया। अपने दावे की पुष्टि के लिए अग्निवेश ने सुदर्शन चैनल की एक वीडियो क्लिप दिखाई। जो मालेगाँव और मोंडासा के बम धमाके की ब्रेकिंग न्यूज थी। उसको प्रसारित करने का समय बम फटने से पहले का था, बम बाद में फटा! ब्रेकिंग न्यूज पहले चली। मतलब सुदर्शन भी उसमें शामिल है। यह आरोप लगा दिया। साथ ही उन्होंने मेरे और साध्वी के पुराने परिचय होने को स्थापित करने के लिए एक सबूत भी दिया। उन्होंने बताया कि मैं और साध्वी अखिल भारतीय विद्यार्थी परिषद् के पुराने कार्यकर्ता हैं और इंदौर के राष्ट्रीय अधिवेशन में दोनों मंच से सूत्र संचालन कर रहे थे।

कई चैनलों ने उसे लाइव किया। हेडलाइन थी—'पहले खबर, फिर धमाका' स्वाभाविक ही यह आग की तरह फैली। एन.डी.टी.वी. ने मुझे फोनो पर लाइव लिया। एंकर के लाइव बताने तक मुझे मामला कितना गंभीर और आरोप कितने संगीन हैं, यह पता ही नहीं था, जैसे ही एंकर ने प्रेस कॉन्फ्रेंस दिखाई और स्वामी अग्निवेश को भी मेरे साथ लाइव जोड़ दिया, मेरे लिए यह एक धमाके से कम नहीं था! बड़ा शॉक था। पर स्वयं एवं टीम सुदर्शन के सदस्यों पर संपूर्ण विश्वास था, इसलिए मैंने स्वयं ही इसकी चाहे उस एजेंसी से जाँच कराने की माँग की। पर मामला बढ़ता जा रहा था। पर हमारा कार्य सत्य के साथ धर्म के लिए था। ईश्वर कुछ-न-कुछ करेगा, यह अटल विश्वास भी था। उसी लाइव में एन.डी. टी.वी. के मोडासा के पत्रकार को लाइव जोड़ा गया। उसने बताया कि बम फटने के एफ.आई.आर. में समय और वास्तविक बम फटने में कुछ फर्क हो सकता है, परंतु हमारे द्वारा चलाई ब्रेकिंग न्यूज को हमने बम फटते ही तीन मिनट में कैसे चला दिया? यह प्रश्न अब चैनल उठाने लगे। मेरे लिए बस इतना पर्याप्त था कि हमने पहले न्यूज लगाई और फिर धमाका हुआ, यह बात टल गई थी, अब एन.डी.टी.वी. ने मुद्दा बनाया कि तीन मिनट में ब्रेकिंग न्यूज कैसे चलाई? उसके लिए रात 8 बजे के शो में मैंने लाइव डेमो देने का चैलेंज स्वीकार किया, परंतु शो से पहले 7 बजे

मुझे एन.डी.टी.वी. से फोन आया, जब मैं उनके स्टूडियो के पास था कि शो कैंसिल हुआ है। फोन करनेवाला मेरा समर्थक था। मैंने पूछा कि शो कैंसिल क्यों हुआ? उसने कहा, "3 मिनट में ब्रेकिंग न्यूज लगाने का डेमो आपने लाइव में दिया। वह विफल हुआ तो आप जेल जाओगे, यह तो पक्का था। पर आपने अगर तीन मिनट में अपने चैनल पर सच में ब्रेकिंग न्यूज लगाकर दिखाई तो एन.डी.टी.वी. का क्या होगा? इसलिए शो कैंसिल हुआ।"

पर समस्या समाप्त नहीं हुई थी। महाराष्ट्र के ए.टी.एस. के एक मेरे परिचित बड़े अधिकारी ने मुझे फोन करके कुछ ऐसी बातें बताईं कि अब मेरी गिरफ्तारी और जाँच की संभावना बढ़ गई, तब मैंने घर के सभी छोटे-बड़े सदस्यों के साथ बैठक की, अब लड़ाई प्रारंभ हो चुकी थी। शंखनाद हो चुका था। पीछे हटने का सवाल ही नहीं था। बस आगे क्या? कैसे सभी लोग…बगैर डगमगाए कौन क्या-क्या बोलेगा? गिरफ्तारी से पहले मेरे कितने वीडियो तैयार करके रखेंगे आदि रणनीति बनी। मेरी गिरफ्तारी होती है तो मैं कितने दिनों में बाहर आऊँगा या कभी भी नहीं आऊँगा, यह जानते हुए भी मेरा संपूर्ण परिवार मेरे साथ अडिग निष्ठा और समर्पण से खड़ा था। सभी चैनलों पर हिंदुओं को आतंकी बताने की दिन भर की चीख-पुकार की बहस में अब हम पर हमला तय था, पर हमारा यह टकराने का निर्णय ही सत्य और असत्य के बीच मन में भय पैदा कर गया। हमारी साधारण जाँच तो दूर, फोन पर भी कोई सफाई नहीं माँगी गई।

अब हम साध्वीजी के साथ धर्मयुद्ध में एक चमत्कारिक अनुभूति के साथ अधिक आक्रामक हो गए थे। ईश्वर पर विश्वास अधिक बढ़ गया। साध्वीजी के लिए 9 वर्ष के दौरान कई शो किए। मोदी सरकार आने पर भी साध्वीजी और अन्य लोग क्यों छूट नहीं रहे हैं, इसके लिए मैंने 10 दिनों तक साध्वीजी की बहन एवं बहनोई को लाइव कर साध्वीजी पर हुए अत्याचारों को पुन: दिखाया। हम, पत्नी माया के साथ साध्वीजी से जेल में मिलने गए। अगले कुछ समय में साध्वीजी को बेल मिल गई। पहला एवं एकमात्र इंटरव्यू उन्होंने केवल मुझे दिया। उस 'चलते-चलते' का अविकल शब्दांकन हम यहाँ दे रहे हैं।

(हिंदू आतंकवाद की इस घटना पर मैंने यहाँ केवल कुछ ही जानकारी लिखी हैं। कभी इस पर अधिक विस्तार से संपूर्ण जानकारी दूँगा तो आपको पता चलेगा कि सुदर्शन ने क्या-क्या झेला है एवं हिंदुओं के विरुद्ध षड्यंत्र कितना बड़ा था।)

साक्षात्कार के बाद

इस भावनात्मक मुलाकात के बाद मुझे एक आत्मिक समाधान था। हमने लड़ाई को प्रारंभ करके अभूतपूर्व, अद्वितीय एवं चमत्कारिक तरीके से समाप्त किया। ऐसा कोई उदाहरण टी.वी. मीडिया में तो छोड़िए, प्रिंट मीडिया में भी नहीं था!

इंटरव्यू के प्रसारण के बाद देश-विदेश से असाधारण प्रतिक्रियाएँ आईं। इसे कई बार प्रसारित किया गया। सोशल मीडिया पर बहुत अधिक देखा गया। साध्वीजी के कोर्ट केस पर जैसे-जैसे सकारात्मक निर्णय आने लगे, तो न केवल सामान्य दर्शक फोन करते थे, बल्कि कई नेता-अभिनेता, साधु-संत मेरा ही अभिनंदन करते रहे। आगे साध्वीजी को भाजपा ने भोपाल से घोर हिंदू द्रोही दिग्विजय सिंहजी के विरुद्ध लोकसभा का उम्मीदवार बनाया। उस दौरान भी इस मुलाकात को दिखाया गया। साध्वीजी स्वयं कहती हैं, "मेरे कई इंटरव्यू हैं। पर जेल से बाहर आते ही मेरी भावनाओं के बाँध को इसी इंटरव्यू में बहुत ज्यादा प्रवाहित होने का स्वाभाविक अवसर मिला। इसकी तुलना किसी अन्य इंटरव्यू से नहीं हो सकती।"

आप इसको स्वयं देखें। अपने परिवार को अवश्य दिखाएँ। बच्चों को तो साथ बैठकर दिखाएँ। उनके आनेवाले समय के आपसे ज्यादा संघर्ष उनको करना है। यह उनके काम आएगा। धर्म के लिए लड़ने की प्रेरणा मिलेगी। अपनी प्रतिक्रिया हमें अवश्य बताएँ।

स्थान : आयुर्वेद चिकित्सालय, भोपाल
प्रथम प्रसारण तिथि : 02 मई, 2017

सुरेश चव्हाणके : नमस्कार! आज के इस शो में हम चलने के बजाय बैठकर, इसलिए यह कार्यक्रम कर रहे हैं, क्योंकि राष्ट्र-धर्म चलता रहे, इसलिए लड़ाई लड़नेवाले व्यक्ति को व्हील चेयर पर ला दिया है उस संघर्ष ने, और इसलिए आज का चलते-चलते बैठकर है। हमारे साथ हैं...आजादी के बाद भी हिंदुस्थान में किसी महिला को इतना प्रताड़ित नहीं किया गया होगा, जितना इनको किया गया है। सुदर्शन पर जिनके लिए हमने लगातार कई कार्यक्रम किए। हमारे साथ हैं...हिंदू हृदय सम्राट् साध्वी प्रज्ञाजी...आपका स्वागत है...

साध्वी प्रज्ञा : हरिओम!

सुरेश चव्हाणके : आज सालों बाद...कई सालों से हम सुदर्शन के दर्शकों को कहते थे कि साध्वीजी बाहर आएँगी और जो हम बोल रहे हैं, यही बात

बताएँगी, क्योंकि वो सत्य है···जो हम आपके सामने लेकर आए, इसलिए हमारा कर्तव्य भी था कि आपको बेल मिलने के बाद हम सामने आएँ।

मैं आपका अभिनंदन करता हूँ कि भले ही देर से ही क्यों नहीं, लेकिन आपको बेल मिली। आप बाहर आईं। आपको बेल देने के लिए जज साहब ने जो कॉमेंट किए, जो प्रतिक्रियाएँ दीं या आपके निर्देश होने के लिए बहुत पुख्ता है और इससे उस न्याय की जीत हुई, जिसपर आपने भरोसा किया, क्योंकि एक व्यक्तिगत साध्वी प्रज्ञाजी तक का मामला नहीं है। ये आपका पहना हुआ यह चोला इस महान परंपरा और इस पूरी न्याय व्यवस्था के बारे का मामला है···इसलिए हम आज के कार्यक्रम में बड़े विस्तार से आपको टाइम देते हैं। आप बताइए कि पहले मिनट आपको इस घटना की जानकारी कहाँ से मिली? हम वहाँ से शुरुआत करेंगे और आजतक आएँगे···आगे के कल के भविष्य तक भी जाएँगे। हम जानना चाहते हैं कि शुरुआत कहाँ से हुई?

साध्वी प्रज्ञा : जानकारी तो मुझे काफी देर से मिली, लेकिन ए.टी.एस. मुंबई, इनका मेरे पास फोन आया मेरे घर से, जो मेरा पूर्वाश्रम का घर था। मेरे माता-पिता, बहन जहाँ रहती थी, वहाँ से फोन आया कि आपकी गाड़ी कहाँ है?

मैंने कहा, "मैंने वो बेच दी···क्या बात है?"

उन्होंने कहा कि "हमें आपसे कुछ पूछताछ करनी है उस गाड़ी के बारे में।"

हमने कहा, "क्यों?"

उन्होंने कहा, "उस गाड़ी से कोई दुर्घटना हुई है और आप आ जाइए" तो मैंने कहा कि "क्या पूछना है, बताइए?"

उन्होंने कहा, "नहीं···नहीं···हम आपके लिए सूरत में पड़े हैं···और हम आपसे जानकारी लेना चाहते हैं। आप कानून की मदद करेंगी या नहीं? ये बताइए?"

मैंने कहा, "कानून के अंतर्गत तो मैं आजतक चलती आई हूँ और कानून की मदद करती ही आई हूँ···तो अवश्य करेंगे। बताइए, क्या बात है?"

वे बोले, "आप सूरत आ जाइए, बहुत जरूरी है। उस गाड़ी से दुर्घटना हुई है···एक्सिडेंट हुआ है इसलिए।"

तो मैंने कहा, "लेकिन मैंने वो गाड़ी बेच दी थी," तो वो बोले कि "लेकिन वो आजतक आपके नाम से है।"

इसकी जानकारी मुझे नहीं थी। बस इतनी सी बात थी और मैं तत्काल उसी समय तैयार हुई और जो गाड़ी मिली, जैसे माध्यम मिला, मैं उस माध्यम से सूरत पहुँच गई।

सुरेश चव्हाणके : खुद आईं आप?

साध्वी प्रज्ञा : मैं स्वयं आई और एक फोन पर आई।

सुरेश चव्हाणके : जबकि वो आपको आपकी जगह पर बुला सकते थे!

साध्वी प्रज्ञा : बिल्कुल बुला सकते थे। मैंने कहा भी उनसे कि आप यहाँ आ जाइए···बोले, नहीं-नहीं, आप अगर मदद करना चाहती हैं तो आप यहाँ आ जाइए। मैंने कहा कि ठीक है, मैं आ जाती हूँ।

सुरेश चव्हाणके : उसके बाद?

साध्वी प्रज्ञा : उसके बाद मैं सूरत पहुँची। सूरत में लोगों ने मुझे घेर लिया। मेरा एक शिष्य था, मैं उसके घर रुकी कि मैं अपने घर नहीं जा सकती। मैं एक संन्यासी हूँ। मेरा घर से कोई नाता-रिश्ता नहीं है तो मैं शिष्य के यहाँ गई और वहाँ से मैंने शिष्य से कहा कि इस नंबर पर फोन करो और बता दो कि मैं यहाँ आ गई हूँ सूरत। उसने बताया तो···उन लोगों ने, वो आ गए, लेकिन नीचे उन्होंने पुलिस का घेरा डाल रखा था। ऐसी जानकारी मुझे नहीं थी, वो लोग आए। उन्होंने कहा कि गाड़ी कहाँ है? तो मैंने बताया कि गाड़ी मैंने बेच दी है। मुझे जानकारी नहीं थी, पर उन्होंने कहा कि नहीं, वो गाड़ी आपके नाम से है, उसका एक्सिडेंट हुआ है···मैंने कहा, "क्या एक्सिडेंट हुआ, कहाँ हुआ, कैसे हुआ?" सिर्फ इतनी सी बात थी··· तो उन्होंने कहा कि "ये बात आप मुंबई चलकर हमारे ऑफिसर से कह दें।" मैंने कहा, "ठीक है, चलिए" और मैं चली आई···।

सुरेश चव्हाणके : तब तक कहीं पर बम विस्फोट की बात नहीं थी?

साध्वी प्रज्ञा : नहीं थी।

सुरेश चव्हाणके : और उसके बाद आपको उसी समय मुंबई लेकर गए?

साध्वी प्रज्ञा : हाँ, उसी समय मुंबई लेकर गए और पुलिस साथ में है। मुझे ऐसा लगा कि ये लोग आए हैं, लेकर जा रहे हैं, पर जो एक स्थिति उन्होंने बना रखी थी, आगे-पीछे पुलिस की गाड़ी, लेकिन कोई लेडी पुलिस कॉन्सटेबल नहीं थी उसमें।

सुरेश चव्हाणके : हूँ!

साध्वी प्रज्ञा : ये सब जेंट्स ही लोग मुझे लेकर गए और मुझे···ऐसा भी एहसास नहीं हुआ कि मुझे अरेस्ट करके ले जा रहे हैं या मुझे गोपनीय तरीके से अपहरण करके ले जा रहे हैं, ऐसा कुछ भी नहीं था, ऐसा मुझे लगा नहीं, बस ये था कि ये सब पुलिसवाले हैं और ये मुझे लेकर जा रहे हैं।

सुरेश चव्हाणके : अनएक्सपेक्टेड हो रहा है…!

साध्वी प्रज्ञा : हाँ, कुछ तो, लेकिन मैं इस बात की चिंता इसलिए नहीं करती थी कि भाई, बुलाया है, मैं आ रही हूँ, स्वयं से आई हूँ। तो ठीक है, जो पूछेंगे मैं बता दूँगी। मैंने उनसे पूछा कि "मैं कब वापस आ जाऊँगी?" वे बोले, "कल आप आ जाएँगी वापस। बस आप वो बता दीजिए बड़े साहब को और आ जाइएगा।" मैंने कहा, "ठीक है।" मैं गई वहाँ, लेकिन वहाँ का दृश्य तो बड़ा भयावह था।

उन्होंने वहाँ पहले से इतना माहौल बनाकर रखा था, इतना, मतलब इतनी फोर्स थी और ऐसा लगा कि पता नहीं मैं कितनी बड़ी अपराधी हूँ! और उन्होंने बुरी तरह से मुझे कैप्चर कर लिया। पूरा घेर लिया, तब मुझे कुछ लगा ऐसा कि कहीं तो कुछ गड़बड़ है…!

सुरेश चव्हाणके : हूँ!

साध्वी प्रज्ञा : पर ठीक है, एक रात को मैं देर रात पहुँची थी। 10 अक्तूबर को, 10 अक्तूबर, 2008 को वो मुझे लेकर के गए, उसके बाद 13 दिन तक गैर-कानूनी रखा और अगले दिन सुबह ही उन्होंने प्रताड़नाएँ शुरू कर दीं…

सुरेश चव्हाणके : हूँ!

साध्वी प्रज्ञा : मुझे ये तक समझ नहीं आया कि ये मुझे पीट क्यों रहे हैं? क्यों मार रहे हैं? आखिर कारण क्या है? पहले ही उन्होंने पीटा, प्रश्न बाद में थे…

सुरेश चव्हाणके : और उसमें कोई महिला नहीं थी?

साध्वी प्रज्ञा : कोई महिला नहीं थी, सब पुरुषों ने पीटा। खानविलकर और आवार्ड ये दो इंस्पेक्टर थे—खानविलकर ने बहुत पीटा और आवार्ड उसे सहयोग कर रहा था। खानवलकर थक जाता था तो आवार्ड पीटता था और आवार्ड थकता था तो खानविलकर पीटता था और बेल्टों से पीटते थे।

सुरेश चव्हाणके : जैसे हम फिल्मों में देखते हैं अपराधियों को मारते हुए…!

साध्वी प्रज्ञा : हाँ!

सुरेश चव्हाणके : ये सिलसिला जारी रहा?

साध्वी प्रज्ञा : ये सिलसिला जारी रहा। दिन-रात जारी रहा। उस अवस्था में मैं आपको बताऊँ कि 24 दिन तक मैं उनकी कस्टडी में थी। तेरह दिन इन लोगों ने मुझे…

सुरेश चव्हाणके : गैर-कानूनी रखा!

साध्वी प्रज्ञा : गैर-कानूनी तरीके से रखा और ग्यारह दिन की इन्होंने कानूनी कस्टडी माँगी जज से…

सुरेश चव्हाणके : हाँ!

साध्वी प्रज्ञा : कोर्ट से···

सुरेश चव्हाणके : हाँ!

साध्वी प्रज्ञा : तो इस प्रकार से मैं 24 दिन तक इनकी कस्टडी में रही। मैंने कुछ नहीं खाया···और सिर्फ पानी···इसकी प्रताड़नाओं की, शारीरिक प्रताड़नाएँ—पहले दिन मानसिक प्रताड़नाएँ, फिर बीच-बीच में देने लगे, लेकिन इन्होंने वो हद पार कर दी, जो कभी कोई स्त्री सहन नहीं कर सकती। मुझे तो मालूम है···मैं समझती हूँ कि मेरे ठाकुर हैं···! मुझे संबल इन्होंने ही दिया है। नहीं तो शायद मैं वो प्रताड़नाएँ सहन नहीं करती और मैं समाप्त हो जाती!

उस पराकाष्ठा तक ये लोग चले गए। इन्होंने इतना मारा मुझे और मेरे फेफड़े की झिल्ली फट गई। मैं बेहोश हो गई। उस अवस्था में फिर इन लोगों ने मुझे एडमिट किया एक हॉस्पिटल में। वह हॉस्पिटल था शुश्रूषा, ओ···उसमें मुझे बेहोशी की अवस्था में लेकर के गए। वहाँ मेरे वस्त्र उतार दिए। भगवा वस्त्र उतार दिए और एक कोई दूसरे कलर की फ्रॉक पहना दी, जब मुझे होश आया, तब मैंने कहा कि ये क्या कपड़े हैं? लेकिन तब भी अर्धबेहोशी की अवस्था थी तो ये लोग कुछ बोलते नहीं थे। बस हमारी जो स्थिति थी, ऑक्सीजन लगा था, वेंटिलेटर पर थी। मैं पाँच दिन तक वेंटिलेटर पर रही। उस वेंटिलेटर की अवस्था में शुश्रूषा हॉस्पिटल में तीन दिन तक रखा और बजे हॉस्पिटल में, फिर उन्होंने चेंज करवा दिया कि कहीं कोई जानकारी न ले ले इसलिए, फिर हॉस्पिटल चेंज कर दिया। डॉक्टर ने कहा कि इनकी ऑक्सीजन नहीं हटनी चाहिए, पर उस अवस्था में ये लोग तीन माले मुझे चढ़-चढ़वाकर, पैदल चढ़वाकर सीढ़ियों पर और फिर मुझे रूम में लेकर गए, यानी मानवीयता तो अंशमात्र भी नहीं थी।

सुरेश चव्हाणके : तो जो बेल्ट से पीटा गया, पुरुष पीटते थे···ये रात में भी होता था? दिन-रात मतलब सोने का, नींद का?

साध्वी प्रज्ञा : नहीं, सोने का कोई नियम नहीं है। मैं तो सुबह प्रयास करती थी कि स्नान करके पूजा कर लूँ, लेकिन पूजा का भी कहीं हमारा कोई नियम नहीं बन पाया।

सुरेश चव्हाणके : ये तो आपका अधिकार था!

साध्वी प्रज्ञा : वहाँ तो सब अधिकारों का हनन किया गया। हमें गैर-कानूनी रखा गया तो कौन सा अधिकार हमारा चला? वहाँ तो बस ये था कि एक···

सुरेश चव्हाणके : आपसे बुलवा लें···आप···

साध्वी प्रज्ञा : कुछ भी करके ये जो मुझसे कुछ कहलवाना चाहते थे··· कहलवा लें, बस ये वो उनकी मानसिकता थी।

सुरेश चव्हाणके : हूँ। आरोप स्वीकार करने के लिए कह रहे थे?

साध्वी प्रज्ञा : हाँ। उनका कहना था कि हाँ, आप स्वीकार करो, तुम स्वीकार करो कि तुमने बम विस्फोट किया है। मैंने कहा कि मैंने नहीं किया है तो मैं कदापि स्वीकार नहीं करूँगी, तो बस यही था उनका।

सुरेश चव्हाणके : और उनका तर्क था कि आपने गाड़ी दी है और उसपर आपका नंबर है वगैरह-वगैरह···फलाँना··· ?

साध्वी प्रज्ञा : ये सब बातें वो नहीं करते थे।

सुरेश चव्हाणके : वो बस आप हाँ कहो?

साध्वी प्रज्ञा : वो बस ये कहते थे कि तुम बस ये कहो कि तुमने किया है।

हाँ, और इसमें कौन-कौन लोग थे?

साध्वी प्रज्ञा : तो मैंने कहा कि जब मुझे इस बात की ही जानकारी नहीं थी कि विस्फोट हुआ है, क्योंकि मैं थोड़ी अपनी तपस्या में थी। संन्यास हमारा 2007 में हुआ है जनवरी माह में···तो यह काल तपस्या काल चलता है।

सुरेश चव्हाणके : हूँ।

साध्वी प्रज्ञा : तो मैं तपस्या काल में थी और उस समय मैं न टी.वी. देखती थी, न पेपर पढ़ती थी। न मेरा कोई सामाजिक संपर्क तो बिल्कुल भी नहीं।

मैं अपनी तपस्या में ही थी। नवरात्रि का समय चल रहा था तो उस समय अनुष्ठान वगैरह चलते हैं, चातुर्मास बाद वो अनुष्ठान चला। नवरात्रि का अनुष्ठान चल रहा था, बस उस समय इन्होंने ये किया तो कहीं-से-कहीं तक ये मुझे पता ही नहीं था कि कहीं कोई विस्फोट हुआ है···

सुरेश चव्हाणके : हूँ!

साध्वी प्रज्ञा : तो इस बात पर पीटते थे कि ऐसा कैसे हो सकता है?

सुरेश चव्हाणके : पीटने के दौरान आपकी रीढ़ की हड्डी भी टूट गई?

साध्वी प्रज्ञा : नहीं, रीढ़ की हड्डी तो ऐसे नहीं टूटी है। रीढ़ की हड्डी तो ये लोग, जैसे इस रूम में इनका ऑफिस, जो काली चौकी में था, उस रूम में प्रताड़ना हो रही है, मार रहे हैं, पीट रहे हैं, फिर दूसरे ऑफिसर ने बुला लिया तो दूसरे ऑफिसर के रूम में गए तो ये लोग ऐसे पकड़ते थे और पकड़कर जोर से ऐसे पटकते थे···

मौन···भावुक क्षण।

(साध्वी प्रज्ञा काली स्मृतियों को याद कर रोते हुए। आँसू पोंछते हुए)

साध्वी प्रज्ञा : वो लोग ऐसे उठाकर पटकते थे, जिससे मेरी कमर का वो हिस्सा है, जो जमीन पर लगता था और सिर दीवार में टकराता था और ये एक बार नहीं हुआ। ये दिन-प्रतिदिन में कई बार होता था। दिन-रात थोड़ी देर के लिए तो सुन्न हो जाते थे, क्योंकि सिर जब दीवार से टकराता था···थोड़ी देर सुन्न हो जाता था, उसके बाद, फिर इनका बेल्टों से पीटना..!

सुरेश चव्हाणके : कोई दया नहीं?

साध्वी प्रज्ञा : नहीं, दया नाम की कोई कल्पना नहीं कर सकते थे वहाँ···

सुरेश चव्हाणके : हम समझते हैं, लेकिन हिंदुस्थान, इसलिए भी ये हिंदुस्थान के सामने जाना चाहिए, क्योंकि ये ऐसी प्रताड़ना है, कि अमानवता की आजाद हिंदुस्थान में इतनी पराकाष्ठा कैसे हो सकती है, इसलिए भी जानी चाहिए। दोषियों को सजा भी मिलनी चाहिए और यहाँ इस देश में हिंदू धर्म का काम करना कितना मुश्किल है, यह भी पता चलना चाहिए।

साध्वी प्रज्ञा : क्या बताऊँ, जब वो पीटते थे, बेल्टों से पीटते थे तो उनकी बेल्ट, ये पुरुष जो बेल्ट लगाते हैं, वो बेल्ट नहीं होती थी! बहुत चौड़ी बेल्ट और इतनी मोटी, वो बेल्ट हुआ करती थी। ऐसे पीटते थे कि जैसे वो हाथों में पड़ती थीं तो ये पूरा जैसे उभरकर आ जाता है और जब यह उभरकर आता है तो यह नीला-काला पड़ जाता है और फिर एक बेल्ट तो पड़ती नहीं थीं, कहते थे कि ऐसे हाथ करो तो मैं ऐसे हाथ कर देती थी, उसके बाद वो बेल्ट-पे-बेल्ट बरसाते रहते थे तो ये पूरे, हमारे ये हाथ ऐसे सूज जाते थे, एक स्थिति ऐसी बनती थी कि वो रोक देते थे बेल्ट मारना और कागज देते थे हाथों में कहते थे कि और इनको दबाओ तो मैंने नहीं दबाया, क्योंकि वो इतने फूल गए थे, हाथ की उँगली भी ऐसे हिला नहीं पाती थी, फिर वो लोग नमक का पानी, गरम पानी में नमक डालकर उसमें हाथ डलवाते थे, तो थोड़े से मुलायम होते थे हाथ, फिर उनको ऐसे दबाकर कागज में ऐसे दबाकर जमीन में, दीवार में पटकवाते थे, जिससे हाथ मुलायम हो जाएँ, जैसे ही थोड़े मुलायम होते थे एकाध घंटे में, वो फिर से पीटना शुरू करते थे···

सुरेश चव्हाणके : ओह!

साध्वी प्रज्ञा : इतनी अभद्र गालियाँ..इतनी अभद्र गालियाँ, इसकी कल्पना नहीं कर सकते···!

सुरेश चव्हाणके : एक महिला, वो भी हिंदू साध्वी···

साध्वी प्रज्ञा : साध्वी के नाम पर और भी ज्यादा गालियाँ···

सुरेश चव्हाणके : मतलब, जो गुस्सा था, वो साध्वी होने पर था।

साध्वी प्रज्ञा : मुझे तो ऐसा ही लगा और लगा, क्या ये कन्फर्म था कि साध्वी वेश को गाली देना, साध्वी को गाली देना, यह उनका एक उद्देश्य था। मेरी आत्मा टूट जाए। आत्मा किसी प्रकार से कुंठित हो जाए, यह उनका···

सुरेश चव्हाणके : मनोबल टूट जाए!

साध्वी प्रज्ञा : मनोबल टूट जाए, यह उनका पूरा प्रयास था।

सुरेश चव्हाणके : इन बिटवीन, आपकी जिनमें श्रद्धा है, उनके खिलाफ भी··· !

साध्वी प्रज्ञा : गुरुदेव के लिए बोला कि तेरे गुरु को उठा लाऊँगा···मैंने कहा कि धरती हिल जाएगी। मेरे गुरुदेव ईश्वर हैं और कल्पना भी नहीं कर सकते कि मेरे गुरुदेव को किसी भी प्रकार की आँच आए। इतना ही कहा और इससे ज्यादा कुछ कह नहीं सकती थी!

सुरेश चव्हाणके : इन बिटविन, आपके खाने के नियम, पूजा के नियम तो पूर्ण होने नहीं दिए··· ?

साध्वी प्रज्ञा : पूजा तो···

सुरेश चव्हाणके : खाने को लेकर···

साध्वी प्रज्ञा : खाना तो कुछ खाया ही नहीं मैंने, बस एक बात कही···

सुरेश चव्हाणके : कुछ जबरदस्ती खिलवाने में···

साध्वी प्रज्ञा : नहीं, उनका प्रयास था जबरदस्ती भोजन देने का, पर मैं देखती भी नहीं थी उस तरफ और नहीं खाना है तो आप जबरदस्ती मुँह में नहीं ठूँस सकते और मैंने नहीं खाया।

सुरेश चव्हाणके : आपके शिष्य के द्वारा भी आपको पिटवाने का एक इंसीडेंट, आपने पत्र में लिखा है।

साध्वी प्रज्ञा : हूँ!

सुरेश चव्हाणके : आपने एक पत्र में लिखा है···

साध्वी प्रज्ञा : जैसे ये मुझे मारते थे। इन्होंने देखा कि मैं कुछ कह ही नहीं रही हूँ तो फिर जिस शिष्य को मेरे साथ लेकर गए थे, उस शिष्य को पहले मारा, फिर हेमंत करकरे बैठा हुआ था सीट पर और खानविलकर उसको मार रहा था।

शिष्य को मार रहा था और मुझे लाकर गेट पर खड़ा कर दिया। दरवाजे पर खड़ा कर दिया ऑफिस में, उसको मारा तो वो बड़े जोर से चिल्लाया। मुझे समझ में यह सब दृश्य नहीं आ रहा था कि आखिर यह हो क्या रहा है? फिर मुझे अंदर लेकर गए, फिर मेरे सामने उसको मारा और मैं सन्न होकर एकदम देखती रही। उसको मारा और फिर मुझे वहाँ बुलाया और मुझे मारा, फिर उसको बेल्ट दी, उससे कहा कि इसे मारो···ये तुम्हारी गुरु है न! इसको तुम मारो। तो स्वाभाविक है कि शिष्य का हाथ गुरु के ऊपर नहीं उठता है तो उससे कहा कि तुम इसको मारो। उसने कहा कि नहीं साहब, मुझे छोड़ दो। ऐसा साहब क्यों करवा रहे हो? लेकिन वो तो हैवानियत पर उतारू थे। उन्होंने कहा कि नहीं, तुम मारो, नहीं तो मैं तुम्हें मारता हूँ तो मैंने कहा कि तुम मारो मुझे···मेरी तरफ देखने लगा। मैंने कहा कि मारो तो यह भी सच है कि शिष्य का हाथ कितना भी टाइट पड़ेगा तो भी हलका ही पड़ेगा। उसने मुझे बेल्ट मारी। उसके बाद खानविलकर ने वो बेल्ट छीन ली, फिर बुरी तरह से उसको पीटा। मैंने कहा कि अगर मुझे मारना चाहते हो तो मुझे मारो न···इसका क्या अपराध है? इसने क्या गलती की है?

साध्वी प्रज्ञा : ज्यादा नहीं मारा पर बाकी सबने इतना थकने तक मारा···ये मेरे पैर नीचे···

सुरेश चव्हाणके : मतलब सर्कल में फुटबॉल की तरह··· ?

साध्वी प्रज्ञा : हाँ, ऐसे सर्कल बना लिया···ये मार रहा है···फिर ये मार रहा है···फिर ये मार रहा है और फिर एक परमवीर सिंह, उन्होंने तो और अति कर दी, ये लोग सब मार रहे थे, लेकिन उसके बाद वो बोला कि अरे, तुम लोगों के शरीर में ताकत नहीं है, तुम लोग क्या खाते हो? ऐसी ही पुलिस में आ गए हो करके, ऐसे आस्तीन ऊपर की, ऐसे···

सुरेश चव्हाणके : वो कौन थे?

साध्वी प्रज्ञा : परमवीर सिंह, जो अभी ठाणे के कमिश्नर हैं। ऐसे करके उसने हाथ उठाए, ऐसे आस्तीन सिकोड़ी अपनी शर्ट की और उसके बाद एक की बेल्ट लेकर बोले—मैं इसको देखता हूँ, तुम लोगों में तो ताकत नहीं है और फिर बुरी तरह से पीटना शुरू किया और लेडी को तो फिर उन्होंने हटा ही दिया और बोले कि हटो तुम एक तरफ, तुम्हें कुछ नहीं आता-जाता और फिर खुद मारते रहे। मारते-मारते फिर एक बार खड़े होकर अपनी शर्ट ठीक की, तब तक दूसरे मारने लगे, यानी वहाँ कहीं कोई गुंजाइश नहीं थी कि आप एक मानव शरीर हैं या स्त्री

शरीर हैं, ये तो कल्पना नहीं थी उनके दिमाग में···

साध्वी प्रज्ञा : उससे पहले इन्होंने हमें एक अश्लील सी.डी. दिखाई।

सुरेश चव्हाणके : ओहो!

साध्वी प्रज्ञा : एक सुखविंदर सिंह करके···नाम था, उसने मुझे अश्लील सी.डी. सुनवाई और सबको स्पेशली खड़ा करके, और लोगों को भी, जो लेकर आए थे, जो अभी अंदर हैं, लोग उनको भी इकट्ठा करके और उनके सामने मुझे खड़ा करके अश्लील सी.डी. लैपटॉप में सुनवाई और जब लैपटॉप में आवाज क्लियर नहीं आई तो कंप्यूटर में सुनाई और उस समय तो मेरी हालत बिल्कुल ठीक नहीं थी। मैंने उनसे कहा कि मैं बैठ जाऊँ···मुझसे खड़े होते नहीं बन रहा है तो बोले कि क्यों? तू शादी में आई है? तेरी खातिरदारी करूँ क्या? इस प्रकार से मुझे खड़ा ही रखा।

मैं ऐसे दीवार से टिक गई और मेरे सामने बिल्कुल अँधेरा छाया हुआ था, वो उसमें क्या बोल रहे थे, ये मुझे बिल्कुल समझ में नहीं आ रहा था तो उनमें से किसी एक पुरुष ने कहा कि साहब, ये संन्यासी हैं···ये माताजी हैं, इनके सामने आप क्यों सुनवा रहे हो ये सी.डी.? हम लोगों को सुना दो, पर इनको क्यों सुनवा रहे हो···तो उसको मारा, मुझे ध्यान नहीं आ रहा है, क्योंकि मेरी स्थिति ठीक नहीं थी, ये ध्यान नहीं आ रहा है कि वो कौन था···?

सुरेश चव्हाणके : पुलिसवाला था?

साध्वी प्रज्ञा : नहीं···नहीं···

सुरेश चव्हाणके : जो अरेस्ट किए थे?

साध्वी प्रज्ञा : जिनको अरेस्ट किया था, उन्हें तो उन्होंने फिर अश्लील सी.डी. सुनाई···जब मुझे थोड़ा सा ऐसा शब्द, ऐसा लगा कि अश्लील शब्द हैं कुछ तो, ये बहुत गंदा है तो मैंने अपना ध्यान वहाँ से हटा लिया और आँखें बंद कर लीं और चुपचाप ऐसे दीवार से टिककर खड़ी रही, मेरी अवस्था ही ऐसी नहीं थी कि मैं ऐसा कुछ सुन सकती··· लेकिन वो इतना दुष्ट प्रवृत्ति का व्यक्ति था कि वो मुझे ऐसे पकड़कर हिलाता है और कहता है कि सुन न तूने आँखें क्यों बंद कीं···सुन इसको, फिर गाली दी, उन लोगों ने फिर मुझे गाली दी और वह मुझे गालियाँ दे रहा था, गंदा-गंदा बोल रहा था। असहनीय था और अंदर इतना ज्यादा हुआ है कि मैं आपको मोटा-मोटा बता रही हूँ।

सुरेश चव्हाणके : इतना तो ब्रिटिशों के खिलाफ भी नहीं सुना?

साध्वी प्रज्ञा : कभी नहीं हुआ होगा! मैं तो उस समय थी नहीं, लेकिन कुछ नहीं लगता है···

सुरेश चव्हाणके : मैंने तो भगत सिंह को पढ़ा है। बाकी लोगों को पढ़ा है, उसमें भी इतनी प्रताड़ना नहीं थी और महिलाओं को तो थी ही नहीं!

साध्वी प्रज्ञा : महिलाओं को तो इतनी दी नहीं गई होगी!

सुरेश चव्हाणके : तो महाराष्ट्र पुलिस, जिसको कभी स्कॉटलैंड यार्ड के समान पुलिस कहा जाता था, केवल यह राजनीतिक दबाव का परिणाम था···

साध्वी प्रज्ञा : बिल्कुल राजनीतिक दबाव का परिणाम था और इसको हम नकार नहीं सकते।

सुरेश चव्हाणके : जी, उसके बाद जो पॉलियोग्राफिक टेस्ट वगैरह हुए, आपकी इच्छा से हुई या इच्छा के बगैर हुए?

साध्वी प्रज्ञा : नहीं, मुझे तो पता ही नहीं होता था कि यह नार्को टेस्ट क्या होता है··· ?

सुरेश चव्हाणके : इन्होंने ये कहा कि आपका नार्को किया गया। आपका पोलियोग्राफ किया, लाई डिटेक्टर किया, लेकिन कहीं पर वो चीज नहीं आ रही, जिसके लिए आपको अरेस्ट किया, तो उन्होंने ये कहा कि जो कि आप एक संन्यासी हैं, योग करती हैं तो आपकी योग-साधना का ये परिणाम है कि आपसे बुलवाया नहीं जा पा रहा है··· ?

साध्वी प्रज्ञा : एक अपराधी तो इतना अच्छा योग नहीं जानता है, फिर उन्हें क्यों पीटना चाहिए, क्यों पीटा और क्यों नहीं आया, अगर मैं अपराधी होती तो मैं योग नहीं कर सकती, इतना गहरा योग नहीं कर सकती कि मशीनें फेल हो जाएँ, इसका अर्थ तो सीधा है कि मशीनों में आएगा कैसे, अगर मेरा कहीं कुछ अपराध होता, कहीं कुछ होता तो मशीनों में आता···

सुरेश चव्हाणके : बिल्कुल···

साध्वी प्रज्ञा : और एक बार नहीं, इन्होंने तीन-तीन बार ये टेस्ट किए।

सुरेश चव्हाणके : हूँ।

साध्वी प्रज्ञा : नार्को टेस्ट तीन बार, पॉलियोग्राफी टेस्ट तीन बार, वैन मैपिंग टेस्ट तीन बार, साइकोलॉजिकल टेस्ट तीन बार, ऐसे करके इन्होंने···

सुरेश चव्हाणके : वो भी इतने मारने के बावजूद···

साध्वी प्रज्ञा : इतने पीटने के बाद, और जो व्यक्ति भोजन नहीं कर रहा है

और जिस व्यक्ति के पेट में कुछ नहीं है और मुझे दिन भर लूज मोशन होते थे, कहीं भी मेरे शरीर के साथ इन्होंने कोई दया नहीं दिखाई…

सुरेश चव्हाणके : उसका परिणाम हम आज देख रहे हैं?

साध्वी प्रज्ञा : परिणाम, मैं आज देख रही हूँ कि मैं अपने से चलने-फिरने में असमर्थ हूँ। अपना दैनिक कार्य करने में असमर्थ हूँ। जिस प्रकार से फिजिकल फिट थी, फिजिकल ट्रेंड थी तो बीस-बीस किमी. मैं चलती थी, दो-दो, ढाई-ढाई घंटे मैं अपना योग प्राणायाम करती थी, कहीं कुछ नहीं कर पा रही हूँ, मैं आज…

सुरेश चव्हाणके : ये सारा कैसे सहा आपने; क्योंकि जो सुनने में भी इतना डरावना लगता है, वो आपने कैसे सहा?

साध्वी प्रज्ञा : मेरे ठाकुर हैं। इन्होंने ही शक्ति दी है और जहाँ तक मेरी शक्ति का एक बहुत बड़ा स्रोत है राष्ट्रभक्ति…राष्ट्र को समर्पण। मैंने आज से नहीं…मैं बहुत छोटी थी, उस समय से संकल्प ले रखा था, देश के लिए जिएँगे और देश के लिए मरेंगे, तो उसी संकल्प ने मुझे ये सब सहन करवाया और आज मैं अगर आपसे बात कर रही हूँ, अभी भी मेरा स्वास्थ्य ठीक नहीं है, बहुत ज्यादा स्थिति ठीक नहीं है कि मैं आपसे बात कर सकूँ! फिर भी वही कारण है मेरी राष्ट्रभक्ति, मेरा अध्यात्म…

सुरेश चव्हाणके : ये प्रेरणा कैसे मिलती थी, क्योंकि लोग तो टूट जाते हैं ऐसी चीजों से और इसीलिए तो आपको इतना प्रताड़ित किया जा रहा था?

साध्वी प्रज्ञा : प्रेरणा तो मेरे घर से ही मिली। मेरे पिताजी आर.एस.एस. के पदाधिकारी थे। संघमय मेरा वातावरण, घर का वातावरण था और पिताजी हमारे क्षत्रिय, हम लोग क्षत्रिय थे, रक्त हमारा क्षत्रिय है, पिताजी का हमेशा कहना रहता था कि क्षत्रिय एक राष्ट्र का रक्षक होता है, कभी मत सोचना कि तुम स्त्री शरीर हो, लड़की हो, ये सब कभी मत सोचना, राष्ट्र की प्रहरी हो, देश में कभी भी कोई भी विपत्ति आती है तो तुम्हारा सबसे पहले कर्तव्य बनता है कि राष्ट्र की रक्षा करो। राष्ट्र के लिए जियो और जो कुछ भी है, देश से बढ़कर कुछ भी नहीं है, क्योंकि क्षत्रिय कुल में जन्म लिया है तो सीधा सा अर्थ है कि तुम्हें अपने दायित्व का निर्वाह करना पड़ेगा और उसी नाते उन्होंने भी वही किया। वो स्वयं भी इस प्रकार के थे कि एक सैनिक की तरह वो हमेशा तत्पर रहते थे। अपने मोहल्ला, कॉलोनी, अपना नगर और बाकी बाद में। देश हो या नगर, वो हमेशा सचेत रहते थे, कभी कोई किसी प्रकार की विपत्ति आई तो पिताजी हमेशा वहाँ सुरक्षा के लिए पहुँचते थे या

सहयोग करने के लिए पहुँचते थे कि कहीं कोई किसी प्रकार की दिक्कत न हो कि सब ठीक हो जाए और मुझे भी इसी प्रकार का बनाया···

सुरेश चव्हाणके : जब ये हुआ तो उनको जब पता चला तो उनकी प्रतिक्रिया क्या थी?

साध्वी प्रज्ञा : पिताजी का कहना था कि मेरे संस्कारों पर मुझे पूरा भरोसा है, मेरी बेटी कभी अपराध···कोई भी अपराध कर ही नहीं सकती और ये शब्दों ने मुझे बल दिया। स्वाभाविक है, मेरे पिताजी ने मुझे कभी पिता की तरह नहीं माना, बेटी की तरह नहीं माना, मेरे पिताजी ने मुझे एक शिष्य की तरह ही···ट्रीट किया है और शिष्य ही माना है।

सुरेश चव्हाणके : उनका इसी दौरान देहांत हो गया···!

साध्वी प्रज्ञा : हाँ, पिताजी का स्वाभाविक है···वो मुझे कहते थे कि तुम मेरी मानस पुत्री हो, जो मैं राष्ट्र कार्य में खुलकर नहीं कर पाया, क्योंकि मेरा विवाह हो गया। राष्ट्रकार्य में काफी बाधाएँ आईं। जिस समर्पण भाव से मैं कर पाता, वो नहीं कर पाया हूँ। इसलिए तुम कर पा रही हो, इतने अच्छे से राष्ट्र कार्य कर रही हो, समाज कार्य कर रही हो, तल्लीन रहकर करती हो, निरंतर तुम्हारा चिंतन रहता है तो मैं देखता हूँ, तुम्हें तो मैं अपने में पाता हूँ और तुम मेरी मानस पुत्री हो, तुम सिर्फ रक्त की पुत्री नहीं हो, इसलिए मैं तुमसे बहुत खुश हूँ, ये उनके शब्द थे तो जब मुझे वहाँ लेकर गए तो उन्होंने एक बार अनशन भी किया था अन्याय के प्रतिकार में। सूरत में अनशन भी किया, लेकिन किसी पर कोई फर्क नहीं पड़ता उससे। और उसके पश्चात् पिताजी को कहीं-न-कहीं ठेस लगी और एक दिन ऐसा आया कि उन्हें जब ये पता चला कि मुझे कैंसर है तो उनको इतनी ठेस लगी कि वो पैरालाइटिक हो गए। उनको आधे शरीर में लकवा हो गया और वो बिस्तर पर पड़ गए। चालीस दिन के संघर्ष के बाद उनका जीवन समाप्त हो गया···

सुरेश चव्हाणके : तो उस समय हमने ऐसा सुना है कि उनकी अंतिम यात्रा में भी जाने के लिए आपको सरकार ने, जो आपका मानवाधिकार है, उसका उपयोग भी नहीं करने दिया?

साध्वी प्रज्ञा : कोर्ट ने अनुमति दी थी और मैं देख पाई हूँ उन···उनको और मैं दाह-संस्कार में सम्मिलित हुई हूँ, लेकिन तेरहवीं के समय मना कर दिया था···

सुरेश चव्हाणके : मतलब सारे विधि-विधान नहीं होने दिए?

साध्वी प्रज्ञा : हाँ, फिर सबकुछ हो गया था, जब ऑर्डर मिला, जब मैं वहाँ

पहुँची थी···तब सब संस्कार हो चुके थे उनके, जो तेरहवीं की सब क्रिया विधि होती है···

सुरेश चव्हाणके : इस सारे मैटर में एक भगवा आतंकवाद···ये बात सामने लाने के लिए···ये किया गया। इसको आप कैसा देखती हैं··· ?

साध्वी प्रज्ञा : ये तो कहानी का एक पार्ट मुझे तब समझ में आया, जब पी. चिदंबरम के मुँह से ये शब्द निकले—भगवा आतंकवाद, ये उसी दिन समझ में आया कि अच्छा, ये बात थी, इसलिए मुझे प्रताड़ित किया जा रहा था, इसलिए इतनी मारधाड़ जारी थी कि इनको भगवा आतंकवाद सिद्ध करना था, भगवा आतंकवाद एक बहुत ही क्रूअल शब्द है।

सुरेश चव्हाणके : जो हो ही नहीं सकता।

साध्वी प्रज्ञा : हो ही नहीं सकता, क्योंकि जो सनातन धर्म, जो विश्वगुरु था सनातन धर्म, जो कहीं-से-कहीं तक किसी भी प्रकार से किसी पर अत्याचार करने के विचार करने के लिए भी विचार करता है। ऐसा धर्म, ऐसा सहिष्णु धर्म उसके लिए आतंकवाद कह देना, ये तो विधर्मियों के अलावा कोई कर ही नहीं सकता, तो मुझे बहुत अच्छे से ध्यान है कि मैं जेल में थी और टी.वी. चल रहा था। उसमें उस दिन राहुल गांधी उपाध्यक्ष चुने गए थे और उनका उपाध्यक्ष चुना जाना और ये जो पी. चिदंबरम हैं, दिग्विजय सिंह हैं, शिंदे हैं, इन लोगों के मुँह में से भर-भर के कहा जाना कि भगवा आतंकवाद, भगवा आतंकवाद और हमारा भी नाम लेना और भगवा आतंकवाद कहना, ये सब कहना, उनकी बिल्कुल सोची-समझी चाल थी, ये जो पूरा षड्यंत्र मुझे जबरदस्ती लाना, इस प्रकार से फँसाना, इतना ज्यादा प्रताड़ित करना और कुछ नहीं बना तो मकोका लगा दिया···

सुरेश चव्हाणके : हूँ। जो कोर्ट ने कहा कि लग ही नहीं सकता था?

साध्वी प्रज्ञा : लग ही नहीं सकता था।

सुरेश चव्हाणके : और उसी कारण आपको इतने लंबे समय तक रख पाए!

साध्वी प्रज्ञा : बिल्कुल!

सुरेश चव्हाणके : एक सवाल ये···ये सवाल मेरा नहीं है, लेकिन मैंने आपके इंटरव्यू के लिए लोगों को पूछा था तो एक ने ऐसा सवाल पूछा है कि इतनी बड़ी प्रताड़ना में कहीं आपको ऐसा लगा कि मैं संन्यास नहीं लेती तो शायद मैं बच पाती और क्यों नहीं लगा, ये भी पूछा है।

साध्वी प्रज्ञा : देखिए, मैं राष्ट्र को समर्पित हूँ, अगर मैं ये विचार करूँ कि मैं

बच जाऊँ किसी भी प्रकार से तो मैं तो किसी का भी झूठा नाम ले लेती, किसी के भी बारे में कुछ भी कह देती, जो वो चाहते थे, वही कह देती तो मैं बच जाती, पर क्या ये राष्ट्र धर्म है और अगर मैंने नहीं किया तो मुझे अंश मात्र लगता है कि मैंने राष्ट्र धर्म का पालन किया···

सुरेश चव्हाणके : हाँ!

साध्वी प्रज्ञा : और राष्ट्र धर्म! तो ये राष्ट्र धर्म को निभानेवाले लोग, जो देशप्रेमी हैं, देशभक्त हैं, राष्ट्रभक्त हैं, उनके लिए तो मैं एक बात कहती हूँ कि ये शृंगार हैं, ये सब चीजें शृंगार हैं, मैं कहीं-न-कहीं थोड़ा सा···

सुरेश चव्हाणके : लोग जिसको पागलपन कहते हैं···

साध्वी प्रज्ञा : लोग जिसको पागलपन कहते हैं और वो पागलपन नहीं, वास्तव में वो विचारों की, समर्पण की···

सुरेश चव्हाणके : एक अवस्था है।

साध्वी प्रज्ञा : भावों की वो अभिव्यक्ति है, वो अंतिम स्थिति है, जहाँ सीधा कल्याण है, मोक्ष है, उससे बड़ा कुछ नहीं है।

सुरेश चव्हाणके : आपको, आप गुनाह कबूल करें, इसलिए इतना प्रताड़ित किया गया, क्या आपको कोई लालच भी दिया गया कि नहीं, आप कबूल करो, चलो हम नहीं प्रताड़ित करते, आपको छोड़ देते हैं?

साध्वी प्रज्ञा : लालच क्या, ऐसी-ऐसी बातें कहते थे, मुझे लगता था कि ये बोल क्या रहे हैं, कहते थे कि तुमने बम विस्फोट किया है···बम विस्फोट किया है तो चलो एक काम और करो कि जो ये कांग्रेसी नेता हैं, चलो इनकी हत्या करो···

सुरेश चव्हाणके : हूँ···

साध्वी प्रज्ञा : मैं तुम्हारा साथ दूँगा!

सुरेश चव्हाणके : ऐसा भी कहा?

साध्वी प्रज्ञा : हाँ! अब ऐसा क्यों कहते थे···स्वाभाविक है, उनका कहना इसलिए रहता था कि नेताओं को मारो, ताकि मेरी वृत्ति तो बाहर आए। मेरी वृत्ति को बाहर निकालने के लिए उनका ऐसा कहना था, लेकिन वो मेरी वृत्ति को नहीं जानते थे। एक राष्ट्रभक्ति की वृत्ति क्या होती है, ये गैर-कानूनी कानून के अंतर्गत कानून का चेहरा बने हुए लोग, गैर-कानूनी काम करनेवाले ये राष्ट्रभक्तों की आत्मा तक कभी नहीं पहुँच सकते तो···

सुरेश चव्हाणके : स्वामी अग्निवेश आपको मिले थे? ऐसा हमने सुना था!

साध्वी प्रज्ञा : हाँ, जेल में मिलने आए थे मुझसे।

सुरेश चव्हाणके : तो ये तो बड़ी चौंकानेवाली बात है कि स्वामी अग्निवेश, उसी अग्निवेश ने हमको, आपको लेकर आरोप भी लगाया था और आपसे क्यों मिलने आए थे? क्या हुआ था?

साध्वी प्रज्ञा : मुझे समझ में नहीं आया, एक दिन मुझे मैसेज मिला जेल में कि कोई स्वामी अग्निवेशजी मिलने आ रहे हैं, मुझे तो उनके बारे में जानकारी नहीं थी। पहले तो मैंने सोचा कि कोई संत मिलने आए हैं तो मैं मिलने आई।

सुरेश चव्हाणके : उनको संत कहना भी संतों का अपमान है।

साध्वी प्रज्ञा : हाँ, बिल्कुल!

साध्वी प्रज्ञा : क्योंकि, जब मैंने उनको बाद में, मेरे से मिलने के बाद, तभी मुझे समझ में आया कि ये स्वामीजी हैं, और उन्होंने मेरी काफी तारीफ वगैरह भी की थी और उन्होंने मुझे लोभ भी दिया था कि आप कहें तो शिंदे मेरे मित्र हैं, पी. चिदंबरम मेरे मित्र हैं, आप कहिए तो हम आपको बाहर निकाल लेते हैं। मैंने उनसे कहा कि मुझे ये सब नहीं करना है तो बोले कि आप बताइए कि मैं आपके लिए क्या कर सकता हूँ? मैं कहूँगा जाकर उनसे और जाकर मिलूँगा, क्या कहना है? हमने कहा कि यदि आपके मित्र हैं और वास्तव में आपके बहुत घनिष्ठ हैं तो आप उनसे सिर्फ इतना कहिए कि ईमानदारी से जाँच करवा लीजिए।

सुरेश चव्हाणके : हाँ!

साध्वी प्रज्ञा : ईमानदारी से जाँच हो गई तो आप मुझे बाहर ही पाएँगे! अंदर पल भर को नहीं पाएँगे। पर वो जाँच क्यों करवाएँगे ईमानदारी से? उन्होंने तो पूरा षड्यंत्र किया हुआ था।

सुरेश चव्हाणके : षड्यंत्र का हिस्सा था, आपके पास उनका आना?

साध्वी प्रज्ञा : लेकिन अग्निवेशजी को बाद में मुझे अलगाववादियों के मंच पर देखकर बाकी अन्य जो वो सब कर्म करते हैं, वो सब मुझे देखकर लगा कि अरे, ये क्या हो गया, मैं किससे मिली, पहले मैं नहीं जानती थी···

सुरेश चव्हाणके : भगवा ड्रेस को कुछ लोगों ने हाईजैक किया है, उसमें से एक अग्निवेश हैं।

साध्वी प्रज्ञा : बिल्कुल!

सुरेश चव्हाणके : हम चाहते हैं कि आप जल्दी से ठीक हों और आपके जो कार्य हैं, जो बचे हैं, जिनके लिए आपने संन्यास लिया, वो भी करें, अब मेरा

ये सवाल है कि इस दौरान कुछ लोगों को जैसे आपने बुराई के लिए याद किया तो कुछ लोगों को अच्छाई के लिए भी याद करना चाहेंगी?

साध्वी प्रज्ञा : बिल्कुल, इसमें कुछ ऐसे लोग थे कि जब हमारी अरेस्ट दिखाई गई तो मुंबई में शिव सैनिक भगवा झंडा लेकर सुबह से खड़े हुए थे। मैं जब वहाँ से आई तो मुझे सिर्फ भगवा, भगवा और सिर्फ भगवा ही दिख रहा था। इतनी ताकत, इतनी देशभक्ति, कहीं-न-कहीं देशभक्ति कर उसमें ही उन्होंने समर्थन किया। बहुत समर्थन किया और मुझे बहुत आत्मबल मिला इस बात से...

सुरेश चव्हाणके : उन्होंने फूल भी बरसाए थे आपके रास्ते में?

साध्वी प्रज्ञा : हाँ, फूल बरसाए उन्होंने और भारत माता की जय, वंदे मातरम् के नारे भी लगाए और आप संघर्ष करो साध्वीजी, आप संघर्ष करो, हम आपके साथ हैं...ये जो एकदम निडरता से समाज का सामने आ जाना, ये किसी भी राष्ट्रभक्त के लिए किसी भी बहुत बड़े पुरस्कार से कम नहीं है। बहुत-बहुत बड़ा संबल मिलता है इन चीजों से और मेरा जो संघर्ष था...मेरी सहन करने की क्षमता थी, और बढ़ गई तो इनके अत्याचार सहन करने की, उसमें यह भी एक भूमिका है।

सुरेश चव्हाणके : बाहर आपके लिए बहुत कुछ आंदोलन हो रहे थे। आवाज उठ रही थी। लोग बात कर रहे थे...ये शायद आप तक पहुँचा भी नहीं होगा?

साध्वी प्रज्ञा : नहीं, बिल्कुल नहीं!

सुरेश चव्हाणके : तमाम लोगों ने, इसलिए मैं स्पेसिफिक नाम लेने के लिए नहीं कहूँगा, क्योंकि बहुत लोगों ने काम किया है इस दौरान। मीडिया ने आपको एक विलेन के तौर पर प्रस्तुत किया था।

साध्वी प्रज्ञा : हाँ!

सुरेश चव्हाणके : जिसका जिक्र आपने प्रेस कॉन्फ्रेंस में भी किया।

साध्वी प्रज्ञा : हाँ, इन चीजों का मुझे...जब ये लोग मुझसे भेंट करने लगे, मैं (ज्यूडिशियल) न्यायिक कस्टडी में चली गई...जेल चली गई, उसके बाद ये लोग आए और बोले कि दीदी, देखो मीडिया में ऐसा-ऐसा आपके लिए बोलते हैं तो मुझे तो ये पता है कि ये मीडिया जो है, बहुत बड़ा माध्यम है किसी भी बात को संचारित करने का, लेकिन जब सत्ता हावी होती है सब चीजों पर तो मीडिया भी अपना रुख बदल देती है, मेरी तो ये शिकायत भी है मेरी मीडिया से कि आप कम-से-कम उस सच्चाई को तो जानते कि हुआ क्या?

सुरेश चव्हाणके : हूँ!

साध्वी प्रज्ञा : जो पुलिस ने कह दिया, आपने कभी प्रयास किया, हमारे घरवालों से जानने का, हमारे पड़ोसियों से जानने का, हमें जाननेवालों से पूछने का कभी प्रयास किया? अगर पूछते तो आप मुझे क्या मानते, ये उसी दिन स्पष्ट हो जाता! लेकिन उन्होंने ऐसा नहीं किया, जैसा पुलिस ने कहा, वैसा उन्होंने और उसमें कुछ-कुछ मिलाकर तमाम प्रकार के···

सुरेश चव्हाणके : रंगीन स्टोरी बनाकर चलाया।

साध्वी प्रज्ञा : हाँ, रंगीन स्टोरी बनाकर चरित्र पर लांछन लगाकर सब किया। चरित्र एक बहुत बड़ी बात है। इन पुलिसवालों, ए.टी.एस. पुलिसवालों का ये हिसाब रहा कि बहुत अच्छे से उन्हें मालूम है कि किसी स्त्री शरीर पर चरित्र का लांछन लगा दो तो वो मिट जाएगी, डाउन हो जाएगी, उसका आत्मबल टूट जाएगा, आत्मविश्वास खत्म हो जाएगा और उन्होंने इसकी पराकाष्ठा की। इसलिए चरित्र पर उन्होंने जितना ज्यादा वो हमारे ऊपर आरोप लगा सकते थे, जितनी ज्यादा गंदी गालियाँ दे सकते थे, उतना उन्होंने कहा और किया, लेकिन मैं एक ही बात मानती थी···मेरे पिताजी कहा करते थे कि ध्यान रखो, राष्ट्रभक्त के लिए बहुत सारी विपत्तियाँ आती हैं, लेकिन राष्ट्रभक्त अगर उन सब बातों में पड़ गया और बहुत लोग बहुत-कुछ कहते हैं, अगर राष्ट्र भक्त उन सब बातों का विचार करने लगा तो अपने पथ से डिग जाएगा तो मुझे मालूम था कि ये सब तो करेंगे, लेकिन मुझे पता है कि मेरी सच्चाई कहाँ है। मैं सत्य हूँ, मेरी आत्मा, ये मुझे स्वीकार है कि मैं सत्य हूँ और मुझे इनके सामने सत्य होना है, मुझे किसी के सामने सत्य नहीं होना है।

सुरेश चव्हाणके : हाँ-हाँ!

साध्वी प्रज्ञा : मेरे ठाकुर के सामने मुझे पता है कि मुझे चर्चा किससे करनी है, मेरी चर्चा इनसे होती है···मैं किसी और को नहीं मानती, मुझे किसी को सफाई देने की आवश्यकता नहीं है। समय बोलता है, कर्म बोलता है और समय बोल रहा है, कर्म बोल रहा है, ये आप भी जानते हैं।

सुरेश चव्हाणके : बिल्कुल। उन दिनों में हमने आपके फेवर में, जब आप अरेस्ट हुए तो सुदर्शन ने उसके ऊपर आपके पक्ष में आवाज उठाई कि इनका भी पक्ष सुना जाना चाहिए और हमने अपने रिपोर्टर को आपके गाँव में भेजा। सूरत भेजा, फिर आपका जो भी विद्यार्थी परिषद् वगैरह का बैकग्राउंड था, वो भी हमने दिखाया, तो जो प्रयास आपके पक्ष में एकमात्र चैनल कर रहा था, उसको भी दबाने

की कोशिश की गई। ये शायद आप तक पहुँचा नहीं होगा।

साध्वी प्रज्ञा : हाँ, मुझे जानकारी नहीं हो पाई इसकी और अगर आपने ऐसा किया है तो कहीं-न-कहीं आप अपने मीडिया में अपने चैनल से ईमानदारी तो दिखा रहे हैं कि···

सुरेश चव्हाणके : हमारा तो उद्देश्य है, केवल चैनल ही नहीं, देश भी नंबर वन बनाना है और जो विदेशी मीडिया हिंदुस्थान में आकर षड्यंत्र कर रहे हैं, उसको भी जवाब देने के लिए कोई होना चाहिए। इसलिए तो हमने ये सबकुछ किया।

साध्वी प्रज्ञा : बिल्कुल!

सुरेश चव्हाणके : अब बेल हो चुकी हैं, अब आप कैसा महसूस कर रही हैं?

साध्वी प्रज्ञा : मुझे बहुत ज्यादा कुछ असर ऐसा नहीं हो रहा है, क्योंकि अगर मैं जैसी गई थी, वैसी वापस आ जाती और न्याय हो जाता जल्दी तो ऐसा लगता कि चलो ठीक है, थोड़ी देर के लिए ही सही, सहन किया। नौ वर्षों का जो पूरा काल है, इन नौ वर्षों में प्रताड़नाएँ और ये सब खूब चला, अन्याय कहा जाता है कि न्याय मिलने में अगर देरी होती है तो, वो भी एक अन्याय होता है। बेल मिली है, ठीक है, पर ये भी अभी अर्ध स्वतंत्रता है, जब हम शत-प्रतिशत निर्दोष हैं, ये मेरा विश्वास है, उसकी पूर्ति होगी, जब वो क्लियर होगा, उस दिन ही मैं उसको पूरा मानूँगी कि हाँ, आज मैं स्वतंत्र हूँ। अभी मैं अपने आप को बहुत ज्यादा स्वतंत्र नहीं मान रही हूँ पर···

सुरेश चव्हाणके : आपकी बहनजी को हमने लाइव लिया था। आपके तमाम परिवार के तमाम लोग सुदर्शन में आकर ये प्रताड़ना की चीजें भी बताते थे, जब आपको बेल मिली तो आपकी माताजी ने भी कहा कि बहनजी ने भी ये कहा कि हमारी प्रज्ञाजी को जैसे लेकर गए थे, वैसे वापस लाकर दो, अब वो तो संभव नहीं है, इसके रिटर्न में कम-से-कम क्या आप ये माँग करती हैं कि जो अन्याय आपके साथ हुआ, जिन्होंने गैर-कानूनी तरीके से किया, उनको सजा हो, उसकी जाँच हो?

साध्वी प्रज्ञा : बिल्कुल। मैं इतना तो अवश्य कहूँगी कि मैं यह कभी नहीं भूलती, जो मेरा जीवन है कि मैं एक संन्यासी हूँ। संन्यासी हमेशा क्षमा करता है, कुछ भी हो, किसी ने उसके व्यक्तिगत के साथ अगर कुछ किया है तो वो क्षम्य है

तो इन्होंने मेरे शरीर को प्रताड़ित किया है। इन्होंने हर तरह से मुझे प्रताड़ित किया, फिर भी मैं उन्हें क्षमा करती हूँ, क्योंकि वे एक कानूनी कार्य कर रहे थे, लेकिन उसी कानून के अंतर्गत उन्होंने एक गैर-कानूनी काम किया। दूसरी बात उसके लिए, उन्हें दंड अवश्य मिलेगा। कुछ को तो मिल चुका है, जो इस दुनिया में नहीं हैं। ठाकुर ने उन्हें सवा महीने में हमारे सामने से हटा लिया और उसके बावजूद भी जो सत्ता में लिप्त थे, उस समय जो सत्ताधारी थे, उनका भी हश्र हुआ है और वो अपनी पूरी उम्र जीवित नहीं रह पाए···नहीं जी पाए, मेरे अंदर रहते-रहते उनको ईश्वर ने दंड दे दिया और मेरे तो यही कर्ता-धर्ता हैं, मैं तो इनसे कह देती हूँ। दंड अपने आप मिलता है, दूसरा दंड कानून देगा। कहना मेरा काम है, लेकिन कानून से दंड दिलवाएँगे। दूसरी बात मैं व्यक्तिगत तौर पर क्षमा करती हूँ उन सबको कि उन्होंने मुझे प्रताड़ित किया है, इसलिए उन्होंने मुझे गालियाँ दीं, ये किया, वो किया, वो मैं अपशब्द तो कभी किसी के लिए नहीं बोलूँगी, बस इतना अवश्य है कि मैं उनको कानूनी तौर पर दंड दिलवाना चाहूँगी, जिससे···

सुरेश चव्हाणके : आज वे इतने बड़े पदों पर बैठे हैं?

साध्वी प्रज्ञा : जिससे कि जो उन्होंने मेरे साथ किया, वो किसी अन्य स्त्री के साथ, अन्य राष्ट्रभक्त के साथ, अन्य किसी पुरुष के साथ, अन्य किसी भी वह व्यक्ति, जो निरपराधी है, वह व्यक्ति जो राष्ट्र के लिए समर्पित है, वह व्यक्ति कहीं-से-कहीं तक किसी गैर-कानूनी काम में लिप्त नहीं है, वह व्यक्ति, जो कानून का पालन करता है और एक अच्छा नागरिक बनकर रहता है, उसको ये गैर-कानूनी बनाकर और अपनी कुत्सित भावनाओं से प्रताड़ित न कर पाएँ, ऐसा कोई षड्यंत्र न रच पाएँ। ऐसा इस कारण से मैं करूँगी, व्यक्तिगत जो मैंने प्रताड़ना सहन की, उसके लिए मैं उनको क्षमा कर सकती हूँ, पर समाज और देश के लिए क्षमा करना अपराध हो जाएगा, जो मेरे ठाकुर मुझे सिखाते हैं।

सुरेश चव्हाणके : इसके साथ ही, क्योंकि इतना करने के बावजूद भी अगर वो ठाणे के कमिश्नर बनकर बैठे हैं, कल तो राज्य के भी प्रमुख हो सकते हैं तो फिर इतना सबकुछ करने के बाद आखिर उनको क्या सजा मिले?

साध्वी प्रज्ञा : देखिए, सजा तो ठाकुर देते हैं, आप ये निश्चित मान लीजिए, उन्होंने ये तो बना दिया, उन्हें ठाणे का कमिश्नर बना दिया, उनसे भूल हो गई हो, आगे मैं प्रार्थना करूँगी कि कोई भूल ऐसी न करें, ईश्वर उनको···

सुरेश चव्हाणके : सद्बुद्धि दें!

साध्वी प्रज्ञा : सद्बुद्धि दें और ऐसे लोगों को यदि पुरस्कृत कर दिया, परमवीर सिंह सरीखे लोगों को अगर पुरस्कृत कर दिया तो राष्ट्रभक्तों का मनोबल टूटेगा और राष्ट्रभक्त किसको समर्पित होगा, ये विचार करना पड़ेगा, यदि वो ईमानदारी से मुझे अरेस्ट करते, मुझसे…

सुरेश चव्हाणके : इंट्रोगेशन कानूनी तरीके से…

साध्वी प्रज्ञा : मुझसे इंट्रोगेशन कानूनी तरीके से करते तो कहीं कोई गलती नहीं थी…

सुरेश चव्हाणके : और आप जो बोल रही थीं, उसके साक्ष्य आपके शरीर पर हैं, वहाँ हॉस्पिटल के ट्रीटमेंट में है?

साध्वी प्रज्ञा : मेरे शरीर पर और समय आया है, मैं वो सब साक्ष्य इकट्ठे करूँगी, जो हैं और इनका झूठ, इनका जो षड्यंत्र है, उसको तो उजागर करना ही पड़ेगा।

सुरेश चव्हाणके : आगे देश जानना चाहता है कि अब साध्वी आगे क्या करेंगी?

साध्वी प्रज्ञा : सर्वप्रथम तो मैं इस शरीर को स्वस्थ करने का प्रयास करूँगी। स्वतंत्रता से ट्रीटमेंट लूँगी। उपचार करवाकर, उसके बाद करना तो राष्ट्रभक्ति ही है। करना तो देश के लिए कार्य ही है। चिंतन, कर्म, मनन जो कुछ भी है, मेरा सब वो राष्ट्र को समर्पित है, अब उसमें हमें किस प्रकार से कार्य करना है, क्या करना है, वो मैं स्वस्थ होने के बाद विचार करूँगी। अभी तो मेरी स्थिति बिल्कुल ठीक नहीं है, मैं आपसे बोल भी रही हूँ तो मुझे ऐसा लग रहा है कि मैं कहीं हवा में बोल रही हूँ। ये सब स्वप्न की बात हो रही है, बोल जरूर रही हूँ, पर अभी मेरी मानसिक अवस्था भी ऐसी नहीं है, इतने वर्षों से यहाँ भी मैं हॉस्पिटल में हूँ तो हॉस्पिटल में भी अंदर-अंदर रहना! बहुत स्वस्थ नहीं हूँ मैं…

सुरेश चव्हाणके : है तो जेल ही, भले हॉस्पिटल हो?

साध्वी प्रज्ञा : जेल ही है और ऐसा कर दिया कि मैं जेल से बाहर नहीं आ सकती। मुझे इस बात की पीड़ा नहीं है कि इन्होंने इतना सब किया है। इतनी प्रताड़ना की है। इस बात की पीड़ा इतनी नहीं है, पीड़ा मुझे इस बात की है कि इन्होंने जो देश के साथ गद्दारी की है, भगवा को विश्व में अपमानित किया है। मैं तो एक निमित्त हूँ। मुझे प्रताड़ित कर लिया, कोई बात नहीं। समाज प्रताड़ित न हो, लोग प्रताड़ित न हों। ईमानदारी से अपने नागरिक बनकर अपने कर्तव्यों का पालन

करें, इसके लिए ये मेरा संघर्ष है कि मैंने जो इतना सहा। ये उसका प्रतिकार है और जो भगवा को इन्होंने अपमानित किया है। इन विधर्मियों को तो क्या कहूँ मैं? शब्द मुझे नहीं मिलते हैं, विधर्मियों को क्या दंड दिया जाए? पर ठाकुर मेरे दंड देंगे।

सुरेश चव्हाणके : तो हौसला अभी बुलंद है?

साध्वी प्रज्ञा : तो हौसला अभी बुलंद है। आत्मबल पर्याप्त है। आत्मविश्वासपूर्ण है। चिंतन-मनन, तन-मन, सब समर्पित मेरे देश को है हमारा। मैं आपको कुछ पंक्ति सुनाना चाहती हूँ, राष्ट्रभक्ति तो राष्ट्रभक्ति होती है…

सुरेश चव्हाणके : मैं कहनेवाला ही था, क्योंकि आप कुछ-न-कुछ देशभक्ति के गीत गुनगुनाती होंगी। भजन भी गुनगुनाती होंगी तो कोई देशभक्ति, जो भी आप, जिससे प्रेरणा आपको मिले, लोग जरूर सुनना चाहेंगे, क्योंकि जितनी प्रताड़ना, आपने तो केवल 10 पर्सेंट ही बताई है, जो अभी कैमरे के सामने है, इतनी प्रताड़ना झेलने के लिए जो अंदर से शक्ति होगी, वो किसी शब्दों में अगर व्यक्त हो जाए तो अच्छा रहेगा…

साध्वी प्रज्ञा : राष्ट्रभक्ति जो है, वो हर किसी के वश की बात नहीं है और राष्ट्रभक्ति जो है, वो करने का हर किसी को सौभाग्य भी नहीं मिलता। साधना है ये। तपस्या है ये, अर्चना है ये और राष्ट्रभक्ति एक वह आनंद है, जिसके लिए हम सबकुछ करने को गुजर जाते हैं, करके गुजर जाते हैं तो मैं एक पंक्ति आपको सुनाना चाहती हूँ उस देशभक्ति गीत की कि ये राष्ट्रभक्ति क्या है, जिस आधार पर मैं आज भी हूँ और मैं अंशमात्र कर पाई हूँ—

शपथ लेना तो सरल है, पर निभाना ही कठिन है,
साधना का पथ कठिन है, शलभ बन जलना सरल है,
स्नेह की जलती शिखा पर, स्वयं को तिल-तिल जलाकर
दीप बनना ही कठिन है
साधना का पथ कठिन है, तप-तपस्या के सहारे इंद्र बनना तो सरल है,
स्वर्ग का ऐश्वर्य पाकर मद भुलाना ही कठिन है, साधना का पथ कठिन है।

बहुत महत्त्वपूर्ण पंक्ति है—

नियति की खाता रहा है ठोकरें मानव युगों से
है सरल आँसू बहाना, मुसकराना ही कठिन है
शपथ लेना तो सरल है पर निभाना ही कठिन है।

सुरेश चव्हाणके : ये आप गुनगुनाती थीं…ये जब सबकुछ?

साध्वी प्रज्ञा : ये मैं गाती थी और मैंने एन.आई.ए. वालों को इतना सब इंवेस्टिगेशन करते हुए सुनाया, उन्होंने कहा मुझसे...

सुरेश चव्हाणके : उन्होंने कहा नहीं कि आप किस मिट्टी की बनी हैं... इतना होते हुए भी आप गुनगुना रही हैं?

साध्वी प्रज्ञा : वो तो कुछ भी कहते थे, लेकिन जब वो मुझे किसी प्रकार का प्रलोभन वगैरह देते थे या ए.टी.एस. वाले देते तो मैं ये गीत गा देती थी। मैं गीत गाती थी, उनको गीत सुना देती थी तो यही है...

सुरेश चव्हाणके : और कोई गीत है?

साध्वी प्रज्ञा : हाँ, एक गीत और है। इतनी सब प्रताड़ना सहन करने के बाद मैं उन्हें बोलती थी, ये तो मैं व्यक्त कर देती थी, *"बच्चा-बच्चा राम है, चंदन है इस देश की माटी, तपोभूमि हर ग्राम है, हर बाला देवी की प्रतिमा, बच्चा-बच्चा राम है... "* वो कहते थे कि यह स्थान आपके लिए नहीं है, आप यहाँ क्या कर रही हैं, आपकी किस्मत तो बहुत अच्छी है। आपको तो लोग इतना मानते हैं, ये ए.टी. एस. के शब्द हुआ करते थे। एन.आई.ए. के शब्द तो आप क्यों जेल में हैं? जाइए, आप बाहर निकलिए...सरकारी गवाह बन जाइए और आपके भाग्य में तो कुछ और लिखा है, क्यों आप यहाँ ये कर रही हैं? हमने कहा कि राष्ट्रभक्तों का भाग्य क्या होता है, जो प्रारब्ध होता है, उसको भी बदल देते हैं तो इसके लिए एक पंक्ति है, इसी में *"यहाँ कर्म से भाग्य बदलती श्रमनिष्ठा कल्याणी है, त्याग और तप की गाथाएँ गाती कवि की वाणी है, ज्ञान यहाँ का गंगाजल-सा निर्मल है, अविराम है हर बाला देवी की प्रतिमा बच्चा-बच्चा राम है"* मैं आपके इस चैनल से एक बात कहना चाहती हूँ कि हमारे देश के कर्णधार, हमारे देश के युवा, हमारे देश के वृद्ध, हमारे देश की जननी, हमारे देश की शक्ति, वो सब जाग्रत हो और दृढ़ता से खड़ी रहे, वर्तमान में विधर्मियों का नाश करने के लिए, मन से, विचार से, कर्म से, भाव से, वाणी से, चिंतन से, किसी भी प्रकार से, जिस तरह से देश को आवश्यकता हो, आप खड़े हो जाइए और देश के लिए अपनी ताकत दिखा दीजिए, भारत को विश्वगुरु बनाना है तो भारत को परम वैभव पर पहुँचाना है, हम जैसी हजारों-लाखों साध्वियाँ, राष्ट्रभक्त बंधु-बांधव, बहनें ये सब समर्पित हैं इस राष्ट्र को, हमारा तो हर जन्म इस राष्ट्र में हो और हर जन्म में मैं देश के लिए जो कर सकती हूँ, करूँ, प्रताड़नाएँ सहूँ, कुछ भी सहूँ, लेकिन हर बार हमारा जन्म इस राष्ट्र में हो, हर बार मैं देशभक्त रहूँ, हर बार मैं इसके लिए जियूँ, हर बार मरूँ, जय हिंदू राष्ट्र!

सुरेश चव्हाणके : जय हिंद! आज हम आपके सामने साध्वीजी को लाए, इतने दु:खों के बावजूद, इतनी प्रताड़ना के बावजूद, शायद ऐसा भी मुझे कुछ लोगों ने कहा था कि आप तो आँसू लेकर आओगे, क्योंकि इतनी प्रताड़ना है, लेकिन एक क्षण छोड़कर मुझे कहीं से भी ऐसा नहीं लगा कि साध्वीजी कहीं कमजोर हैं, बल्कि वो क्षण भी भावुक था, केवल इससे पहले भी आपसे जेल में मिलने आनेवाले लोगों के द्वारा साध्वीजी, मैंने यही सुना था कि आपका हौसला बहुत बुलंद है, जो आज हमने देखा है, आप जैसे लोग इस देश के लिए इस धर्म के लिए, लड़ते हैं, संघर्ष करते हैं, इसीलिए ये इतने सालों से टिका हुआ है, हजारों आक्रमणकारी यहाँ पर आए, सालों यहाँ पर राज किया, लेकिन फिर भी प्रताड़ित नहीं कर पाए या प्रताड़ना को छोड़कर उनको इस देश से जाना पड़ा तो आपसे हिंदू राष्ट्र को प्रेरणा मिले, समाज को प्रेरणा मिले, हम चाहेंगे और आपके इस इंटरव्यू से इस देश के लिए संघर्ष करनेवाले लोगों की एक फौज खड़ी हो, जो इस राष्ट्र को विश्वगुरु बनाने में कामयाब हो, ऐसी हम अपेक्षा करते हैं, इतनी बीमारी के बावजूद आपने अपना वचन निभाया कि पहला इंटरव्यू आप सुदर्शन को देंगी और आज आपने वो दिया। इसके लिए मैं सुदर्शन के करोड़ों दर्शकों की तरफ से आपका आभार व्यक्त करता हूँ और आपके जल्द-से-जल्द स्वस्थ होने की कामना करता हूँ।

साध्वी प्रज्ञा : धन्यवाद!

□

3

मणिशंकर अय्यर

आपने सुना होगा या फिल्मों में देखा होगा कि लाल कपड़ा देखने के बाद जैसे साँड़ को गुस्सा आता है, वैसे ही मणिशंकरजी को भगवा रंग देखने के बाद होता है! मैंने जिनका इंटरव्यू लिया, ऐसे किसी सम्माननीय अतिथि के बारे में इतने कठोर शब्दों के उपयोगवाला उदाहरण मुझे इसलिए देना पड़ रहा है, क्योंकि इससे बेहतर कोई और उदाहरण मेरे पास नहीं है!

मणिशंकर अय्यर ने स्वयं इस मुलाकात में मेरी भगवा जैकेट के बारे में कहा है। मुझे इस बात का पहले ही अंदेशा था कि मेरी जैकेट देखने के बाद केसरिया रंग के प्रति अपनी चिढ़ वह अवश्य बाहर निकालेंगे। इसलिए उनका इंटरव्यू लेने मैं भगवा जैकेट पहनकर गया था और मणिशंकरजी ने वह साबित कर दिया।

मणिशंकर अय्यर वामपंथी कांग्रेसी हैं। आज जो कांग्रेस हिंदू और हिंदुत्व को अलग करने का खेल खेल रही है, इसकी उपज मणिशंकर अय्यर का वह हिंदू द्रोही दिमाग ही है। इस मुलाकात में दिए गए उनके कुतर्कों को आज कांग्रेस के प्रवक्ता, नेता बोलते हुए आपको दिखाई देंगे।

'मोदी को हटाने के लिए पाकिस्तान हमारी मदद करे'—पाकिस्तान जाकर ऐसा खुलकर कहनेवाले मणिशंकर अय्यर का 'चलते-चलते' हमारी योजना का महत्त्वपूर्ण हिस्सा था। कुछ भी करके उनको मेरे सामने, कैमरे के सामने लाने का मेरा आग्रह था। इसे विस्तार से मैंने पुस्तक की भूमिका में लिखा ही है।

मणिशंकर राजीव गांधी के सबसे करीबी कांग्रेसियों में से एक रहे हैं। उनके ग्रामीण विकास के विचार प्रशंसनीय हैं। साथ ही मंत्री रहते हुए उनके पेट्रोलियम लॉबी से लिये टकराव का भी समर्थन है, परंतु उनकी कई अच्छाइयों के ऊपर उनके कहे और हिंदू विरोधी होने की बुराई इतनी ज्यादा गहरी है कि उसमें एक

सरकारी अधिकारी के लंबे समय तक राजनीति करनेवाले व्यक्ति के अन्य सभी कार्य डूब जाते हैं और वह एक खलनायक के रूप में याद आता है और याद रखा जाएगा भी। तो आइए, देखिए-पढ़िए और प्रतिक्रिया अवश्य बताइए।

साक्षात्कार के बाद

घोर सावरकर विरोधी और धुर सावरकर समर्थक आमने-सामने होने पर क्या हो सकता है, यह जानना है तो इस 'चलते-चलते' को देखा जाए। ऐसा लोग कहेंगे, ऐसा यह इंटरव्यू रहा है। 'चलते-चलते' सीरीज में लिया गया यह दूसरा ही इंटरव्यू था। पहला इंटरव्यू डॉ. सुब्रह्मण्यम स्वामी का था, जो कि पॉजिटिव था। वैसे इस मुलाकात ने 'चलते-चलते' को करोड़ों लोगों तक पहुँचाया, क्योंकि यह एक खलनायक के साथ आमने-सामने जैसा था।

इस इंटरव्यू को सोशल मीडिया पर बहुत ही ज्यादा शेयर किया गया। आगे टी.वी. पर भी हमने विभिन्न समय पर इसको दिखाया। आज चार वर्षों बाद भी जब इसे दिखाते हैं तो इसे दर्शक मिलते ही हैं, क्योंकि मुद्दे भी उसके इर्द-गिर्द चल ही रहे हैं। मणिशंकरजी का रुख भी वही है। इस इंटरव्यू ने यह भी साबित कर दिया कि मणिशंकर अय्यर जैसे व्यक्ति के लिए भी 'सुदर्शन' अस्पृश्य नहीं है, क्योंकि हम तर्कों के साथ बात करते हैं, उनकी बात भी सुनते हैं और हिंदू दर्शन की शास्त्रार्थ की परंपरा को आगे बढ़ाते हैं। कई असहमतियों के बावजूद संवाद पर हमारी सहमति जारी है। इंटरव्यू लेने से पहले हम किसी की बात को काटेंगे नहीं—इस वचन को हमने निभाया। हमारे विरोधी, आलोचक भी यह बात स्वीकार करते थे, करते हैं कि 'सुदर्शन' बातों को काट-पीटकर नहीं दिखाता। असहमति तो हो ही सकती है, परंतु हमारी इस ईमानदारी पर हमारे धुर विरोधी भी हमारे प्रशंसक हैं।

हम जिस वैचारिक जमीन पर खड़े हैं, वह शुरू से ही है। सत्ता और राजनीति के प्रभाव या दबाव से राष्ट्र-धर्म के प्रति हमारी अडिग आस्था परिवर्तित या संशोधित नहीं हो सकती! और हम लोकतंत्र और संवादधर्मिता में यकीन रखते हैं।

स्थान : मणिशंकर अय्यर आवास, दिल्ली
प्रथम प्रसारण तिथि : 13 फरवरी, 2016

सुरेश चव्हाणके : नमस्कार! 'चलते-चलते' के इस एपिसोड में हमारे साथ एक ऐसी हस्ती मौजूद हैं, जिन्हें परिचय की आवश्यकता नहीं! विदेश सेवा में रहे। प्रधानमंत्री कार्यालय में लंबे समय तक रहे और उसके बाद भारत की राजनीति में रहे, वैसे विवादित बोलों के लिए भी फेमस रहे, लेकिन आप उनको इग्नोर नहीं कर सकते, या तो आप उनके समर्थक होंगे या उनके विरोधक! हमारे साथ हैं मणिशंकर अय्यरजी! आपका स्वागत है 'चलते-चलते' में। आज आपके आँगन में चलते-चलते बात करेंगे। आपसे बात करनी है, ऐसा मैंने जब सोशल मीडिया पर डाला तो काफी सवाल आए कि आपसे क्या पूछना चाहिए तो मुझे लगा कि लोग आपसे काफी कुछ जानना चाहते हैं। एक और भी कारण था आपसे इंटरव्यू करने का कि जल्दी ही आपकी पार्टी का नया स्ट्रक्चर सामने आनेवाला है। पता चला कि उसमें सारे मुख्यमंत्रियों और काफी नेताओं को स्पेस दिया जा रहा है, लेकिन आपके जैसे इतने जानकार व्यक्ति का कोई बड़ा रोल नहीं है तो इसपर आप क्या कहेंगे?

मणिशंकर अय्यर : ये पार्टी तय करेगी। देखिए, यदि पार्टी मुझमें विश्वास करती है और सोचती है कि मेरा कोई योगदान हो सकता है। तो वो मुझे बताएँगे और यदि नहीं बताएँगे तो मैं कुछ खास अपेक्षा नहीं रखता हूँ। मैं निजी तौर पर जो लिखने का काम करता हूँ, वो मैं करता रहूँगा। उम्र में तो 75 साल का हो गया हूँ।

सुरेश चव्हाणके : आप तो अभी भी युवा हैं।

मणिशंकर अय्यर : मन और आत्मा से तो मैं युवा ही हूँ।

सुरेश चव्हाणके : लेकिन आपके युवा नेता आपका मार्गदर्शन नहीं ले रहे, जबकि आप प्रशिक्षण सेल के प्रमुख हैं।

मणिशंकर अय्यर : नहीं, मुझे नहीं लगता कि मैं प्रमुख हूँ या नहीं, लेकिन ये आप पर निर्भर करता है कि आप चाहें या न चाहें कि कौन सलाहकार बने या कौन नहीं!

सुरेश चव्हाणके : लेकिन राहुल गांधी राजीव गांधी के सपनों का हिंदुस्थान बनाना चाह रहे होंगे और राहुल गांधी ये कैसे स्वीकार नहीं करते कि राजीव गांधी को जो सबसे ज्यादा आज कांग्रेस में जानते होंगे, वो आप होंगे?

मणिशंकर अय्यर : ये सवाल मुझसे मत कीजिए, उनसे कीजिए।

सुरेश चव्हाणके : उनसे तो मैं करूँगा ही! आपको नहीं लगता कि अन्याय हो रहा है?

मणिशंकर अय्यर : न! आप हमारे कांग्रेस का इतिहास देखिए और आपको जानकारी हो जाएगी कि एक पीढ़ी हमेशा के लिए नहीं रह सकती है। बहुत से गांधीवादी थे, जिनको कि एक तरफ किया गया; जब महात्मा गांधी हमारे देश में नहीं रहे; पूरे सिंडिकेट जो थे, वही लोग थे, जो पं. जवाहरलाल नेहरू के सबसे करीब थे, उनको एक तरफ किया गया।

सुरेश चव्हाणके : अब की सिंडिकेट में आप थे।

मणिशंकर अय्यर : मैं तो कभी किसी सिंडिकेट में नहीं रहा। मैं तो एक सरकारी नौकर था और इत्तेफाक से मुझे मौका मिला, प्रधानमंत्री के कार्यालय में काम करने का।

सुरेश चव्हाणके : इत्तेफाक कैसे कहेंगे; आप तो उनके स्कूल में सीनियर भी थे, कॉलेज में भी थे राजीव गांधी के, कैंब्रिज में भी थे।

मणिशंकर अय्यर : सीनियर तो था! वो मुझे जानते थे, मैं उन्हें नहीं जानता था। हमारी कोई दोस्ती नहीं थी।

सुरेश चव्हाणके : ये कैसे हो सकता है कि एक ही स्कूल में पढ़े और ये न पता हो कि प्रधानमंत्रीजी के पोते यहाँ पढ़ रहे हैं?

मणिशंकर अय्यर : मेरे छोटे भाई, जिनका अब निधन हो गया, वो उन्हीं की क्लास में थे, लेकिन उम्र में मुझसे छोटे थे, 4-5 साल··· कि सवाल नहीं उठता··· मैं उनके करीब नहीं था।

सुरेश चव्हाणके : आपने उनके ऊपर पुस्तकें लिखीं, प्रबंध लिखे; राजीव गांधी को समझने के लिए तो मणिशंकर अय्यर का उपयोग हो ही सकता है न!

मणिशंकर अय्यर : उनकी सोच से, उनके व्यवहार से, उनकी राजनीति से, उनके सिद्धांतों से, उनके लक्ष्यों से मैं बहुत ही प्रभावित हुआ, शायद ये एक कारण था कि जो मेरे मन में था, तकरीबन वही उनके मन में भी था, तो ऐसे कुछ अनोखे कदम उन्होंने उठाए, जिनको अमल में लाने के लिए मैंने उनका साथ दिया और जिसकी जिम्मेदारी मुझे दी गई थी।

सुरेश चव्हाणके : जैसे पंचायती राज; मुझे याद है, आपके पास इतना पावरफुल मंत्रालय था, उसके बावजूद आपने पंचायती राज को प्राथमिकता दी, हालाँकि ऐसा भी कहा जाता है कि तब लॉबिंग भी हो रही थी, क्योंकि आपके

व्यवहार के कारण पेट्रोलियम कंपनी अपना उल्लू सीधा नहीं कर पा रही थी तो आपको वहाँ रखना, शायद उनके लिए मुनासिब नहीं था।

मणिशंकर अय्यर : मेरे मन में था कि पेट्रोलियम मंत्री का काम इतना ही है कि पेट्रोलपंप आप बाँटो! जो एम.पी. आते हैं, वो पूछते हैं, लेकिन वहाँ पहुँचने के बाद मुझे पता लगा कि जो हमारी एनर्जी सिक्योरिटी है और जो कूटनीति है, उनके बीच में एक बहुत ही करीब का संबंध है तो एकदम मैं उस मंत्रालय में एक नया कदम उठाने लगा। एक नया रुख देने लगा और फिर 20 महीने बाद मुझको भी हैरानी थी कि मैं 20 महीने कैसे रह गया! ये तो एक टेम्परेरी पोस्ट है और पूरे पाँच साल मैं पंचायत का मंत्री रहा और उस दिशा में शायद बहुत ही सकारात्मक काम हुए और फिर बाद में जाकर मुझको डोनर की जिम्मेदारी दी गई, मतलब उत्तर-पूर्व के विकास का काम, तो वो भी मुझे बहुत पसंद आया और गर्व और संतुष्टि के साथ पाँच साल बीत गए और ये कोई खास अफसोस की बात नहीं है कि पेट्रोलियम में मैं बस 20 महीने रहा। यदि वहाँ मुझे पाँच साल दिए जाते तो वह भी मैं खुशी से करता, लेकिन वो होता तो शायद यह डोनर का काम मेरे खाते में नहीं आता।

सुरेश चव्हाणके : लेकिन मेरा फिर वही रुख है कि आज दिग्विजय सिंह जैसे आपके ही हमउम्र लोग अभी भी राहुल गांधी पर प्रभावी हैं, लेकिन आपकी बात नहीं मानी जा रही है।

मणिशंकर अय्यर : क्योंकि दिग्विजय सिंह तो मुझसे 10 साल छोटा है। उसकी उम्र मात्र 65 साल है और मेरी 75 साल!

सुरेश चव्हाणके : आप मात्र क्यों कह रहे हैं?

मणिशंकर अय्यर : मात्र 65, क्योंकि 65 साल के बिल्कुल शिखर पर एक व्यक्ति पहुँचता है; जैसे कि पहुँचा।

सुरेश चव्हाणके : मुझे लगा कि आप तंज कर रहे हैं। आपकी और उनकी प्रसिद्धि की कंसिस्टेंसी एक है। दोनों ही एंटी-हिंदू भूमिका लेते हैं, इसलिए दोनों की तुलना करना…

मणिशंकर अय्यर : इसलिए हम उनके साथी हैं। उम्र में मैं उनसे बड़ा हूँ, लेकिन तजुर्बे में वो मुझसे बहुत ज्यादा जानते हैं और यदि उनके साथ कुछ करने का मौका मिला या उन्होंने मुझको स्वीकार किया तो ये मेरे लिए काफी है।

सुरेश चव्हाणके : एक और सवाल आपके बारे में बहुत ज्यादा पूछा गया

कि मोदी से इतनी दुश्मनी क्यों है? क्या कोई खुन्नस है या क्या है?

मणिशंकर अय्यर : मोदी से कोई दुश्मनी नहीं है, लेकिन उनके सोच-विचार से है। उनकी विचारधारा से है और जहाँ से वो उभरकर आए हैं, आर.एस.एस., उससे मेरा बहुत बड़ा मतभेद है, क्योंकि मुझको लगता है कि भारत तब तक रह सकता है, जब तक यहाँ का माहौल बिल्कुल सेक्युलर हो। मैं एक अंग्रेजी शब्द का इस्तेमाल कर रहा हूँ, क्योंकि हिंदी में वो सही तर्जुमा नहीं होता है। हम कहते थे धर्मनिरपेक्षता, फिर बीजेपी ने कहा कि आप पंथनिरपेक्षता कहें। 'धर्मनिरपेक्षता' हो, 'पंथनिरपेक्षता' हो या कोई और शब्द हो। सेक्युलिरज्म के क्या मायने हैं, वो तो वही रहता है और सेक्युलिरज्म ये मानना ही···

सुरेश चव्हाणके : लेकिन ऐसा भी तो कहा जाता है न कि मुसलमान जहाँ हैं, वहाँ सेक्युलिरज्म रह ही नहीं जाता। दुनिया के एक-आध देश का नाम बताइए, जहाँ मुसलमान हैं और सेक्युलिरज्म है?

मणिशंकर अय्यर : हम क्यों उनकी नकल निकालें? (ऊँची आवाज में बोलते हुए) मैं क्यों उनकी नकल निकालूँ? मैं एक भारतीय हूँ। मेरा लेना-देना भारतीय संस्कृति से है और वो एक ऐसी अनोखी सभ्यता रही है कि और कोई भी मुल्क नहीं है और कोई भी सभ्यता नहीं है, जो इसके समान है और इस अनोखी चीज को कायम रखना सेक्युलिरज्म बनाता है हिंदुस्तान में।

सुरेश चव्हाणके : लेकिन इसी सेक्युलिरज्म ने देश के टुकड़े कर दिए। हिंदुस्थान कहाँ था और आज कहाँ रह गया। दो देश तो हमारे सामने ही हो गए—पाकिस्तान और बांग्लादेश।

मणिशंकर अय्यर : पाकिस्तान और बांग्लादेश हो गए, लेकिन आपने अफगानिस्तान का नाम नहीं लिया?

तो इसीलिए भारत एक सोच है, ख्वाब है। एक जमाने में अफगानिस्तान हमारे ही बड़े शरीर का एक हिस्सा हुआ करता था।

सुरेश चव्हाणके : लेकिन वो सेक्युलर हो गया और वहाँ शांति की बातें होने लगीं। बुद्ध का प्रभाव बढ़ा और शस्त्र लेकर आनेवालों ने काट दिया, अब तो बुद्ध की मूर्तियाँ भी तोड़ी गईं तोपें लगाकर तो उस सेक्युलिरज्म ने, उस शांति के संदेश ने क्या दिया अफगानिस्तान को?

मणिशंकर अय्यर : आप चाहते हो कि बाकी का हिंदुस्तान भी वैसा ही बन जाए? हमारी जिम्मेदारी है, आज के आधुनिक भारत को, जिस देश को आज हम

भारत कहते हैं, उसमें ये जो भारतीय संस्कृति है, उसको कायम रखना होगा और तब तक ही इसको कायम रख सकते हैं, जब तक कि एकदम बुनियादी उसूल जो हैं, बुनियादी सिद्धांत, जिसे मैं सेक्युलिरज्म कहता हूँ, वो कायम रहे और इसका क्या मतलब बना कि भारत में विश्व के तकरीबन सारे धर्म हम यहाँ पाते हैं। समानता होनी चाहिए उनके लिए देश में। उनको ऐसा लगना चाहिए कि क्योंकि वो फलाने धर्म से जुड़े हुए हैं, इसलिए वो एक अक्सरीयत नहीं बनते। वो किसी और धर्म से जुड़े हुए हैं तो अख्लियत नहीं बनते, लेकिन वो अख्लियत और अक्सरीयत बने रहेंगे, जब तक कि हिंदुस्तान में ऐसी शक्तियाँ हों, जो कहें कि भारत एक हिंदू देश है। मैं इस शब्द से बिल्कुल सहमत होने को तैयार नहीं हूँ, क्योंकि हम, जो भारत है, वो एक हिंदू देश नहीं है और जो 'हिंदुत्व' है, जो सावरकर ने एक नया तर्जुमा खोज निकाला, उसका तर्जुमा, उसका अनुवाद उन्होंने खुद किया, अंग्रेजी में और कहा कि जैसे क्रिश्चियन के लिए क्रिश्चियनडम है, वैसे ही हिंदुओं के लिए हिंदुडम होना चाहिए। मतलब कि देश में हिंदू हावी होना चाहिए और देश हिंदू ही चलाएगा और हिंदू ही सही भारतीय बन सकता है। ये बिल्कुल गलत बात है, जबकि वो गर्व से कहते हैं कि हम भारतीय मुसलमान हैं। हम भारतीय क्रिश्चियन हैं, जो कि अंग्रेजी में कहते हैं—'आई एम एन इंडियन मुस्लिम', 'आई एम एन इंडियन क्रिश्चियन।' आप क्यों उनको मजबूर कर रहे हैं कि वो अपने को कहें कि हम हिंदू मुसलमान हैं। ये बिल्कुल गलत बात है और इस देश को हम एक नहीं रख सकते, जब तक कि ऐसी संकीर्ण सोच हमारी राजनीति में आए और इसी सोच-विचार से और इसी धारा से मोदीजी निकलकर आए हैं और मुझको लगता है कि जो राज रहा उनका गुजरात में, उसको देखकर कि ऐसा व्यक्ति ज्यादा लंबे समय तक रह गया तो भारत का चित्र जो है, वो बदल जाएगा और मैं नहीं चाहता कि भारत का चित्र जो है, वो बदल जाए।

सुरेश चव्हाणके : इसीलिए आप पाकिस्तान से मदद माँगेंगे, उनको हटाने के लिए?

मणिशंकर अय्यर : पाकिस्तान? हम कह सकते हैं कि उन्हें हटाइए और मैंने कहा कि उन्होंने मुझसे पूछा कि सबसे बड़ी अड़चन क्या है भारत और पाकिस्तान के अच्छे रिश्ते बनाने में तो मैंने कहा कि मोदी, तो उन्हें आश्चर्य हुआ। उनको हटाइए और फिर देखिए कि कैसे हम आगे बढ़ सकते हैं। अगला सवाल उनका जो था, जो कि हमारे टी.वी. पर दिखाया ही नहीं गया कि हम क्या कर सकते

हैं तो मैंने कहा कि आप कुछ नहीं कर सकते, जो करना है, हम करेंगे और तब तक आपको इंतजार करना है। बाकी सब आप छोड़ दीजिए, एक ही शब्द को निकालिए और 'सुदर्शन' भी इसका ढिंढोरा पीट रहा है।

सुरेश चव्हाणके : देश के सारे चैनलों ने दिखाया, लेकिन आपका ये वर्जन हम दिखाएँगे, बाकी लोगों ने भले न दिखाया हो।

मणिशंकर अय्यर : सबसे ज्यादा झूठ जो है, वो टी.वी. से निकलता है, क्योंकि आप कहीं से भी काट सकते हैं, तो शुक्र है कि आप इसे दिखाएँगे।

सुरेश चव्हाणके : आपने जो मुद्दा उठाया; आपने भारतीय संस्कृति की बात की, इसी भारत की परंपरा रही है, बल्कि हमारे-आपके हेल्थ के लिए जो योग है, अब ये योग को भी कम्युनल कह रहे हैं?

मणिशंकर अय्यर : योग जुड़े हुए हैं हमारे मंत्रों से! कभी-कभी योग किया जा सकता है बिना मंत्रों के, लेकिन उसका मूल हमारी हिंदू-संस्कृति से जुड़ा हुआ है।

सुरेश चव्हाणके : आप कभी भारतीय और हिंदूवादी अंतर कर रहे हैं?

मणिशंकर अय्यर : क्योंकि बहुत से भारतीय जो हैं, वो हिंदू नहीं हैं। मैं कहता हूँ कि हर मुसलमान, जो भारतवर्ष में है, वो हिंदुस्तानी है, वो इंडियन है, वो भारतीय है, लेकिन उनका धर्म अलग है। योग तो उनके धर्म से नहीं जुड़ा हुआ है, योग तो हिंदू धर्म से जुड़ा हुआ है।

सुरेश चव्हाणके : सूर्य भगवान् से उनको क्या आपत्ति है?

मणिशंकर अय्यर : वो कहते हैं कि आप कह सकते हैं सूर्य भगवान वो कहते हैं कि एक ही भगवान है, वो है अल्लाह! आप उसमें क्यों दखल देना चाहते हैं?

सुरेश चव्हाणके : कोई आपत्ति नहीं, आप उनके पक्षकार कहिए या कि फेवर करनेवाले…

मणिशंकर अय्यर : मैं बताऊँ आपको, ये पक्षकार शब्द का जो उपयोग हो रहा है आप और आपके जैसा सोचनेवालों से, मैं आपको याद दिलवाना चाहता हूँ कि दुनिया में दूसरी संख्या पर भारत के मुसलमान हैं, विश्व के मुसलमानों के बीच में। मतलब आज के दिन आप भारत की कल्पना नहीं कर सकते हैं इस्लाम को छोड़कर और इस्लाम की कल्पना नहीं कर सकते हैं भारत को छोड़कर।

सुरेश चव्हाणके : ये आप डरा रहे हैं या व्यावहारिकता बता रहे हैं?

मणिशंकर अय्यर : मैं क्यों डराऊँ आपको, डराने वाले तो आपलोग हैं, जो (हथियार लगाने की एक्टिंग करते हुए)···लगाकर आते हैं, मारने के लिए। मैं तो एक-एक शांत···

सुरेश चव्हाणके : मणिशंकरजी, आपको मारने थोड़े ही आया हूँ। बात करने आया हूँ। इस देश का हिंदू अगर मारनेवाला होता तो आप सावरकर के नाम की पट्टी हटाने के बाद इतने दिनों तक जीवित नहीं रहते।

मणिशंकर अय्यर : मुझे नहीं मारा, लेकिन जो···

सुरेश चव्हाणके : सावरकर, जो 30 साल जेल में रहे, जिनको रोज 30 किलो तेल निकालने के लिए कोल्हू लगाया जाता था, इतनी यातनाएँ दी गईं। उनके परिवार के दो लोग उम्रकैद में थे। उनके तीनों भाई जेल में थे। सावरकर साहित्यिक थे, नाटककार थे, वक्ता थे, समाज-सुधारक थे, जाति-प्रथा के विरुद्ध इतना काम किया, विदेश की भूमि से क्रांति का काम करनेवाले सावरकर थे, उनके नाम की पट्टी आपने हटाई, फिर भी हिंदू समाज ने कुछ नहीं किया और आप, फिर भी आप उनको कह रहे हैं कि कम्युनल हैं।

मणिशंकर अय्यर : सबसे पहले मैं ये कहूँ कि उनका नाम मैंने हटाया नहीं, जिस जगह पर उनका नाम लिखा था, वहाँ पर मैंने महात्मा गांधी का नाम लगाया, अब आप ही ये बताइए जो आर.एस.एस. के मंत्री थे मेरे से पहले, उन्होंने जो स्वतंत्रता सेनानी थे, उनके लिए एक एटेरनल फ्लेम का इंतजाम किया और गांधीजी का नाम छोड़ दिया!

सुरेश चव्हाणके : कितनी जगह लगाएँगे गांधी का नाम? कहीं तो सावरकर लगेगा?

मणिशंकर अय्यर : सावरकर का नाम···

सुरेश चव्हाणके : इस देश में चार हजार योजनाएँ हैं गांधी परिवार के नाम से, सावरकर के नाम से एक भी नहीं!

मणिशंकर अय्यर : आप महात्मा गांधी को गांधी परिवार से जोड़ रहे हैं?

सुरेश चव्हाणके : आप नहीं जोड़ रहे, फिर तो कार्रवाई होगी आप पर! गांधी हटाया जाए तो फिर परिवार के पास बचता क्या है?

मणिशंकर अय्यर : जब भी 'गांधी' परिवार शब्द इस्तेमाल होता है, ज्यादातर इंदिराजी और राजीव गांधीजी के बारे में कहा जाता है। पं.जवाहरलाल नेहरू को भी इसमें जोड़ देते हैं, हालाँकि वो गांधी नहीं थे। सवाल आपने जो किया

है, वो सावरकर के बारे में है कि उनका नाम कहाँ लगवाएँ, वहाँ का जो एयरपोर्ट है, वो सावरकर के नाम पर है।

सुरेश चव्हाणके : वो जगह पहचानी ही सावरकर के नाम से जाती है। जिस जेल में सावरकर 30 साल रहे, वहाँ उनका नाम नहीं लगाएँगे। लगा हुआ नाम आप हटा रहे हैं!

मणिशंकर अय्यर : यदि महात्मा गांधी का नाम वहाँ होता तो हमें उसको हटाने की जरूरत नहीं पड़ती।

सुरेश चव्हाणके : इस देश में एक ऐसा छोटा सा गाँव नहीं है, जहाँ गांधी के नाम से सड़क नहीं है। एक बड़ा शहर दिखाइए, जहाँ सावरकर के नाम से कुछ है और पार्लियामेंट में सावरकर के नाम का चित्र लगाया जाता है तो सोनिया गांधी विरोध करती हैं।

मणिशंकर अय्यर : मैंने भी विरोध किया और मेरे कहने पर उन्होंने विरोध किया।

सुरेश चव्हाणके : ये तो गलत है न!

मणिशंकर अय्यर : ये आदमी, जिसका आप नाम ले रहे हैं और इतनी प्रशंसा कर रहे हैं, आप कपूर कमीशन की रिपोर्ट पढ़िए, उनका हाथ···

सुरेश चव्हाणके : देखिए, जितने बड़े महान व्यक्तित्व सावरकर थे, उनके व्यक्तित्ववाले हिंदुस्थान में कितने लोग मिलते हैं? हजारों सालों में ऐसे व्यक्तित्व का जन्म होता है।

मणिशंकर अय्यर : बहुत से लोग हैं, जो कि सेक्युलर हैं, जो हिंदुत्व की बात नहीं करते हैं, जो कि जेल पहुँचते ही चिट्ठी···

सुरेश चव्हाणके : मैंने 'हिंदुत्व' का शब्द इस्तेमाल किया जनाब और आप अब तक नहीं समझे तो कब समझोगे!

मणिशंकर अय्यर : कि मैं हिंदू हूँ, लेकिन मैं हिंदुत्व को माननेवाला नहीं हूँ, क्योंकि मैं नहीं समझता हूँ कि हिंदुओं का देश है और यहाँ हिंदुओं का राज होना चाहिए और आप ऐसी संकीर्ण दृष्टि से सवाल मुझसे कर रहे हैं!

सुरेश चव्हाणके : ये सुरेश चव्हाणके का सवाल नहीं है। ये देश के राष्ट्रवादी लोगों के मन के सवाल हैं। आप···

मणिशंकर अय्यर : हम राष्ट्रवादी नहीं हैं? आपने राष्ट्रवाद का ठेका ले रखा है?

सुरेश चव्हाणके : हमने कब कहा कि हमने ठेका लिया है?

मणिशंकर अय्यर : आप 'उन्हीं लोगों को' को 'उन्हीं' को क्यों राष्ट्रवादी कहते हैं?

सुरेश चव्हाणके : आप तो बहुराष्ट्रवादी हैं न!

मणिशंकर अय्यर : मैं दोनों हूँ। मैं बहुराष्ट्रवादी हूँ, क्योंकि मैं राष्ट्रवादी हूँ, क्योंकि मैं समझता हूँ कि 'वसुधैव कुटुम्बकम्'!

सुरेश चव्हाणके : ...ये तो हिंदू की सोच है।

मणिशंकर अय्यर : ये भारत की सोच है।

सुरेश चव्हाणके : अपनी सुविधानुसार कभी आप हिंदू कह रहे हैं, कभी भारत कह रहे हैं!

मणिशंकर अय्यर : मैं ये नहीं कह रहा हूँ कि हिंदुओं का योगदान नहीं है।

सुरेश चव्हाणके : हिंदू हटा दिया तो भारत रहेगा?

मणिशंकर अय्यर : और आप समझते हैं कि इस्लाम को हटा दिया तो भारत रहेगा! कैसे रह सकता है, जबकि दुनिया का दूसरा सबसे बड़ा इस्लामिक मुल्क भारत है।

सुरेश चव्हाणके : पाकिस्तान माँगा ही इसी बेस पर गया था न कि सारे मुसलमान उधर जाएँगे और पाकिस्तान बनाएँगे?

मणिशंकर अय्यर : कौन इसके पक्ष में थे? 15 अगस्त, 1943 को सावरकर कहते हैं कि मैं जिन्ना से इत्तेफाक रखता हूँ कि दो देश हैं, हिंदू देश और मुस्लिम देश।

सुरेश चव्हाणके : लेकिन उनकी बात पूरी कहाँ की आपने? उन्होंने तो कहा था कि सारे मुसलमान उधर चले जाएँ। आपने तो यहाँ अपना वोट बैंक बनाने के लिए उन्हें रोके रखा।

मणिशंकर अय्यर : आप हिंदू से वोट लो तो वो वोट बैंक नहीं है? मैं मुसलमान को वोट दूँ तो वो वोट बैंक है?

सुरेश चव्हाणके : उन्होंने देश माँग लिया। कितनी बार क्या-क्या देंगे? अभी कश्मीर माँग रहे हैं।

मणिशंकर अय्यर : जिन मुसलमानों को वहाँ जाना था, वो चले गए, लेकिन वो मुसलमान, जो कि भारत में रह गए और जो कि पीढ़ियों से अब भारत में हैं, पाकिस्तान बनने के बाद इनको हम भारतीय न समझें? तीन-चार बार जंग हुई पाकिस्तान से...

सुरेश चव्हाणके : हम तो समझते हैं। वो नहीं समझते न! क्यों पाकिस्तान जिंदाबाद के नारे लगाते हैं?

मणिशंकर अय्यर : क्योंकि कभी-कभी आप उनको तंग करते हो।

सुरेश चव्हाणके : हम तंग करते हैं?

मणिशंकर अय्यर : आपके लोग···

सुरेश चव्हाणके : आप जैसा व्यक्ति जिसकी आवाज इंटरनेशनल मीडिया में सुनी जाती है, आपको कांग्रेस पार्टी का तोप कहा जाता है या सेक्युलर, जो भी कहिए; पाकिस्तान में हिंदू मर रहे हैं, उनके खिलाफ मणिशंकर अय्यर ने कभी आवाज नहीं उठाई!

मणिशंकर अय्यर : जो पाकिस्तानी हिंदू हो, मुसलमान हो, क्रिश्चियन हो, यदि वहाँ से भागकर या हिंदुस्तान आकर शरण माँगता है तो शरण देने के लिए हमारे कानून हैं और उनके अनुसार···

सुरेश चव्हाणके : नहीं, मैं यह बात नहीं कह रहा हूँ। वहाँ जो उनपर अन्याय हुआ, जबरदस्ती हुई, धर्मांतरण हुआ; यदि उनके अत्याचारों की बात करें तो आधा घंटा उसी पर जाएगा; उसके ऊपर मणिशंकर अय्यर जैसी बुलंद आवाज कोई बात नहीं करता है!

मणिशंकर अय्यर : मैं तो ये कहता हूँ, मेरी आवाज बुलंद है कि जितने भी पाकिस्तानियों पर जुल्म हो रहे हैं, जो भी उनका धर्म हो···

सुरेश चव्हाणके : ···हिंदू क्यों नहीं!

मणिशंकर अय्यर : मैं क्यों हिंदुओं को अलग समझूँ? जबकि मुसलमान हैं वहाँ, क्रिश्चियन हैं वहाँ, पारसी हैं वहाँ; जो भी शोषण हो वहाँ, लेकिन ये शोषण चंद पाकिस्तानियों की तरफ से होता है और ये नहीं कि सरकार चलाती है। जमाना था, मेरे खयाल से सन् 1965 के जंग तक, जबकि सरकार खुद इन अत्याचारों के पीछे रहती थी और सन् 1971 में खासतौर पर जब बांग्लादेश बनाने का सवाल उठा तब अत्याचार बहुत हुए थे।

सुरेश चव्हाणके : आज भी हो रहे हैं···

मणिशंकर अय्यर : सरकार की तरफ से··· ?

सुरेश चव्हाणके : सरकार का चुप बैठना भी तो अत्याचार करना है। अगर यहाँ पर अत्याचार मुसलमान पर हो और भारत सरकार अगर जिम्मेवार है तो पाकिस्तान में हिंदुओं पर हो रहे अत्याचार के पीछे भी पाकिस्तान सरकार जिम्मेवार नहीं क्या?

मणिशंकर अय्यर : जिम्मेवार तो है, लेकिन बहुत सी पाकिस्तानी आवाजें हैं, जो इसके खिलाफ उठती हैं?

सुरेश चव्हाणके : हमें मणिशंकर अय्यर से मतलब है कि उनकी आवाज क्यों नहीं उठती है।

मणिशंकर अय्यर : मैंने कह दिया है कि अत्याचार रुकने चाहिए।

सुरेश चव्हाणके : मैं चाहूँगा कि 'सुदर्शन' के सिवा भी आप इस मुद्दे को उठाएँ।

मणिशंकर अय्यर : क्यों? मेरे पास बहुत से मुद्दे हैं कहने के लिए और मुझे नहीं लगता कि किसी एक विषय पर मैं अपना ध्यान आकर्षित करूँ और बाकी सब छोड़ दूँ। आपको तो कोई दिलचस्पी नहीं है, सिवाय पाकिस्तानी हिंदुओं के। आप कितने सांप्रदायिक हो कि केवल हिंदुओं की ही बातें करते हो और मैं मानवता की बात कर रहा हूँ।

सुरेश चव्हाणके : जैसे ही हिंदू शब्द आता है आपकी आवाज बढ़ जाती है। गुस्सा⋯

मणिशंकर अय्यर : ⋯क्योंकि आपकी तरफ से आ रहे इस 'रंग' को देखकर (सुरेश चव्हाणके की जैकेट की ओर इशारा करते हुए) इसे देखकर⋯

सुरेश चव्हाणके : इससे आपको क्या प्रॉब्लम है (अपनी भगवा जैकेट दिखाते हुए)? इससे मणिशंकर अय्यर को गुस्सा आ रहा है! आपकी माताजी ने एक हिंदू साध्वी की तरह जीवन जिया है।

मणिशंकर अय्यर : ⋯और बिल्कुल सेक्युलर औरत थी। मुझे सिखाया छोटे बचपने से कि इस प्रकार के मतभेद⋯

सुरेश चव्हाणके : इस रंग से आपको गुस्सा आ गया! इसी रंग ने सारे धर्मों को आश्रय दिया, तब मणिशंकर अय्यर नहीं थे, देश के ही संस्कारित लोग थे, न मोदी थे, न संघ था। इसी भगवे ने दुनिया भर को सेक्युलरिज्म और वसुधैव कुटुम्बकम् की बात कही है। उसी को आप कठघरे में खड़ा कर रहे हैं!

मणिशंकर अय्यर : कठघरे में मैं उसको नहीं खड़ा कर रहा हूँ, आपको खड़ा कर रहा हूँ। समझ लीजिए! (ऊँची आवाज में), क्योंकि आपके सवालों से पता लगता है कि आप कितने संकीर्ण सोच के व्यक्ति हैं। चलिए, आगे बढ़ते हैं। यह शो⋯

सुरेश चव्हाणके : सुरेश चव्हाणके के सवाल नहीं हैं ये, ये हिंदुस्थान के

ऐतिहासिक सवाल हैं। जो आपने एक इतिहास पुरुष पर गलतियाँ की हैं, मैं उसको पाप कहूँगा, हालाँकि आप पाप को नहीं मानते हैं; ये हिंदुस्थान आपसे सवाल पूछ रहा है और सवाल पूछेगा ही।

मणिशंकर अय्यर : पूछता रहे और गर्व से मैं जवाब देता रहूँगा। आपने मुझसे पूछा कि हिंदुस्तान के बारे में क्या है; मैं आपसे पूछना चाहता हूँ कि इस्लाम क्या हिंदुस्तान का धर्म नहीं है? क्या क्रिश्चियनिटी, जिसका सबसे पहला गिरजा हिंदुस्तान में बना, सन् 52 ईस्वी में सेंट थॉमस केरल पहुँचे और 8वीं सदी के बाद ही रोम में एक क्रिश्चियन चर्च बना।

सुरेश चव्हाणके : यही तो खासियत है इस भूमि की…

मणिशंकर अय्यर : यही खासियत है, लेकिन हिंदुत्व से नहीं जुड़ा है।

सुरेश चव्हाणके : तो कौन था पहले? हिंदू ही थे।

मणिशंकर अय्यर : हिंदू ही थे, लेकिन हिंदू धर्म में, हिंदू सभ्यता में ये खासियत है कि हमने सबको समेट लिया और हिंदुत्व ने…

सुरेश चव्हाणके : हाँ, इसी को हम रिप्रेजेंट करते हैं।

मणिशंकर अय्यर : यदि आप हिंदुत्व के पक्ष में हो तो हिंदुत्व कहता है कि हिंदुत्व का मायना है कि हिंदू हावी हो, हिंदुस्तान में और ये मैं मानने को तैयार नहीं!

सुरेश चव्हाणके : देखिए, हावी होना तो मैंने भी नहीं पढ़ा है। मैंने तो सावरकर पर बहुत पढ़ा है, लेकिन सावरकर की व्याख्या थी कि…

आ सिंधु-सिंधु पर्यन्ता, यस्य भारत भूमिका,
पितृभू-पुण्यभू भुश्चेव सा वै हिंदू रीती स्मृता।।

इस भूमि के इस कोने से उस कोने तक रहनेवाला कोई भी हिंदू है, उसमें मुसलमान भी आते हैं। (हिंदू वह है जो सिंधु से समुद्र तक अपनी पितृभूमि और पुण्यभूमि माने।)

मणिशंकर अय्यर : उन्होंने कहा कि जिसने हिंदुस्तान में जन्म लिया है और जिसका धर्म हिंदुस्तान से जुड़ा हुआ है और इसके बाहर नहीं देखता है, इसका मतलब हुआ न कि जो मक्का की तरफ या रोम की तरफ नहीं देखता है; वो हिंदुस्तानी नहीं हो सकता है।

सुरेश चव्हाणके : देखिए, ऐसा है, धर्मांतरण ही राष्ट्रांतरण होता है न! धर्मांतरण के बाद उसको मक्का अच्छा लगने लगता है, अयोध्या अच्छी नहीं लगती। रोम पवित्र लगने लगता है, अयोध्या नहीं लगती।

मणिशंकर अय्यर : तो! आप सबको मजबूर करेंगे क्या?

सुरेश चव्हाणके : नहीं, मजबूर नहीं करेंगे। अपवित्र मत कहिए न! बाबर से प्रेम क्यों? यहाँ कितने महापुरुष हुए, लेकिन अकबर द ग्रेट हो गया और महाराणा प्रताप कम्युनल हो गए!

मणिशंकर अय्यर : महाराणा प्रताप को बहुत सम्मान दिया जाता है…

सुरेश चव्हाणके : अकबर से ज्यादा… ?

मणिशंकर अय्यर : …नहीं, अकबर की अलग जगह है…

सुरेश चव्हाणके : …आप किसको बड़ा मानते हैं?

मणिशंकर अय्यर : मैं ऐसी तुलना क्यों करूँ?

सुरेश चव्हाणके : मैं महाराणा प्रताप को मानता हूँ।

मणिशंकर अय्यर : क्यों? क्योंकि वो हिंदू थे?

सुरेश चव्हाणके : ये आपकी सोच हुई न!

मणिशंकर अय्यर : ये आपकी सोच है जनाबेआली!

सुरेश चव्हाणके : मणिशंकरजी, आप सेक्युलर बने रहने के लिए महाराणा प्रताप की महानता को नकार रहे हैं?

मणिशंकर अय्यर : मैं कहता हूँ कि मैं भी उनको मानता हूँ, उनके स्थान बड़े थे।

सुरेश चव्हाणके : अकबर से बड़े महाराणा प्रताप थे, ये कहने में क्या प्रॉब्लम है?

मणिशंकर अय्यर : ये मैं क्यों कहूँ?

सुरेश चव्हाणके : ये राजनीति नहीं है?

मणिशंकर अय्यर : जो इतिहास मैंने पढ़ा है और जो सभ्यता मैं समझता हूँ, उसके अंतर्गत ऐसी तुलना करना, ऐसा सवाल करना बिल्कुल गलत है।

सुरेश चव्हाणके : ये इतिहास किसने लिखा है? जो शासक होता है, उसके लोग इतिहास लिखते हैं और मुगलों जैसे क्रूर और ब्रिटिशों जैसे धूर्त लोग जब शासक थे तो उनके राज में इतिहासकार क्या सच्चाई लिख पाते?

मणिशंकर अय्यर : तो आपका कहना है कि मैं मखौदे की औलाद हूँ?

सुरेश चव्हाणके : मैंने ऐसा नहीं कहा। ये मेरे शब्द नहीं हैं, लेकिन ऐसी औलादों की कमी नहीं है।

मणिशंकर अय्यर : देखिए, मैं आपको इतिहास अपने मायने में समझाने की

कोशिश कर रहा हूँ और आप एकदम मुगलों को लाते हो और अंग्रेजों को लाते हो और फिर आप ही के साथीगण जो हैं, उन्होंने हमको बताया है कि हम मखौदे की औलाद हैं। हमने ये शब्द पार्लियामेंट में भी सुना है। मैं एक आधुनिक भारतीय हूँ, जो 1941 में पैदा हुआ और मेरी पढ़ाई 1947 के बाद हुई।

सुरेश चव्हाणके : मैं आपसे ज्यादा आधुनिक हूँ।

मणिशंकर अय्यर : मैं आपको ये नहीं कह रहा कि आप मुझसे सहमत हों, मैं आपसे सहमत नहीं हूँ।

सुरेश चव्हाणके : मैं भी आपसे सहमत नहीं हूँ। यही हिंदुस्थान की विशेषता है।

मणिशंकर अय्यर : जबकि आप कसौटी दिखाते हो कि मैं आपके बिल्कुल सांप्रदायिक सवाल का जवाब दूँ और वो भी सांप्रदायिक तरीके से तो मैं आपके खेल में जुड़ने के लिए तैयार नहीं हूँ।

सुरेश चव्हाणके : आपसे तो लंबी बातचीत होती रहेगी, क्योंकि हिंदुस्थान आपसे कई सवाल अभी और चाहता है, लेकिन आज के इस एपिसोड में मुझे लगता है कि ये बातचीत आपने काफी खुलकर की है। आपने टाइम दिया, इसके लिए हम आपके आभारी हैं।

धन्यवाद!

मणिशंकर अय्यर : धन्यवाद!

□

4

मौलाना अरशद मदनी

जो लोग मौलाना अरशद मदनीजी के बारे में नहीं जानते होंगे—उनके लिए बता दूँ कि विश्व में सबसे ज्यादा मुसलमान सुन्नी हैं और सुन्नियों का सबसे बड़ा मदरसा उत्तर प्रदेश के देवबंद में है (जिसे मैं देववृंद कहता हूँ), 'दारुल उलूम देवबंद' के नाम से दुनिया का प्रमुख इस्लामी विश्वविद्यालय है और मदनीजी इसके प्रमुख हैं। जमीयत उलेमा-ए-हिंद के अध्यक्ष हैं।

यह मुलाकात करने जब मैं जा रहा था तो 2021 में अफगानिस्तान में तालिबान के किए गए सशस्त्र सत्ता परिवर्तन के कारण यह मदरसा चर्चा में था। तालिबान के मुल्ला उमर के यहीं से प्रशिक्षित होकर जाने की बात विश्व भर के मीडिया ने की थी। कुछ दिन पूर्व उत्तर प्रदेश के मुख्यमंत्री योगी आदित्यनाथ ने आतंकवाद विरोधी पुलिस बल का कमांडो फोर्स मुख्यालय भी देवबंद में घोषित किया था, वैसे ही अपने भक्तों के लिए विवादों की चर्चा के केंद्र में रहनेवाले देवबंद मदरसा और मौलाना अरशद मदनी 'सुदर्शन' पर आ सकते हैं और वह भी सुरेश चव्हाणके के शो में, इस बात पर किसी का भरोसा नहीं हो सकता था! सामान्यतया मैं मुलाकात करने से पहले दर्शकों से प्रश्न पूछता हूँ कि अपने प्रश्न सुझाएँ।

लेकिन इस वार्त्तालाप में यही मेरी रणनीति रही कि मैं वहाँ जाकर इंटरव्यू लेकर निकल लूँ, तब तक इसकी भनक किसी को न लगे, ताकि मौलाना को भी प्रभावित कर, यह संवाद रोकने जैसी कोई हरकत मेरे जीवन के इस महत्त्वपूर्ण साक्षात्कार में न हो। मेरे जीवन की महत्त्वपूर्ण मुलाकात इसलिए कहता हूँ कि विश्व के सबसे बड़े इस्लामिक शिक्षण केंद्र के प्रमुख, सबसे बड़े मुस्लिम धार्मिक नेता मेरे सामने थे। वह अपने मजहब पर अडिग और कट्टर हैं और मैं भी सनातनी हिंदू होने के गर्व के साथ और कट्टर हूँ।

ऐसे दो लोगों का आमने-सामने होना निश्चित तौर पर सहज और स्वाभाविक

नहीं हो सकता! इसलिए अतिरिक्त श्रम की आवश्यकता थी, जो हमने किया, जो मैं आगे किसी पुस्तक में ठीक से विस्तृत रूप में रखूँगा, परंतु देवबंद में इसके पहले जब भी मैं वहाँ की देवी माता के दर्शन के लिए गया था तो मैंने कहा था कि माताजी! यहाँ के मदरसे के मुखिया से आमना-सामना करने का अवसर आपके आशीर्वाद से मुझे मिले।

ऐसी मैं मन्नत माँगता हूँ और वह मिला तो मुलाकात करने के बाद मैंने माताजी के मंदिर में जाकर धन्यवाद भी किया। ये मुलाकात देखने या पढ़ने के बाद ही आपको पता चलेगा कि ऐसा मैं क्यों लिख रहा हूँ! मेरे लिए यह छत्रपति शिवाजी महाराज और अफजल खान की मुलाकात जैसा था, बस इसमें यही अंतर है कि इस बार बाघ नख न होकर, मेरे अब तक के पत्रकारिता के बाघ नाखून थे।

इस बातचीत में आप देखेंगे कि 'अल्लाह', 'हर-हर महादेव' का मुद्दा जब आया तो मैंने उनके केंद्र में बैठकर महादेव के सामर्थ्य के साथ कहा कि महादेव को अल्लाह ने नहीं, बल्कि अल्लाह को महादेव ने पैदा किया है! देवबंद मदरसे में बैठकर ये बात कहना देवबंदी मदरसे में पहुँचने से भी ज्यादा चुनौतीपूर्ण था, लेकिन अपनी बात के लिए निडरता से अडिग रहना एवं धर्म के लिए जान लुटाने को तैयार रहने के मेरे स्वभाव के कारण यह बात कह पाया। यह बात सुनने के बाद मौलाना तिलमिला गए, परंतु कुछ कर नहीं पा रहे थे, क्योंकि कैमरे भी आँख थे और मेरे साथ कुछ होने का मतलब क्या होता है, वह बखूबी जानते थे! एक घंटे तक इंटरव्यू चला और इस मुलाकात को देखने और पढ़नेवाले जान लें और उन नेताओं से अवश्य प्रश्न पूछें, जो आज अजान के शुरू होने पर भाषणों को रोकते हैं। मैंने इस मुलाकात में कोई ब्रेक नहीं लिया। अजान की आवाज आती रही। मुलाकात चलती रही। बाद में नमाज की भी आवाज आती रही। मुलाकात चलती रही और 30 मिनट के लिए तय हुई मुलाकात एक घंटे तक चली, जिसे हमने अनकट चलाया। चलते-चलते के प्रतिमान के अनुसार मेरे प्रश्न के साथ उनकी बात भी निर्बाध, अविकल सामने आई।

मुलाकात के समय वहाँ पर अन्य कोई न हो, यह वह भी चाहते थे। इसलिए हमारे कैमरामैन और उनकी सुरक्षा के लिए जिम्मेदार चुनिंदा लोग छोड़कर उस सभागार में कोई नहीं था, परंतु मुलाकात लंबी चली, इस मुलाकात में अंदर क्या हो रहा है, इसको लेकर उनके लोग बाहर उत्तेजित हो रहे थे, तब हमारे लोगों ने कहा कि भाई, दोनों समझदार लोग हैं। आपको सुरेशजी पर नहीं, पर अपने मदनीजी पर भरोसा है कि नहीं?

पर, भीड़ बढ़ती गई। पुलिस के पसीने बढ़ते गए। पुलिस ने हमारे लोगों को कहा कि एक तो आपको सीधे अंदर तक नहीं आना चाहिए था। कल अगर यह लोग कहेंगे कि यहाँ कोई आया ही नहीं था तो वो भी इसे साबित नहीं कर सकते। 20 फीट की गली, फिर उसके बाद 10 फीट की गली, उसके बाद आठ फीट की गली और उसके बाद तीन फीट की गली से ही पहुँचे। इस बात को हमारे साथी पहुँचने से पहले ही जानते थे, परंतु हमने जोखिम लिया और वह जोखिम कितना फलश्रुत रहा, यह मुलाकात देखकर आप जान जाएँगे।

साक्षात्कार के बाद

मुलाकात तो अब प्रदर्शित होनी थी। पर उससे पहले भाई प्रमोद ने ही भूचाल ला दिया। सुरेश चव्हाणके को सीधे देवबंद में आने कैसे दिया? इसको लेकर ही मुसलमानों ने मौलाना अरशद मदनीजी को परेशान किया।

यह जानकर मुझे प्रसन्नता हुई कि मेरे वहाँ जाने पर हिंदुओं को कोई आपत्ति नहीं थी, क्योंकि वह जानते थे कि मैं क्यों जा रहा हूँ और अंतिमत: सफल होकर ही लौटूँगा! लौटा भी, परंतु विश्व में खूँखार प्रतिमा बन चुके देवबंद में जाकर मुलाकात करने पर मेरे अपने मित्र, सगे-संबंधी और हितचिंतक ही मुझसे बहुत ज्यादा नाराजगी प्रकट करते हैं। वहाँ जाने की क्या आवश्यकता थी! ये कहा, पर वह नहीं जानते थे कि यह मुलाकात कितनी कीमती थी? वैसे तो सामान्यत: किसी भी चैनल पर चलते हुए किसी कार्यक्रम के बारे में दूसरा मीडिया नहीं छापता-दिखाता है, परंतु मदनीजी के साथ हुई इस मुलाकात को सीमित शब्द में शास्त्रार्थ कहना चाहिए— उस शास्त्रार्थ की चर्चा अनेक पोर्टलों, यूट्यूब चैनलों से लेकर बड़े समाचार-पत्रों तक में रही। इस मुलाकात में ही कुछ अप्रिय हो सकता है, यह सुरक्षा बलों एवं हमारी टीम से लेकर योजना बनानेवालों के अंदेशे को भी देवबंद की देवी माता ने सँभाल लिया। इंटरव्यू को पूर्ण करने की हमारी नीति और आग्रह को पूरा होकर देखने का समाधान भी मिला।

हम अपने वैचारिक विरोधी, असहमत और कट्टर आलोचक से भी संवाद के पक्षधर हैं। हम किसी का अपमान नहीं करेंगे, परंतु संकोच भी नहीं करेंगे। जो पूछना है, वह पूछकर ही रहेंगे, यह इस मुलाकात ने पुन: स्थापित किया।

फेसबुक से लेकर सोशल मीडिया के विभिन्न प्लेटफॉर्म पर पहले घंटे में ही करोड़ों लोगों ने इसे देखा और आज भी इसे देखा जा रहा है। हालाँकि इस इंटरव्यू

में अरशद मदनीजी ने अनेक जगह पर चतुराईपूर्ण झूठ बोला, शायद वह कैमरे पर बोल रहे हैं, ये भूल गए होंगे या उनके पास कोई विकल्प नहीं था! अन्यथा इस अवसर को वह क्यों गँवाते?

संवाद सौहार्दपूर्ण रूप से संपन्न हुआ।

स्थान : दारुल उलूम देवबंद, दुनिया का प्रमुख इस्लामी विश्वविद्यालय
प्रथम प्रसारण तिथि : 25 अक्तूबर, 2021

सुरेश चव्हाणके : नमस्कार। हमारे अतिथि के लिए चलना सुविधाजनक नहीं है··· इसलिए बैठ के चर्चा कर रहे हैं। लेकिन मुलाकात चलते-चलते रहेगी। हमारे साथ आज विश्व के मुसलमानों के सबसे बड़े संगठन के या उनके मजहबी तालिम के केंद्र देवबंद के मुखिया अरशद मदनीजी हैं। आपका स्वागत है।

मौलाना अरशद मदनी : बहुत शुक्रिया।

सुरेश चव्हाणके : आप ही के घर में आप ही का स्वागत कर रहे हैं!

मौलाना अरशद मदनी : बहुत-बहुत शुक्रिया। हमारे यहाँ तशरीफ लाए। इज्जत बख्शी आपने।

सुरेश चव्हाणके : सब जानते हैं कि हमारे आपके विचार कई मुद्दों पर अलग-अलग हैं। लेकिन, हम संवाद के पक्षधर हैं और इसलिए संवाद होना चाहिए। इसी संवाद के पक्षधर आप भी हैं। इसलिए आप मोहन भागवतजी से भी मिले थे तो हमने कहा कि देवबंद में जाकर आपके यहाँ मिलते हैं।

मौलाना अरशद मदनी : बहुत-बहुत शुक्रिया।

सुरेश चव्हाणके : हम जानना चाहते हैं कि इतने बड़े विवादों में रहनेवाला ये केंद्र, जिसको कि तालिबान का भी उस्ताद कहा जाता है। तालिबान का मुल्ला उमर यहाँ से आपका चेला बनकर गया है और अब एक सरकार बनाई है।

मौलाना अरशद मदनी : नहीं··मुल्ला उमर हमारे यहाँ के नहीं! ये गलत है कि मुल्ला उमर यहाँ के पढ़े हुए हैं। ये गलत है, जो कहता है।

सुरेश चव्हाणके : लेकिन देवबंदी मदरसे में पढ़े हैं, भले ही यहाँ न पढ़े हों?

मौलाना अरशद मदनी : देवबंदी मदरसे में अगर पढ़ा है उन्होंने तो पाकिस्तान में पढ़ा है, हिंदुस्तान में नहीं पढ़ा है।

सुरेश चव्हाणके : तो आप देवबंदी मदरसा जो पाकिस्तान में है, उसको गलत मानते हैं?

मौलाना अरशद मदनी : नहीं, हम किसी को गलत नहीं मानते हैं।

सुरेश चव्हाणके : मुल्ला उमर को गलत मानते हैं?

मौलाना अरशद मदनी : नहीं···नहीं, हम क्यों, हमारी कभी मुलाकात नहीं, हम कैसे कह दें कि वो गलत हैं!

सुरेश चव्हाणके : लेकिन आप मीडिया से तो जानते ही हैं न?

मौलाना अरशद मदनी : नहीं! मीडिया में हम नहीं जानते हैं। हमारा मीडिया से कोई ताल्लुक नहीं है। हमारे मेहमान हैं तो हम बैठ गए; वरना हम तो यहाँ मीडिया को आने भी नहीं देते। आप आए हैं तो हमारे सर आँखों पर···

सुरेश चव्हाणके : लेकिन आपका और उसका संबंध नहीं है तो उसको जब आपके चेले के तौर पर प्रस्तुत किया जाता है तो डिनाई करना चाहिए न?

मौलाना अरशद मदनी : हमने मना किया। हमने ये बात कही कि उनको देवबंदी क्यों कहा जाता है? लोग ये समझते हैं कि वो देवबंद के पढ़े हुए हैं।

सुरेश चव्हाणके : हूँ!

मौलाना अरशद मदनी : वो देवबंद के पढ़े हुए नहीं हैं। हमने कहा कि उन्हें सिर्फ इसलिए देवबंदी कहा जाता है कि जब देवबंद के सबसे बड़े मुखिया हजरत शैफुद्दीन निरामतुल्लाह अले, जिनके दिल-दिमाग में अंग्रेज की दुश्मनी भरी हुई थी और वो गुलामी की जंजीर को तोड़ना चाहते थे, उन्होंने सबसे पहले हिंदुस्तान में, अंग्रेज के खिलाफ आजाद हुकूमत कायम की थी अफगानिस्तान में और यहाँ से अपने चेले भेजे थे···उन चेलों ने जो वहाँ काम किया है, ये जो आज के तालिबान हैं या उनकी औलाद हैं या औलाद की औलाद हैं, चूँकि वो देवबंद के थे, इसलिए देवबंदी हैं, वरना ये लोग न तो देवबंद आए हैं···

सुरेश चव्हाणके : तो आप तालिबान का विरोध करते हैं?

मौलाना अरशद मदनी : विरोध करते, हम तो किसी का भी विरोध नहीं करते हैं। विरोध करने का क्या ताल्लुक है, वो लोग मुसलमान अपने आप को कहते हैं। वो तालिबानी हैं, क्या हैं, क्या कर रहे हैं, हम कुछ नहीं, हम तो अपनी सारी जिंदगी में आज तक कभी अफगानिस्तान गए भी नहीं हैं, हमारा क्या ताल्लुक है?

सुरेश चव्हाणके : जब सारी दुनिया यहाँ आपको बैठे-बैठे सुनती हो, आपको क्या जाने की जरूरत है कहीं भी? दुनिया का हर मुसलमान आपका फतवा मानता है।

मौलाना अरशद मदनी : नहीं···नहीं···ये बात नहीं है, फतवे की चीज

दूसरी है। हमारा ताल्लुक है अगर किसी से तो हम वहाँ जाते, वो हमें बुलाते हम वहाँ जाकर के काम करते। हम तो आज तक गए भी नहीं अफगानिस्तान! अफगानिस्तान है किस चिड़िया का नाम, हम नहीं जानते!

सुरेश चव्हाणके : चलिए, आपके पोते वगैरह, सब इतने हाई-फाई मोबाइल यूज करते हैं। सबको पता है दुनियादारी में क्या हो रहा है! आपको भी पता है कि वहाँ महिलाओं की मंडी लग रही है, गरदनें काटी जा रही हैं। मैं बता रहा हूँ तो ये सुनने के बाद कम-से-कम आप कहिए न कि तालिबान गलत काम कर रहा है?

मौलाना अरशद मदनी : नहीं! नहीं, सुना जाता है। हो सकता है, आप सही बोल रहे हों, हम गलत बोल रहे हों।

सुरेश चव्हाणके : अगर मैं सही हूँ तो आपका क्या कहना है?

मौलाना अरशद मदनी : अगर होंगे, अगर हो करके कोई हुक्म नहीं रखता है, जब तक मैं ये यकीन न कर लूँ कि आप सही हैं, मैं कोई बात नहीं करूँगा।

सुरेश चव्हाणके : अच्छा, मैं कैसे आपको इसका यकीन कराऊँ?

मौलाना अरशद मदनी : मुझे जरूरत ही नहीं है आपको यकीन कराने की। मेरा ये मोबाइल है, इस मोबाइल के अंदर कोई व्हाट्सएप नहीं है। मैं दुनिया की कोई खबर नहीं सुनता हूँ।

सुरेश चव्हाणके : हूँ!

मौलाना अरशद मदनी : आप मुझे फोन करेंगे। आप मेरे भाई की तरह हैं, आपके फोन को ले लूँगा। मुझे जरूरत होगी, आपको करूँगा। मैं इसके सिवा दुनिया की किसी चीज को नहीं जानता। मेरा क्या ताल्लुक है? मैं किसी आदमी से बहस नहीं करता हूँ, तालिबान के यहाँ…

सुरेश चव्हाणके : ये बहस नहीं है, ये चर्चा है। हम कोई बहस नहीं कर रहे।

मौलाना अरशद मदनी : न…चर्चा तो आजकल मोबाइल के ऊपर इतनी गलत चर्चाएँ हैं, ये तो झूठ का पुलिंदा है। इसके अंदर मैं किसी की बात नहीं…मैं अपनी आँख से देखता हूँ, सुनता हूँ, अगर मुझे यकीन होता है तो बात करता हूँ। नहीं तो चर्चे तो बहुत होते रहते हैं। मुझे क्या मुसीबत पड़ी है कि मैं चर्चे करूँगा!

सुरेश चव्हाणके : अच्छा! तालिबान जो भी कर रहा है आपके पास, जो भी जानकारी है, मेरी छोड़ दीजिए, जो भी है, उसमें क्या गैर-इस्लामिक है और क्या इस्लामिक है?

मौलाना अरशद मदनी : मैं नहीं जानता हूँ। मैं सिर्फ इतना जानता हूँ कि तालिबान ये कहते हैं कि हमारा अल्लाह एक है और हजरत मोहम्मद अल्लाह के सच्चे रसूल हैं। मैं ये जानता हूँ। बाकी उनके यहाँ क्या हो रहा है, वे किसे मार रहे हैं, किसकी मंडी लगी है, किसको जिंदा कर रहे हैं, मेरा कोई ताल्लुक उससे नहीं है। न मैं जानता हूँ। न मैं गया हूँ कभी, न सुनता हूँ, न तालिबानी मेरे पास आते हैं, न मेरा आदमी तालिबान के पास जाता है।

सुरेश चव्हाणके : *(हँसते हैं)* ऐसा माना जाता है कि वो आपकी ही सारी पुस्तक पढ़ते हैं।

मौलाना अरशद मदनी : यही बात है। हमारी पुस्तक क्या है? हमारी पुस्तक तो कुरान है। दुनिया में···सारी दुनिया के मुसलमान इसको पढ़ते हैं, हमारी कोई पुस्तक पढ़ते हैं? आप ये बताइए कि कौन सी पुस्तक पढ़ते हैं? मैं आप ही से पूछता हूँ, बताइए?

सुरेश चव्हाणके : नहीं! मैं तो कुरान के बारे में सिर्फ जानता हूँ, बाकी पुस्तक के बारे में जानता नहीं हूँ। कुरान की जानकारी भी आपसे लूँ तो मुझे ज्यादा अच्छा लगेगा। मैंने तो सईद वसीम रिज्वी के साथ एक संवाद किया था। उन्होंने 26 आयतों को निकालने के लिए कहा था। वो भी मेरे प्रश्न में था कि उस पर आपका क्या कहना है?

मौलाना अरशद मदनी : नहीं! मैंने उसका जवाब लिखा है, आप मेरी वो किताब देखिए, वो हिंदी में पड़ा हुआ है।

सुरेश चव्हाणके : हूँ!

मौलाना अरशद मदनी : मैंने उसका जवाब दिया है। जिन आयतों पर वो एतराज कर रहे हैं, वो कुरान को जानते नहीं हैं। वहीं उसका जवाब लिखा हुआ है। मैंने कहीं इधर-उधर से बात नहीं की। मैंने कहा कि पाँच आयत पहले पढ़ो। पाँच आयत बाद में पढ़ो। तुम्हें उसका जवाब मिल जाएगा। आपने मेरे उस जवाब को देखा नहीं।

सुरेश चव्हाणके : नहीं देखा। इसलिए आपसे पूछ रहा हूँ।

मौलाना अरशद मदनी : मैं आपको भेजूँगा, आप मुझे अपना नंबर देंगे। मैं आपको भेजूँगा और हिंदी में भेजूँगा मैं आपको।

सुरेश चव्हाणके : वैसे तो मुझे लग रहा है कि मुझे भी उर्दू सीखनी चाहिए।

मौलाना अरशद मदनी : आप सीखें, बहुत अच्छी बात है। भई! आपको

पहले ही सीखना चाहिए था। आप हिंदुस्तान के रहनेवाले हैं तो हिंदुस्तान की वो जबान जिसको आप बोल रहे हैं, मुझसे बात कर रहे हैं उर्दू, आप उर्दू जानते क्यों नहीं हैं···आपको लिखना भी चाहिए और पढ़ना भी चाहिए था।

सुरेश चव्हाणके : लेकिन आप बाकी भाषा का विरोध करते हैं?

मौलाना अरशद मदनी : कौन कहता है कि विरोध करता हूँ?

सुरेश चव्हाणके : तो फिर अभी योगीजी ने कहा है कि मदरसों में दूसरी भाषा जाननेवालों को नहीं लेंगे?

मौलाना अरशद मदनी : नहीं, हम नहीं विरोध करते। हमारे यहाँ हिंदी पढ़ाई जाती है। हमारे यहाँ अंग्रेजी पढ़ाई जाती है।

सुरेश चव्हाणके : तो, जो अभी मदरसों में उन्होंने कहा है कि गैर हिंदी··· जहाँ उर्दू भाषा की आवश्यकता नहीं है; ऐसे विषय पढ़ाने के लिए जिसको उर्दू नहीं आती; ऐसे शिक्षक भी लेंगे, उसका आप विरोध कर रहे हैं?

मौलाना अरशद मदनी : कौन विरोध कर रहा है? आप हमें बताइए कि मैंने विरोध किया?

सुरेश चव्हाणके : आपके लोग कर रहे हैं न! आप नहीं कर रहे।

मौलाना अरशद मदनी : कौन कर रहा है? ये तो बताओ, किसने विरोध किया है?

सुरेश चव्हाणके : अब मुझे ये तो समझ में आता है कि चाहे उलेमा काउंसिल हो, आप ही की है, मुस्लिम पर्सनल लॉ बोर्ड हो, आप ही का है।

मौलाना अरशद मदनी : ये कोई चीज नहीं है।

सुरेश चव्हाणके : अच्छा, ये बताइए कि मुस्लिम पर्सनल लॉ बोर्ड आपका है कि नहीं?

मौलाना अरशद मदनी : है। मैं भी उसका एक मैंबर हूँ।

सुरेश चव्हाणके : हाँ, तो फिर मुस्लिम पर्सनल लॉ बोर्ड ने विरोध किया है?

मौलाना अरशद मदनी : क्या विरोध किया?

सुरेश चव्हाणके : मदरसा बोर्ड ने विरोध किया है?

मौलाना अरशद मदनी : क्या विरोध किया है?

सुरेश चव्हाणके : उन्होंने कहा है कि उर्दू आना अनिवार्य है?

मौलाना अरशद मदनी : हम ये कहते हैं, देखिए, आप समझिए इस बात को, आप नहीं जानते हैं, असल में इस्लाम अरबी जबान का है।

सुरेश चव्हाणके : हूँ!

मौलाना अरशद मदनी : लेकिन हिंदुस्तान के अंदर जब फारस के लोग आए, फारसी बोलनेवाले तो यहाँ के मुसलमानों ने पूरे अरबी लिटरेचर को फारसी जबान में मुंतकिल कर दिया। फारसी जबान जाने लगी और चली गई तो ये उलेमा का काम था कि उन्होंने फारसी के लिटरेचर को उर्दू में मुंतकिल कर दिया। आज उर्दू है। अभी जिंदा है। हम चाहते हैं जिंदा रहे, लेकिन अगर उर्दू जाएगी तो हम उसे हिंदी के अंदर लाएँगे। हमारे बच्चे हिंदी पढ़ते हैं; स्कूलों को अंदर 95-98 प्रतिशत मुसलमान तो स्कूलों में ही पढ़ते हैं। वो उर्दू नहीं जानते हैं। हम ये चाहते हैं कि हम सारे लिटरेचर को फारसी से उर्दू जबान के अंदर ले आए हैं। उर्दू में उसके बाद हिंदी में ले आए; तो ये वो चीज है कि हम ये चाहते हैं कि उर्दू अभी बाकी रहे। बड़ी साफ-सुथरी है; और हिंदुस्तान को आजाद कराने के अंदर जितना बड़ा किरदार उर्दू का है, किसी दूसरी जबान का नहीं है; इसलिए हम चाहते हैं कि हमें उर्दू जबान··· हमें उसी से मोहब्बत है।

सुरेश चव्हाणके : इस विवाद में जाएँगे तो फिर वो गलत बात हो जाएगी।

मौलाना अरशद मदनी : आप जाएँ···

सुरेश चव्हाणके : फिर तो हम कहेंगे कि मराठी जबान का सबसे बड़ा योगदान है।

मौलाना अरशद मदनी : हाँ! ठीक है, ठीक है, वो भी है।

सुरेश चव्हाणके : फिर तो पंजाबी कहेंगे, हमारा सबसे ज्यादा है!

मौलाना अरशद मदनी : लेकिन मैं कहता हूँ, मेरी एक बात सुनें! आप मुझसे उर्दू में बात कर रहे हैं। मैं मराठी नहीं जानता हूँ। मैं आपसे उर्दू में बात कर रहा हूँ। जिस जबान में आप बोल रहे हैं, उस जबान की मुखालिफत आपको नहीं करनी चाहिए।

सुरेश चव्हाणके : नहीं। कहाँ कर रहा हूँ मैं?

मौलाना अरशद मदनी : बहुत अच्छी बात है ये।

सुरेश चव्हाणके : मैं तो हिंदी बोल रहा हूँ।

मौलाना अरशद मदनी : हिंदी नहीं बोल रहे हैं आप···

सुरेश चव्हाणके : मैं तो···मैं खुद कह रहा हूँ कि उर्दू पढ़नी चाहिए। मैं तो कहता हूँ कि हर हिंदुस्थानी को कुरान पढ़नी चाहिए, तभी तो उसको पता चलेगा न कि क्या लिखा है उसमें?

मौलाना अरशद मदनी : मैं आपको दूँगा। मैंने आठ साल मेहनत करके कुरान का हिंदी अनुवाद और उसकी व्याख्या कुरान की आठ साल की मेहनत के बाद की है। ये है, मैं वो आपको दूँगा, अगर आप पढ़ना चाहते हैं, आप उसको पढ़ें।

सुरेश चव्हाणके : क्योंकि वसीम रिज्वी जो कहते हैं या हमने जो सुना है या जो चलन में है, उसमें लिखा है कि काफिरों की गरदन काटो! तो सुरेश चव्हाणके काफिर है ?

मौलाना अरशद मदनी : गलत है!

सुरेश चव्हाणके : तो कुरान तो मेरे खिलाफ लिखा गया है ?

मौलाना अरशद मदनी : वो जानते ही नहीं हैं काफिर–वाफिर···

सुरेश चव्हाणके : तो आपके हिसाब से मैं काफिर हूँ कि नहीं हूँ ?

मौलाना अरशद मदनी : नहीं! मैं आपको मानता हूँ कि आप एक धर्म को माननेवाले हैं। काफिर किसे कहते हैं बताइए ?

सुरेश चव्हाणके : नहीं···जो हमने पढ़ा है उसके अनुसार, जो अल्लाह को नहीं मानता, जो नबी को नहीं मानता, जो उसकी आयतों को नहीं मानता···

मौलाना अरशद मदनी : काफिर का मतलब, जो अल्लाह को नहीं मानता। काफिर का यही मानना है इनकार करनेवाला। काफिर एक अरबी जबान का लफ्ज है, इसके माना हैं इनकार करनेवाले जो अल्लाह को नहीं मानता, जो मोहम्मद को नहीं मानता। ये काफिर का मायना है। काफिर कोई गाली नहीं है।

सुरेश चव्हाणके : तो मैं नहीं मानता, मैं नहीं मानता···

मौलाना अरशद मदनी : अगर मैं भी नहीं···

सुरेश चव्हाणके : मैं नहीं मानता। मैं मुसलमान नहीं हूँ।

मौलाना अरशद मदनी : अगर कल को मेरी औलाद भी नहीं मानेगी तो मैं उसको भी कहूँगा कि अरबी जबान के अंदर ये नहीं मानता है, इनकार करता है। अल्लाह का ये काफिर है।

सुरेश चव्हाणके : हाँ! हाँ! तो इस हिसाब से मैं भी काफिर हुआ न ?

मौलाना अरशद मदनी : सारी दुनिया काफिर कहो, जो नहीं मानती है परमात्मा को···

सुरेश चव्हाणके : तो फिर काफिर की सजा तो आपने···

मौलाना अरशद मदनी : आप परमात्मा को मानते हैं कि नहीं मानते हैं ?

सुरेश चव्हाणके : हाँ, परमात्मा को तो मानता हूँ।

मौलाना अरशद मदनी : तो वो ही तो है अल्लाह, और क्या चीज है ?

सुरेश चव्हाणके : नहीं, लेकिन अल्लाह कहता है कि मेरे पास आने का एक ही रास्ता है ?

मौलाना अरशद मदनी : क्या रास्ता है ?

सुरेश चव्हाणके : मेरा परमात्मा कहता है कि कई रास्ते हैं।

मौलाना अरशद मदनी : नहीं !

सुरेश चव्हाणके : हाथ जोड़ेंगे तो भी आओगे, आँख बंद करो तो भी आओगे।

मौलाना अरशद मदनी : नहीं !

सुरेश चव्हाणके : ध्यान करोगे तो भी आओगे, उपवास नहीं करोगे तो भी आओगे।

मौलाना अरशद मदनी : आप कमाल की बात करते हो !

सुरेश चव्हाणके : पानी चढ़ाओगे तो भी आओगे, कुछ भी नहीं मानोगे तो भी आओगे।

मौलाना अरशद मदनी : नहीं ! अल्लाह को भी मानते हो कि नहीं हो ?

सुरेश चव्हाणके : नहीं ! मैंने कहा न कि अल्लाह और परमेश्वर में फर्क है। ऐसा मैं मानता हूँ।

मौलाना अरशद मदनी : ईश्वर को मानते हो कि नहीं मानते हो ?

सुरेश चव्हाणके : हाँ, बिल्कुल मानता हूँ।

मौलाना अरशद मदनी : ईश्वर-अल्लाह एक ही तो हैं, ईश्वर को मानते हो तो अल्लाह को मानते हो, बस खतम बात।

सुरेश चव्हाणके : नहीं…नहीं…अगर ऐसा हम कहें, क्योंकि आपसे मैं कोई पॉलिटिकल बहस नहीं कर रहा हूँ। इस मुद्दे पर मैं इसलिए ज्यादा टाइम लेना चाहता हूँ, क्योंकि जब आप अल्लाहु अकबर कहते हैं तो उसका मतलब होता है कि केवल अल्लाह ही महान है !

मौलाना अरशद मदनी : अहाँ…अहाँ…इसका मतलब ये नहीं है।

सुरेश चव्हाणके : तो क्या होता है ?

मौलाना अरशद मदनी : इसका मतलब है कि अल्लाह सबसे बड़ा है।

सुरेश चव्हाणके : हाँ, तो फिर महादेव से बड़ा कैसे हो गया ?

मौलाना अरशद मदनी : अल्लाहु ! महादेव को किसने पैदा किया है ?

सुरेश चव्हाणके : किसने किया ?

मौलाना अरशद मदनी : आप बताइए?

सुरेश चव्हाणके : आप बताइए? मैं तो कहता हूँ कि अल्लाह को महादेव ने पैदा किया है, ऐसा कहना चाहिए।

मौलाना अरशद मदनी : अगर आप कहते हो तो ये आपका कहना है…

सुरेश चव्हाणके : क्योंकि अल्लाह को माननेवाले तो 1400 साल पहले आए। महादेव को माननेवाले तो उससे पहले से हैं।

मौलाना अरशद मदनी : गलत है ये, किसने कह दिया कि 1400 साल पहले?

सुरेश चव्हाणके : तो कितने साल हुए?

मौलाना अरशद मदनी : जब से दुनिया है, जो सबसे पहला आदमी पैदा किया था, जिसको हम आदम कहते हैं।

सुरेश चव्हाणके : हूँ।

मौलाना अरशद मदनी : जिससे पहले कोई आदमी दुनिया में नहीं था, वो भी अल्लाह को मानता था, ये किसने कह दिया कि 1400 साल पहले अल्लाह को माननेवाले आए! ये आप…

सुरेश चव्हाणके : तो इस्लाम को कितने वर्ष हुए?

मौलाना अरशद मदनी : बहुत इस्लाम के मायने हैं।

सुरेश चव्हाणके : मोहम्मद साहब को कितने हुए?

मौलाना अरशद मदनी : मोहम्मद साहब को 1400 साल हुए।

सुरेश चव्हाणके : उससे पहले अल्लाह को कौन मानता था?

मौलाना अरशद मदनी : उससे पहले भी था। उससे पहले हजरत ईसा थे कि नहीं थे, उससे पहले हजरत मूसा थे कि नहीं थे, उससे पहले हजरत इब्राहिम थे नहीं थे?

सुरेश चव्हाणके : हाँ! हाँ!

मौलाना अरशद मदनी : उससे पहले हजरत नूर थे। सबसे पहले हजरत आदम थे। वो भी अल्लाह को मानते थे, उनके भी माननेवालों को मुसलमान ही कहा जाएगा।

सुरेश चव्हाणके : हूँ…हूँ…

मौलाना अरशद मदनी : इस्लाम के मायने आप नहीं जानते हैं।

सुरेश चव्हाणके : हूँ!

मौलाना अरशद मदनी : इस्लाम के मायने हैं कि अल्लाह की इताद के लिए सर को झुका देना।

सुरेश चव्हाणके : हूँ!

मौलाना अरशद मदनी : लोग हमेशा से हैं। जो सबसे पहला आदमी पैदा किया गया था, जिसको आदम कहते हैं, वो भी अल्लाह के सामने सिर झुकाता था। उसकी औलाद भी अल्लाह के सामने। ये किसने कह दिया आपसे कि इस्लाम 1400 साल पहले...

सुरेश चव्हाणके : लेकिन अगर आप ये कहते हैं कि महादेव, अल्लाह या सारे भगवान एक हैं तो...

मौलाना अरशद मदनी : नहीं, मैं नहीं, मैं नहीं जानता हूँ इनको!

सुरेश चव्हाणके : आपने कहा न अभी!

मौलाना अरशद मदनी : मैंने कहा कि अल्लाह एक है। मैंने कहा कि न आपसे कि अल्लाह एक है, आप जिनके नाम ले रहे हैं, मैं उनको नहीं जानता हूँ।

सुरेश चव्हाणके : हूँ!

मौलाना अरशद मदनी : लेकिन अल्लाह एक है।

सुरेश चव्हाणके : लेकिन अगर कोई उसको जानता है, मानता है, पूजता है तो क्या अड़चन है?

मौलाना अरशद मदनी : जी, कोई अड़चन नहीं है। हम कब अड़चन कर रहे हैं?

सुरेश चव्हाणके : तो फिर मंदिर क्यों तोड़े जाते हैं?

मौलाना अरशद मदनी : किसने तोड़ा?

सुरेश चव्हाणके : औरंगजेब ने तोड़ा, और भी लोगों ने तोड़ा।

मौलाना अरशद मदनी : देखिए, औरंगजेब ने जो किया, वो औरंगजेब के साथ चला गया।

सुरेश चव्हाणके : हाँ!

मौलाना अरशद मदनी : आप मुझसे बात कर रहे हैं; आप मुझे बताइए कि मैंने कौन सा मंदिर तोड़ा?

सुरेश चव्हाणके : क्योंकि आपके अनुयायी औरंगजेब के खिलाफ बोलने से हमारे खिलाफ हो जाते हैं।

मौलाना अरशद मदनी : वाह, क्या बात कर रहे हो यार? अजीबोगरीब बात है। आप क्या गुफ्तगू कर रहे हैं? जो चीज 400 साल पहले हो चुकी है, आज आप मुझसे कहते हैं कि मैं मुजरिम हूँ। मैं कैसे मुजरिम होऊँगा?

सुरेश चव्हाणके : नहीं! मैं कहाँ कह रहा हूँ कि मुजरिम हैं आप? मैंने तो नहीं कहा आपको मुजरिम। देखिए, मुझे अच्छा लगा कि आप बहुत हँसी के साथ, बहुत अच्छे मूड में जवाब दे रहे हैं। ये मुझे अच्छा लगा। इसलिए मैं पूछ रहा हूँ अन्यथा इसलिए मैं पूछ रहा हूँ कि मुसलमान नेता संवाद नहीं करते और डायरेक्ट इस्लाम खतरे में है कहकर गुंडई करने लग जाते हैं। ये गलत है, मुझे बहुत अच्छा लगा कि आप एकदम खुशी-खुशी उसके उत्तर दे रहे हैं, क्योंकि अगर आप ही उत्तर आपके बारे में नहीं देंगे तो भ्रम तो कायम रहेगा।

मौलाना अरशद मदनी : मेरे भाई, मैं कभी नहीं आपसे कह रहा हूँ कि इस्लाम खतरे में है। कौन कहता है, दूसरे लोगों की बात आप मेरे सिर के ऊपर क्यों डाल रहे हैं?

सुरेश चव्हाणके : नहीं, क्योंकि सबके गुरु आप हैं न?

मौलाना अरशद मदनी : मैं नहीं गुरु हूँ, ये किसने कह दिया आपसे?

सुरेश चव्हाणके : गुरु इस्लाम में नहीं होता, लेकिन प्रिंसिपल इस मदरसे के आप जो हैं, उनका सबसे बड़ा है…

मौलाना अरशद मदनी : नहीं, ठीक है। मदरसे में 5,000 लड़के पढ़ते हैं और हमारी बहुत सी दर्जगाहें हैं। मैं हूँ। ये सही है आपकी बात, लेकिन मैं, इस मदरसे में क्या पढ़ाया जा रहा है, ये मैं आपको बताऊँगा। इसमें भाईचारगी पढ़ाई जा रही है। आप जो मालुमात लेकर आए हैं लोगों से, वो गलत है, नहीं जानते हैं।

सुरेश चव्हाणके : अच्छा। ये बहुत अच्छी बात है कि नहीं? मैं आपसे वो सवाल पूछ रहा हूँ, जिसके बारे में आपके जवाब से आपका ही दाग धुलनेवाला है।

मौलाना अरशद मदनी : ठीक, मैं आपसे कह रहा हूँ कि इस्लाम 1400 साल की चीज नहीं है। इस्लाम तो जब से दुनिया आई है, दुनिया का पहला आदमी आया है, उस वक्त से लेकर आज तक कितने लाख साल गुजरे हैं, इस्लाम अपनी जगह पर है।

सुरेश चव्हाणके : देखिए, क्योंकि आप इतना पीछे जा रहे हैं तो और कुरान को आप ऑन करते हैं और कुरान में प्रकृति की या सृष्टि की या पृथ्वी की निर्मिति की जो बात की गई है, आपको ऐसा नहीं लगता कि जैसे बाइबलवालों ने दुरुस्त

कर लिया कि पृथ्वी को पहले वो चपाती जैसा मानते थे, अब वो भी मानते हैं कि गोल है, इस्लाम अभी भी मानता है कि चपाती जैसी है, अब तो विज्ञान ने साबित कर दिया कि गोल है तो फिर गोल ही कहने में क्या दिक्कत है?

मौलाना अरशद मदनी : कहाँ कहा? हमें कोई दिक्कत नहीं। हम तो कहते ही हैं कि गोल है। कुरान ने कहा कि चपाती जैसी है।

सुरेश चव्हाणके : सपाट है! बोला न, सपाट है बोला!

मौलाना अरशद मदनी : किसने कह दिया?

सुरेश चव्हाणके : सपाट है बोला।

मौलाना अरशद मदनी : नहीं, किसी ने नहीं कहा।

सुरेश चव्हाणके : आप पहले व्यक्ति हैं, जो ये मुझे ये बात कह रहे हैं, बाकी तो सारे ये बात कहते हैं।

मौलाना अरशद मदनी : आप तो कभी किसी आलिम से मिले ही नहीं हैं, इसका मतलब ये है…

सुरेश चव्हाणके : नहीं, ऐसा मत कहिए, वो बड़े-बड़े आलिम हैं, उनकी नौकरी चली जाएगी, आप ऐसा कहेंगे?

मौलाना अरशद मदनी : नौकरी करनेवालों से आप मिले हैं, मैं नौकरी करनेवाला नहीं हूँ। मुझसे आप मिलते तो मैं आपको बताता, जो कह रहा है, वो तो अपनी ही बात कह रहा है।

सुरेश चव्हाणके : अच्छा! मुद्दे पर आते हैं, जो आपने कहा, 'अल्लाह हू अकबर', क्योंकि हमें इसपर आपत्ति है, क्योंकि जब कहा जाता है कि अल्लाह ही सर्वश्रेष्ठ है तो हमारा कहना है कि बाकी भी सर्वश्रेष्ठ हैं, उनको क्या हर्ज है?

मौलाना अरशद मदनी : नहीं! ये गलत है। इसका तरजुमा है कि अल्लाह सबसे बड़ा है।

सुरेश चव्हाणके : हूँ।

मौलाना अरशद मदनी : जिसने सारे जहान को, दुनिया को, आसमान को, जमीनों को, सबको उसी ने पैदा किया है, आसमान, जमीन और जो कुछ आसमान और जमीनों के अंदर है, सबकुछ उस अल्लाह ने। आप उसको ईश्वर कहते हैं, मैं उसको अल्लाह कहता हूँ। वो सबसे बड़ा है।

सुरेश चव्हाणके : लेकिन अल्लाह कहता है कि मेरे पास आने का रास्ता एक ही है तो गड़बड़ है न?

मौलाना अरशद मदनी : ये छोड़ दीजिए। ये छोड़ दीजिए। रास्ता आप अल्लाह के पास जाने का रास्ता क्या है और कितने हैं और किधर से जाएगा, वो दूसरी चीज है। सवाल ये है कि अल्लाह सबसे बड़ा है। क्या इसमें मेरा और आपका कोई अंतर है ?

सुरेश चव्हाणके : गड़बड़ है। हाँ, अंतर है। अभी भी मैं समाधानी नहीं हूँ।

मौलाना अरशद मदनी : ठीक है।

सुरेश चव्हाणके : मैं अभी भी समाधानी नहीं हूँ, क्योंकि मैं ये मानता हूँ कि ईश्वर के पास जाने के रास्ते कई हैं।

मौलाना अरशद मदनी : ओहो! भाई, रास्ते अलग चीज है। ईश्वर है, नहीं है ? वो सबसे बड़ा है या नहीं है ?

सुरेश चव्हाणके : क्योंकि क्या हुआ, दुनिया भर के कट्टरपंथियों ने अभी तक दुनिया के सामने जो अल्लाह रखा है, वो अल्लाह को अभी भी मैं कन्विंस नहीं हूँ। न तो आप मुझे कन्विंस करिए।

मौलाना अरशद मदनी : मैं कह रहा हूँ कि आप भी ईश्वर को एक मानते हो और ऐसा मानते हो कि जिसकी कोई सूरत नहीं है, वो सदैव से है और सदैव रहनेवाला है।

सुरेश चव्हाणके : ये मैं दोनों चीजें मानता हूँ। मैं मानता हूँ कि वो निराकार भी है और आकार भी है, मेरे लिए दोनों ही चीजों का स्वागत है।

मौलाना अरशद मदनी : मैं जिस दीन, छोड़ दीजिए। ये झगड़े की बात है। मैं जिस दीन को···

सुरेश चव्हाणके : इसी से गड़बड़ होती है न ? होता क्या है···

मौलाना अरशद मदनी : मैं जिस दीन को मानता हूँ, उसके अंदर अल्लाह एक है, कोई दूसरा क्या मानता है, मैं···

सुरेश चव्हाणके : उसको मानने दीजिए।

मौलाना अरशद मदनी : हाँ, मानिए। आप मानिए।

सुरेश चव्हाणके : देखिए, कुरान में एक जगह कहा है कि आपका दीन आपके लिए, हमारा दीन हमारे लिए। जब ऐसा कहा जाता है तो फिर दूसरे की दीनी मस्जिदों-मंदिरों और वो तोड़ने की जरूरत क्या है ?

मौलाना अरशद मदनी : जो तोड़ता है उससे जाकर के पूछो, हमसे क्या ? हमें ये बताओ।

सुरेश चव्हाणके : आप उसके खिलाफ बोलिए न!

मौलाना अरशद मदनी : हाँ, हमें ये बताओ, अगर कोई मंदिर को बिना वजह तोड़ता है, कोई खामखाँ किसी मंदिर में, गुरुद्वारे में घुसकर तोड़-फोड़ करे, हम उसके मुखालिफ हैं, इससे अमन और शांति भंग होती है।

सुरेश चव्हाणके : अभी जो बांग्लादेश में हो रहा है, हिंदुओं को, दुर्गापूजा के पंडालों को तोड़ा जा रहा है?

मौलाना अरशद मदनी : देखिए, हम नहीं जानते। मुझसे एक साहब आए थे। वो कहते थे कि उन्होंने कुरान को नीचे रखा और उसके ऊपर मूर्ति रख दी।

सुरेश चव्हाणके : वो झूठ है न!

मौलाना अरशद मदनी : अगर वो झूठ है तो बहुत अच्छी बात है। अगर हो रहा है, गलत है। हम कब कहते हैं हमारा कोई बयान बताइए न कि हम कहते हैं कि वहाँ जो हो रहा है, वो सही हो रहा है, आप बता सकते हैं वो?

सुरेश चव्हाणके : नहीं! लेकिन जिस प्रकार से ये बात हो रही है, उसका विरोध भी नहीं हो रहा है न?

मौलाना अरशद मदनी : हमसे कोई पूछता नहीं न। देखिए, जहाँ कहीं अमन भंग होने की बात होती है और मुसलमान दूसरे से लड़ता है, बिना किसी कारण के हम उसके विरोधी हैं, हम कहते हैं…

सुरेश चव्हाणके : अच्छा! अगर वहाँ कुरान रखा और उसके कारण ये हुआ, ऐसा आप मानते हैं तो जिन मुसलमानों ने फिर हिंदुओं की मूर्तियाँ तोड़ीं उनको भी वही सजा होनी चाहिए।

मौलाना अरशद मदनी : हम कहते हैं कि मत तोड़ो! हम कहते हैं कि मत तोड़ो!

सुरेश चव्हाणके : लेकिन जब तोड़ते हैं तो उनको सजा किस आधार पर देंगे आप, इस्लाम के आधार पर कि कुरान के आधार पर?

मौलाना अरशद मदनी : आप बांग्लादेश में दे रहे हैं कि नहीं दे रहे हैं, मुझसे क्यों पूछते हो बाबा? मैं क्या जानूँ बांग्लादेश में क्या हो रहा है?

सुरेश चव्हाणके : वो तो आप, आप जो बोलेंगे, वो सुनेंगे, ये वीडियो क्लिप वहाँ जाएगी। वे लोग आपको फॉलो करेंगे।

मौलाना अरशद मदनी : मैं तो बोल रहा हूँ, बगैर किसी कारण के किसी दूसरे मजहबवाले को कष्ट देना, तकलीफ देना, मारना इस्लाम धर्म में जायज नहीं

है। मैं कह रहा हूँ, सारी दुनिया सुन ले इसको···

सुरेश चव्हाणके : अच्छा तो अगर ऐसा है तो 'गजवा-ए-हिंद' बनाने की जरूरत क्या है?

मौलाना अरशद मदनी : नहीं···नहीं, जानता हूँ यार, 'गजवा-ए-हिंद' किसने कहा है और कहाँ से कहा है, मैं ये बात तो आपसे···

सुरेश चव्हाणके : देखिए, आपके दादा ने तो पाकिस्तान बनने का विरोध किया?

मौलाना अरशद मदनी : मेरे दादा ने नहीं! मेरे वालिद ने···

सुरेश चव्हाणके : हाँ! आपके पिताजी ने···तो पिताजी ने पाकिस्तान का विरोध किया। पिताजी कहें या वालिद कहना पड़ेगा?

मौलाना अरशद मदनी : नहीं, पिताजी ठीक है! चलेगा···

सुरेश चव्हाणके : तो पिताजी ने पाकिस्तान का विरोध किया। हम उसका समर्थन करते हैं और महमूद मदनीजी हमारे एक इंटरव्यू में आए थे, हमने उसमें भी इसका उल्लेख किया था। दर्शकों को बता दें कि शायद ये उनके चाचा···

मौलाना अरशद मदनी : उनके दादा!

सुरेश चव्हाणके : उनके दादा तो आपके पिताजी ने इसका विरोध किया, बहुत अच्छी बात है, लेकिन देवबंद और उसके मुखिया आज ये क्यों नहीं कहते कि जो लोग कह रहे हैं कि हिंदुस्थान को 'गजवा-ए-हिंद' बनाना है, उसका विरोध करो?

मौलाना अरशद मदनी : 'गजवा-ए-हिंद' है कहाँ? आपने ये कहाँ सुना?

सुरेश चव्हाणके : हिंदुस्थान को पाकिस्तान बनाना; इस्लामी देश बनाना मतलब 'गजवा-ए-हिंद'!

मौलाना अरशद मदनी : मौला-ए-अल्ला मियाँ बहुत अजीब बात है न, आप जानते हैं न?

सुरेश चव्हाणके : अच्छा, ऐसी बात मैं बोलनेवाला पहला व्यक्ति तो नहीं मिला आपको?

मौलाना अरशद मदनी : मैं···आपको मुझे नहीं मिला···

सुरेश चव्हाणके : 'गजवा-ए-हिंद' आपको सुनाई नहीं दिया?

मौलाना अरशद मदनी : 'गजवा-ए-हिंद' है क्या?

सुरेश चव्हाणके : मतलब हिंदुस्थान को मुस्लिमस्तान बनाना है।

मौलाना अरशद मदनी : ये गलत है, जो आप समझते हैं कि हिंदुस्तान को पाकिस्तान बनाना, ये 'गजवा-ए-हिंद' है, ये गलत है, मैं कह रहा हूँ आपसे, ये गलत है।

सुरेश चव्हाणके : क्या होता है, इसका प्रॉपर विरोध न होने के कारण लोग ऐसा कहते हैं कि आपके वालिद ने तो पाकिस्तान का विरोध किया और आपने पाकिस्तान का विरोध किया, पाकिस्तान बन गया और यहाँ जो बचे हैं, उनको आप बचा रहे हो, फिर यहाँ पाकिस्तान तैयार हो रहा है?

मौलाना अरशद मदनी : हम तो किसी को नहीं बना रहे हैं···आप मेरे···मेरे इतने इंटरव्यू हैं यहाँ! हिंदुस्तान के अंदर किसी एक इंटरव्यू में ये बताओ कि मैंने 'गजवा-ए-हिंद' की बात कही है? चलिए, छोड़ दिया, यहीं बात खत्म हो जाएगी। खत्म होने के बाद तो आप क्यों मेरी तरफ मनसुख हैं?

सुरेश चव्हाणके : लेकिन जो कहते हैं कि इस्लाम का ये नारा है पाकिस्तान के आतंकवादी कहते हैं, हिंदुस्थान के कई उलेमा कहते हैं, कई लोग कहते हैं?

मौलाना अरशद मदनी : मैं कहता हूँ, जो कहता है, उससे आप बात कीजिए। मुझसे आप क्यों 'गजवा-ए-हिंद' की बात करते हैं? जब मैंने···

सुरेश चव्हाणके : हाँ, तो मैंने जिनसे किया, उन्होंने ये कहा कि देखो, हमारा तो इस्लाम का मिशन है कि दुनिया के सारे लोगों को मुसलमान बनाना है तो वो हिंदू को भी बनाना है?

मौलाना अरशद मदनी : नहीं! नहीं! हमारा ये मिशन नहीं है कि जितने आदमी हमारे पास आएँ कि हम उनसे जबरदस्ती गर्दन, पकड़कर उनको कहें कि तुम मुसलमान बन जाओ। जबरदस्ती कोई मुसलमान नहीं बनता। कोई मुसलमान हिंदू नहीं बनता! मजहब और धर्म तो नाम हैं—दिल से किसी चीज को मानना, जो इस्स···

सुरेश चव्हाणके : तो इसका आप विरोध करते हैं?

मौलाना अरशद मदनी : हाँ, बिल्कुल!

सुरेश चव्हाणके : फिर जो ये पकड़ा गया गौतम और उसके अभी 150 करोड़ से ज्यादा विदेशी फंड्स उसको मिले हैं, उसको गिरफ्तार किया गया है। बड़ा धर्मांतरण का रॉकेट मिला है।

मौलाना अरशद मदनी : हाँ। अच्छा अब आप ये बताइए कि एक आदमी ये साबित कर दे कि उसने जबरदस्ती गरदन पर पैर रखकर के उसको मुसलमान

बनाया है? मैं भूल जाऊँगा, बात छोड़ दूँगा।

सुरेश चव्हाणके : नहीं···नहीं, केवल गरदन पर रखना जरूरी नहीं न? लालच देकर बनाना भी तो गलत है?

मौलाना अरशद मदनी : बताओ, लालच देकर कोई बन सकता है? आप पढ़े-लिखे आदमी हो, अकलमंद आदमी हो, कौन दुनिया का आदमी है, जो दस रुपए या दस हजार या दस लाख रुपए लेकर के मुसलमान बन जाएगा, बताओ?

सुरेश चव्हाणके : बने न! उसके पूरे लिटरेचर में है···

मौलाना अरशद मदनी : बिल्कुल नहीं। गलत है, बन ही नहीं सकता!

सुरेश चव्हाणके : आप उसको निर्दोष साबित होने से पहले निर्दोष मान रहे हैं?

मौलाना अरशद मदनी : नहीं! नहीं! नहीं! उसको ये कहना कि वो जबरदस्ती मुसलमान बनाता है···

सुरेश चव्हाणके : नहीं! मैंने जबरदस्ती नहीं कहा। मैंने कहा कि लालच देकर···

मौलाना अरशद मदनी : लालच देकर कोई बन सकता है? कोई मुझे दस लाख रुपए दे, करोड़ रुपए दे, कह दे कि तुम हिंदू बन जाओ, मैं बन जाऊँगा? और जो आदमी दस रुपए लेकर मुसलमान बन रहा है, उसके इस्लाम का कोई वजन है? कीमत है?

सुरेश चव्हाणके : मतलब आप कह रहे हैं, इसीलिए आप गौतम को बचा रहे हैं, उसकी कानूनी लड़ाई लड़ रहे हैं?

मौलाना अरशद मदनी : गौतम कौन है?

सुरेश चव्हाणके : जमात-ए-इस्लामे हिंद जो है···

मौलाना अरशद मदनी : आप···मैं इसलिए लड़ रहा हूँ कि आप गलत कह रहे हो कि उन्होंने जबरदस्ती किसी को मुसलमान बनाया है।

सुरेश चव्हाणके : तो फिर सरकार, सारी एजेंसियाँ—वो गलत बोल रहे हैं?

मौलाना अरशद मदनी : मैं कहता हूँ कि जो कहता है कि जबरदस्ती बनाया है, वो गलत कहता है।

सुरेश चव्हाणके : मैं कह रहा हूँ कि केवल कानून ये कहता है कि केवल जबरदस्ती नहीं···अगर उसको लालच देना भी; आप अगर बस ठीक हैं, भ्रमित करना भी···

मौलाना अरशद मदनी : आप ये साबित नहीं कर सकते कि किसी को दस लाख रुपए देकर के मुसलमान बनाया। मेरी जानकारी में ये बात नहीं है। मैं जानता हूँ, गौतम मेरे पास कभी-कभी आया करते थे। गौतम के पास क्या ताकत है कि किसी को दस लाख रुपए देकर किसी को मुसलमान बना देगा!

सुरेश चव्हाणके : 150 करोड़ रुपए की लिंक निकली है, डेढ़ सौ करोड़···

मौलाना अरशद मदनी : क्या निकली है, क्या नहीं निकली है, मैं नहीं जानता हूँ! मैं ये जानता हूँ कि उनके पास एफ.सी.आर.ए. है। उस एफ.सी.आर.ए. के अंदर करोड़, दस करोड़, सौ करोड़ रुपए भी हो सकता है, लेकिन मैं ये भी जानता हूँ कि उनका मदरसा यहाँ भी अच्छा-खासा बड़ा मदरसा है। जहाँ वो रहते थे, मुल्क के अंदर और जो मुसलमान पंजाब और हरियाणा में बिल्कुल अपने दीन को नहीं जानते, लेकिन अब उसकी मेहरबानी रही है, तो वो वहाँ भी मदरसे बनाते थे। उनके बहुत सारे मदरसे हैं, जो चलते थे, वो इसी फंड से पैसा लगाते थे। इसलिए मैं नहीं समझता हूँ कि वो किसी को लालच देकर; लालच देकर कोई हिंदू मुसलमान बन ही नहीं सकता। पैसे लेकर के किसी का दिल मुतमईन हो जाए! या हाँ, इस्लाम का विश्वास सही है, आप पढ़े-लिखे आदमी हो यार, कैसी बात करते हो?

सुरेश चव्हाणके : देखिए, दुनिया की बड़ी आबादी मजबूरी में हुई। ईसाई क्या करता है, ईसाई तो पैसे से ही करता है न?

मौलाना अरशद मदनी : मैं बताऊँ···

सुरेश चव्हाणके : ईसाई जो कर रहा है···

मौलाना अरशद मदनी : अगर आज हिंदू दस पैसे ले करके मुसलमान बनता है, वही हिंदू कल को दस रुपए लेकर के हिंदू हो जाएगा।

सुरेश चव्हाणके : हाँ, तो होता है न!

मौलाना अरशद मदनी : अच्छा! परसों को कोई दस के बदले बीस हजार दे देगा तो फिर से मुसलमान हो जाएगा।

सुरेश चव्हाणके : हाँ, तो ऐसे हो रहा है।

मौलाना अरशद मदनी : हाँ, तो ऐसे मुसलमान और हिंदू का क्या है यार! एक कौड़ी की भी हैसियत रखनेवाला नहीं है वो, तो कौन कह देगा मुसलमान!

सुरेश चव्हाणके : क्योंकि एक सर्टिफिकेट दे दिया तो आप उसको बख्शीश दे रहे हैं तो फिर उसके लिए वो कर रहा है?

मौलाना अरशद मदनी : मैं नहीं जानता हूँ बख्शीश है। मैं तो आपसे सुन रहा हूँ। मैंने तो उससे कभी नहीं सुना है। मेरे पास गौतम आया करते थे, बहुत शरीफ आदमी हैं। उनका ये काम नहीं है···

सुरेश चव्हाणके : अच्छा, भारत की न्याय-व्यवस्था ने अगर उनको दोषी पाया, जब ट्रायल चलेगा दोषी हो जाएँगे तो आप दोषी मानेंगे कि नहीं मानेंगे?

मौलाना अरशद मदनी : मैं! नहीं, इतनी आसानी से नहीं मानूँगा। इसलिए कि मैं तो भुगत रहा हूँ, मुसलमान बच्चों को जो कुछ दहशतगर्द बनाकर और उनको फाँसी की सजाएँ दी जाती हैं। लोअर कोर्ट फाँसी की सजा देता है, हाई कोर्ट फाँसी की सजा देता है। सुप्रीम कोर्ट में जाकर बिल्कुल निर्दोष होकर निकलते हैं। इसलिए मैं नहीं जानता हूँ। गवर्नमेंट की एजेंसियों का किसी को दोषी ठहराना इस चीज की दलील नहीं हो सकता कि वो मुकम्मल दोषी है। मैं नहीं मानता हूँ, इस बात को। हाई कोर्ट क्या पागल है कि ऐसे दे देगा?

सुरेश चव्हाणके : कम-से-कम न्यायालय दे दे। सर्वोच्च न्यायालय दोषी माने तब तो मानेंगे?

मौलाना अरशद मदनी : अगर वो दोषी मानते हैं तो बच्चे पड़े हुए हैं 26-26, 27-27, 28-28 सालों से हम तो कुछ भी नहीं कह रहे, अगर सुप्रीम कोर्ट किसी को कहता है कि ये दोषी था तो हम अपने घर बैठ जाते हैं, लेकिन अगर लोअर कोर्ट उसको दोषी मान रहा है; हाईकोर्ट नाजात दे देता है, उसको छूट दे देता है, हाई कोर्ट उसको दोषी मान रहा है, सुप्रीम कोर्ट निर्दोष···मैं कैसे इतनी जल्दी मान लूँ कि जो गवर्नमेंट की एजेंसियाँ कह रही हैं, वो बिल्कुल दूध की धुली और सही हैं। मैं नहीं मानता हूँ।

सुरेश चव्हाणके : इसलिए, मैंने कहा कि जब सर्वोच्च न्यायालय मानेगा, तब तो मानेंगे?

मौलाना अरशद मदनी : अगर सुप्रीम कोर्ट इस चीज को, मैं आपकी हिंदी नहीं जानता हूँ, अगर सुप्रीम कोर्ट ये कह देगा, हमने बाबरी मस्जिद को मान लिया तो चलो, तुम कहते हो खतम हो गई बात, हमने कह दिया।

सुरेश चव्हाणके : अच्छा चलिए, अब बाबरी मस्जिद से···

मौलाना अरशद मदनी : नहीं, अब मत छेड़िए!

सुरेश चव्हाणके : नहीं, मैं छेड़ूँगा नहीं! उससे लेकिन···लेकिन···फिर बाकी भी चीजें मान लीजिए, क्या फर्क पड़ता है?

मौलाना अरशद मदनी : हम रोजाना उसकी मुखालिफत देखते रहते हैं। नीचेवाले कहते हैं कि ये दोषी हैं और सुप्रीम कोर्ट कहता है निर्दोष हैं...

सुरेश चव्हाणके : नहीं...नहीं...! मैंने कहा कि अयोध्या की तरह काशी-मथुरा भी अभी...

मौलाना अरशद मदनी : नहीं-नहीं! देखिए, गवर्नमेंट का कानून था। देखिए, आपके हाथ में ताकत है। आप उस ताकत के बलबूते पर मेरे इस मकान के ऊपर बुलडोजर चला दें, मैं निकलकर किसी झोपड़ी में पहुँच जाऊँगा। आप उस ताकत की बुनियाद पर मेरी छह-छह, पाँच-पाँच, चार-चार सौ साल की मस्जिदों पर बुलडोजर चला दें या उनको आप कहें, मंदिर बन जाए; आप अपनी ताकत की बुनियाद पर जो चीज चाहें करें, मगर ताकत हमेशा किसी के हाथ में नहीं रहती है।

सुरेश चव्हाणके : तो फिर आपकी आएगी तो आप दोबारा...

मौलाना अरशद मदनी : नहीं! मेरी कहाँ आएगी यार! मैं तो अस्सी साल का बूढ़ा हूँ, मगर जो आएगा...

सुरेश चव्हाणके : आपका मतलब, जो मुसलमान हैं, हिंदुस्थान का देखिए; पाकिस्तान में तो केवल चार गुना बढ़ा!

मौलाना अरशद मदनी : देखिए, हिंदू भी आ सकते हैं, जो ये कहेंगे कि ये गलत हुआ, सारे हिंदू आपकी तरह नहीं हैं!

सुरेश चव्हाणके : हूँ!

मौलाना अरशद मदनी : मुझे माफ कीजिएगा, जेहन बदले हुए हैं। ऐसे भी हिंदू हैं, जो आज ये कह रहे हैं कि जो हो रहा है, गलत हो रहा है। जो आदमी भी इंसाफ और अद्ल को लेकर के आएगा वो किसी आदमी...

सुरेश चव्हाणके : आपने मुझे मेरे जैसा कहा, मतलब आप मुझे कट्टर हिंदू मानते हैं। आप मुझे कैसा हिंदू मानते हैं?

मौलाना अरशद मदनी : बिल्कुल कट्टर नहीं...कट्टरपंथी मानता हूँ। *(हँसते हैं)*

सुरेश चव्हाणके : नहीं! अगर मैं कट्टरपंथी होता तो आपके साथ संवाद क्यों करता?

मौलाना अरशद मदनी : नहीं! ये नहीं है, मैं तो हर एक के साथ बैठता हूँ।

सुरेश चव्हाणके : देखिए, मैं आपके साथ बैठकर बात कर रहा हूँ।

मौलाना अरशद मदनी : बहुत अच्छे आदमी हैं आप!

सुरेश चव्हाणके : इससे अच्छी बात और क्या हो सकती है, अगर आप मुझे कट्टर मानेंगे, फिर तो…

मौलाना अरशद मदनी : आप न मुझे कट्टर मानिए, न मैं आपको कट्टर मानता हूँ।

सुरेश चव्हाणके : मेरा मुद्दा आपके हाथ से होनेवाले गुनाह पर नहीं है। मैंने ये नहीं कहा कि आपने कोई अपराध किया है। मैं कह रहा हूँ कि आपकी सीख के द्वारा जो लोग अपराध कर रहे हैं, उनका क्या? इस पर मेरी आपत्ति है।

मौलाना अरशद मदनी : नहीं…नहीं…! हम किसी के अपराध की ताईद करनेवाले नहीं हैं। हम जुर्म को जुर्म समझते हैं, चाहे हमारी औलाद क्यों न हो!

सुरेश चव्हाणके : लव जिहाद को क्या मानते हैं आप? लव जिहाद?

मौलाना अरशद मदनी : लव जिहाद है क्या? कोई इस्लाम की चीज ही नहीं है। ये तो आप, ये तो आज के लोगों ने पैदा कर दिया है। लव जिहाद कभी कुरान में, हदीस में, आज से सौ साल पहले…

सुरेश चव्हाणके : नहीं! जो गैर-मुसलमान हैं, उनकी लड़कियों को शादी करना; अब उसको शब्द दे दिया 'लव जिहाद'।

मौलाना अरशद मदनी : कौन? ये तो आपने दिया है, हमने तो नहीं दिया!

सुरेश चव्हाणके : आपने नहीं दिया, लेकिन आपके चेले तो कर रहे हैं न!

मौलाना अरशद मदनी : नहीं! नहीं! नहीं!

सुरेश चव्हाणके : हाथ में कलावा बाँध रहे हैं। टीका लगा रहे हैं, नाम बदल रहे हैं! नाम बदल के लड़कियों को फँसा रहे हैं।

मौलाना अरशद मदनी : लड़कियाँ! ये तो हिंदू भी फँसाता है। मुसलमान… जब लड़की किसी दूसरे लड़के के साथ कॉलेज में, यूनिवर्सिटी में पढ़ेगी, हँसी-मजाक करेगी, हिंदू लड़की मुसलमान के साथ चली जाएगी। मुसलमान की लड़की हिंदू के साथ चली जाएगी, इसमें क्या है?

सुरेश चव्हाणके : हूँ!

मौलाना अरशद मदनी : ये तो होता ही है; तो इसको आप लव जिहाद कैसे कहते हैं?

सुरेश चव्हाणके : नहीं! तो जो मुसलमान लड़की हिंदू के साथ जा रही है, उसमें आपको कोई आपत्ति नहीं है?

मौलाना अरशद मदनी : हमारा दस्तूर है, जो हमने बनवाया है। हिंदुस्तान का जमीत-ए-उलमा ने बनवाया है। हमारे बुजुर्गों ने बनवाया है। उसके अंदर ये है,

हर आदमी को ये अख्तियार है कि हर आदमी अपनी इच्छा से जहाँ चाहे चला जाए; हम क्या कर सकते हैं? उसको कुछ नहीं करेंगे, हम क्या कर सकते हैं?

सुरेश चव्हाणके : तो जो मुसलमान लड़की जब किसी हिंदू के साथ जाए तो उसकी हत्याएँ कर देते हैं।

मौलाना अरशद मदनी : कौन कहता है हत्या कर देता है?

सुरेश चव्हाणके : बहुत हो रहा है ये!

मौलाना अरशद मदनी : अगर हो रहा है तो हिंदू भी कर देता है हत्या! ये क्या बात है? ये तो जिसको भी अपनी इज्जत के ऊपर…

सुरेश चव्हाणके : आपका कहना है कि प्यार से जाते हैं तो कोई दिक्कत नहीं है?

मौलाना अरशद मदनी : हमारा दस्तूर ये कहता है कि हमारा दस्तूर मुल्क का बनाया हुआ है कि अगर वो खुद अपनी अख्तियार से जाती है तो हम कुछ नहीं कर सकते हैं।

सुरेश चव्हाणके : और जो षड्यंत्रपूर्वक जा रहे हैं कोई भी हो, वो गलत है!

मौलाना अरशद मदनी : षड्यंत्र क्या मतलब है, यानी?

सुरेश चव्हाणके : मतलब कॉन्सपिरेसी से जा रही है!

मौलाना अरशद मदनी : नहीं! अंग्रेजी मत बोलिए, उर्दू बोलिए, यानी अपनी मर्जी से जा रही है…

सुरेश चव्हाणके : मर्जी से जा रही है तो ठीक है, ऐसा आप कह रहे हैं?

मौलाना अरशद मदनी : मर्जी से जा रही है तो हम…

सुरेश चव्हाणके : लेकिन अगर नाम बदलकर उसके साथ धोखा करके जा रही है…

मौलाना अरशद मदनी : अगर जोर-जबरदस्ती से किसी को ले जाया जाता है तो हम उसके मुखालिफ हैं। आज कह रहे हैं, मिंबर के ऊपर खड़े होकर के कहेंगे कि हम उसके मुखालिफ हैं।

सुरेश चव्हाणके : अच्छा! चलिए, आपने उसके बारे में साफ बोल दिया है।

सुरेश चव्हाणके : शाहरुख खान का बेटा पकड़ा गया नशा करते हुए। अभी अंदर है, शायद मदरसे में पढ़ता तो नशा ही नहीं करता…

मौलाना अरशद मदनी : हो सकता है!

सुरेश चव्हाणके : हो सकता है! क्या आप ऐसा मानते हैं, क्योंकि मदरसे में

पढ़नेवाला नशा नहीं करता?

मौलाना अरशद मदनी : ऐसा है! लेकिन कोई-कोई कर भी सकता है। हम क्या जानें?

सुरेश चव्हाणके : शाहरुख को क्या आप कहेंगे कि बेटे की परवरिश ठीक से नहीं हुई, मदरसे में नहीं भेजा...

मौलाना अरशद मदनी : नहीं! ये क्या बात आप कह रहे हैं, मदरसे में न जाते हुए भी माँ-बाप अगर सही तरबियत करेंगे और बच्चे को सही रास्ता दिखलाएँगे तो बच्चे सही रास्ते पर रहेंगे, अगर माँ-बाप चाहे हिंदू हों, चाहे मुसलमान, वो अपने बच्चे की सही तरबियत ये नहीं देखेंगे कि किनके साथ उठता-बैठता है, कहाँ जा रहा है, क्या कर रहा है, खराब हो जाएँगे, चाहे वो हिंदू की औलाद हों, चाहे मुसलमान की औलाद हों!

सुरेश चव्हाणके : ये...ये, तो माँ-बाप का फेल्योर है, लेकिन फिर भी नशा करना...

मौलाना अरशद मदनी : मैं तो इसको अच्छा नहीं समझता हूँ। ऐसा करने को, चाहे मुसलमान करे, चाहे हिंदू करे!

सुरेश चव्हाणके : लेकिन जो लोग कह रहे हैं कि आर्यन मुसलमान है, इसलिए उसको फँसाया जा रहा है?

मौलाना अरशद मदनी : ये तो मैं नहीं जानता हूँ। ये तो वास्तविकता बताएगी कि वाकई वो नशा करता था या नहीं करता था। उसपर ये इल्जाम है या वाकई है...

सुरेश चव्हाणके : उसने ये कबूल किया है!

मौलाना अरशद मदनी : खतम हो गई बात! करे वो, हम किसी नशा करनेवाले के लिए कोई ताईद करने के लिए थोड़ी बैठे हैं!

सुरेश चव्हाणके : नहीं! अच्छी बात है। इसका मतलब जो ऐसा कह रहे हैं, वो सियासी लोग हैं।

मौलाना अरशद मदनी : नहीं! सियासी नहीं! जो ऐसा कह रहे हैं, वो गलत कह रहे हैं।

सुरेश चव्हाणके : गलत! अच्छा, जो ये आपका इंटरव्यू करने आ रहा था तो मुझे कई शिया नेताओं ने कहा कि उनको जरूर पूछिए कि हमको जिंदा रहने देंगे कि नहीं?

मौलाना अरशद मदनी : हम तो किसी को मारने···आप ये बताओ कि हम किसे मारते हैं यार! हमसे ऐसी बात करते हो, ये बताओ···

सुरेश चव्हाणके : एक मस्जिद में वहाँ, बम फोड़ा गया अफगानिस्तान में। सौ मर गए! इस शुक्रवार को 36 मर गए! वहाँ, बाकी देशों में हो ही रहा है। ये तो शिया लोगों के लिए! ये डर-खौफ है उनके मन में···

मौलाना अरशद मदनी : मैं तो कहता हूँ, गलत हुआ! ऐसा नहीं होना चाहिए था! ऐसा करनेवालों के हाथ के अंदर जंजीर डालनी चाहिए। कोई भी आदमी किसी भी मजहब का माननेवाला हो, उसके ऊपर जुर्म! हम उसको जायज नहीं समझते हैं। हम समझते हैं कि ये गलत है। हम हर जगह कहते हैं कि ये गलत है!

सुरेश चव्हाणके : तो फिर शिया का विरोध क्यों करना है?

मौलाना अरशद मदनी : कौन कर रहा है यार विरोध! मेरा करीबी साथी है इनकलाब के अंदर, वो मुमताज बिल्कुल शिया है! सौ फीसद शिया है! उससे जाकर पूछो, मैं तो उसे गले लगाता हूँ यार!

सुरेश चव्हाणके : ये जो लोग ताजिया का विरोध करते हैं, मारामारी करते हैं?

मौलाना अरशद मदनी : कौन करता है? अरे, हमसे पूछो यार! हम तो नहीं कर रहे हैं। हमें बताओ हमने कहाँ मुखालिफत की है?

सुरेश चव्हाणके : क्योंकि आप दुनिया के सबसे बड़े वर्ग के नेता हैं···

मौलाना अरशद मदनी : मैं नहीं करता हूँ बाबा! मेरे इतने इंटरव्यू हैं, मैं आपसे कहता हूँ···

सुरेश चव्हाणके : आपने नहीं किया है न! लेकिन आपके चेले कर रहे हैं।

मौलाना अरशद मदनी : कौन चेला है मेरा, ये बताओ, मेरे चेले के बारे में?

सुरेश चव्हाणके : हा-हा-हा! चलिए-चलिए, कोई बात नहीं! क्योंकि मुझे इसपर आपका पक्ष जानना था, इसलिए आपको पूछा कि शियाओं को भी जीने का अधिकार है कि नहीं?

मौलाना अरशद मदनी : हम इसके मुखालिफ हैं। हम इसके मुखालिफ हैं! शिया हो या सुन्नी हो या हिंदू हो या सिख हो या यहूदी हो हमारा इस्लाम और दीन, किसी के ऊपर जुर्म और बगैर किसी कारण के कत्ल करने का बिल्कुल मुखालिफ है। इजाजत नहीं देता···

सुरेश चव्हाणके : जनसंख्या नियंत्रण कानून की बात हो रही है। मैंने पूरे हिंदुस्थान की यात्रा की।

मौलाना अरशद मदनी : कोई कानून छोड़ोगे भी कि नहीं? आज सारे कानून!

सुरेश चव्हाणके : क्यों छोड़ना है, आज कानून का ही तो राज है, कानून का ही राज है!

मौलाना अरशद मदनी : अजान हो रही है। अभी पाँच मिनट दो। तीन मिनट के बाद ये मस्जिद, इस दीवार के पीछे वहाँ अजान होगी और मुझे नमाज भी पढ़नी है। आपको कितनी देर लेना है मेरे से इंटरव्यू?

सुरेश चव्हाणके : देखिए, आप बोर तो नहीं हुए न! मैं तो दिल्ली से चलकर आया हूँ, आपका इंटरव्यू करने के लिए!

मौलाना अरशद मदनी : नहीं! नहीं! नहीं! मुझे अभी जाना है···

सुरेश चव्हाणके : देखिए, आपको अच्छा नहीं लग रहा है कि आपके उन सारे दागों को आपको इस चैनल के द्वारा धोने का मौका मिला है?

मौलाना अरशद मदनी : देखिए, आप दाग···मेरे ऊपर कोई दाग नहीं है। ये तो जबरदस्ती के लगाए हुए दाग हैं। कोई दाग नहीं हैं···

सुरेश चव्हाणके : जबरदस्ती का है?

मौलाना अरशद मदनी : हाँ! जबरदस्ती का है।

सुरेश चव्हाणके : कोई बात नहीं, जनसंख्या नियंत्रण कानून पर आपका क्या कहना है?

मौलाना अरशद मदनी : मेरा एक अकीदा है, मजहबी अकीदा है। मेरा अकीदा ये है कि भगवान् या अल्लाह या ईश्वर जब किसी को पैदा करता है तो उसकी रोजी और इसका रिस्क उसके साथ भेजता है। मेरा ये ईमान और अकीदा है, आप नहीं मानते इसको न?

सुरेश चव्हाणके : हाँ! लेकिन व्यावहारिक बात तो ये कह रहे हैं न!

मौलाना अरशद मदनी : मेरा ये अकीदा है और मैं दुनिया के अंदर ये देखता हूँ कि दुनिया कितनी थी। गल्ला आज से सौ साल पहले कितना पैदा होता था और आज गल्ला कितना पैदा हो रहा है। मेरा मानना ये है कि संख्या अगर बढ़ेगी तो अल्लाह ताला उसके रिस्क और खाने के लिए दरवाजे भी खोलेंगे। भगवान्, ऊपरवाले···

सुरेश चव्हाणके : लेकिन केवल खाना नहीं देना है न! अच्छी शिक्षा देनी है, घर देना है, सबकुछ देना है।

मौलाना अरशद मदनी : आज कौन अच्छी शिक्षा दे रहा है? अच्छी शिक्षा देनेवाले कम और शिक्षा न देनेवाले गरीब जो पड़े हुए हैं या देहातों में रहते हैं, वे ज्यादा हैं। ये हमारी भी तो कमजोरी है। हमें इस तरीके पर ये हिंदुस्तान…

सुरेश चव्हाणके : नहीं! अगर सरकार ऐसा कानून लाती है कि 'सबके दो!' हिंदू के दो, मुसलमान के दो, ईसाई के दो…

मौलाना अरशद मदनी : ये बताओ, इससे पहले चाइना इस कानून को लाया था, आज उसने इस कानून को खत्म कर दिया।

सुरेश चव्हाणके : नहीं! खत्म नहीं किया। उन्होंने लाया ही तीस साल के लिए था, अब उन्होंने दूसरे बच्चों को छूट दी, लेकिन वो केवल चाइनीज वंश के लोगों को दी। मुसलमानों को नहीं दी…

मौलाना अरशद मदनी : किसी…जो वहाँ चाइनीज मुसलमान हैं, जो वहीं के रहनेवाले हैं। हम इधर के रहनेवाले हैं।

सुरेश चव्हाणके : अच्छा! उनके साथ जो हो रहा है, वहाँ वीगर मुसलमानों के साथ, उसके खिलाफ बोलना चाहिए। हम तो बोलते हैं। आप नहीं बोलते हैं…

मौलाना अरशद मदनी : कौन नहीं बोलता है? हम तो हर जुल्म के खिलाफ बोलते हैं। आप कहो कि कैसे कहते हैं, हम नहीं बोलते हैं?

सुरेश चव्हाणके : आप वीगर मुसलमानों के साथ जो हो रहा है, उसके खिलाफ बोलते हैं?

मौलाना अरशद मदनी : बोलते हैं! क्यों नहीं बोलेंगे?

सुरेश चव्हाणके : चीन में क्या हो रहा है, आपको पता है, लेकिन तालिबान में क्या हो रहा है, आपको पता नहीं है?

मौलाना अरशद मदनी : हम नहीं जानते हैं! अभी तक हम नहीं जानते हैं।

सुरेश चव्हाणके : तो फिर चीन का, चीन का कैसे जानते हैं?

मौलाना अरशद मदनी : इसलिए कि चीन के अंदर एक हुकूमत है। कायम है। चैनो-सुकून है। किसी पर जुर्म हो रहा है, अफगानिस्तान अभी एक-डेढ़ महीना हुआ आए हैं, वहाँ अभी तक कोई हुकूमत जम ही नहीं सकी है, जब जम जाएगी, तब पता चलेगा कि इनका नजरिया क्या है। हमने ये बात कही थी कि हम आज उसके बारे में कोई बात नहीं कह सकते। हुकूमत जब जम जाएगी और वो अपनी पूरी पॉलिसी सामने लाकर रख देंगे, हम उस वक्त फैसला करेंगे, क्या अच्छा है, क्या बुरा है, हम बोलेंगे, अगर बुरा है कोई, आपसे पहले बोलेंगे हम!

सुरेश चव्हाणके : मैं आपसे फिर पूछने आऊँगा!

मौलाना अरशद मदनी : ये सिर-आँखों पर!

सुरेश चव्हाणके : कई लोग हैं ऐसे, जिनकी गरदन काटने के फतवे निकले हुए हैं!

मौलाना अरशद मदनी : हा-हा-हा! किसने फतवा दिया है यार? जिसने दिया है, उनसे पूछो न यार! मुझसे क्यों पूछते हो?

सुरेश चव्हाणके : आपके चेले हैं न! वो देवबंदी हैं।

मौलाना अरशद मदनी : हँसते हुए···नहीं, नहीं, नहीं, किसका कौन फतवा देता है? ये सब वाहियात बातें हैं। कौन किसका फतवा देता है कि गरदन काट दो? किसने दिया है? हमने तो नहीं दिया न! हम इसकी ताईद करते हैं।

सुरेश चव्हाणके : 70-71 लोगों की लिस्ट है।

मौलाना अरशद मदनी : मैं तो आपसे सुन रहा हूँ। मैंने तो, अल्लाह जानता है, आज तक सुना भी नहीं है।

सुरेश चव्हाणके : अच्छा, अगर मैं वो लिस्ट आपको दूँ और मैं कहूँ कि आप फतवा दीजिए कि इनकी गरदन न काटो?

मौलाना अरशद मदनी : मैं बगैर लिस्ट देखे कहता हूँ कि मत काटो गरदन, कट्टर मुसलमान कौन है, जो नमाज पाँच वक्त की पढ़ता है, रोजा रखता है रमजान का, आप उसे कहते हैं कि ये कट्टर···

सुरेश चव्हाणके : नहीं, बिल्कुल नहीं!

मौलाना अरशद मदनी : तो फिर कौन है?

सुरेश चव्हाणके : देखिए, पाँच वक्त की नमाज पढ़नेवाला भले वहीं मस्जिद में रहे। दीन का काम करे, उससे हमको कोई प्रॉब्लम नहीं है। हमको कट्टरता उसमें है, जो कहता है कि तुमको आरती नहीं उतारने देंगे, तुमको भगवा नहीं पहनने देंगे, ये घंटा बजेगा तो घंटे की आवाज अगर मस्जिद में आएगी तो इस्लाम खतरे में आ जाएगा, जो कहता है कि मंदिर का स्पीकर बंद करो, मैं उसको कट्टर मानता हूँ।

मौलाना अरशद मदनी : नहीं, नहीं, नहीं! गलत है! गलत है! गलत है! कोई नहीं गलत है!

सुरेश चव्हाणके : अच्छा, समान नागरिक संहिता (कॉमन सिविल कोड) सबके लिए एक समान कानून?

मौलाना अरशद मदनी : नहीं! नहीं! नहीं! हमने जो दस्तूर बनवाया था, उसके अंदर ये है कि किसी गवर्नमेंट का कोई मजहब नहीं है। हर मजहबवाले को आजादी है कि वो अपना मजहब अपने ऊपर जिस तरीके पर उसको आजादी है, अपने मजहब को अपनाए। कोई बात नहीं है, हम इसी के कायल हैं...

सुरेश चव्हाणके : हाँ! हाँ!

मौलाना अरशद मदनी : हम ये नहीं मानते हैं कि जो यहाँ अकलियत हैं, वो शरीयत के, मजहब के पाबंद हो जाएँ। हम समझते हैं कि हिंदुस्तान जैसे मुल्क में जहाँ इतनी बड़ी-बड़ी अकलियतें रहती हैं, वहाँ ये चीज चलनेवाली नहीं हैं और आप नहीं चला पाएँगे इसको!

सुरेश चव्हाणके : लेकिन कई देशों में हैं।

मौलाना अरशद मदनी : नहीं! जहाँ है, वहाँ बिल्कुल खामोश हैं। कोई कुछ नहीं करता है, चाहे जैसे रहें।

सुरेश चव्हाणके : अच्छा, मोदीजी के बारे में अगर नहीं बोलेंगे तो ये इंटरव्यू अधूरा रहेगा। अब तक की सारी सरकारों ने जितने पैसे दिए होंगे, उससे ज्यादा पैसे दे रहे हैं मुसलमानों को, ज्यादा सुविधा दे रहे हैं। ज्यादा स्कॉलरशिप दे रहे हैं।

मौलाना अरशद मदनी : हाँ, ठीक है, बहुत अच्छी बात है। जो आदमी, जो अच्छा काम करता है, मैं उसको अच्छा समझता हूँ, लेकिन आप मुझसे ये सब सियासी सवालात कर रहे हैं, मेरी जिंदगी सियासी नहीं है।

सुरेश चव्हाणके : नहीं, मैं देखिए...आप नागरिक तो हैं हिंदुस्थान के...

मौलाना अरशद मदनी : मोदीजी की जिंदगी जो है, वो सियासी जिंदगी है। मैं ये बिल्कुल नहीं जानता हूँ कि मोदीजी क्या कर रहे हैं, क्या नहीं कर रहे हैं। मेरे इतने इंटरव्यू हैं, मैंने कभी मोदीजी का नाम लेकर किसी इंटरव्यू में एक बात भी नहीं कही है। आप उसको पढ़ें और देखें, मैं सियासी चीज के...

सुरेश चव्हाणके : लेकिन अच्छा काम कर रहे हैं तो कहेंगे न?

मौलाना अरशद मदनी : अगर वो कोई अच्छा काम कर रहे हैं, तो अच्छा काम कर रहे हैं; बुरा काम कर रहे हैं तो बुरा काम कर रहे हैं। कौन कहता है कि बुरा काम करनेवाले को अच्छा और अच्छा काम करनेवाले को बुरा कहूँगा। ये बताइए कि कभी मैंने मोदीजी को बुरा कहा है? मैं तो नहीं कहता हूँ, मेरी वो लाइन ही नहीं है।

सुरेश चव्हाणके : अच्छा, योगीजी ने भी इतने पैसे दिए, अब तक बी.एस. पी. और समाजवादी ने जितने पैसे दिए, उससे ज्यादा तो योगीजी ने दिए...

मौलाना अरशद मदनी : आप फिर वहाँ से उठे इधर आए, मैं सियासी बात कोई नहीं करूँगा।

सुरेश चव्हाणके : अच्छा चलिए, योगी, अच्छे आदमी हैं, ये तो कहेंगे न?

मौलाना अरशद मदनी : हाँ! अगर अच्छा करता है कोई आदमी तो अच्छा है। बुरा करता है तो बुरा है!

सुरेश चव्हाणके : नहीं! क्यों नहीं कहेंगे, योगीजी के बारे में? अच्छा तो कहना चाहिए न आपके राज्य के मुख्यमंत्री हैं!

मौलाना अरशद मदनी : हाँ! हाँ! बिल्कुल, अगर वो अच्छा काम करते हैं तो मेरे सिर-आँखों पर!

सुरेश चव्हाणके : क्योंकि आप वोटर भी हैं, वोट करने जाएँगे तो योगीजी को वोट देंगे, अगर अच्छा करेंगे?

मौलाना अरशद मदनी : अरे भाई! मुझसे तो चला भी नहीं जाता यार! नमाज पढ़ने के लिए जाना भी मुश्किल होता है। मैं कहाँ बूथ स्टेशन के ऊपर जाऊँगा?

सुरेश चव्हाणके : अच्छा, कार्यक्रम के आखिर में आप···करोड़ों लोग आपको देख रहे हैं और ये इंटरव्यू होगा, इसकी बहुत सारे लोगों को प्रतीक्षा थी। मुझे भी थी और इसीलिए मैं दिल्ली से चलकर यहाँ आया हूँ, जो प्रश्न लोगों के मन में हैं···

मौलाना अरशद मदनी : जो प्रश्न यानी सवाल हैं, लोगों के मन में?

सुरेश चव्हाणके : हाँ, उनके उत्तर देने की कोई स्थायी व्यवस्था आप क्यों निर्माण नहीं करते? आप तक कोई पहुँच ही नहीं पाता?

मौलाना अरशद मदनी : नहीं, मेरे पास बहुत से लोग आते हैं। कौन कहता है कि नहीं आते? मेरे पास इंटरव्यू लेने के लिए लोग आते हैं, मगर मैं इंटरव्यू देने के लिए किसी के स्टेशन पर कभी भी नहीं जाता हूँ। मैं नहीं जाता हूँ, वहाँ पर कोई बात नहीं होती है, अगर कोई आता है तो मैं उससे कहता हूँ कि मुझसे सियासी सवाल नहीं करोगे। मैं सियासी आदमी नहीं हूँ। आओ, अगर किसी मसले पर बात करना चाहते हो जो मेरी पॉलिसी है, जो मेरी एक संस्था है जमातेउल्मा, मैं उसके मुताबिक आपको जवाब दूँगा। मैं ये कहता हूँ, लोग आते हैं, पूछते हैं, मैं उसका जवाब देता हूँ। कौन कहता है कि मैं जवाब नहीं देता हूँ? मगर मैं सियासी बात कभी नहीं करता। सियासत पर कभी चढ़ता नहीं हूँ।

सुरेश चव्हाणके : कोई बात नहीं है। मैंने भी आपसे नहीं पूछा सियासी सवाल।

मौलाना अरशद मदनी : आपने सियासी लोगों के बारे में पूछा।

सुरेश चव्हाणके : कोई बात नहीं! तो एक गांधीवादी मिले थे मुझे। उन्होंने कहा कि मुझे परसों एक हिंदूवादी ने पूछा, उसकी भाषा मैं बता रहा हूँ, उसने कहा कि आप जब मदनीजी से मिलेंगे तो पूछ लीजिए कि क्या गांधीजी को जन्नत मिली होगी कि नहीं मिली होगी?

मौलाना अरशद मदनी : मैं क्या जानूँ बाबा! ये तो ऊपरवाले का काम है। बहुत से मुसलमान हैं, जिनको जन्नत नहीं मिलेगी।

सुरेश चव्हाणके : लेकिन आप गांधी के बारे में तो जानते ही हैं?

मौलाना अरशद मदनी : मैं जानता हूँ गांधीजी के बारे में।

सुरेश चव्हाणके : लेकिन आप उनको एश्योर्ड नहीं कर सकते कि उनको जन्नत मिलेगी।

मौलाना अरशद मदनी : मैं तो अपने बारे में भी नहीं जानता हूँ कि मुझको जन्नत मिलेगी कि नहीं मिलेगी।

सुरेश चव्हाणके : यहाँ पहुँचने के बाद भी नहीं मिलेगी जन्नत तो फिर कब मिलेगी?

मौलाना अरशद मदनी : न, बिल्कुल, बिल्कुल! ये तो अल्लाह जानता है कि अल्लाह किसी के काम से अगर खुश होता है तो उसे जन्नत देगा, अगर किसी के काम से खुश नहीं होता है तो उसको जन्नत नहीं देगा। ये तो उसका काम है। हम तो भीख माँगते हैं—'या अल्लाह! हमें जन्नत दे देना।' आज हम दुनिया में उस दुनिया के बारे में कोई निर्णय या फैसला कर दें ये हमें अख्तियार नहीं है। नहीं!

सुरेश चव्हाणके : क्योंकि उसने ये कहा कि इस्लाम के अनुसार तो महात्मा गांधी भी जन्नत में नहीं गए हैं।

मौलाना अरशद मदनी : नहीं! नहीं! नहीं!

सुरेश चव्हाणके : क्योंकि जो अल्लाह को नहीं मानता, वो जन्नत में नहीं जाता है!

मौलाना अरशद मदनी : 'महात्मा, ईश्वर, अल्लाह तेरो ही नाम सबको सम्मति दे भगवान्' ये कौन कहता है कि वो अल्लाह को नहीं मानते थे? ये तो आप कह रहे हैं। मैंने तो कभी भी नहीं सुना। उनके पास कुरान भी था।

सुरेश चव्हाणके : अच्छा जो भजन आपने कहा, ये तो मंदिरों में होता है, मस्जिदों में कभी नहीं होता है।

मौलाना अरशद मदनी : नहीं! नहीं! मस्जिद में तो रात और दिन होता है। अल्लाह और ईश्वर एक ही हैं। मस्जिद में तो पढ़ाया ही ये जाता है कि एक अल्लाह की बात मानो, बाकी और की तो बात होती ही नहीं। यार, कैसी बात कर रहे हो? तुम्हें कुछ पता नहीं है। हा-हा-हा! (हँसते हुए।)

सुरेश चव्हाणके : मैंने भजन की बात की। मैंने कहा कि 'ईश्वर अल्लाह तेरो नाम सबको सम्मति दे भगवान्' ये नहीं कहा जाता।

मौलाना अरशद मदनी : हा-हा! ये कहाँ गाया जाता है, कहाँ नहीं, लेकिन हमारा विश्वास और अकीदा यही है। हम तो जो माँगते हैं, अल्लाह से ही माँगते हैं, किसी और से नहीं माँगते हैं। हम तो उसको सारे जहाँ और सारी दुनिया, आसमान और सारी जमीन सबका पैदा करनेवाला मानते हैं। वो सदैव से है, सदैव रहनेवाला है। जन्नत और जहन्नुम उसी का है, जिसे चाहेगा, देगा।

सुरेश चव्हाणके : अच्छा, आखिरी प्रश्न लेते हैं, आप मोहन भागवतजी से मिले। लोग ऐसा मानते हैं कि आप सबसे कट्टर हैं। मानते हैं, जो है आपके बारे में, जो परसेप्शन है कि आप दुनिया के आतंकवादी संगठन के जो आतंकवादी हैं, उनके भी आप उस्ताद हैं। ऐसा लोग मानते हैं और आपके लोग मोहन भागवत, आर.एस.एस. के लोगों को कट्टर मानते हैं। आप दोनों मिले, मोहन भागवतजी तो सियासी नहीं हैं। एक सांस्कृतिक संगठन के व्यक्ति हैं तो आपको कैसा लगा उनसे मिलकर?

मौलाना अरशद मदनी : अच्छा लगा। मैंने उनसे जो अपना नजरिया पेश किया, जो मैंने अपना विचार पेश किया, उन्होंने उसको प्रमोट किया। मैंने कहा कि मुल्क बगैर हिंदू और मुसलमान के प्यार और मोहब्बत के नहीं चलेगा। उन्होंने मेरी इस बात को कुबूल किया। स्वीकार किया उन्होंने और मेरी इस बात पर चले, मैंने कहा कि आपकी पॉलिसी ये अगर नहीं होगी तो मुल्क बरबाद हो जाएगा। उन्होंने मेरी इस बात को तस्लीम किया। उन्होंने कहा कि मैं हिंदू और मुसलमानों के आपस की इत्तेहात की बात को लेकर चलूँगा, मगर तेज नहीं चलूँगा, बहुत आहिस्ता-आहिस्ता चलूँगा, अगर मैं तेज चलूँगा तो मुझे इसका खतरा है कि मैं पीछे मुड़कर देखूँगा तो सारे पीछे रह जाएँगे। मैं ही अकेला रह जाऊँगा।

सुरेश चव्हाणके : हा, हा, हा!

मौलाना अरशद मदनी : उन्होंने मुझसे यह भी वादा किया था, मैं आपसे कहता हूँ कि दो-ढाई साल के बाद, फिर मैं आपको अपने किसी प्रोग्राम में बुलाऊँगा। आप आएँगे? मैंने कहा कि मैं आऊँगा, जब आप बुलाएँगे, जहाँ बुलाएँगे, मैं वहाँ जाऊँगा और अपने इन विचारों को लेकर जाऊँगा, जो मैंने आपके सामने पेश किए हैं।

सुरेश चव्हाणके : अच्छा, वो कहते हैं कि डी.एन.ए. एक है सबका, आप सहमत हैं?

मौलाना अरशद मदनी : सही है। अरे भाई, यहाँ का मुसलमान है, बाप-दादा तो सब हिंदू ही थे सबके। भाई किसी के दो औलाद थी, एक हिंदू रह गई, एक मुसलमान! यहाँ कितने गाँव हैं, जिस गाँव के रहनेवाले ये कहते हैं कि फलाँने हमारे दादा-परदादा कौन थे? उनकी दो औलाद थी, एक हिंदू हो गई और एक मुसलमान की औलाद। हम हैं हिंदू की औलाद। ये हैं, वो एक-दूसरे के पास जाते हैं। शादी-ब्याह के अंदर, गमी के अंदर शरीक होते हैं। हिंदुस्तान का माहौल ऐसा ही होना चाहिए। ये जो नफरत की सियासत है, मैं ये समझता हूँ कि ये हिंदुस्तान के लिए बरबाद करनेवाली है। हम इस नफरत की सियासत के खिलाफ हैं।

सुरेश चव्हाणके : बिल्कुल! ओवैसी···ओवैसी की सियासत!

मौलाना अरशद मदनी : नहीं! नहीं! और भी लोग हैं, क्या आप ये समझते हैं कि ओवैसी ही फिरकापरस्त है और हिंदू फिरकापरस्त नहीं है?

सुरेश चव्हाणके : कौन नहीं है! मुझे तो कोई हिंदू नहीं दीखता?

मौलाना अरशद मदनी : आ-आ! आपको नहीं दिखता है, मगर आप चश्मा लगाकर देखिए कि कौन है फिरकापरस्त!

सुरेश चव्हाणके : एक भी आदमी ऐसा नहीं है, जो ओवैसी की भाषा में बात करता हो!

मौलाना अरशद मदनी : मैं-मैं कहता हूँ कि इतनी मॉब लिंचिंग हुई है। इस मॉब लिंचिंग के अंदर कितने मुसलमान गए हैं, उनको गिनो! क्यों नहीं इसके खिलाफ कानून लाते?

सुरेश चव्हाणके : एक भी नहीं हुई!

मौलाना अरशद मदनी : क्यों झूठ बोलते हो!

सुरेश चव्हाणके : एक भी नहीं हुई!

मौलाना अरशद मदनी : गलत बोलते हो!

सुरेश चव्हाणके : वो आपसी विवाद थे, जो कि हिंदू-मुसलमान क्या, किसी में भी हो सकते हैं!

मौलाना अरशद मदनी : आप कहते हैं! मैं कहता हूँ, अगर आपसी विवाद ही थे तो फिर जमा होकर इस तरीके पर मुसलमान का हिंदू को कत्ल करना! आप इसकी ताइद करते हैं? आप क्या कानून को अपने हाथ में लेने की···

सुरेश चव्हाणके : बिल्कुल, मैं किसी को मारने का तो बिल्कुल समर्थन नहीं करता···क्योंकि इसलिए पत्रकार बना हूँ।

मौलाना अरशद मदनी : ये समर्थन ही तो कर रहे हो यार! और किसे कहते हैं समर्थन?

सुरेश चव्हाणके : नहीं! नहीं! मैं कहता हूँ कि उसे मॉब लिंचिंग नहीं कहना चाहिए, जो मॉब लिंचिंग थी, वो थी! जो नहीं थी, वो नहीं थी।

मौलाना अरशद मदनी : जो कुछ हो रहा है मुल्क के अंदर, जिस तरह से बाँट दिया है हिंदू और मुस्लिम को, अंदर ये चीज इस मुल्क को तबाही की तरफ ले जानेवाली है। मुल्क को आबाद करनेवाली नहीं है।

सुरेश चव्हाणके : हम तो जोड़नेवाले हैं।

मौलाना अरशद मदनी : आप गलत कहते हो कि जोड़नेवाले हो, आप तो तोड़नेवाले हो, उनकी गोद में बैठनेवाले हो!

सुरेश चव्हाणके : कौन हैं वो?

मौलाना अरशद मदनी : हँसते-मुसकराते हुए ···मैं क्या बताऊँ, खुद सोचो न!

सुरेश चव्हाणके : नहीं! तो बोल दीजिए, मैं तो सुनने को तैयार हूँ!

मौलाना अरशद मदनी : वो फिरकापरस्त···फिरकापरस्त जो हैं!

सुरेश चव्हाणके : नाम लीजिए न, नाम लीजिए न, मैं किसकी गोद में बैठा हूँ, नाम लीजिए।

मौलाना अरशद मदनी : मैं नाम नहीं लेता हूँ, मगर मैं तो कहता हूँ कि चाहे मुसलमान···मैं सुनिए···

सुरेश चव्हाणके : जो आदमी आपसे इतने प्यार से बात कर रहा है, आप उसको कह रहे हैं कि आप···

मौलाना अरशद मदनी : सुनिए मेरा मानना ये है कि फिरकापरस्ती मुसलमान करता है, तब वह गुनहगार है। हिंदू करता है, तब गुनहगार है।

सुरेश चव्हाणके : तो हम तो फिरकापरस्त हैं, आप ऐसा मानते हैं ?

मौलाना अरशद मदनी : नहीं, नहीं ! मैं आपको नहीं मानता हूँ, लेकिन आप कहिए कि फिरकापरस्ती मुल्क को तबाह करनेवाली है। आप कहिए…

सुरेश चव्हाणके : बिल्कुल, बिल्कुल कहते हैं! हम कहते हैं कि फिरकापरस्ती गलत है। हम कहते हैं कि बाबर को अपना वंशज मानना गलत है।

मौलाना अरशद मदनी : हाँ ! कोई नहीं मानता बाबर को ! हम अल्लाह और उसके रसूल को मानते हैं। कौन कहता है कि हम बाबर को मानते हैं ?

सुरेश चव्हाणके : जो मानते हैं, मैंने आपको कब कहा ?

मौलाना अरशद मदनी : कोई नहीं मानता बाबर को। कौन कहता है ?…

सुरेश चव्हाणके : जो मानते हैं…

मौलाना अरशद मदनी : कौन मानता है बाबर को ? बाबर एक इंसान था। मेरे और आपके तरीके से। हम उसको क्यों मान लेंगे ? वो क्या कोई अल्लाह का फरिश्ता था ? हम क्यों मानेंगे ? हम नहीं किसी को मानते, हम तो एक…

सुरेश चव्हाणके : नहीं, जो मानते हैं, वो गलत हैं !

मौलाना अरशद मदनी : कोई मुसलमान नहीं मानता। कौन कहता है ?

सुरेश चव्हाणके : इसलिए उसके नाम का बोर्ड हटा देते हैं तो वहाँ झगड़ा करते हैं।

मौलाना अरशद मदनी : ये तो झगड़े की बात है। कोई नहीं मानता। बाबर रहे हों, उनका बोर्ड रहे कि न रहे, कोई इस्लाम थोड़े खतरे में चला जाएगा।

सुरेश चव्हाणके : हटा देना चाहिए ?

मौलाना अरशद मदनी : हटा दो ! जिसका जी चाहे रखे, जिसको जी चाहे हटा दे।

सुरेश चव्हाणके : वाह ! नहीं, ये आपने मन की बात बोल दी।

मौलाना अरशद मदनी : हाँ, ये देखिए !

सुरेश चव्हाणके : ये सारे नाम हटा देने चाहिए।

मौलाना अरशद मदनी : हाँ ! मगर हटा देना चाहिए हिंदू का नाम भी, मुसलमान का नाम भी, ये नहीं है कि मुसलमान का हटा दो, हिंदू का नहीं हटा रहे हैं आप !

सुरेश चव्हाणके : नहीं ! अगर किसी गलत हिंदू का नाम कहीं दिया है तो मैं हटाने का पक्षधर हूँ।

मौलाना अरशद मदनी : नहीं! नहीं! गलत!

सुरेश चव्हाणके : अगर वो हत्यारा था, बलात्कारी था, अगर वो गलत शासक था!

मौलाना अरशद मदनी : ये गलत कहना किसी को, ये मेरा-आपका काम नहीं है। ये तारीख पढ़ो उठाकर, ये थोड़ी है जिसे मैं गलत कह दूँ, वो गलत हो गया। आप जिसे गलत कह दो, वो गलत हो गया। आप तारीख की किताबों को पढ़िए और पढ़ करके फैसला कीजिए।

सुरेश चव्हाणके : चलिए, आपने समय निकाला, हमारे साथ बातचीत की···

मौलाना अरशद मदनी : बहुत-बहुत शुक्रिया!

सुरेश चव्हाणके : और दिल खोल के बात की, इसके लिए धन्यवाद! हम पुनः मिलेंगे, अभी आपने कहा है।

मौलाना अरशद मदनी : शुक्रिया! हाँ! हाँ!

जब आप कहेंगे तब मिलूँगा।

□

5

अन्ना हजारे

अन्ना का हिंदुत्ववादी इंटरव्यू

उनकी कई मुलाकातों को मीडिया ने चलाया था। पर उसमें कुछ मिसिंग था। केजरीवाल के प्रति निराशा वह पहले भी प्रकट कर चुके थे। पर स्पष्ट विरोध इस मुलाकात में उन्होंने निस्संकोच अभिव्यक्त किया।

राष्ट्र-धर्म से ओत-प्रोत अन्ना

अन्ना वैसे तो सात्त्विक स्वभाव के धार्मिक व्यक्ति हैं। मंदिर में रहते हैं। संत वाङ्मय का प्रभाव उनके चिंतन एवं कार्यशैली पर भी है, परंतु मीडिया ने अपने स्वभाव अनुसार और अन्ना ने तथाकथित धर्मनिरपेक्ष साथियों के चक्कर में समय की नजाकत को देखते हुए हमेशा ही सेक्यूलर स्टैंड लिया। इसलिए उनका वही पहलू सामने आया था, परंतु मैं अन्ना से अपने महाविद्यालयीन जीवन से परिचित था। इसलिए और हिंदुत्व पर उनकी धारणा लोगों तक जाए, साथ ही हमारे मुद्दों पर अन्ना का भी समर्थन लेने के लिए मैंने अन्ना से उन्हीं सभी प्रश्नों को पूछा; जो पहली बार उनसे पूछे जा रहे थे और उन्होंने स्पष्टता से उत्तर भी दिए। जिसमें गौ माता, धर्म, संस्कृति, अध्यात्म से लेकर धर्मांतरण तक के ज्यादातर मुद्दे हैं। अन्ना से जब मैंने कहा कि अन्ना, आज तक आपने इस पर क्यों नहीं बोला? तो उन्होंने कहा, "आज तक किसी ने पूछा ही नहीं!"

यहाँ तक कि इंटरव्यू में एक प्रसंग ऐसा भी आया कि अन्ना ने अपने गले की तुलसी की माला दिखाकर कहा कि "कोई मुझे कहे कि तुलसी की माला निकालो, हम तुमको दुनिया का राजा बनाते हैं, तो भी मैं नहीं निकालूँगा," इतना ही नहीं, बहुत कुछ है, जो आपको पहली बार दिखेगा।

अन्ना से मेरे परिचय होने का प्रसंग भी बड़ा रोचक है। वह इसलिए भी इस पुस्तक में लिख रहा हूँ, ताकि हमारी बॉडी लैंग्वेज और अन्ना की आश्चर्यचकित करनेवाली सहमति की पृष्ठभूमि आपको पता चले।

हम एक ही जिले अहमदनगर के हैं, जिसे हम नगर जिला कहते हैं। मेरा गाँव शिरडी है और उनका राळेगणसिद्धी। मैं शिरडी के पास श्री सद्गुरु गंगागीरी महाराज महाविद्यालय में पढ़ता था, तब अन्ना गांधी जयंती के कार्यक्रम में हमारे कॉलेज आए थे। मैं विद्यार्थी नेता था। अखिल भारतीय विद्यार्थी परिषद् का दायित्व था। स्वाभाविकत: प्रत्येक कार्यक्रम में या तो सक्रिय सहमति या सक्रिय विरोध रहता था। अकेले गांधी का महिमामंडन हमारी असहमति का मुद्दा था, जिसके लिए गांधीवादी अन्ना हजारेजी महाविद्यालय आएँगे और संबोधित भी करेंगे। इससे दोनों गुटों में काफी हलचल थी, वैसे तो हम कार्यक्रम होने नहीं देते, पर अन्ना के साथ जल संचयन से ग्राम विकास का भी सर्वमान्य सर्वश्रेष्ठ कार्य भी था तो हमने अन्ना के आने का या उस कार्यक्रम का विरोध नहीं किया था, पर हमारी रणनीति थी, अन्ना जैसे ही गांधी पर बोलेंगे, हम अपनी आपत्तियों को उठाकर गांधी को एकतरफा थोपने का विरोध करेंगे। यह तय किया था। हमारी टीम को कार्यक्रम में आराम से बैठी देखकर प्रिंसिपल और पूरा मैनेजमेंट आश्चर्यजनक और आशंकित था। हुआ भी ऐसा ही। अन्ना ने जैसे ही गांधी की अहिंसा की बात रखी, मैंने कुछ कहने के इशारे के साथ हाथ उठाया। मंच संचालन ने नजरअंदाज किया और अन्ना शायद ज्यादा तल्लीन होकर बोल रहे थे तो उन्होंने देखा नहीं होगा। पर एकाध मिनट तक मेरे हाथ उठाकर रखने पर भी मंच से कोई प्रतिक्रिया नहीं हुई तो हमारे साथियों ने नीचे से हलचल मचाना प्रारंभ किया। प्राचार्य जानते थे कि मैं सभागार के बीचोबीच इसलिए बैठा हूँ कि मैं वहीं से अपना भाषण रखूँगा तो सभी को सुनाई देगा। इसलिए उन्होंने मंच से कहा कि कार्यक्रम के बाद मेरे केबिन में आकर अन्ना से बात करो। पर मैंने उनका प्रस्ताव नकार दिया। छात्र मेरे साथ खड़े हो गए। अन्ना का संबोधन रुक गया। मैनेजमेंट मुझे रोकना चाहता था। यह अन्ना के ध्यान में आया, तब अन्ना ने माइक से सीधे मेरे से संवाद प्रारंभ किया। मंच पर आकर अपनी बात कहो, यह भी कहा। उनके इस लोकतांत्रिक प्रस्ताव से सभागार में अफरातफरी से एकदम चर्चा का माहौल बना। मैंने माइक सँभालकर कहा कि गांधीजी से हमारी कई मुद्दों पर असहमति है। आप लोग हिंदुस्थान के अंदर के शांति पाठवाले एक गाल पर मार खाने के बाद दूसरा गाल आगे करनेवाले अहिंसा

के गांधी तो बताते हो, पर दक्षिण अफ्रीका में वर्णद्वेष के विरुद्ध सड़क पर उतरकर संघर्ष करनेवाले गांधी हमको क्यों नहीं बताते हो? मेरी इस बात पर अन्ना ने खड़े होकर तालियाँ बजाईं। उनका यह एप्रोच मेरे साथ सभी को अच्छा लगा। उन्होंने पुनः माइक हाथ में लेकर एकदम गांधी से छत्रपति शिवाजी महाराज, भगत सिंहजी तक के प्रश्नों के संदर्भों का भाषण किया। मेरी बहुत प्रशंसा की। इस प्रसंग से हमारा परिचय हुआ तो स्वाभाविकत: उनके लिए भी वह संस्मरणीय था।

अन्ना को जब वामपंथी गैंग ने जाल बिछाकर अपने मंच पर बिठाया तो जंतर मंतर के 4 अप्रैल के पहले प्रदर्शन में मैं भी मंच पर था, पर जब अरुंधती रॉय, प्रशांत भूषण, मेधा पाटकर आदि गैंग मंच पर आया तो मैंने अन्ना को उनके घिर जाने और शिकार होने की संभावना को बताकर मंच छोड़ा था। मराठी में हमारी बात केवल उनके सहायक को समझ में आई थी। मैं स्वयं एयरपोर्ट जाकर अन्ना को अपनी गाड़ी से लाया था। बाद में भी अन्ना के संपर्क में था। पर मंच पर नहीं था। अरविंद केजरीवाल व उनकी टीम मेरे घर और स्टूडियो में कई बार आए थे, परंतु रामलीला मैदान का अन्ना का आमरण अनशन जब लंबा चलाया जा रहा था, अन्ना को मारकर सरकार विरोधी माहौल बनाकर सत्ता हथियाने की आशंका अन्ना के पुराने साथियों द्वारा व्यक्त की जाने लगी थी तो मैं और भय्यूजी महाराज आधी रात को महाराष्ट्र के पूर्व मुख्यमंत्री और तब के केंद्रीय मंत्री विलासराव देशमुखजी के घर पहुँचे। उनको समझाया और अन्ना को बचाने के लिए परदे के पीछे से सक्रिय भूमिका निभाई थी। पर तब अन्ना बहुत बड़े ब्रांड थे। उनको आशंका तो थी, पर वह उनके शिकार करने की संभावना पर विचार नहीं कर पा रहे थे, फिर भी मैं अन्ना के संपर्क में था और जब केजरीवाल ने राजनीतिक पार्टी बनाने की घोषणा की, तब अन्ना को मेरी बात पर भरोसा हुआ। बाद की कहानी आपको पता ही है। यह पृष्ठभूमि जानकर आप इंटरव्यू देखेंगे तो हमारे एप्रोच के बारे में आपके मन में प्रश्न नहीं उठेंगे, इसलिए यह यहाँ लिखा है।

साक्षात्कार के बाद

अन्ना का यह 'चलते-चलते' बहुत दिनों तक चर्चा में रहा। अरविंद केजरीवालजी पर उनके स्पष्ट विरोध से उनकी टीम ने अन्ना का विरोध किया। मोदी टीम ने अन्ना के प्रति आश्चर्यजनक पर सकारात्मक भाव दिखाया, हालाँकि केजरीवालजी को अब अन्ना की आवश्यकता नहीं थी। उनके पास पाँच वर्षों तक

का बहुमत था, परंतु अन्ना के हिंदुत्ववादी मुद्दे के लिए साथ खड़े होने से मोदी समर्थकों को अन्ना से संभावित विरोध की आशंका दूर हो गई थी। हमारे लिए अन्ना से वीडियो में यह बुलवाकर देश भर को कार्यकर्ताओं के संदेश था कि अन्ना का दुरुपयोग भले ही हुआ हो, पर आप हमारे मुद्दों के लिए सदुपयोग कर सकते हो। इसके बाद दुनिया भर से केजरीवाल से दूर गए उनके साथी मेरे से संपर्क करने लगे। अन्ना के साथ एक और मोर्चा बनाने के लिए मेरे आगे आने की पहल होने लगी, पर मैंने बताया कि मेरा काम हो गया है, आप लोगों को जो करना है, करो।

इसलिए अन्ना हजारेजी का यह 'चलते चलते' अन्य किसी भी मुलाकात शो से अलग और ऐतिहासिक है।

स्थान : महाराष्ट्र सदन, दिल्ली

प्रथम प्रसारण तिथि : 16 अक्तूबर, 2016

सुरेश चव्हाणके : नमस्कार! आज 'चलते-चलते' में हम एक ऐसे व्यक्तित्व को लेकर आए हैं, जिन्होंने आजादी के बाद हिंदुस्थान में भ्रष्टाचार के विरुद्ध सबसे बड़े आंदोलन को लीड किया था। अन्ना हजारेजी हमारे साथ हैं। अन्नाजी, आपका स्वागत है 'चलते-चलते' में।

अन्ना हजारे : धन्यवाद!

सुरेश चव्हाणके : आज हम छत्रपति शिवाजी महाराज के सामने (सामने लगी शिवाजी की बड़ी सी मूर्ति की ओर इशारा करते हुए) 'चलते-चलते' का कार्यक्रम करेंगे, जिन्होंने कभी हिंदुत्व साम्राज्य निर्माण करने का प्रयास किया था। आपने भी भ्रष्टाचार मुक्त हिंदुस्थान का निर्माण करने की दिशा में पहल की है।

अन्ना हजारे : जी, कोशिश कर रहे हैं और छत्रपति शिवाजी महाराज के जितना तो हम नहीं कर पाएँगे। थोड़ा कुछ कर पाए तो कोशिश कर रहे हैं।

सुरेश चव्हाणके : अच्छी कोशिश कर रहे हैं, सिर्फ आपकी कोशिश का फायदा कुछ और लोग उठा लेते हैं, यही प्रॉब्लम है।

अन्ना हजारे : ये तो है, दुनिया है, इसमें हम मराठी में बोलते हैं, न कि हौसे, गौसे, नौसे, सब मिक्स हो जाते हैं। भारतीय लोग जो होते हैं, अपना फायदा कहाँ है ? किसमें अपना फायदा होगा, उनकी खोज इसमें होती है। तो ऐसे लोग भी इसमें आ जाते हैं।

सुरेश चव्हाणके : हाँ, जब इतना बड़ा जनांदोलन चलेगा तो सारे प्रकार के लोगों को तो आना ही है।

अन्ना हजारे : जी!

सुरेश चव्हाणके : लेकिन जो आंदोलन का फायदा हिंदुस्थान को होना चाहिए था, वो फायदा हिंदुस्थान को होने के बजाय किसी एक राजनीतिक दल को हो गया।

अन्ना हजारे : ऐसा नहीं कह सकते हैं। आज आंदोलन से भ्रष्टाचार खत्म हो गया, ऐसा हम नहीं कहेंगे, लेकिन आजादी के 69 वर्ष बीत गए। करोड़ों रुपए खर्चा करके जो जागृति देश में नहीं आई थी, वो इस आंदोलन के कारण आई।

सुरेश चव्हाणके : मुद्‌दा बन गया। भ्रष्टाचार मुद्‌दा खत्म हो गया तो वो मुद्‌दा बन गया।

अन्ना हजारे : आज देखो, पूरे देश में रास्ते पर लोग उतर रहे हैं, आंदोलन कर रहे हैं, संगठित हो रहे हैं। तो ये उसका फल है। भ्रष्टाचार खत्म नहीं हुआ, लेकिन करोड़ों रुपया खर्चा करके देश में जो जागृति नहीं आई थी, इस आंदोलन के बाद आ गई।

सुरेश चव्हाणके : ये तो हो गया है। ये नई मोदी सरकार बनी है, उसने भी उस विषय पर काफी पहल की है, लेकिन आज भी केजरीवाल ने अपनी सरकार में लोकपाल नहीं लाया है।

अन्ना हजारे : अब क्या कर सकते हैं?

सुरेश चव्हाणके : आंदोलन! आंदोलन तो कर ही सकते हैं।

अन्ना हजारे : सत्ता के आगे हम···आंदोलन तो ये सब, आज क्या कमी है, इसी बात के लिए है न! जो करना है, वो अन्ना हजारे को करना है।

सुरेश चव्हाणके : हाँ, हमने खुद कुछ नहीं करना!

अन्ना हजारे : एक अन्ना हजारे पूरे देश को कैसे पूरा पड़ेगा? जब ऐसे समाज उसके विरुद्ध कृत्य होता है, हर आदमी को खड़ा होना चाहिए, लेकिन सब लोग यही कहते हैं कि ये अन्ना हजारे को करना है, वो अन्ना हजारे को करना है। एक अन्ना हजारे कैसे पूरा करेगा। ये हरेक का काम है।

सुरेश चव्हाणके : हाँ, सबका काम है। अन्ना! आप एक सेना के जवान, अभी भी जवान ही हैं और सेना के जवानों ने जो इतना बड़ा कारनामा किया है सर्जिकल स्ट्राइक का, उसके ऊपर आपका क्या कहना है?

अन्ना हजारे : नहीं, जवानों ने जो किया, वो सही किया। आज तक बहुत लोगों को ये लगता है कि भारत के लोग तो सिर्फ कहते हैं, करते कुछ नहीं! ये जो उनकी सोच थी, वो जवानों ने दिखाया कि वो गलत हैं। हम नहीं चाहते किसी से झगड़ना, किसी से लड़ाई करना, लेकिन अगर हमारे साथ कोई ऐसा बुरा बरताव करता है तो हम भी कम नहीं हैं। हम भी जवाब देंगे। ये करके दिखाया है।

सरेश चव्हाणके : उसके बारे में है।

अन्ना हजारे : हाँ!

सुरेश चव्हाणके : ऐसा पहली बार हुआ है।

अन्ना हजारे : पहली बार हुआ, ऐसा पहली बार हुआ, क्योंकि भारत की परंपरा बहुत अलग है। वो नहीं चाहता किसी से लड़ना, किसी से झगड़ना, किसी की संपत्ति को हासिल करना, ये नहीं चाहता भारत। भारत की हमारी परंपरा अलग है, लेकिन कोई ये सोचता है कि भारतीय कुछ नहीं कर सकता है, सिर्फ बातें करता है तो उसके लिए ये जवाब देना जरूरी था, वो दिया है।

सुरेश चव्हाणके : बहुत बड़ी चीज हुई है।

अन्ना हजारे : बहुत बड़ी!

सुरेश चव्हाणके : दुनिया में प्रतिष्ठा भी बढ़ी है। साख बढ़ी है। इसके लिए मोदीजी को बधाई देंगे?

अन्ना हजारे : हाँ, मैं तो जो लोग इसमें शामिल हुए हैं, जिन्होंने प्लानिंग किया है और जिन्होंने ये काम किया है...

सुरेश चव्हाणके : ...लेकिन निर्णय तो प्रधानमंत्री को करना होता है?

अन्ना हजारे : हाँ! तो बधाई देना जरूरी है। समाज के लिए, देश के लिए और दुनिया के लिए उनके सामने एक अलग से उदाहरण कि हम भी कुछ कम नहीं हैं, बधाई तो देना जरूरी है।

सुरेश चव्हाणके : लेकिन कुछ लोग इसपर सवाल उठा रहे हैं, खासकर के अरविंद केजरीवाल, संजय निरुपम, कांग्रेस के कुछ नेता, दिग्विजय सिंह...

अन्ना हजारे : जिस कलर का चश्मा होता है न, उसी कलर की दुनिया नजर आती है।

सुरेश चव्हाणके : वाह! हा! हा!

अन्ना हजारे : कई लोगों का चश्मा ही उसी कलर का है तो हम क्या कर सकते हैं।

सुरेश चव्हाणके : ...अपेक्षा क्या कर सकते हैं...

अन्ना हजारे : हाँ!

सुरेश चव्हाणके : उनका चश्मा कैसे बदला जाए?

अन्ना हजारे : वो तो ऑटोमेटिक बदल जाएगा। जब वातावरण बनता है न, सब बदलने लगता है।

सुरेश चव्हाणके : ये तो रंग बदलनेवाले लोग हैं, ये चश्मा नहीं बदलनेवाले।

अन्ना हजारे : रंग जब बदलने लगता है सोशल प्रेशर जब निर्माण होता है न तो चश्मा भी बदलने लगता है।

सुरेश चव्हाणके : तो ये तो मजबूरी होती है न!

अन्ना हजारे : हाँ, तो मजबूरी के कारण ही!

सुरेश चव्हाणके : ये डंडेवाले लोग हैं, बात से नहीं मानेंगे!

अन्ना हजारे : नहीं, नहीं, ये हमारी संस्कृति नहीं है।

सुरेश चव्हाणके : ये हमारी संस्कृति नहीं है, लेकिन जैसे सर्जिकल स्ट्राइक करनी पड़ी न, ये भी हमारी संस्कृति नहीं है। ऐसे लोगों का भी सर्जिकल स्ट्राइक होना चाहिए।

अन्ना हजारे : कभी-कभी हमें दिखाया जाना चाहिए था कि हम भी कम नहीं हैं। आप जो सोचते हैं, ऐसे नहीं हैं हम! समय आने पर हम लड़ने के लिए भी तैयार हो जाते हैं।

सुरेश चव्हाणके : बिल्कुल! लेकिन ऐसा सवाल उठाने से सेना के मनोबल पर भी असर पड़ता है न! सेना को लगता है कि केजरीवाल जैसे लोग, जो अन्ना के आंदोलन से ही निकले, वो सेना पर सवाल उठा रहे हैं।

अन्ना हजारे : सेना अपना काम करती है। सेना मतलब एक, दो, तीन, चार लोग नहीं हैं, सेना में हजारों लोग हैं, ये कहते हैं कि कहनेवाले लोग कहते रहेंगे, हमें अपना काम करना है।

सुरेश चव्हाणके : सेना की प्रेरणा भी बड़ी होती है। ऐसे मच्छरों से उनको क्या फर्क पड़ता है?

अन्ना हजारे : उन्होंने धर्म स्वीकार किया न कि लड़ना हमारा धर्म है। सीमा का रक्षण करना, ये हमारा धर्म है। देश की जनता का रक्षण करना, ये हमारा धर्म है। मैंने ये धर्म स्वीकार किया है। कौन क्या बोलता है, इसकी तरफ वो नहीं देखते। वो अपने धर्म का पालन करते हैं, सैनिक! सैनिक हैं न वो…

सुरेश चव्हाणके : वो ऐसा करते हैं, तभी हम सुरक्षित हैं। यहाँ पर सबकुछ कर पा रहे हैं।

अन्ना हजारे : वो बर्फ में, ठंड में, बारिश में, गरमी में, रात-दिन खड़े हैं बॉर्डर पर, इसीलिए हम आराम से सो रहे हैं यहाँ पर, अगर कल कुछ हो गया तो ये उनको मुँहतोड़ जवाब दे सकते हैं, देश की जनता को, ये दिल में है हमारे कि ये हमारी रक्षा करेंगे, तभी हम आराम से सोते हैं।

सुरेश चव्हाणके : लेकिन इसी सेना का नाम आज हिंदुस्थान में कैसा दुनिया भर में गूँज रहा है, बहुत आनंद की चीज है, अब हम थोड़ा आपके आंदोलन पर आते हैं। आपने भ्रष्टाचार के विरुद्ध आंदोलन किया; लोगों का कहना है कि आप बाकी समस्याओं पर क्यों आंदोलन नहीं करते, जैसे खासकर बांग्लादेशी घुसपैठिए हिंदुस्थान में पाँच करोड़ की संख्या में हैं। पाँच करोड़ बांग्लादेशी हिंदुस्थान के हवा-पानी, संसाधन, लोगों की जॉब सबकुछ छीन रहे हैं।

अन्ना हजारे : क्या है, मैंने जो कहा, कमी इसी बात की है। जो करना है, वो अन्ना हजारे ने करना है।

सुरेश चव्हाणके : तो आपमें क्षमता दिखती है लोगों को।

अन्ना हजारे : अरे, क्षमता क्या है? एक फकीर आदमी है, जिसके पास धन नहीं, दौलत नहीं, सत्ता नहीं, पैसा नहीं, लाइफ में बैंक एकाउंट कहाँ रहता है पता नहीं, उससे आप अपेक्षा कर रहे हैं?

सुरेश चव्हाणके : ऐसे ही लोगों से अपेक्षा रहती है, जिसके पास सबकुछ है, वो कुछ नहीं कर सकता!

अन्ना हजारे : वो ठीक नहीं है। हरेक आदमी, जो नौजवान है, उसे तय करना है कि उसे अन्ना हजारे बनना है देश के लिए, समाज के लिए। ऐसे कई अन्ना हजारे खड़े हो जाएँगे, तब इसमें बदलाव आ जाएगा। अभी जो करना है, वो अन्ना हजारे ने करना है; ये एक···

सुरेश चव्हाणके : ये जो यूथ है, इन्हें एक सांस्कृतिक आक्रमण द्वारा, टी.वी. सीरियल द्वारा, फिल्मों के द्वारा बिगाड़ा जा रहा है। देखिए, जैसे बंदूकधारी आतंकवाद है, वैसे ही कल्चरल आतंकवाद है, तो वो बच्चा कैसे सुधरेगा? वो अन्ना हजारे कैसे बनेगा?

अन्ना हजारे : वो आतंकवाद है। क्या करना है हमें सोचना चाहिए। क्या मेरे सामने में ये प्रॉब्लम नहीं थी? थी! एक स्वामी विवेकानंद की पुस्तक हाथ में आई। विवेकानंद के विचारों के प्रभाव, महात्मा गांधी के विचारों के प्रभाव, देश के लिए जो महापुरुष हुए उनके चरित्रों को मैं पढ़ता गया, चिंतन करता गया, मनन करता गया, मुझे ऊर्जा मिलती गई। हर युवक को यह बात सोचनी है कि फिल्मों में

क्या है, ये न देखते हुए, मेरे देश के लिए कौन-कौन क्या किया है, ये देखते हुए···

सुरेश चव्हाणके : सब अन्ना हजारे नहीं हैं न, उनके सामने प्रलोभन है। उनके पास संस्कार नहीं हैं तो उस संस्कार के लिए भी कुछ करना चाहिए।

अन्ना हजारे : आज क्या है, हम देश में योजना तो बहुत चलाते हैं, करोड़ों रुपए खर्च भी करते हैं, लेकिन योजनाएँ सफल बनाने के लिए जो लीडरशिप चाहिए, वो लीडरशिप की ट्रेनिंग कहीं पर भी नहीं। आज के युवक बोल रहे हैं कि मैं मेरे देश के लिए कुछ करना चाहता हूँ, लेकिन क्या करूँ, कहाँ से शुरुआत करूँ; वो कह रहे हैं—'मैं अपना जीवन समाज और देश के लिए देने के लिए तैयार हूँ, लेकिन मेरा चरितार्थ कैसे चलेगा।' आज से युवकों की खोज करके, उनको अगर ट्रेनिंग दे दी और उनमें ये गाँव-गाँव के साथ जुड़ गया तो देश बदलने में समय नहीं लगेगा। हमें युवकों को जोड़ना है, अरे, हमारे देश में आबादी कितनी है, सवा सौ करोड़ और गाँव कितने हैं छह लाख अड़तीस हजार। सिर्फ छह लाख अड़तीस हजार नवयुवक मिल जाएँ और उनको ये ट्रेनिंग दी जाए और छह लाख अड़तीस हजार हर गाँव में जाकर अन्ना हजारे की तरह खड़ा हो जाए···

सुरेश चव्हाणके : तो देश सोने की चिड़िया हो जाएगा।

अन्ना हजारे : क्या अमेरिका और क्या रशिया, देश बहुत आगे जाएगा।

सुरेश चव्हाणके : कभी ऐसा था हिंदुस्थान में, हर जगह पर कोई साधु-संत था, कहीं शिवाजी के खड़े किए हुए मावळे थे, इसीलिए तो हिंदुस्थान तभी था। लेकिन विदेशी आक्रमणकारियों ने इस देश को बरबाद कर दिया न!

अन्ना हजारे : आक्रमण ने बरबाद किया, ये तो ठीक है, इससे इनकार नहीं कर सकते, लेकिन जब आक्रमण होता है, मैंने क्या करना है, ये सोचना है।

सुरेश चव्हाणके : बिल्कुल सही!

अन्ना हजारे : आक्रमण हो रहा है, मुझे क्यों उसके पीछे पड़ना? मुझे जीवन में क्या करना है, ये मुझे तय करना है। ऐसी दृष्टि से अगर सोचा किसी युवक ने तो इस आक्रमण का कोई फर्क नहीं पड़ेगा।

सुरेश चव्हाणके : बिल्कुल, बिल्कुल! लेकिन ऐसी सोच बतानी जरूरी है। एक और मुद्दा है। आप गांधीजी के आदर्शों पर चलते हैं। लोग आपमें गांधीजी को देखते हैं, बल्कि इतना बड़ा काम गांधी के बाद आपने ही किया। मीडिया के द्वारा सामने आया है। गांधीजी ने एक चिंता जताई थी कि हिंदुस्थान में धर्मांतरण नहीं होना चाहिए। इसके खिलाफ आवाज भी उठाई थी, इसको लेकर उन्होंने

पुस्तकें भी लिखी हैं; उनकी हर पुस्तक में इसका जिक्र आता है। वो धर्मांतरण आज हिंदुस्थान का गला दबा रहा है।

अन्ना हजारे : वो दोष है। दुनिया में हजारों धर्म हैं। सब धर्म की जड़ के पास हम चले जाएँ तो सभी धर्मों में एक ही धर्म शिखर पर है, वह है मानवता और इसकी शुरुआत हमारे पड़ोसी धर्म के साथ हो जाती है, जब तक हम अपने पड़ोसी के सुख-दुःख में काम नहीं आएँगे, तब तक बाकी धर्म सब गौण हैं।... तो गांधीजी ने जो कहा था...

सुरेश चव्हाणके : उन्होंने कहा था कि कानून बनाइए कि धर्मांतरण हिंदुस्थान में ना हो। क्रिश्चियन मिशनरी यहाँ सेवा के नाम पर लोगों को भ्रमित करती हैं। धर्मांतरणवाला विषय भी बहुत जरूरी है। आप गांधी की राह पर चल रहे हैं।

अन्ना हजारे : हाँ, लेकिन सब बातें कानून से नहीं हो सकतीं। कानून होना चाहिए, ये देश कानून से चलनेवाला देश है। देश की सर्वोच्च व्यवस्था न्याय व्यवस्था है। कानून बनाना दोष नहीं है, लेकिन ये कानून बनाकर नहीं होगा। मैंने जो कहा कि ऐसे ट्रेनिंग सेंटर नवयुवकों के लिए, जो समाज के बारे में, देश के बारे में जागृति लानेवाले सेंटर, अगर बन गए तो फिर ये अतिक्रमण कुछ नहीं होगा।

सुरेश चव्हाणके : देखिए, होता क्या है कि जैसे मोदी प्रधानमंत्री बने तो कुछ चर्चों पर छोटे पत्थर फेंके गए। उस पर न्यूज बनाई गई; अंतरराष्ट्रीय दबाव बना और मिशनरियों का अभी, वही धर्मांतरण का कार्य चल रहा है।

अन्ना हजारे : ये क्या है, सोच अलग-अलग है। कोई भी धर्म हो, सभी धर्मों की यही सोच है कि पड़ोसी धर्म ही हमारा सबसे बड़ा धर्म है।

सुरेश चव्हाणके : लेकिन जब धर्म बदलता है तो उसकी निष्ठा बदलती है न, देश में नहीं रहती निष्ठा। धर्मांतरण राष्ट्रांतरण होता है।

अन्ना हजारे : हाँ ! हाँ! तो ये ठीक नहीं है न! किसी धर्म को और राष्ट्र को अतिक्रमण करना, ये ठीक नहीं है।

सुरेश चव्हाणके : अब आपके पास कोई आए, कहे कि आपके गले की तुलसी की माला हटा दो, आपके घर के अंदर के फोटो निकाल दो और आप धर्म बदल दो।

अन्ना हजारे : तो ये सोचना है, अभी मुझसे किसी ने कहा कि तुलसी की माला हटा दो, मैं आपको एक करोड़ रुपया दे दूँगा। मैं बोलूँगा, आपके लाख-

करोड़ रुपयों पर आप ऑइल का डिब्बा डाल दो।

सुरेश चव्हाणके : आग लगा दो···

अन्ना हजारे : आग लगा दो उसको। मैंने जो स्वीकार किया, उसको मैं बदल नहीं सकता। मेरे जीवन का एक अंग बन गया है वो। तो ये बात उसमें···

सुरेश चव्हाणके : ये कैमरे पर पहली बार कह रहे हैं आप, इतनी बड़ी बात! और मुझे गर्व है कि आप ऐसी बात कहते हैं। मुझे लगता है कि थोड़ी बार-बार कहने की जरूरत है, क्योंकि मुझे लगता है कि हिंदुस्थान में धर्म-परिवर्तन इतने बड़े पैमाने पर चल रहा है, ये चिंता का विषय है।

अन्ना हजारे : क्या है, बार-बार कहने का ये, लेकिन बार-बार पूछनेवाले लोग तो सामने आएँ।

सुरेश चव्हाणके : हाँ! तो हम आए हैं न, हम आए हैं आपसे पूछने और हम जानते हैं कि अन्ना इतने हिम्मतवाले हैं कि हर सच्चाई को बोल सकते हैं। गाय का विषय भी उठाया था गांधीजी ने कि गाय भी बचनी चाहिए। ग्रामीण पृष्ठभूमि से हैं, आप तो सब जानते हैं।

अन्ना हजारे : क्या है, सभी प्राणिमात्र हैं! यह शरीर की गठरी है। इसके अंदर एक ऐसी शक्ति चैतन्य है, जो ईश्वर का अंश है। इसलिए वह चैतन्य शक्ति, आत्मा वह ईश्वर का अंश होने से हमें उसको उसमें देखना चाहिए। वो नहीं देखते हैं, इसलिए यह गड़बड़ी हो रही है।

सुरेश चव्हाणके : देखिए होता क्या है कि गदहे के प्रति आवाज उठानेवाले को पशु प्रेमी कहा जाता है, लेकिन गाय के प्रति आवाज उठानेवाले को कम्युनल कहा जाता है।

अन्ना हजारे : ···हँसते हैं।

सुरेश चव्हाणके : अगर अन्ना हजारे गाय के प्रति आवाज उठाएँगे तो कुछ मीडियावाले या कुछ समाजसेवी कहेंगे कि अन्ना तो अब हिंदूवादी हो गए तो क्या गाय के लिए आवाज उठाना हिंदुत्ववाद है और हिंदुत्ववाद क्या होता है···

अन्ना हजारे : क्या है कि हमारे देश में गाय को पवित्र माना जाता है, क्या होगा, क्या नहीं, पता नहीं, लेकिन सामान्य आदमी की आस्था गाय के साथ मोक्ष से जुड़ी है, गौमूत्र, अपने घर में उसका गोबर से लेप करता है, पवित्र मानता है, 33 करोड़ देवता उसमें देखता है। उसमें पवित्रता जो है न, ये सामान्य आदमी के दिल में है कि वो पवित्र है और ये बात को सोचना जरूरी है।

सुरेश चव्हाणके : बहुत अच्छी बात कही आपने तो ये बात कैसे बढ़ाई जा सकती है?

अन्ना हजारे : नहीं! इसको अगर बढ़ाना है तो लोक-शिक्षा, लोक-जागृति बढ़ानी होगी।

सुरेश चव्हाणके : आप भी इसके लिए बोलते रहेंगे। ये जो नई फिल्म है, उसके बारे में क्या कहेंगे?

अन्ना हजारे : नई फिल्म है अन्ना।

सुरेश चव्हाणके : हाँ!

अन्ना हजारे : 'अन्ना' नाम की फिल्म है, वो फिल्म मैंने तो कभी अपने जीवन में नहीं सोचा था कि एक फकीर आदमी, मंदिर में रहनेवाला, उसपर फिल्म बनेगी, लेकिन ये जो मनेंद्र जैन हैं, रविंद्र जैन के भाई हैं, उन्होंने जब इस काम को देखा और उन्हें लगा कि ये काम जनता के सामने जाना चाहिए तो उन्होंने तय किया कि ऐसी फिल्म बनानी चाहिए और डेयर किया। इतना पैसा खर्च करने के लिए उन्होंने तय किया और शशांक, जो मेरी भूमिका निभा रहा है, वो भी मेरी तरह मिलता-जुलता है, मॉडल, तो ऐसी ये फिल्म है, इसमें क्या होगा? चार-पाँच बातें देशवासियों के सामने जाएँगी। आज हमारे देश में लाखों नवयुवक हैं, नवयुवकों ने अगर सोचा कि मुझे देश के लिए कुछ करना है तो गाँव के लिए करना है तो इससे एक मैसेज जाएगा कि ऐसा नवयुवक शुद्ध आचार है, शुद्ध विचार है, निष्कलंक जीवन है, जीवन में त्याग है और शक्ति है तो हर युवक अन्ना हजारे बन सकता है और हर गाँव को वो खड़ा कर सकता है। ये चार-पाँच बातें जीवन में आना जरूरी हैं—एक। दूसरा, हमारे परिवार के संस्कार कम हो रहे हैं।

परिवार में एक माँ है। माँ ने बचपन से अपने बच्चों को सही संस्कार दिए तो उसका माइंड सोशल बन जाएगा और उससे भी आहिस्ते-आहिस्ते अन्ना निर्माण होगा। परिवार के संस्कार, घर के संस्कार बहुत महत्त्वपूर्ण हैं। देखिए शिवाजी महाराज...

सुरेश चव्हाणके : उनकी माता ने तो उनको गर्भ में ही संस्कार दे दिए।

अन्ना हजारे : जीजा माता ने बचपन से उनको संस्कार सिखाया और आज कितने महान् बन गए। कल के महापुरुष आज के बच्चों में हैं। हर माँ ने अगर ये संस्कार दिए बच्चों को तो कल के महापुरुष इनमें से ही निर्माण हो जाएँगे। आज उसका अभाव है। ऐसी कई बातें इस फिल्म से लोगों के सामने जाएँगी।

सुरेश चव्हाणके : फिल्म आधुनिक तरीका है लोगों तक पहुँचने का तो

जाना चाहिए। बिल्कुल! आखिर में, आप जैसा कहते हैं कि आप फकीर हैं, इस देश के प्रधानमंत्री भी ऐसे ही हैं। कुछ नहीं है। न किसी भाई को घर में आने देते हैं और न कोई रिश्तेदार उनके नाम का दुरुपयोग कर सकता है। उनके लिए क्या कहेंगे?

अन्ना हजारे : नहीं, कुछ नहीं। आज जो वो कर रहे हैं, समाज के लिए, देश के लिए अच्छा कर रहे हैं। कुछ बातें अभी तक ढाई साल में नहीं हुईं। सत्ता का विकेंद्रीकरण करके जनता के हाथ में जो सत्ता दे दी, लोकतंत्र किसको कहेंगे हम, वह लोगों का है। लोगों का लोगों से, लोगों के लिए चलाया गया तंत्र है लोकतंत्र, वह अभी तक नहीं आया। लोकपाल, लोक आयुक्त; ढाई साल बीत गए, अगर ये सरकार आते ही आता तो कांग्रेस की सरकार में जो भ्रष्टाचार बढ़ गया था, इसलिए जनता रास्ते पर आ गई, उनका सपना पूरा होना था, वो अभी तक नहीं हुआ है।

सुरेश चव्हाणके : लेकिन भ्रष्टाचार कम हो गया, ये मानना पड़ेगा।

अन्ना हजारे : हाँ, लेकिन सामान्य लोगों के बिल का भ्रष्टाचार अभी कम नहीं हुआ। पैसे दिए बिना काम नहीं होता।

सुरेश चव्हाणके : नीचे काम नहीं होता। ऊपर की गंदगी तो साफ की, लेकिन नीचे नहीं हुई, फिर भी आप जो कहते थे कि ऐसा प्रधानमंत्री होना चाहिए, नेता ऐसे होने चाहिए, उस आंदोलन का कुछ तो परिणाम हुआ न कि मोदी जैसा आदमी प्रधानमंत्री बन गया।

अन्ना हजारे : नहीं, अच्छा है न, लेकिन वो बनना, मैं ये दोष नहीं बता रहा हूँ, वो अच्छा है, लेकिन ये बातें सब होनी चाहिए। ये बातें जो हैं, होनी चाहिए। भ्रष्टाचार है, विकेंद्रीकरण है सत्ता का, ये सब बातें जो हैं, होनी चाहिए, वो अभी तक नहीं हो पाया है। कई बातें बहुत अच्छी हैं। कई कदम अच्छे पड़े हैं, लेकिन जो जनता के जीवन के साथ जुड़ा हुआ प्रश्न है, उसको प्राथमिकता देनी होगी।

सुरेश चव्हाणके : हम आपकी फिल्म को शुभकामनाएँ देते हैं और बहुत-बहुत प्रश्न ऐसे अन्नाजी आज पहली बार इंटरव्यू में आपसे पूछे गए और आपने जवाब दिए। हम आपके आभारी हैं कि आपने इंटरव्यू के लिए समय निकाला और इस कार्यक्रम में आए।

अन्ना हजारे : धन्यवाद!

□

6

दिग्विजय सिंह

घोर हिंदू द्रोही, तथाकथित धर्मनिरपेक्ष गिरोह के सरताज, वाचाल शिरोमणि दिग्विजय सिंह के साथ 'चलते-चलते' हो, यह लंबे समय से माँग थी। करोड़ों हिंदुओं के हृदयों में धधकते ज्वालामुखी को उन पर फोड़ा जाए, यह करोड़ों आत्माओं की आशा-अपेक्षा थी। यह कार्य केवल हम ही कर सकते हैं! यह लोगों को हम पर विश्वास था। इसलिए लंबे समय से उनको शो में लाने का प्रयास हो रहा था।

परंतु वह टाल रहे थे। हमने उनके इंटरव्यू के लिए प्रयास करना प्रारंभ किया। कांग्रेस के गेस्ट कोऑर्डिनेटर से लेकर मध्य प्रदेश के उनके गाँव के कार्यकर्ताओं तक से समन्वय किया। नए-पुराने पत्रकारों से, रिश्तेदारों से, यहाँ तक कि दूसरे दलों के उनके मित्रों से संपर्क के बाद भी वह नहीं मान रहे थे। उन्होंने मणिशंकर अय्यर का इंटरव्यू देखा था और उन्होंने कुछ अनुमान लगाया था।

तब हमारे एक सदस्य ने राजनीति में चलनेवाला कास्ट कार्ड चला। जो मैं कभी नहीं चलता। उसने उनको कहा कि देखो सुरेश चव्हाणके से आप कितने भी असहमत हों, पर उनकी निडरता व धर्मनिष्ठा तो एक क्षत्रिय की है या नहीं? दिल्ली में राजनीति से लेकर मीडिया में घोर जातिवाद चलता है। आप कम-से-कम सुरेश को मिलें तो सही! उस सदस्य ने उन्हें क्षत्रियों के सबसे बड़े नेता के रूप में संबोधित किया, वह मान गए।

हम उनके घर पहुँचे। उन्होंने जैसे ही क्षत्रियवाली बात कही तो मैंने उनको कहा कि आप तो धर्म के शत्रुओं के साथ खड़े हैं! यह कैसा क्षात्र धर्म? आदि-आदि। गरमागरम चर्चा प्रारंभ हुई। साथ की टीम ने देखा कि इस बहस में कहीं तय इंटरव्यू न रुक जाए। हम उनके लोधी एस्टेट सरकारी बँगले के लॉन में गए। शूटिंग

शुरू होने से पहले मेरे मन में दिग्विजय सिंह के चुभते, तल्ख हिंदू द्रोही बयानों, हिंदू आतंकवाद से लेकर कई घटनाओं से उत्पन्न आक्रोश उमड़ रहा था। पर हमारा सिद्धांत है। हम बदतमीजी नहीं करते। साथ ही प्रश्न पूछने में संकोच भी नहीं करते।

दो बार के पूर्व मुख्यमंत्री। कांग्रेस के कद्दावर नेता पर मेरे मन के अंदर के गोला-बारूद का बम फोड़ा जाए!

यह मन कह रहा था। पर कुछ भी हो, मुलाकात आधी-अधूरी न छूटे और सभी प्रश्नों को लिया जाए।

यह हमारा नियम है। इसलिए अगले 30 मिनट तक उस गोला-बारूद को एक-एक कर के फायर किया जाए, यह मैंने तय किया और बहुप्रतीक्षित बातचीत आरंभ हुई।

साक्षात्कार के बाद

दिग्विजय सिंह ने 30 मिनट में मुझे चार बार कानूनी कार्रवाई की धमकी दी थी। 21 बार हाथ लगाया। बहुत प्रोवोक करने की कोशिश की, परंतु मैंने अपार धैर्य के साथ निस्संकोच, निर्बाध सभी प्रश्नों को लिया। इसमें कई प्रश्न ऐसे थे, जो कोई भी सामान्यतः किसी से मुँह पर नहीं पूछता। दिग्विजय सिंह की भी यह बात माननी पड़ेगी कि उन्होंने इंटरव्यू नहीं छोड़ा। कटु (जरूरी) प्रश्नों के उपरांत भी उन्होंने बात पूरी की।

मुलाकात समाप्त हुई। कांग्रेस के बड़े नेता। राहुल गांधी के गुरु। इस इंटरव्यू को हमने दिन के विभिन्न समय में एक ही सप्ताह में 20-20 बार चलाया, परंतु प्रत्येक बार, दिन के किसी भी समय में चलने के बाद भी हर बार उसने अच्छी टी.आर.पी. हासिल की। सोशल मीडिया पर ट्रेंडिंग हुआ। इस साक्षात्कार में मैंने शिवसेना और कांग्रेस गठबंधन की भविष्यवाणी की थी! तब दिग्विजय सिंह ने कहा था कि यह कभी भी संभव नहीं होगा!

वह बाला साहब को अच्छे से जानते थे और उद्धव ठाकरे उनके मित्र हैं। राजनीति के दो ध्रुव हैं और वह कभी भी एक नहीं हो सकते, ये उनका स्पष्ट दावा था। चुनौती के अंदाज में, परंतु शिवसेना का भाजपा के विरुद्ध नाराजगी का स्तर और कांग्रेस का भाजपा के विरुद्ध घोर विरोध का स्तर किसी एक बिंदु पर मिलेंगे, यह मेरा अनुमान था। आज यह पुस्तक प्रकाशित होने के लिए जब जा रही है तो दोनों की सरकार महाराष्ट्र में दो वर्ष पूरी कर रही है। इसका राजनीतिक उत्सव मना रही है!

शिवसेना और कांग्रेस के इस जुड़ाव की भविष्यवाणी का कोई अन्य उदाहरण नहीं है। ऐसा मेरे कई मित्रों ने कहा, परंतु राजनीति में कुछ भी हो सकता है तो यह भी हो सकता है और हो गया।

आज भी इस दिग्विजय सिंह के साथ भेंटवार्त्ता को यूट्यूब पर करोड़ों लोग देखते हैं।

स्थान : सांसद आवास, दिल्ली

प्रथम प्रसारण तिथि : 21 मार्च, 2017

सुरेश चव्हाणके : नमस्कार! 'चलते-चलते' में हम आज एक ऐसी हस्ती को लाए हैं, जिनको पहले एपिसोड से ही इस शो में लाने की माँग की जाती थी। हिंदुस्थान में ही नहीं, बल्कि पाकिस्तान में भी जिनकी काफी लोकप्रियता है। मोदी सरकार आने में भी उनकी भूमिका है और 'सुदर्शन' को बैन करने की माँग भी कर चुके हैं, अब तो आप पूरे कन्फ्यूज हो चुके होंगे, इसलिए मैं आपको मिलवाता हूँ कांग्रेस के कद्दावर नेता महासचिव दिग्विजय सिंहजी से!

दिग्विजय सिंह : नमस्कार!

सुरेश चव्हाणके : मैं आपके नाम के साथ सिर्फ दिग्विजय सिंह इसलिए लगा पाया कि मैं श्री लगाऊँ, मोहम्मद लगाऊँ, क्या लगाऊँ, कन्फ्यूज था।

दिग्विजय सिंह : दिग्विजय सिंह! एक अच्छा हिंदू! एक अच्छा व्यक्ति और एक देश की आत्मा को समझनेवाला जगद्गुरु शंकराचार्यजी का दीक्षित शिष्य!

सुरेश चव्हाणके : हूँ! ये परिचय टी.वी. पर तो दिखता नहीं लोगों को!

दिग्विजय सिंह : क्योंकि आप दिखाना नहीं चाहते!

सुरेश चव्हाणके : मैं तो क्या बाकी चैनल भी नहीं दिखाना चाहते न?

दिग्विजय सिंह : ऐसा है, सभी चैनल पर आजकल आपके संस्कारों का इतना प्रभुत्व है, प्रभाव है कि वो मुझे केवल मुसलमान बताते हैं। कभी हिंदू, कभी ईसाई बताते हैं। केवल···केवल वो लोग जो धर्म को नहीं जानते, जिन्होंने सनातन धर्म को कभी देखा नहीं; मैं अच्छा हिंदू हूँ! मेरे में संस्कार हिंदुओं के हैं! मैं एकादशी का व्रत करता हूँ! मैं···

सुरेश चव्हाणके : पंढरपुर जाते हैं!

दिग्विजय सिंह : पंढरपुर, पिछले 1992 से लेकर आजतक हर अषाढ़ी

एकादशी को पंढरपुर जाता हूँ। मैं रोज पूजा करता हूँ। मेरे घर में सात मंदिर हैं। जिसमें चार में चौबीस घंटे घी और तेल की ज्योति जलती है। एकादशी पर वहाँ रतजगा होता है, मैं वो हिंदू हूँ!

सुरेश चव्हाणके : हाँ!

दिग्विजय सिंह : एक अच्छा हिंदू, अच्छा हिंदू कभी दूसरे के धर्मों का अपमान नहीं करेगा।

सुरेश चव्हाणके : नहीं करेगा! लेकिन हम भी अपमान की बात नहीं कर रहे हैं···

दिग्विजय सिंह : आप कभी-कभी करते हैं।

सुरेश चव्हाणके : नहीं! लेकिन···

दिग्विजय सिंह : आप मुझे क्या मुसलमान समझते हैं? आपने मुझे पूछा, क्या दिग्विजय सिंह मोहम्मद कहें आपसे···

सुरेश चव्हाणके : क्या कहूँ मैं, ये आपको पूछ रहा हूँ?

दिग्विजय सिंह : आपका आरोप ये है कि मैं मुसलमान हूँ!

सुरेश चव्हाणके : देखिए, मैं कन्फ्यूज था न!

दिग्विजय सिंह : कन्फ्यूज? इसलिए कह रहा हूँ मैं···आप···क्योंकि आप इसलिए कन्फ्यूज्ड हैं, क्योंकि आप दिग्विजय सिंह को हिंदू नहीं मानते।

सुरेश चव्हाणके : अब तो आपने परिचय बताया···

दिग्विजय सिंह : अरे, परिचय आपको नहीं था?

सुरेश चव्हाणके : हालाँकि, ये परिचय है···

दिग्विजय सिंह : हालाँकि आपका ये बयान···मैं आपके ऊपर डेफिमेशन शूट भी फाइल कर सकता हूँ।

सुरेश चव्हाणके : हा-हा-हा! वो तो आपके ऊपर सबसे ज्यादा होते हैं!

दिग्विजय सिंह : मुझे स्वीकार है और मैंने डेफिमेशन शूट फाइल भी किया है और लोगों से माफी भी मँगवाई है। आपने अगर मेरे पर इस तरह की बात की तो मैं आपके खिलाफ भी करूँगा।

सुरेश चव्हाणके : चलिए, हम तो उससे डरते नहीं!

दिग्विजय सिंह : मैं भी नहीं डरता!

सुरेश चव्हाणके : आज तो, जो-जो आप बोलेंगे, हम विदाउट एडिट दिखाएँगे।

दिग्विजय सिंह : धन्यवाद!

सुरेश चव्हाणके : जो-जो बोलेंगे!

दिग्विजय सिंह : बिल्कुल!

सुरेश चव्हाणके : दावे के साथ कहता हूँ।

दिग्विजय सिंह : दावे के साथ!

सुरेश चव्हाणके : आपके मित्र भी, जो इसके पहले आए थे···

दिग्विजय सिंह : दावे के साथ बोलूँगा और खरी-खरी सुनाऊँगा···

सुरेश चव्हाणके : यस! तो आपकी लोकप्रियता के बारे में भी मैंने बताया कि पाकिस्तान में भी बहुत लोकप्रियता है। इसपर भी कुछ कहना है?

दिग्विजय सिंह : मैं आजतक पाकिस्तान नहीं गया।

सुरेश चव्हाणके : लेकिन आप, वहाँ से चुनाव लड़ेंगे तो मैं दावा करता हूँ कि आप नवाज शरीफ को हराएँगे।

दिग्विजय सिंह : मैं हिंदू हूँ! हिंदुस्तान का नागरिक हूँ! पाकिस्तान का नागरिक नहीं हूँ! और आपने ये एक दूसरी बात जो कर दी, मुझे आप पाकिस्तान का नागरिक साबित करना चाहते हैं?

सुरेश चव्हाणके : नहीं! मैं क्यों करना चाहूँ?

दिग्विजय सिंह : आपने कहा, आपने कहा···आपने कहा है कि···आप कह रहे हैं···

सुरेश चव्हाणके : वहाँ से भी लड़ सकते हैं!

दिग्विजय सिंह : इसका मतलब है कि पाकिस्तान जाकर नागरिक बन जाऊँ? हाँ, आपके जो हैं मंत्री, वहाँ के बिहार के गिरिराज सिंह, वो कहते हैं, जो मोदी का विरोधी है, वो पाकिस्तान चला जाए। क्या ये मोदी का ठेका है इस देश के लिए क्या? गिरिराज सिंहजी का ठेका है क्या? हरियाणा के मुख्यमंत्री का ठेका है क्या? क्या तरीका है आप लोगों का ये बात करने का?

सुरेश चव्हाणके : नहीं, मैंने तो नहीं कहा। मैं आपको सम्मानित कर रहा हूँ।

दिग्विजय सिंह : सम्मानित इसलिए कर रहे हैं कि पाकिस्तान में मैं चुनाव लड़ूँ जाकर! पाकिस्तान की नागरिकता स्वीकार करूँ! धिक्कार है आपको!

सुरेश चव्हाणके : हा-हा! चलिए दूसरा धिक्कार हो गया। दो सवालों में मोदी सरकार आने में आपकी भूमिका है। धन्यवाद करिए ऐसा। उनके समर्थकों ने मुझे इंटरव्यू शुरू होने से पहले सोशल मीडिया पर कहा था···

दिग्विजय सिंह : मैं नरेंद्र मोदी का सबसे बड़ा विरोधी हूँ। नरेंद्र मोदी इस देश के लिए सबसे बड़ा खतरा है। इस देश के लिए अमित शाह और ये दोनों की जो जोड़ी है, ये देश के लिए खतरा है! दोनों-के-दोनों!

सुरेश चव्हाणके : याकूब खतरा नहीं है, जिसकी दया याचिका पर आपने सा… ?

दिग्विजय सिंह : मैंने! मैंने याकूब का कोई समर्थन किया है? कैसी बात करते हैं आप?

सुरेश चव्हाणके : नहीं! नहीं! लोगों ने, लोगों ने! आपने नहीं किया! याकूब की… ? आपने तो गुरु को फाँसी दो! अफजल गुरु को फाँसी दो! ये भी कहा था…

दिग्विजय सिंह : कहा है! कहा है हमने!

सुरेश चव्हाणके : हमने भी दिखाया है, लेकिन अफजल गुरु या याकूब आपके देश को…

दिग्विजय सिंह : अफजल गुरु को फाँसी देने का विरोध जिसने किया, उसके साथ सरकार बनाई है आपने कश्मीर में। शर्म आनी चाहिए आप लोगों को।

सुरेश चव्हाणके : हमारा क्या संबंध है उससे? मैं तो पत्रकार हूँ!

दिग्विजय सिंह : आप पत्रकार हैं, लेकिन मोदी के संस्कार तो आप प्रचारित करते हैं!

सुरेश चव्हाणके : नहीं! नहीं! हाँ, एक पत्रकार पर ऐसा आरोप लगाना ठीक नहीं!

दिग्विजय सिंह : मैं कह रहा हूँ। आरोप लगा रहा हूँ। मुझपर दावा करिए।

सुरेश चव्हाणके : नहीं! नहीं! मुझे वो दावा…ऐसा भी नहीं कि जिससे मुझे कोई अपमान महसूस हो।

दिग्विजय सिंह : आप मुझे अपमानित कर रहे हैं कि मैं जाकर पाकिस्तान का नागरिक बनूँ! जाकर चुनाव लड़ूँ? आप मुझे अपमानित नहीं कर रहे हैं?

सुरेश चव्हाणके : दस साल मुख्यमंत्री रहा व्यक्ति, कांग्रेस के महासचिव, कद्दावर नेता कहा मैंने आपको!

दिग्विजय सिंह : और ऐसे-ऐसे कहा कि पाकिस्तान में जाकर चुनाव लड़ो?

सुरेश चव्हाणके : ऐसे कांग्रेस के नेता! आपके पद पर कभी सरदार वल्लभभाई पटेल थे…

दिग्विजय सिंह : जी हाँ!

सुरेश चव्हाणके : कभी कितने बड़े, लोकमान्य तिलक थे!

दिग्विजय सिंह : जी! जी!

सुरेश चव्हाणके : लेकिन वो हिंदूवादी थे। कांग्रेस में पहले हिंदूवाद का स्कोप था, उसके बाद नेहरूवाद आ गया, उसके बाद…

दिग्विजय सिंह : एक बात समझ लीजिए, सरदार वल्लभभाई पटेल गांधियन थे!

सुरेश चव्हाणके : नेहरूअन नहीं थे!

दिग्विजय सिंह : नेहरूअन? नेहरूजी खुद गांधियन थे!

सुरेश चव्हाणके : ये फर्क है। मेरा वर्जन सुन लीजिए…

दिग्विजय सिंह : आपका वर्जन मुझे नहीं सुनना, क्योंकि आपका वर्जन प्रभावित है!

सुरेश चव्हाणके : हा! हा! आप ऐसा कहेंगे तो फिर कैसे चलेगा?

दिग्विजय सिंह : चलेगा! इंटरव्यू आपने किया है तो सुनिए…

सुरेश चव्हाणके : ठीक है! ठीक है! तो आप मेरा भी सुन लीजिए…

दिग्विजय सिंह : बताइए…

सुरेश चव्हाणके : देखिए लोकमान्य तिलक या तमाम जो नाम हैं, इन नामों को हिंदूवादी कहा जाता है…

दिग्विजय सिंह : गलत है!

सुरेश चव्हाणके : जिन्ना ने आरोप लगाया कि कांग्रेस हिंदूवादी है। जिन्ना तो इसीलिए मुस्लिम लीग की स्थापना की न? उसने तो कहा…

दिग्विजय सिंह : गलत है! इसीलिए तो जिन्ना साहब के मकबरे पर आडवाणीजी गए थे। इसीलिए तो यशवंत सिंहजी ने उन्हें सेक्युलर लीडर कहा था…

सुरेश चव्हाणके : तो वो भुगत रहे हैं! आप क्यों भुगतें? आपको तो हम बताएँ न…

दिग्विजय सिंह : मैं क्यों? मैं तो जिन्ना को कम्युनल मानता हूँ। कांग्रेस पार्टी ने मुस्लिम लीग से कभी समझौता नहीं किया। कांग्रेस पार्टी ने कम्युनल हिंदू और कम्युनल मुसलमान दोनों का विरोध किया।

सुरेश चव्हाणके : लेकिन उससे भी कम्युनल वो नमकहराम ओवैसी का तो आप समर्थन करते हैं।

दिग्विजय सिंह : मैं विरोध कर रहा हूँ। सबसे पहला विरोधी तो मैं हूँ ओवैसी का!

सुरेश चव्हाणके : आप कर रहे हैं। पार्टी कहाँ कर रही है?

दिग्विजय सिंह : पार्टी विरोध कर रही है। हमारा विरोध है उसके साथ…

सुरेश चव्हाणके : तो अच्छी बात है!

दिग्विजय सिंह : लेकिन आप अमित शाह जो हैं, उनके साथ दोस्ती भी करते हैं?

सुरेश चव्हाणके : वो अमित शाह का काम है। मैं उसके खिलाफ हूँ! मैं उसको नमकहराम कहता हूँ। देशद्रोही कहता हूँ!

दिग्विजय सिंह : मैं उसको ये कहता हूँ कि वो मुसलमानों को भड़काता है। एक तरफ संघ जो है, हिंदू महासभा और शिवसेना हिंदुओं को भड़काती है और ओवैसी जैसे लोग मुसलमानों को भड़काते हैं। ये दोनों इस देश के लिए खतरा हैं।

सुरेश चव्हाणके : आपकी कांग्रेस ने शिवसेना के साथ एलाइंस किया है महाराष्ट्र में?

दिग्विजय सिंह : कहाँ किया?

सुरेश चव्हाणके : कई जगह पर…

दिग्विजय सिंह : लोकल बॉडीज में…

सुरेश चव्हाणके : तो लोकल चल जाएगा…

दिग्विजय सिंह : लोकल बॉडीज कोई स्टेट पॉलिटिक्स नहीं होती है। लोकल बॉडीज में तो आपका समझौता नेशनल लेबल पर है, इसमें क्या?

सुरेश चव्हाणके : आप आज ऑन रिकॉर्ड कह रहे हैं कैमरे पर कि शिवसेना के साथ विधानसभा में, लोकसभा में साथ नहीं जाएँगे?

दिग्विजय सिंह : सवाल ही नहीं उठता!

सुरेश चव्हाणके : उद्धव ठाकरे शायद इसे देख लें!

दिग्विजय सिंह : उद्धव ठाकरे मेरे मित्र हैं, क्योंकि वाइल्ड लाइफ फोटोग्राफी हम दोनों मित्र एक साथ करते हैं। मेरी विचारधारा उनके साथ नहीं है, लेकिन आदमी भला है…

सुरेश चव्हाणके : हा, हा, हा! तारीफ हो रही है। चलिए, अच्छी बात है। बाला साहब कैसे थे?

दिग्विजय सिंह : बाला साहब से मैं एक बार मिला। उद्धव ने मुझे मिलवाया

था। उन्होंने कहा कि दिग्विजय, बीयर पियोगे? मैंने कहा कि मैं तो बीयर पीता नहीं हूँ!

सुरेश चव्हाणके : हा, हा! चलिए, आपको लेकर ये जो सारे सवाल हैं…

दिग्विजय सिंह : कौन सा सवाल?

सुरेश चव्हाणके : आपको नहीं लगता कि ये जो हिंदू विरोधी होने का…

दिग्विजय सिंह : हिंदू विरोधी नहीं हैं। आर.एस.एस. विरोधी हैं।

सुरेश चव्हाणके : नहीं!

दिग्विजय सिंह : देखिए, एक बात बताइए, इस देश के किसी भी धार्मिक गुरु ने दिग्विजय सिंह के खिलाफ एक भी बयान दिया है क्या?

सुरेश चव्हाणके : ऐसा धार्मिक हिंदू किस काम का, जो केवल खुद के पुण्य के लिए काम करे? कोई धर्म है क्या? व्यक्तिगत धर्म, एक सामाजिक धर्म, एक राष्ट्रीय धर्म…

दिग्विजय सिंह : राष्ट्रीय धर्म, सामाजिक धर्म और निजी धर्म, इसमें राजनीति नहीं आनी चाहिए।

सुरेश चव्हाणके : हा! हा! तो नहीं चाहिए न!

दिग्विजय सिंह : आप लोग ला रहे हैं…

सुरेश चव्हाणके : तो हिंदुस्थान एक हिंदू राष्ट्र है…

दिग्विजय सिंह : किसने कह दिया आपको?

सुरेश चव्हाणके : भाई, क्यों नहीं? किसे कहना चाहिए?

दिग्विजय सिंह : ये एक भारतीय राष्ट्र है, भारतीय, ये देश सबका है, यहाँ हिंदू, मुस्लिम, सिख, ईसाई सब रहते हैं। आपका तो नेपाल तक ने मना कर दिया कि हिंदू राष्ट्र नहीं बनेंगे। शर्म आनी चाहिए आपको।

सुरेश चव्हाणके : देखिए आप, आप कह रहे हैं…देखिए, आप खुद हिंदू होकर मुझे कह रहे हैं। आपको नहीं बुरा लगा कि नेपाल हिंदू राष्ट्र से…

दिग्विजय सिंह : बिल्कुल नहीं लगा!

सुरेश चव्हाणके : क्यों नहीं लगा?

दिग्विजय सिंह : इसलिए नहीं लगा, क्योंकि धर्म के नाम पर जो आपने स्टेट बनाया है, इन्होंने पाकिस्तान बनाया है, इस्लामिक कंट्रीज, आज हालत देख लीजिए! आज हालत क्या हो रही है? हिंदुस्तान से ज्यादा आतंकवाद आज पाकिस्तान में है।

सुरेश चव्हाणके : यहाँ के मुसलमान आज खुश हैं।

दिग्विजय सिंह : आप कह रहे हैं, मुझे नागरिकता ले लेनी चाहिए, वहाँ की?

सुरेश चव्हाणके : हा-हा! नागरिकता नहीं कहा···

दिग्विजय सिंह : अरे, अरे! चुनाव···

सुरेश चव्हाणके : पॉपुलेरिटी कहा!

दिग्विजय सिंह : क्या चुनाव कोई पाकिस्तान में बिना नागरिकता के लड़ सकता है?

सुरेश चव्हाणके : अभी मुझे ये बताइए, ये जो इमेज है, इस इमेज से आपको नहीं लगता कि कांग्रेस को नुकसान हो रहा है?

दिग्विजय सिंह : मैं इमेज की परवाह नहीं करता और आप जैसे चैनलवालों की भी मैं परवाह नहीं करता।

सुरेश चव्हाणके : कांग्रेस का तो नुकसान हो रहा है। हम चाहते हैं कि विपक्ष जीवित रहे।

दिग्विजय सिंह : आप शिकायत करिए राहुल गांधीजी से, सोनियाजी से; मुझको पार्टी से निकाल दें। जाइए···

सुरेश चव्हाणके : वो तो मालिक हैं पार्टी के!

दिग्विजय सिंह : हैं न! मेरे लीडर हैं!

सुरेश चव्हाणके : लेकिन मैं आपका···एक हिम्मतवाले नेता के तौर पर आपको मानता हूँ।

दिग्विजय सिंह : ये जो मैं कह रहा हूँ, कोई हिम्मतवाला नेता ही कह सकता है, जो आपके सामने कह रहा है।

सुरेश चव्हाणके : इससे आगे की बात सुनिए···.

दिग्विजय सिंह : सुनाइए!

सुरेश चव्हाणके : मैं आपके वैचारिक दृष्टिकोण से सहमत नहीं हूँ, लेकिन दिग्विजय सिंह एक हिम्मतवाला आदमी है, जो इतने लोकप्रिय बाबा रामदेव को ठग कहता है।

दिग्विजय सिंह : है न ठग!

सुरेश चव्हाणके : जो इतने पॉपुलर अन्ना हजारे के खिलाफ बोलता है। जो मोदी के खिलाफ बोलता है।

दिग्विजय सिंह : अन्ना के खिलाफ मैंने नहीं बोला। अन्नाजी का मैं सम्मान

करता हूँ। अरविंद केजरीवाल ने और बाबा रामदेव ने उन्हें ठग लिया और इसलिए जहाँ तक मोदीजी हैं, मोदी राजनीतिक नेता हैं। मेरे प्रधानमंत्री हैं। मैं सम्मान करता हूँ, लेकिन विचारधारा का मैं विरोधी हूँ।

सुरेश चव्हाणके : तो, यही तो हिम्मत है। एक बार ऐसी हिम्मत दिखाइए न मालकिन सोनिया को! जाकर कहिए कि आपका बेटा राजनीति के लिए नहीं बना है!

दिग्विजय सिंह : ये तो आपका विचार है। मैं कहता हूँ कि राजनीति के लिए बना है…

सुरेश चव्हाणके : कैसे? वैसे तो, गांधीजी का काम कर रहे हैं वो…

दिग्विजय सिंह : कौन?

सुरेश चव्हाणके : राहुल गांधी!

दिग्विजय सिंह : देखिए, राहुल गांधी मेरे नेता हैं! आप उनपर टिप्पणी करना बंद कर दीजिए! मुझे अच्छा नहीं लग रहा है!

सुरेश चव्हाणके : मुझे अच्छी, नहीं! नहीं! मैंने गांधीजी से तुलना की…

दिग्विजय सिंह : मैं जानता हूँ कि आप क्या कहना चाहते हैं…

सुरेश चव्हाणके : क्या?

दिग्विजय सिंह : मैं जानता हूँ! मैं जानता हूँ!

सुरेश चव्हाणके : गांधीजी का सपना पूरा कर रहे हो आप!

दिग्विजय सिंह : मैं जानता हूँ! राहुल गांधी मेरे नेता हैं! सोनिया गांधी मेरी नेता हैं! और इस जीवन की आखिरी साँस तक वो मेरे नेता रहेंगे!

सुरेश चव्हाणके : हा, हा, हा! कांग्रेस रहेगी तब न!

दिग्विजय सिंह : दिग्विजय सिंह, कांग्रेस नहीं रहेगी तो भी कांग्रेस में रहेगा!

सुरेश चव्हाणके : चलिए, ये तो स्वीकार किया आपने! नहीं भी रह सकती है! कोई बात नहीं…

दिग्विजय सिंह : मैंने स्वीकार नहीं किया है। मैंने कहा कि आखिरी दम तक! आखिरी साँस तक! दिग्विजय सिंह कांग्रेसी रहेगा। दिग्विजय सिंह दलबदलू नहीं है ।

सुरेश चव्हाणके : मोदीजी का सपना पूरा करेंगे आप! कांग्रेसमुक्त हिंदुस्थान का सपना पूरा होगा!

दिग्विजय सिंह : मैं मोदीजी को हरवा के दिखाऊँगा!

सुरेश चव्हाणके : चुनाव लड़ेंगे मोदीजी के खिलाफ?

दिग्विजय सिंह : मैं तैयार हूँ, अगर पार्टी कहेगी तो लड़ूँगा चुनाव!

सुरेश चव्हाणके : आपकी पार्टी ने आपको एक ऐसा फ्रीडम देके रखा है न, जहाँ पर सुविधा हो आपके साथ, जहाँ पर सुविधा नहीं हो आपके साथ…

दिग्विजय सिंह : मेरी पार्टी का तो मुझे रखना चाहिए, आप क्यों रखते हैं खयाल?

सुरेश चव्हाणके : वैसे मैं बताऊँ, आपको…मतलब मैं दावा करता हूँ कि कांग्रेस का एक आदमी भी असहमत नहीं होगा। आपके जैसा बड़ा नेता, अनुभवी नेता, क्षमतावान…बाकी वैचारिक आपसे असहमति है हमारी। कांग्रेस में कोई नहीं है राष्ट्रीय अध्यक्ष! क्यों नहीं बनते आप? राहुल गांधी तो फेल हो गए हैं।

दिग्विजय सिंह : क्यों? किसने कह दिया कि फेल हो गए हैं? मेरे नेता राहुल गांधी हैं! मेरी नेता सोनिया गांधी हैं! और मुझे अपना नेता चुनने का अधिकार है, आपको नहीं है…

सुरेश चव्हाणके : आप अध्यक्ष बन सकते हैं न?

दिग्विजय सिंह : क्यों बनूँ? जो मैं नहीं चाहता हूँ तो?

सुरेश चव्हाणके : क्यों नहीं चाहते? पार्टी बचेगी! आप लड़ सकते हैं आप अच्छा बोलते हैं। बयान देते हैं।

दिग्विजय सिंह : राजनीति मैं कर रहा हूँ। आपके लिए कर रहा हूँ कि अपने लिए कर रहा हूँ?

सुरेश चव्हाणके : देश के लिए करिए न! अपने लिए भी मत करिए, मेरे लिए भी मत करिए!

दिग्विजय सिंह : तो क्या मैं देश विरोधी हूँ?

सुरेश चव्हाणके : लेकिन आप…

दिग्विजय सिंह : तो फिर आप मुझसे क्यों कह रहे हैं देश विरोधी?

सुरेश चव्हाणके : मैंने नहीं कहा न! मैंने कहा, आपकी पार्टी बचेगी तभी न, जब आपके जैसा व्यक्ति रहेगा?

दिग्विजय सिंह : निश्चित बचेगी! और आपकी विचारधारा के खिलाफ लड़ेगी और हराएगी!

सुरेश चव्हाणके : हमारी विचारधारा कहाँ अलग है? आपकी और हमारी विचारधारा एक ही है।

दिग्विजय सिंह : बिल्कुल नहीं है! आप जो हैं, घोर सांप्रदायिक विचारधारा के व्यक्ति हैं! आप उस पार्टी से संबंधित हैं, जो देश में दंगा-फसाद कराती है और मुसलमानों को गाली देकर मुसलमानों को मुस्लिमपरस्त लोगों की गोद में भेजती है।

सुरेश चव्हाणके : मैं मिस कॉल का मेंबर भी नहीं हूँ और मैं दावा करता हूँ कि मैं भाजपा का मेंबर भी नहीं हूँ!

दिग्विजय सिंह : अमित शाह ने, मैं आपसे पूछना चाहता हूँ, नवाज शरीफ साहब से बिना आज प्रधानमंत्री, कोई प्रधानमंत्री इस देश का कभी नहीं, विश्व में ऐसा कोई पॉलिटिकल एक्जिक्यूटिव नहीं रहा है, जो बिना बुलाए मान न मान मैं तेरा मेहमान···किसी फंक्शन में पाकिस्तान दूसरे देश में चला जाए कभी नहीं रहा है···

सुरेश चव्हाणके : बगैर वीजा गए हैं न! बगैर वीजा गए हैं!

दिग्विजय सिंह : तो उनसे आपने पूछा नहीं?

सुरेश चव्हाणके : मेरी भी इच्छा है कि मैं पाकिस्तान जाऊँ, बगैर वीजा के जाऊँ···

दिग्विजय सिंह : जाओ न!

सुरेश चव्हाणके : पाकिस्तान के वीजा की जरूरत न रहे!

दिग्विजय सिंह : तो मोदीजी से पूछ लो न!

सुरेश चव्हाणके : तो जाएँगे न! देखिए, जाकर दिखाएँगे!

दिग्विजय सिंह : मैं तो कहता हूँ, आपने बिल्कुल ठीक कहा। देश में··· जिस तरह से यूरोप में यूरो यूनियन के अंदर वीजा नहीं लगता है, वैसे ही सार्क कंट्रीज में भी वीजा समाप्त होना चाहिए। आप इसके पक्षधर हैं न?

सुरेश चव्हाणके : नहीं हूँ!

दिग्विजय सिंह : फिर आपने कहा न···

सुरेश चव्हाणके : मैं तो पाकिस्तान में बिना वीजा जाने को हूँ।

दिग्विजय सिंह : जाओ न, कौन रोक रहा है?

सुरेश चव्हाणके : आपके पक्ष का मतलब हो गया है कि आतंकवादी वीजा लेकर आ जाएँ···

दिग्विजय सिंह : आप जाओ न! जाओ न! वीजा···

सुरेश चव्हाणके : हाँ! मैं तो जाऊँगा न! जाऊँगा ही! एक बात···

दिग्विजय सिंह : अगर तुमने कहा है, हिम्मत हो तो देख के बताओ···

सुरेश चव्हाणके : करके दिखाऊँगा! जो कहता हूँ, करके दिखाऊँगा!

दिग्विजय सिंह : हाँ, जाओ! दिखाओ, करके दिखाओ!

सुरेश चव्हाणके : इंटव्यू छोड़कर तो नहीं जा सकता न!

दिग्विजय सिंह : अभी चले जाओ! अभी चले जाओ!

सुरेश चव्हाणके : आ-हा-हा! देखिए, आपने एक बात कही, राजनीतिवाली, अगर मुझे आप आह्वान करते न, राजनीति का…मैं बीजेपी में नहीं जाऊँगा…लेकिन आप मुझे कांग्रेस में बुलाकर देखिए…

दिग्विजय सिंह : मैं क्यों बुलाऊँगा?

सुरेश चव्हाणके : बीजेपी महासचिव बनाएगी, आप मुझे महासचिव बनाकर देखिए…

दिग्विजय सिंह : आप जैसे व्यक्ति को तो हम अपनी पार्टी में शामिल भी नहीं होने देंगे।

सुरेश चव्हाणके : आपकी पार्टी में कभी इतने तगड़े हिंदू नेता थे, इसलिए बैलेंस था!

दिग्विजय सिंह : छोड़ो! आपको इतिहास नहीं मालूम है! माफ करेंगे सुरेशजी! आपको इतिहास की जानकारी नहीं है।

सुरेश चव्हाणके : वो इतिहास तो नहीं पता है, जो गुलामों ने लिखा है।

दिग्विजय सिंह : गुलामों ने? आप उनको गुलाम कह रहे हैं? यहाँ देश के इतिहासकारों को…

सुरेश चव्हाणके : कह ही रहे हैं…

दिग्विजय सिंह : शर्म आनी चाहिए आपको!

सुरेश चव्हाणके : अच्छा! नहीं, शर्म तो अभी तीसरी बार कहा आपने!

दिग्विजय सिंह : मैं चौथी बार भी कहूँगा कि शर्म आनी चाहिए आपको!

सुरेश चव्हाणके : हाँ, कोई बात नहीं! आपका इंटरव्यू पूरा करना है तो मुझे तो सुनना पड़ेगा। आप पर मैं और कोई दावा नहीं ठोकूँगा।

दिग्विजय सिंह : ठीक है!

सुरेश चव्हाणके : क्योंकि मुझे कोई इससे अपेक्षा नहीं है। इससे बड़ी अपेक्षा नहीं है।

दिग्विजय सिंह : लेकिन आपने मुझे पाकिस्तानी नागरिक बनने के लिए कहा है।

सुरेश चव्हाणके : आप तो खुद सार्क बनाने के फेवर में हैं…

दिग्विजय सिंह : मैं सार्क के फेवर में हूँ। हिंदुस्तान को सार्क में शामिल हैं हम लोगों को···

सुरेश चव्हाणके : आप तो बांग्लादेशियों को भी वापस भेजना नहीं चाहते···

दिग्विजय सिंह : किसने कह दिया आपको? किसने कह दिया आपको?

सुरेश चव्हाणके : आप पक्षधर हैं!

दिग्विजय सिंह : देखिए, मैं कानून से चलनेवाला व्यक्ति हूँ। जो भी बांग्लादेशी, चाहे हिंदू हो, चाहे मुसलमान हों, उसको वापस भेजना चाहिए।

सुरेश चव्हाणके : हिंदू क्यों?

दिग्विजय सिंह : क्योंकि वो बांग्लादेशी है।

सुरेश चव्हाणके : नहीं!

दिग्विजय सिंह : क्यों?

सुरेश चव्हाणके : संयुक्त राष्ट्र का कानून भी ये कहता है।

दिग्विजय सिंह : मेरी एक बात सुन लीजिए, क्या बांग्लादेश में हिंदू नहीं रहते?

सुरेश चव्हाणके : रहते हैं। कितने रहते हैं?

दिग्विजय सिंह : उनको···

सुरेश चव्हाणके : कितने रहते थे? 27 प्रतिशत! आज कितने रह गए हैं? सवा दो प्रतिशत!

दिग्विजय सिंह : उनको बिना वीजा के इलीगल माइग्रेशन एलाउड है क्या?

सुरेश चव्हाणके : मैं कहता हूँ, लीगल करिए उनको!

दिग्विजय सिंह : तो करिए न उनको!

सुरेश चव्हाणके : क्योंकि उनकी तो ये मातृभूमि है!

दिग्विजय सिंह : करिए न! मोदीजी करें!

सुरेश चव्हाणके : वो तो कर ही रहे हैं। कर दिया उन्होंने। दुनिया का कोई भी हिंदू अगर भारत में आना चाहता है तो आ सकता है। ये उन्होंने कर दिया है।

दिग्विजय सिंह : इलीगल माइग्रेंट जो है, धर्म के आधार पर माइग्रेशन नहीं होता है।

सुरेश चव्हाणके : क्योंकि ये मातृभूमि, ये उनकी पुण्यभूमि है!

दिग्विजय सिंह : हाँ, है न!

सुरेश चव्हाणके : क्योंकि पुण्यभूमि है उनकी, तो हिंदू दुनिया में कहाँ

जाएगा ? आप लोग हिंदू को एक तो देश दे दीजिए कम-से-कम!

दिग्विजय सिंह : तो ले लीजिए! सिटीजन ले लीजिए न!

सुरेश चव्हाणके : एक तो देश दे दीजिए न! कम-से-कम!

दिग्विजय सिंह : ले लीजिए!

सुरेश चव्हाणके : हिंदुस्थान तो कम-से-कम रहे!

सुरेश चव्हाणके : देखिए, बात ये है कि मुसलमानों ने 29 देशों में एक सेना बनाई···

दिग्विजय सिंह : एक बात सुन लीजिए, हमारे देश में क्या हिंदुओं का कोई अधिकार नहीं है क्या ?

सुरेश चव्हाणके : आप कहाँ रख रहे हैं ?

दिग्विजय सिंह : पूरा अधिकार है!

सुरेश चव्हाणके : पहला अधिकार तो मुसलमानों को दे रहे हैं। प्रधानमंत्री कह रहे हैं···

दिग्विजय सिंह : कौन सा अधिकार ?

सुरेश चव्हाणके : संसाधनों पर पहला अधिकार मुसलमानों का है···

दिग्विजय सिंह : आपने उनकी बात ही नहीं समझी! जिस व्यक्ति को आप, डॉ. मनमोहन सिंह की बात कर रहे हैं, जिनको कि विश्व में एक मानव इकोनॉमिस्ट मानते हैं, आप उनकी बात ही नहीं समझ रहे हैं। आप लोग तो जुमलेबाजी में हैं। अमित शाह ने जुमलेबाजी कर दी, अब सुरेशजी ने भी कर दी!

सुरेश चव्हाणके : हा-हा-हा! मैं तो हिम्मत से बात करता हूँ। 'बिंदास बोल' में!

दिग्विजय सिंह : तो मैं डर के बात नहीं करता!

सुरेश चव्हाणके : तो हम कहाँ कह रहे हैं कि डर रहे हैं। हम तो सीना तानकर खड़े हैं, आपके सामने···

दिग्विजय सिंह : हाँ, मैं भी! मेरे पास भी 56 इंच का सीना है, हा-हा-हा!

सुरेश चव्हाणके : हा-हा-हा! अच्छा आपके लोगों ने कहा, जिसने गांधीजी को मारा, उसको आप हत्यारा कहते हैं न ?

दिग्विजय सिंह : हत्यारा! सबसे बड़ा हत्यारा! नाथूराम गोडसे और सबसे बड़ा आतंकी नाथूराम गोडसे और गोडसे की विचारधारा आतंकी विचारधारा!

सुरेश चव्हाणके : आपको कोई मारेगा तो उसको क्या कहना चाहिए ?

दिग्विजय सिंह : हत्यारा!

सुरेश चव्हाणके : कोई मारे न! आपसे वैचारिक मारना चाहिए!

दिग्विजय सिंह : ऐसा है, मैं डरता नहीं! कल मारते तो आज मार देते! देश के लिए मरना कोई बड़ी बात नहीं! मरने को तैयार हूँ, लेकिन इस विचारधारा के खिलाफ मैं आखिरी दम तक लड़ने को तैयार रहूँगा। मैं चाहता हूँ कि हिंदू, मुसलमान, सिख, ईसाई, सब इस देश के नागरिक हैं। सबको समान अधिकार है!

सुरेश चव्हाणके : सबको समानता के हम भी दावेदार हैं, लेकिन पहला हक के नहीं हैं!

दिग्विजय सिंह : कौन सा पहला हक? संविधान में बता दीजिए, कॉन्स्टिट्यूशन में मुसलमानों को पहला हक कहाँ दिया है, बता दीजिए।

सुरेश चव्हाणके : कॉन्स्टिट्यूशन में नहीं दिया न! देश के प्रधानमंत्री दे रहे हैं!

दिग्विजय सिंह : प्रधानमंत्री क्या कॉन्स्टिट्यूशन के अलावा हैं?

सुरेश चव्हाणके : हाँ! वो गलती की, इसलिए भुगत रहे हैं न!

दिग्विजय सिंह : कोई गलती नहीं की है! आप लोगों ने उसको मिस लीड किया है। उसको मिसकोड किया है!

सुरेश चव्हाणके : अब तो भुगत रहे हैं न!

दिग्विजय सिंह : हम तो भुगतने को तैयार हैं। कई बार हमने चुनाव हारा है, उसके बाद जीते हैं।

सुरेश चव्हाणके : अब आपको लगता है कि कभी जीतेंगे?

दिग्विजय सिंह : निश्चित जीतेंगे! अभी पंजाब में जीत के आए हैं।

सुरेश चव्हाणके : आपके मित्र कह रहे थे, पंजाब में कैसे जीते, पता है आपको''? पंजाब और गोवा में क्या हुआ? इन दोनों जगहों पर 'आप' न आए, इसलिए हिंदूवादियों ने कांग्रेस को वोट किया, क्योंकि केजरीवाल नहीं आना चाहिए।

दिग्विजय सिंह : और दिल्ली में क्या हुआ?

सुरेश चव्हाणके : मैं वहाँ का बता रहा हूँ, वहाँ का बता रहा हूँ, यहाँ का पता नहीं!

दिग्विजय सिंह : आप बेकार की बात करते हैं! न आपको ज्ञान है! न आपको गोवा की पॉलिटिक्स का ज्ञान है!

सुरेश चव्हाणके : मैं तो महाराष्ट्र का रहनेवाला हूँ!

दिग्विजय सिंहजी : रहनेवाले हैं तो मैं भी गोवा का इंचार्ज हूँ!

सुरेश चव्हाणके : आपको बताऊँ, गोवा का, फिर मैं दोबारा आपको चैलेंज करता हूँ। मैं द दिग्विजय सिंह को चैलेंज करता हूँ, सत्य को बोलने के लिए जो जाने जाते हैं, मैं आपको चैलेंज करता हूँ। वहाँ पर हिंदू मुख्यमंत्री न बने, क्रिश्चियन मुख्यमंत्री बने, इसलिए राहुल गांधी ने आप पर दबाव बनाया। इसलिए निर्णय आप समय पर नहीं कर पाए। इसलिए वहाँ पर विश्वजीत रहाणे ने कांग्रेस छोड़ी। दिगंबर कामत में क्या कमी थी? वो वहाँ पाँच साल मुख्यमंत्री रहा···

दिग्विजय सिंह : ये आपका चार्ज बिल्कुल गलत है। दिगंबर कामत में कोई कमी नहीं थी। हम लोग दिगंबर कामत को बनानेवाले थे। हमने लीडर ऑफ अपोजीशन चंद्रकांत बाबू कादलेकर को बनाया है और दिगंबर कामत को हम बनानेवाले थे, जो आपका विजय सरदेसाई, वो धोखा नहीं देता तो हम लोग उनको मुख्यमंत्री बना देते, दिगंबर कामत को!

सुरेश चव्हाणके : विश्वजीत रहाणे ने छोड़ दी कांग्रेस?

दिग्विजय सिंह : शर्म आनी चाहिए विश्वजीत रहाणे को! मराठा कौम को उसने···आपकी कौम को···

सुरेश चव्हाणके : कौम का नाम मत लीजिए!

दिग्विजय सिंह : मैं लूँगा! लूँगा! मराठा कौम को···उसने पिता की इतनी बड़ी राजनीतिक जीवन की समाप्ति कर दी···

सुरेश चव्हाणके : हिम्मत दिखाई न उसने?

दिग्विजय सिंह : क्या हिम्मत दिखाई! कायरता दिखाई!

सुरेश चव्हाणके : शपथ लेने से पहले···

दिग्विजय सिंह : बेकार! सुबह साढ़े दस बजे हमारे व्हिप पर साइन कर रहा है और उसके बाद चला गया। वो तो धोखेबाज है।

सुरेश चव्हाणके : आज अंतरात्मा जागी न!

दिग्विजय सिंह : धोखेबाज है! मराठा कम्युनिटी को उसने लज्जित किया है!

सुरेश चव्हाणके : ये ठीक नहीं!

दिग्विजय सिंह : मैं कह रहा हूँ, मैं मराठा कम्युनिटी का पक्षधर रहा हूँ। समर्थक रहा हूँ! पवार साहब का मैं मित्र हूँ! रहाणे साहब का मैं सम्मान करता हूँ! लेकिन विश्वजीत ने पूरे परिवार को, रहाणे परिवार को, मराठा संप्रदाय को उसने···

पहले से क्यों नहीं···भाजपा से लड़े···भाजपा से···

सुरेश चव्हाणके : नहीं! उसका स्वाभिमान जाग गया कि क्रिश्चियन को मुख्यमंत्री बनाना नहीं है। क्रिश्चियन मुख्यमंत्री बना रहे थे···

दिग्विजय सिंह : ओ, उसको मालूम था कि दिगंबर कामत को बना रहे हैं, उसको मालूम था!

सुरेश चव्हाणके : आप खुद बना रहे हैं। राहुल गांधी ने आपको फोन किया···

दिग्विजय सिंह : अरे, बिल्कुल गलत है! विजय सरदेसाई से राहुल गांधीजी ने बात की है कि दिगंबर कामत को, हम लोग तैयार हैं। कहाँ लगे हैं आप लोग?

सुरेश चव्हाणके : ये सत्य स्वीकार नहीं कर रहे हैं आप!

दिग्विजय सिंह : सत्य आपको मालूम है? मुझे नहीं मालूम है? जो मैं वहाँ मौजूद था···

सुरेश चव्हाणके : मुझे तो ये भी मालूम है कि आपके रूम में कौन-कौन आया था। भले आपने ऐसी लॉबी ली थी, जहाँ सी.सी.टी.वी. नहीं था···हा-हा-हा!

दिग्विजय सिंह : ऐसा कुछ नहीं था! ऐसा कुछ नहीं था!

सुरेश चव्हाणके : आपके···लेकिन हमारा ध्यान था कि कौन-कौन मिल रहा है। हा-हा-हा!

दिग्विजय सिंह : मैं मांडोवी होटल में था!

सुरेश चव्हाणके : तो वहाँ ऐसी लॉबी ली थी, जहाँ सी.सी.टी.वी. नहीं था···

दिग्विजय सिंह : नहीं! कौन सी लॉबी? मनोहर पर्रिकर तीन सौ चार में रुके थे, मैं चार सौ चार में रुका था।

सुरेश चव्हाणके : लेकिन गोवा में जो हुआ, इसको आप क्या कहेंगे?

दिग्विजय सिंह : ये भारतीय राजनीति के लिए, प्रजातंत्र के लिए धब्बा है! सिंगल लार्जेस्ट पार्टी को बुलाया जाता है सरकार बनाने, जब सरकार बनाने में असमर्थ हो जाए तो फिर दूसरी पार्टी को बुलाया जाता है···

सुरेश चव्हाणके : लेकिन सुप्रीम कोर्ट की राय तो अलग है···

दिग्विजय सिंह : सुप्रीम कोर्ट की राय इस पर बुलाने की बात ही नहीं हुई है, जबकि उन्होंने पहले से ही···

अगर पहले से गवर्नर ने इन्विटेशन नहीं दिया तो सुप्रीम कोर्ट इसपर सोचते··· उन्होंने कहा, इसपर हम बाद में देखेंगे, पहले तो फ्लोर टेस्ट कराइए।

सुरेश चव्हाणके : उसमें फेल हो गए आप!

दिग्विजय सिंह : अरे, फ्लोर टेस्ट तो स्वाभाविक है। जिसके पास जो मुख्यमंत्री बन गया, जो सारी इंडिपेंडेंट हैं, सब उनके साथ चल दिए, अगर हमारी उस दिन, ग्यारह तारीख की रात को, विजय सरदेसाई के साथ और तीन इंडिपेंडेंट एम.एल.ए. और एन.सी.पी. के हमारे साथ थे और गडकरीजी···

सुरेश चव्हाणके : आपका आदमी कह रहा है कि आप तो पर्यटन करने गए थे···

दिग्विजय सिंह : पर्यटन? मैं गोवा में एक दिन भी बीच···मैं आजतक जीवन में बीच पर नहीं गया हूँ। एक दिन भी! गोवा काहे के लिए जाना जाता है? बीच के लिए न! दिग्विजय सिंह एक दिन भी बीच पर नहीं गया!

सुरेश चव्हाणके : हिंदुस्थान के बीच पर नहीं जाते होंगे, कोई बात नहीं! चलिए, हम बीच पर नहीं जाते, चलिए, हम इंटरव्यू में बीच पर नहीं जाते!

दिग्विजय सिंह : ऐसा है देखिए, मैं एक मॉडर्न लिबरल दिमाग का हिंदू हूँ! मैं अच्छा हिंदू हूँ! लेकिन मैं दूसरे धर्मों का सम्मान करनेवाला हूँ! मैंने गीता भी पढ़ी है, मैंने कुरान भी पढ़ी है, मैंने बाइबल भी पढ़ी है, गुरुग्रंथ साहब भी पढ़ा है! मैं सभी धर्मों का सम्मान करता हूँ!

सुरेश चव्हाणके : सबसे आखिर में आपने कुरान पढ़ा होगा?

दिग्विजय सिंह : नहीं!

सुरेश चव्हाणके : फिर गजनी जैसा वही याद रहा होगा, पहले का भूल गए! हा-हा-हा···

दिग्विजय सिंह : आप यार, ये बात करते हैं! शर्म आनी चाहिए, जो आप दिग्विजय सिंह से ऐसी बात कर रहे हैं!

सुरेश चव्हाणके : चौथी बार कह रहे हैं, मुझे शर्म की बात···

दिग्विजय सिंह : और पाँचवीं बार भी कहूँगा!

सुरेश चव्हाणके : हा-हा-हा!

दिग्विजय सिंह : मैंने सबसे पहले गीता पढ़ी, उसके बाद मैंने कुरान पढ़ी, उसके बाद बाइबल पढ़ी और उसके बाद गुरुग्रंथ साहब पढ़ा है और अभी मैं वेद पढ़ रहा हूँ।

सुरेश चव्हाणके : सारे वेद पढ़ लीजिए···

दिग्विजय सिंह : आपके कहने से नहीं पढ़ेंगे! मन कहता है कि पढ़ेंगे!

सुरेश चव्हाणके : अच्छा है न, मोदीजी चाह रहे हैं कि वेद पढ़ाए जाएँ! वेदों की पाठशाला बने! जैसे मदरसे बने हैं, वैसे वेदों के स्कूल बनें! आप लोग तो माइनॉरिटी को स्कूल खोलने की परमिशन दे देते हैं और हिंदुओं को स्कूल खोलने की परमिशन ही नहीं है!

दिग्विजय सिंह : झूठ बोलते हैं आप! कौन से? किसको मना किया? मैं चीफ मिनिस्टर रहा दस साल! किसको मना किया? मैं कहता हूँ, स्कूल में सभी धर्मों को पढ़ाना चाहिए। हिंदू भी पढ़ाएँ, इस्लाम भी पढ़ाएँ, ईसाई भी पढ़ाएँ, सिख भी, सब पढ़ाएँ! हिंदुस्तान में सभी धर्मों के बच्चों को पढ़ाना चाहिए!

सुरेश चव्हाणके : मदरसों में भी पढ़ाया जाना चाहिए?

दिग्विजय सिंह : बिल्कुल! सभी धर्मों की जानकारी होनी चाहिए।

सुरेश चव्हाणके : लेकिन आप तो कहते हैं कि मदरसा और शिशु मंदिर एक जैसा है!

दिग्विजय सिंह : इसलिए कहता हूँ कि एक मुसलमानों को भड़काता है, दूसरा हिंदुओं को भड़काता है!

सुरेश चव्हाणके : क्या बोलते हैं? शिशु मंदिर से कैसे-कैसे हिंदू तैयार हुए हैं! साधु-संत आए हुए हैं!

दिग्विजय सिंह : छोड़िए! एक साधु-संत नहीं हुआ! फ्रॉड साधु-संत आपने बनाए हुए हैं! फ्रॉड शंकराचार्य, विश्व हिंदू परिषद् ने बनाए हुए हैं! इस देश में पाँच पीठें हैं। उनमें से कोई आपका समर्थक नहीं है।

सुरेश चव्हाणके : हा-हा-हा-हा! बड़ा दावा करते हैं, आप भी…

दिग्विजय सिंह : मैं दावा करता हूँ, दावे के साथ! दावा करता हूँ, फोकट नहीं करता आप जैसा!

सुरेश चव्हाणके : नहीं! आपने 70 साल देश पर राज किया, इतना सत्तर सालों में आपने इस्टेब्लिश बना के रखा है, मोदीजी दिन-रात काम कर रहे हैं, उसके बावजूद आपके अधिकारी इधर-उधर ऐसे लगे हुए हैं, लॉएल लोग लगे हुए हैं तो मुश्किल तो होगी!

दिग्विजय सिंह : मोदीजी 24 घंटे में से 26 घंटे काम करें तो करें…

सुरेश चव्हाणके : आप उनको गधा कहेंगे? आप उनको गधे जैसा काम कहेंगे?

दिग्विजय सिंह : नहीं! उन्होंने खुद ने कहा कि उनसे प्रेरणा लेनी चाहिए तो ले रहे हैं न प्रेरणा वो?

सुरेश चव्हाणके : हाँ! आँ! तो भगवान दत्त ने कहा था कि चिड़िया से भी प्रेरणा लेनी चाहिए। चौबीस गुरु किए थे उन्होंने!

दिग्विजय सिंह : मैंने तो उनकी तारीफ ही की है कि आपने ठीक कहा है, गधे से प्रेरणा लेनी चाहिए आपको···

सुरेश चव्हाणके : लेकिन इतना काम करनेवाले की तारीफ करना छोड़कर, आप···अच्छा कुछ तो मोदी में अच्छा है···कुछ··· ?

दिग्विजय सिंह : जबरदस्त मार्केटिंग करता है भला आदमी! जबरदस्त मार्केटिंग! काले को सफेद और सफेद को काला बता देता है! जबरदस्त मार्केटिंग करता है!

सुरेश चव्हाणके : हा-हा-हा! इतनी अच्छाई है···

दिग्विजय सिंह : जबरदस्त अच्छाई है जो सफेद को काला और काले को सफेद प्रमाणित कर दे, इससे बड़ा मार्केटिंग गुरु कोई हो सकता है? हार्वर्ड में पढ़ाना चाहिए उनको!

सुरेश चव्हाणके : आपने तो पैंसठ साल यही किया···

दिग्विजय सिंह : क्या किया? मैं सत्तर साल का हूँ, क्या किया?

सुरेश चव्हाणके : आपकी पार्टी ने, कह रहा हूँ मैं!

दिग्विजय सिंह : हाँ, हमारी पार्टी ने! इस देश को कहाँ-से-कहाँ पहुँचाया है, जहाँ कोई किसी को पूछता नहीं था! आज विश्व में हिंदुस्तान की आवाज सुनी जाती है। ये कांग्रेस ने जो बुनियाद डाली उसकी वजह से है।

सुरेश चव्हाणके : लेकिन मोदीजी की जितनी सभा हुईं, जितने बड़े इवेंट्स हुए, इतने बड़े इवेंट तो मनमोहन सिंह किस देश में जाते थे, आते थे, पता भी नहीं चलता था···

दिग्विजय सिंह : हा-हा-हा! हम लोग ये भाषणबाजी में बात नहीं करते। हम कर्म में विश्वास करते हैं। जिस-जिस देश में ये गए हैं, वहाँ के हालात बिगड़े हैं। संबंध बिगड़े हमारे। नेपाल से दोस्ती थी हमारी उस समय में, आज बताइए क्या हो रहा है?

सुरेश चव्हाणके : अमेरिका से संबंध अच्छे हो गए···

दिग्विजय सिंह : कहाँ अच्छे हो गए? किसने कहा अच्छे हो गए?

सुरेश चव्हाणके : ट्रंप अच्छा हो गया है···ट्रंप जीत के आ गया है···

दिग्विजय सिंह : ट्रंप जीत के आ गए तो अच्छे हो गए? ट्रंप ने···तीन लोग

मर गए···हिंदुस्तानी और नरेंद्र मोदीजी हर छोटी बात पर ट्वीट करते हैं। उन तीनों की हत्या पर एक ट्वीट नहीं किया इन्होंने। नरेंद्र मोदी ने, बताइए, शर्म आनी चाहिए प्रधानमंत्री को!

सुरेश चव्हाणके : उस देश के लॉ एंड ऑर्डर का प्रश्न है। गलत हुआ है! उसकी निंदा करते हैं हम! निंदा कर रहे हैं!

दिग्विजय सिंह : आप हिंदुओं की बात कर रहे थे? आप क्या करेंगे? नरेंद्र मोदी आपको···हिंदू अच्छा मानते हैं···अच्छा, तीन हिंदू मारे गए, आप लोगों ने एक शब्द नहीं बोला उनके पक्ष में?

सुरेश चव्हाणके : ···चलिए, आपने कम-से-कम उनको हिंदू तो कहा!

दिग्विजय सिंह : हाँ, हैं! हिंदू हैं!

सुरेश चव्हाणके : अच्छा ये हिंदू से याद आया, ये शैफुल्ला जो मारा गया, ये अगर शपथ विधि के बाद मारा जाता तो आप लोग··· (हँसते हुए)

दिग्विजय सिंह : देखिए, एक बात सुन लीजिए, चाहे शैफुल्ला हो, चाहे कर्नल पुरोहित हो, चाहे सुनील जोशी हो, जो बम ब्लास्ट करता है, जो आतंकवादी है, उसकी न जाति होती है, न धर्म होता है···

सुरेश चव्हाणके : चलिए, आपको साध्वी प्रज्ञा नाम छोड़ना पड़ा···

दिग्विजय सिंह : नहीं, मैं उसके लिए भी कहता हूँ, साध्वी प्रज्ञा बॉम्बे··· उसमें मालेगाँव, बम ब्लास्ट में वो शामिल थी···

सुरेश चव्हाणके : आपने उनको फँसा दिया!

दिग्विजय सिंह : सुनील जोशी मर्डर में वो शामिल है! मालेगाँव ब्लास्ट में वो शामिल थी!

सुरेश चव्हाणके : उनको तो निर्दोष बरी किया न! उससे···

दिग्विजय सिंह : हाँ, बरी तो किया। जब प्रोजीक्यूशन ही डिफेंस करने लगेगा तो क्या होगा?

सुरेश चव्हाणके : लेकिन साध्वी प्रज्ञा जैसी इतनी युवा, इतनी क्षमतावान, इतनी प्रतिभाशाली ऐसी साध्वी को···

दिग्विजय सिंह : आप उसको जानते नहीं! वो मेरे लहार के ग्राम सेवक की बेटी है···

सुरेश चव्हाणके : आप मुख्यमंत्री थे, वो स्टूडेंट लीडर थी तो आपको खुन्नस थी उससे···

दिग्विजय सिंह : नहीं! कतई नहीं थी! उसके पिता···

सुरेश चव्हाणके : साढ़े आठ साल उसके खिलाफ कोई चार्जशीट नहीं हो पाई!

दिग्विजय सिंह : मैंने नहीं की!

सुरेश चव्हाणके : हिंदू आतंकवाद तो आप ही का ही है न?

दिग्विजय सिंह : मैंने नहीं कहा! हिंदू आतंकवाद! संघी आतंकवाद! कहा है मैंने! कभी मैंने हिंदुओं को आतंकवाद के साथ नहीं जोड़ा।

सुरेश चव्हाणके : आपके पी. चिदंबरम ने कहा है न!

दिग्विजय सिंह : आप चिदंबरम से पूछिए···

सुरेश चव्हाणके : तो आपके नहीं हैं चिदंबरमजी?

दिग्विजय सिंह : उससे पूछिए, मैंने संघी···मैंने तो···तो उससे कहा है कि संघी आतंकवादी कहिए। मैं कहता हूँ। हमेशा आडवाणीजी कहते थे—'हाँ भाई, मैं जानता हूँ, हर मुसलमान आतंकवादी नहीं होता! लेकिन जो आतंकवादी पकड़े जाते हैं, मुसलमान क्यों होते हैं?' मैं कहता हूँ—"कोई हिंदू कभी आतंकवादी नहीं होता, लेकिन जो हिंदू आतंकवाद से जुड़े हुए बम ब्लास्ट करते हैं, वो संघ के क्यों हैं?"

सुरेश चव्हाणके : हा-हा-हा! ये साबित करने के लिए आपने फैब्रिकेट करके···

दिग्विजय सिंह : फैब्रिकेट मैंने नहीं बनाया!

सुरेश चव्हाणके : जिन लोगों को छोड़ा गया था, उनको वापस अंदर लाया गया, उनको वापस भेज दिया···

दिग्विजय सिंह : दिग्विजय सिंह की सरकार, मध्य प्रदेश सरकार में साध्वी प्रज्ञा को···

सुरेश चव्हाणके : नहीं, केंद्र की सरकार ने···

दिग्विजय सिंह : महाराष्ट्र की सरकार ने, केंद्र सरकार ने नहीं···

सुरेश चव्हाणके : किसकी थी महाराष्ट्र सरकार? आप ही की थी न?

दिग्विजय सिंह : ए.टी.एस. हेमंत करकरे!

सुरेश चव्हाणके : हाँ! तो आपकी ही थी न?

दिग्विजय सिंह : ए.टी.एस. हेमंत करकरे! वो हेमंत करकरे क्या हिंदू थे कि नहीं थे? कि मुसलमान थे?

सुरेश चव्हाणके : नहीं, हेमंत करकरे हिंदू थे!

दिग्विजय सिंह : फिर अच्छे हिंदू थे!

सुरेश चव्हाणके : अच्छे आदमी थे कि नहीं थे? अब जानेवाले व्यक्ति पर क्या बात करनी···साध्वी प्रज्ञा को जिस आदमी ने दस-दस फीट उठाकर नीचे गिराया, मारा, जिसकी रीढ़ की हड्डी तोड़ दी, उसको अच्छा कहना चाहिए कि नहीं कहना चाहिए?

दिग्विजय सिंह : मैं इसके खिलाफ हूँ! इस तरह का किसी के साथ व्यवहार नहीं होना चाहिए। इंट्रोगेशन नियमों के तहत होता है···

सुरेश चव्हाणके : हाँ, तो लेकिन गलत हुआ···

दिग्विजय सिंह : मुझे नहीं मालूम है, ऐसा हुआ है···

सुरेश चव्हाणके : आज रीढ़ की हड्डी टूटकर, कैंसर होकर, आज साध्वी जेल में सड़ रही है···

दिग्विजय सिंह : मुझे नहीं मालूम, मुझे नहीं मालूम!

सुरेश चव्हाणके : चलिए!

दिग्विजय सिंह : कितनी देर और लगेगी?

सुरेश चव्हाणके : बस खत्म कर रहे हैं, क्योंकि देश आपसे बहुत सवाल पूछना चाहता है।

दिग्विजय सिंह : पूछिए!

सुरेश चव्हाणके : और इसलिए···

दिग्विजय सिंह : पूछिए! एक बार और करेंगे···

सुरेश चव्हाणके : हाँ! नहीं! वो तो बार-बार करेंगे! और दिग्विजय सिंह जब भी आएँगे तो टी.आर.पी. भी आएगी···

दिग्विजय सिंह : अच्छा, आने दो!

सुरेश चव्हाणके : दिग्विजय सिंह एक टी.आर.पी. हैं टी.वी. पर···

दिग्विजय सिंह : धन्यवाद!

सुरेश चव्हाणके : और इसलिए उस टी.आर.पी. के बनाए रखने के लिए वो दिन में ऐसे-ऐसे ट्वीट करते हैं कि दिन में उसके बाद चेंज होना पड़ता है।

दिग्विजय सिंह : मैंने आजतक ट्वीट चेंज नहीं किए!

सुरेश चव्हाणके : जितने आरोप···गडकरी पर आरोप किया···आपने वापस ले लिया···

दिग्विजय सिंह : नहीं लिया! नहीं लिया! ये गलत है! जो आप कहते हैं न,

जीवन में मैंने आजतक ट्वीट वापस नहीं लिया, एक बयान मैंने वापस नहीं किया। गडकरीजी ने मानहानि का दावा मुझपर किया। अदालत में कहा कि दिग्विजय सिंहजी से मेरा कोई झगड़ा नहीं है। इन्होंने जो आरोप लगाया है, अपना आरोप वापस ले लें, मैं खत्म कर लूँगा। मैंने कहा कि मैंने जीवन में आरोप लगाकर जीवन में वापस नहीं लिया, मैं नहीं लूँगा वापस, मैं प्रमाणित करूँगा!

सुरेश चव्हाणके : चलिए, आपने मुंबई हमलों के लिए आर.एस.एस. और इजराएल की एजेंसी को जिम्मेवार ठहरानेवाली पुस्तक का विमोचन किया!

दिग्विजय सिंह : न! देखिए, मैंने वहीं कह दिया था कि मैं इससे सहमत नहीं हूँ। आप देख लीजिए!

सुरेश चव्हाणके : इसलिए आप बदल रहे हैं, जिस पुस्तक का आप विमोचन कर रहे हैं…

दिग्विजय सिंह : न! न! मैंने कहा कि अजीत बन्ने ने पुस्तक लिखी थी। उसपर क्वैश्चन मार्क था। मैंने कहा, इसपर क्वैश्चन मार्क है, मैं इसके पक्ष में नहीं हूँ। ये मुंबई का 26/11 का हमला पाकिस्तान ने किया था। उसमें आर.एस.एस. या अन्य किसी संगठन का नाम था ही नहीं! शुद्ध रूप से पाकिस्तानियों का था…

सुरेश चव्हाणके : पाकिस्तान का था, बिल्कुल! आर.एस.एस. ऐसा कर भी नहीं सकता!

दिग्विजय सिंह : नहीं! सवाल ही नहीं! देखिए आर.एस.एस. ऐसा बहुत कुछ कर सकता है। जो बम ब्लास्ट हुए, उसमें आर.एस.एस. के सब लोग हैं।

सुरेश चव्हाणके : आपने तो कहा कि सवाल ही नहीं ऐसा करेंगे!

दिग्विजय सिंह : नहीं! वो उसमें शामिल हैं, वो लोग और खुद ये लोग कहते हैं। भाजपा के नेता खुद कहते हैं कि ये फ्रिंज एलीमेंट्स हैं, लेकिन एक बात मैं पूछता हूँ, सुनील जोशी की हत्या किसने की ? न कांग्रेसी ने की, न मुसलमान ने की, आपके संघ के लोगों ने ही की!

सुरेश चव्हाणके : आपकी इंदिरा गांधीजी हमारे इस देश की पूर्व प्रधानमंत्री, जब उनसे पूछा जाता था कि आपके देश का सबसे बड़ा स्वयंसेवी संगठन क्या है तो वे संघ का नाम लेती थी। आपके ही प्रधानमंत्री नेहरू ने राजपथ पर उनको संचलन में सम्मिलित करवाया था।

दिग्विजय सिंह : एक बात मैं बता दूँ आपको, संघ को, संघ की विचारधारा ने ही महात्मा गांधी की हत्या की थी। नाथूराम गोडसे के लिए गोपाल गोडसे ने खुद

कहा था कि हम लोग संघ के कार्यकर्ता थे।

सुरेश चव्हाणके : आपको पता है कि वहाँ एक एक्स्ट्रा गोली चली थी, उसका रहस्य अभी तक पता नहीं चला!

दिग्विजय सिंह : हा-हा-हा! संघ के लोग और आप जैसे लोग जो हैं, इतना झूठ बोलते हो, बाप-रे-बाप!

सुरेश चव्हाणके : एक गोली चली थी! एक गोली चली थी! सुब्रमण्यम स्वामी कहते हैं। आपके मित्र हैं!

दिग्विजय सिंह : वो मेरे मित्र नहीं! वो आपके संघ के आदमी हैं। झूठ बोलना सीखे तो आपसे सीखे!

सुरेश चव्हाणके : हा-हा-हा! अच्छा, मुझे ये बताइए संघ के विषय में आपकी आपत्तियाँ क्या हैं?

दिग्विजय सिंह : मेरी आपत्ति है कि ये धार्मिक उन्माद फैलाते हैं!

सुरेश चव्हाणके : संघ के लोग अपना जीवन देते हैं, प्रचारक बनते हैं, समाज के लिए काम करते हैं··· अच्छाई नहीं है!

दिग्विजय सिंह : धार्मिक उन्माद फैलाने के लिए···

सुरेश चव्हाणके : साढ़े तीन लाख सेवा कार्य चलते हैं···

दिग्विजय सिंह : देखिए, देखिए, मेरी बात सुन लीजिए! मैं गोविंदाचार्यजी का मित्र हूँ! संघ में मैं किसी की इज्जत करता हूँ तो वो गोविंदाचार्यजी की करता हूँ, जिनको आप लोगों ने हाशिए पर छोड़ा हुआ है।

सुरेश चव्हाणके : आप तो मोदीजी को भी मित्र कहते हैं!

दिग्विजय सिंह : देखिए, मित्र मेरे नहीं हैं!

मेरा उनसे केवल वन-टू-वन, केवल एक ही बार मुलाकात हुई है, जब मैं बेटे की शादी का निमंत्रण लेकर उनके पास गया था···

सुरेश चव्हाणके : और वो आए···

दिग्विजय सिंह : आए! धन्यवाद!

सुरेश चव्हाणके : मतलब उन्होंने ये नहीं कहा कि मैं दिग्विजय सिंहजी के बेटे की शादी में नहीं जाऊँगा?

दिग्विजय सिंह : धन्यवाद!

सुरेश चव्हाणके : वो खुन्नसवाले आदमी नहीं हैं!

दिग्विजय सिंह : धन्यवाद!

दिग्विजय सिंह : लेकिन मेरा उनसे, उनके साथ राजनीतिक विचारधारा हमारी नहीं है, नहीं होगी कभी···

सुरेश चव्हाणके : हालाँकि मोदीजी का फायदा इसी में है कि आप उनका विरोध कर रहे हैं।

दिग्विजय सिंह : मैं करूँगा!

सुरेश चव्हाणके : हारने के लिए?

दिग्विजय सिंह : नुकसान के लिए!

सुरेश चव्हाणके : हा-हा-हा! लेकिन फायदा हो रहा है, फिर चलिए, आर.एस.एस. से थोड़ा पूछ लेते हैं, लोग जानना चाहते हैं, क्या आर.एस.एस. में कुछ भी अच्छाई आपको नहीं दिखती?

दिग्विजय सिंह : आर.एस.एस. में कई अच्छाइयाँ हैं, लेकिन धार्मिक उन्माद फैलाकर दंगे कराना, इस तरह से बम ब्लास्ट करना, मैं इसका विरोधी हूँ!

सुरेश चव्हाणके : आप उनकी बुराइयों पर बहुत बोल चुके हैं।···थोड़ा अच्छाई पर बोलिए···क्या-क्या अच्छाई हैं?

दिग्विजय सिंह : सबसे बड़ी अच्छाई उनमें ये है कि उन्होंने संगठन के द्वारा कार्यकर्ता तैयार किए। संगठन के द्वारा छोटे से बच्चे के दिमाग में वो मुसलमानों के प्रति नफरत के बीज फैलाने में सफल हुए।

सुरेश चव्हाणके : ये आप अच्छाई बता रहे हैं!

दिग्विजय सिंह : अच्छाई बता रहा हूँ, जो सफल हुए हैं, इस देश में कार्यकर्ता, उन्होंने जो संगठन बनाए हैं, अस्पताल में जहाँ भी वो काम करते हैं, उसकी मैं प्रशंसा करता हूँ, लेकिन सबसे बड़ा दोष उनमें ये है कि इस देश में बाँटने का जो काम कर रहे हैं, खत्म करो! जोड़ने का काम करो!

सुरेश चव्हाणके : चलिए, हम आपसे अपेक्षा करते हैं कि आप भी जोड़नेवाली बात बोलना शुरू करें तो देश और ज्यादा मजबूत हो जाएगा!

दिग्विजय सिंह : मैं तो भइया! जोड़नेवाली बात करता हूँ···

सुरेश चव्हाणके : अब राजनीतिक दृष्टिकोण से कांग्रेस का तो कुछ ज्यादा रहा नहीं, लेकिन जो टाइम बचा है, उतने टाइम में भी अगर आप मोदी और सब लोग मिलकर एक दिशा में चलेंगे तो देश आगे बढ़ेगा···

दिग्विजय सिंह : मोदीजी इस देश में धार्मिक वैमनस्यता समाप्त करने के लिए अगर कोई प्रयास करेंगे तो हम उनका समर्थन करेंगे!

सुरेश चव्हाणके : कर रहे हैं न! मुस्लिम महिलाओं ने मतदान किया उनको···

दिग्विजय सिंह : किसने कह दिया? क्या··· ?

सुरेश चव्हाणके : अच्छा, ट्रिपल तलाक पर आपका क्या कहना है?

दिग्विजय सिंह : मैं ट्रिपल तलाक के लिए मुसलमान भाइयों से अपील करूँगा, ये उनका धार्मिक मुद्दा है, लेकिन ट्रिपल तलाक जैसे मसले में आज के मॉडर्न जमाने में उनको इसपर पुनर्विचार करना चाहिए।

सुरेश चव्हाणके : बिल्कुल! ये अच्छी बात है! हम अच्छी बात के साथ इंटरव्यू को खत्म करते हैं और आशा करते हैं कि आपसे बार–बार मिलना हो!

दिग्विजय सिंह : जरूर! मिलते हैं! और इसी तरह से होना चाहिए! लेकिन इसमें से अगर काटा तो फिर मैं अगली बार बात नहीं करूँगा!

सुरेश चव्हाणके : बिल्कुल! नहीं काटेंगे! बिल्कुल नहीं काटेंगे! अनकट इंटरव्यू दिखाएँगे!

दिग्विजय सिंह : धन्यवाद!

सुरेश चव्हाणके : आपका आभार!

□

7

नायला कादरी

विदेश श्रेणी में यह मुलाकात आपके लिए इस पुस्तक में चुनी है, वैसे तो कई विदेशी अतिथियों के इंटरव्यू मैंने किए हैं, पर स्वदेश को संदेश देनेवाले विदेशी इंटरव्यू के दृष्टिकोण से बलूचिस्तान स्वतंत्रता संग्राम की सेनापति नायला कादरी के साथ चलते-चलते नारी शक्ति का भी प्रतिनिधित्व करता है।

'सुदर्शन' सदैव बलूचिस्तान के स्वतंत्रता सेनानियों के साथ खड़ा रहता है। जो भी बलूच नेता हमारे देश में आता है, वह 'सुदर्शन' अवश्य आता है। मैं भी पश्चिमी देशों की यात्राओं में बलूच योद्धाओं से मिलता रहता हूँ। सरकार किसी की भी रही हो, हमारी बलूचिस्तान पर नीति पहले से स्पष्ट है।

इस इंटरव्यू में हमें कई अनजान बातों की जानकारी भी होगी। इस्लाम में रहते हुए बलूच महिला स्वतंत्रता की लड़ाई लड़ सकती है तो हिंदुस्थान में रहनेवाली आज की मुस्लिम महिला इस्लाम में होनेवाले दमन के विरुद्ध क्यों नहीं लड़ सकती? यह प्रेरणा यह इंटरव्यू देगा। साथ में हिंदू महिलाओं के लिए भी यह मार्गदर्शक रहेगा।

पाकिस्तान को तोड़कर बलूचिस्तान बनने में हिंदुस्थान क्यों मदद करे? इस प्रश्न का स्पष्ट उत्तर यह मुलाकात देती है।

साथ ही इस्लाम के नाम पर बने पाकिस्तान में, बलूच मुसलमानों की क्या स्थिति है—यह हिंदुस्थान में रहनेवाले पाक प्रेमी मुसलमानों की आँखें खोलने के लिए पर्याप्त है, शायद कुछ असर पड़े, इसलिए भी इस इंटरव्यू को चुना गया है।

वैसे मुसलमानों ने पाकिस्तान की मुस्लिम जनता का क्या हाल किया है, यह पूर्व पाकिस्तान के बंगाली मुसलमानों ने अनुभव किया है। पर बात पुरानी लगती हो तो आज के बलूचिस्तान का हाल देखो।

इस्लाम के नाम पर बने पाकिस्तान में बलूची मुस्लिम महिलाओं से बलात्कार करने के लिए बलात्कार सेल बने हुए हैं। उसके लिए मुस्टंडे तो रखे ही हैं, सीमा पर बंकर से लेकर शहर में बिल्डिंगें भी रखी गई हैं, जिनका काम केवल बलात्कार करके उनका मनोबल तोड़ना होता है। भारत के मुसलमान इन महिलाओं के बारे में क्या सोचते हैं, यह भी इससे पता चलेगा, ऐसी मुझे आशा है।

इतना ही नहीं, बलूच मुसलमानों के अंग बेचे जाते हैं आदि खतरनाक और अमानवीय बातों को हिंदुस्थानी गद्दार भी देखें और समझें! विश्व भी देखे। यह काम इस इंटरव्यू के द्वारा होगा।

इस इंटरव्यू में मैंने बलूचिस्तान और पानीपत, मराठा कनेक्शन को भी दर्शकों-पाठकों के समक्ष रखा है। जिस बात को बहुलांश लोग नहीं जानते। पानीपत की तीसरी लड़ाई में हजारों मराठों को अब्दाली बंधक बनाकर अपने देश लेकर जा रहा था। पर रास्ते में उसको ध्यान आया कि ये लोग आज भले ही निहत्थे और लाचार दिख रहे हों, परंतु यह मूल रूप से योद्धा हैं, जिन्होंने दुनिया भर के लुटेरों को हिंदुस्थान से खदेड़ा है। ऐसे में हजारों योद्धाओं को अपने देश में रखने का जोखिम अब भी अब्दाली नहीं लेना चाह रहा था। इसलिए उसने कई मराठों को रास्ते में लगते प्रांतों के बादशाहों को बेचा। किसी को गिफ्ट किया और बचे हुए को बलूचिस्तान में छोड़कर वह आगे चला गया। आज भी बलूचिस्तान में बुग्ती मराठा बहुत बड़ी संख्या में हैं, जो बलूचिस्तान के स्वतंत्रता संग्राम के मुख्य योद्धाओं की श्रेणी में आते हैं। नायला कादरीजी से जब मैंने यह बात बताई तो वह भाव-विभोर हो गईं और उन्होंने कहा कि उनकी दादी बड़े गर्व के साथ उनको कहती थीं कि हम मराठा हैं।

हमारी पीढ़ियाँ लड़ती रहेंगी, मरती रहेंगी, लेकिन एक दिन हम अवश्य विजयी होंगे एवं स्वतंत्र बलूचिस्तान का झंडा फहराएँगे। हम हिंदवी स्वराज्य के संस्थापक छत्रपति शिवाजी महाराज की संतानें हैं, यह कभी नहीं भूलना! नायलाजी बड़ी ही भावुक होकर इस बात को मुझे बता रही थीं।

इस मुलाकात में और एक बात को बहुत प्रखरता से रखा कि इस्लाम के नाम पर केवल मजबूत एवं बड़े देशों को ही दूसरे मुसलमान देश मदद करते हैं। बलूचिस्तान में रहनेवाले मुसलमानों के साथ खड़े होकर किसी भी मुसलमान देश ने पाकिस्तान से कोई प्रश्न तक नहीं पूछा, लड़ाई लड़ना तो बहुत दूर की बात है!

इसलिए बलूचों को हमसे आशा है। शत्रु का शत्रु हमारा मित्र, इस सूत्र के

साथ भी और 'वसुधैव कुटुंबकम्' इस सूत्र के कारण भी हमको बलूच की मदद करनी चाहिए। तात्कालिक एक बहुत बड़ा कारण चीन द्वारा बलूचिस्तान में किया जा रहा विस्तार भी है। ऐसी कई बातों को देखें और अपनी प्रतिक्रिया अवश्य दें।

साक्षात्कार के बाद

इस मुलाकात की सर्वश्रेष्ठ बात यह रही कि हमारे बलूचिस्तान की स्वतंत्रता के मुद्दे को उठाने के बाद प्रधानमंत्री नरेंद्र मोदीजी द्वारा लाल कोट (लाल किले) से स्वतंत्रता दिवस के संबोधन में इसका उल्लेख किया गया। जिससे बलूचिस्तान के स्वतंत्रता के मुद्दे को अंतरराष्ट्रीय मंचों पर बहुत ज्यादा समर्थन मिला। सर्च किया गया। उस समय में नायला कादरीजी के साथ किया गया यह 'चलते-चलते' सबसे ज्यादा देखा गया। बलूचिस्तान में स्थानीय भाषाओं में सब टाइटल करके शेयर किए गए। आज भी यूट्यूब पर कई भाषाओं में कई यूट्यूबरों ने इस वीडियो को शेयर किया है। हमने भी इस वीडियो पर कोई कॉपीराइट नहीं रखा, ताकि बलूच योद्धाओं की लड़ाई में हमारा योगदान हो सके। इस मुलाकात के प्रदर्शित होने के बाद और उसमें पानीपत और मराठा कनेक्शन को देने के बाद महाराष्ट्र में भी इंटरव्यू को बहुत देखा गया, लेकिन नायला कादरीजी एवं उसके बाद आनेवाले कई बलूच योद्धाओं को मैंने महाराष्ट्र में भेजा एवं वहाँ के लोगों को इनके साथ जोड़ दिया। पानीपत की लड़ाई के साथ महाराष्ट्र के प्रत्येक परिवार का संबंध है। प्रत्येक परिवार से इस महायुद्ध में कोई-न-कोई योद्धा सहभागी हुआ था। लाखों बलिदान हुए थे। हजारों बंदी बनाकर रखे गए थे। वह सूत्र बलूचिस्तान के स्वतंत्रता संग्राम के लिए महाराष्ट्र से बड़ी मदद खड़ी कर रहा है। इस मुलाकात को छापने के साथ-साथ मेरी हर हिंदुस्थानी से अपील है कि बलूचिस्तान की स्वतंत्रता के लिए हम सभी साथ दें। इससे पाकिस्तान की विफलता भी विश्व के सामने आएगी और हिंदुस्थान के गद्दारों की आँखें खुलकर स्वदेश की महत्ता समझ में आएगी। यदि आप बलूचिस्तान की स्वतंत्रता के लिए कुछ करना चाहते हैं तो हमें संपर्क करें।

स्थान : नोएडा
प्रथम प्रसारण तिथि : 16 अप्रैल, 2016

सुरेश चव्हाणके : नमस्कार! आज हमारे साथ 'चलते-चलते' में एक ऐसे व्यक्तित्व को हम आपके सामने लेकर आ रहे हैं, जिनको हिंदुस्थान के नेताजी सुभाष चंद्र बोस के साथ जोड़कर देखना चाहिए। बलूचिस्तान में जन्मीं, उम्र के सात साल से बलूच की आजादी के लिए लड़ाई लड़ रही प्रो. नायला कादरी हमारे साथ हैं। आज हम आपसे जानना चाहेंगे कि कभी धर्म के नाम पर अलग हुआ पाकिस्तान अपने मुसलमानों को लेकर ही आज कितने अत्याचार कर रहा है और आप लोग कितने पीड़ित हैं और क्यों आखिर आप लोग आजादी की लड़ाई की माँग कर रहे हैं, लेकिन इसके पहले मैं आपसे ये जानना चाहूँगा कि आखिर भारत आपको क्यों मदद करे, क्योंकि बांग्लादेश के विषय में हम तो फेल हो गए। हमने बड़ी ईमानदारी से बांग्लादेश की मदद की, पाकिस्तान से मुक्ति उनको दिलवा दी, उन अत्याचारों से छुट्टी करवा दी और आज बांग्लादेश हमारे लिए भी एक सिरदर्द बना हुआ है तो हम बलूच की क्यों मदद करें?

नायला कादरी : बहुत अच्छा सवाल है। बात ये है कि हमारे यहाँ बलूचिस्तान में और बांग्लादेश की जो तहजीब है, उसमें फर्क है बहुत और बड़ी बात यह भी है कि बांग्लादेश में चीन का जो अमल-दखल है, उसकी वजह से वहाँ पर; जहाँ भी आप देखेंगे कि चीन का अमल-दखल है, वहाँ पर फिरकापरस्ती, मजहब के नाम पर और ऐसे नामों पर लोगों की आपस में लड़ाने की साजिश होती है। बांग्लादेश की आजादी के फौरन बाद, आजादी में इतने लोग नहीं मारे गए, जितने कि उसके बाद की खानाजंगी में। जो आपस के झगड़े···

सुरेश चव्हाणके : नहीं, वो तो ठीक है, वो तो आपलोग एक देश में चले गए आप लोग, आपस में लड़ रहे हैं। हिंदुस्थान क्यों मदद करे आपकी?

नायला कादरी : पहली बात तो ये है कि हम···

सुरेश चव्हाणके : ···क्योंकि पाकिस्तान जब आजाद हुआ तो वहाँ जो हिंदुओं की संख्या थी, वो आज पॉइंट परसेंट में रह गई है तो जब पाकिस्तानियों ने हिंदुओं को मारा है, पाकिस्तान में, तो हम पाकिस्तान के अंदर ही एक-दूसरे लोगों की क्यों मदद करें?

नायला कादरी : बात ये है कि न हम पाकिस्तान के अंदर हैं, न हम कभी

पाकिस्तान के अंदर थे। पाकिस्तान जब हिंदुस्तान का हिस्सा था, हम तब भी एक आजाद मुल्क थे। हमारी अपनी सरहदें थीं। हमारी अपनी पार्लियामेंट थी और हमारा अपना निजाम था, हमारा अपना रूल ऑफ लॉ था। हम कभी उस सारे सिस्टम का हिस्सा ही नहीं रहे। हमारा अपना आजाद मुल्क रहा है हमेशा, लेकिन पाकिस्तान ने पाकिस्तान बनने के एक साल के बाद बलूचिस्तान पर फौजी हमला किया…

सुरेश चव्हाणके : नहीं, वो सब ठीक है। मैं उसकी डिटेल में बाद में जाऊँगा। हिंदुओं की क्या स्थिति है वहाँ?

नायला कादरी : अगर हम पाकिस्तान में हिंदुओं की हालत को देखेंगे तो पाकिस्तान तो खुद को कहते हैं कि हम प्यूरेस्ट हैं। हम पाक हैं और बाकी सब इम्प्यूर हैं। सब लोग ना खालिस हैं तो उनसे हम तो देख रहे हैं कि हिंदू हों या मुसलमान हों, वो सबको मारते-काटते हैं। बांग्लादेश में तो मुसलमान थे, सबको मारा उन्होंने, लेकिन बलूचिस्तान का जो निजाम है, वो इस तरह से है कि कुदरती हमारी है। हजारों सालों से हमारी अपनी एक साइकी है, नफसियात है। देखिए, जैसे जो हिंदू हैं, हमारे पूरे बरे शरीर में एशिया में हिंदू-मुस्लिम फसाद हुए। आप नहीं देखेंगे कि बलूचिस्तान में हिंदू-मुस्लिम फसाद हो। मेरा जो गाँव है, हिंदू आबादी, हम गाँव के मरकज में, बीच में बसाते हैं। हमारा गाँव हो या डेरापुख्ती हो या कोई गाँव हो; गाँव के जो बड़े लोग हैं, जिन्हें आप मुखिया कहते हैं, हम उनके करीब रखते हैं, ताकि उनकी सिक्योरिटी और ज्यादा हो और फिर उसके चारों तरफ जो मुस्लिम बलोच हैं, बीच में जो हैं, हिंदू बलोच रहते हैं और चारों तरफ मुस्लिम बलोच अपना घर बनाते हैं। बाबरी मस्जिद का एक इशू हुआ था तो मुझे याद है कि एक बहुत बड़ा सा जुलूस था, मुस्सला था, लोग थे, उन्हें मालूम था कि यहाँ पर हिंदू आबादी है तो हम आएँ, उनको मारें। जाहिर है कि वो ISI के लोग थे, जो दिखाना चाह रहे थे तो हमारे गाँव के सारे लोग उनके सामने जाकर खड़े हुए और कहा कि अगर मारना है तो पहले हमें मारो, क्योंकि अगर हमारे हिंदू बलोच को मारोगे तो फिर हमारे लिए तो कोई इज्जत ही बाकी नहीं होगी न! उससे बेहतर है कि हमें मारो, उसके बाद पहुँचो वहाँ तक। आप लोगों के यहाँ भी एक कानून है, जिसपर काफी बात हो रही है कि गाय काटनी चाहिए या नहीं काटनी चाहिए। मुझे काफी हैरत होती है कि इतना सिविलाइज्ड मुल्क है आपका और उसमें आपलोग एक-दूसरे का एहसास नहीं करते। बलूचिस्तान में जहाँ हिंदू रहता है, जैसे लसबिला का इलाका है या हमारा जो मस्तूल का इलाका है, वहाँ न गाय कटती हुई मिलेगी, न गाय का गोश्त मिलेगा। नहीं…

सुरेश चव्हाणके : अच्छा!

नायला कादरी : क्यों, क्योंकि जो हिंदू बलोच हैं, वो हमारे भाई-बहनें हैं, उन्हें इस चीज से दुःख होता है, वो हम नहीं करेंगे। खुद से एक एहसास होना चाहिए; इसके लिए कानून बनाने की क्या जरूरत है?

सुरेश चव्हाणके : ऐसा है तो निश्चित तौर पर आपलोगों को मदद की आवश्यकता है, अब हम जानना चाहते हैं कि धर्म के नाम पर बना हुआ पाकिस्तान अपने ही अंदर के मुसलमानों के प्रति ऐसा रवैया क्यों अपना रहा है?

नायला कादरी : देखिए, धर्म की या मजहब की कोई बुनियाद नहीं थी पाकिस्तान में; ब्रितानिया ने बनाया हिंदुस्तान को कमजोर करने के लिए।

पाकिस्तान से कई गुना ज्यादा मुसलमान खुद भारत में रहते हैं और पाकिस्तान के जो मुसलमान हैं, उनसे बहुत ज्यादा खुशहाल हैं। उनसे बहुत अच्छी हालत में हैं।

सुरेश चव्हाणके : लेकिन बहुत से लोग उनमें से पाकिस्तान का नारा भी लगाते हैं।

नायला कादरी : उन्हें पता नहीं है। जिस दिन वो पाकिस्तान की असलियत जान जाएँगे, हमसे पूछो, बंगालियों से पूछो, सिंधियों से पूछो। पाकिस्तान में इंसानकुशी-आदमखोरी हो रही है। अभी आप देखो कि कल, कल कलात ऑपेरशन के नाम पर पाकिस्तानी फौज ने 34 बलोच लोग, जो चरवाहे थे, एक मौसम से दूसरे मौसम वे सफर कर रहे थे, सिर्फ उनका जुर्म यह था कि वे बलोच थे तो उन्हें सबको मारा और आज से दो-तीन साल पहले जो बलोच एक्टिविस्ट थे, जो फ्रीडम एक्टिविस्ट थे, उन्हें ये उठाकर ले गए थे और उन्हें टॉर्चर करते रहे थे, उनको मारकर भी साथ में डाल दिया। उनके घरवाले उनकी तसवीरें लेकर कितने सालों से कैंप्स में बैठे हुए थे कि ये मिसिंग हैं हमारे लोग और पब्लिक में से उनको उठाकर पाकिस्तानी फौज ले गई थी। उनको भी मारकर डाल दिया। तो वो तो सारे मुसलमान थे। तो ये कोई मुसलमान नहीं हैं…

सुरेश चव्हाणके : भारत के मुसलमानों को आँखें खोलकर पहले पाकिस्तान की ओर देखना चाहिए, तब नारे लगाने चाहिए।…तो क्या हुआ? एग्जेक्ट आपके साथ क्या होता है? क्यों आजादी की आपको आवश्यकता महसूस होती है?

नायला कादरी : देखिए, पहली बात तो ये है कि हम हैं आजाद! हम पाकिस्तान का हिस्सा हैं ही नहीं। पाकिस्तान ने हमला करके बलूचिस्तान पर कब्जा

किया तो पाकिस्तान को कोई हक नहीं है कि वो हमें रखे। दूसरी बात यह है कि एक इंक्लूसिव पॉलिसी होती है; जैसे अफगानिस्तान में बलूचों के साथ जो है, वो एक इंक्लूसिव पॉलिसी है कि उनका एक एहतराम है, चाहे इक्वल राइट्स किसी तरह से न भी हों, बहरहाल उनकी बेइज्जती नहीं है, लेकिन आप अगर बलूचिस्तान में देखें तो हर दस कदम के बाद पाकिस्तानी आर्मी है। वो औरतों को भी उतारेंगे, तलाशियाँ लेंगे, अब किसी तरह का, ये कौन सा इस्लाम है, जो इजाजत देता है या कौन सा मजहब है, जो इजाजत देता है कि या कि वह खालिक हैं कि आप किसी बेगानी औरत की, किसी पराई औरत की तलाशी ले रहे हैं!

सुरेश चव्हाणके : पुरुष तलाशी लेता है?

नायला कादरी : हाँ! तलाशी तो छोड़ दें, वे देखते हैं कि बलूच जो हैं, हमारे बच्चे हैं, वो मूँछ या दाढ़ी रखते हैं, खूबसूरत लगते हैं, वे उनकी मूँछें काटते हैं। हमारे बच्चे जिस तरह के कपड़े पहनते हैं, वे कहते हैं, इतनी बड़ी सलवार क्यों पहनते हो? उनकी सलवार काट दो, फिर इसी तरह से बेइज्जती का एहसास हर वक्त हमें दिलाते हैं। दूसरी बात, थोड़ी सी भी किसी ने आवाज उठाई या कोई ऐसी बात की जैसे बलूचिस्तान से प्यार का इजहार कर लिया तो फिर उसे गायब कर देते हैं तो अभी हमारे पच्चीस हजार से ऊपर लोग गायब हैं, जिनमें औरतें और बच्चे हैं और रेप्स हैं, जिनमें बलूच औरतों को ले जाकर ये रेप करते हैं, पाकिस्तान आर्मी और···

सुरेश चव्हाणके : ···और ऐसा आर्मी ने वहाँ सेल बनाकर रखा है। जो बलूच औरत को लेकर बलात्कार करो और उसको फिर छोड़ दो।

नायला कादरी : ···नहीं छोड़ो!

सुरेश चव्हाणके : ···अच्छा, वहीं रखो!

नायला कादरी : ···फिर उसकी लाश भी नहीं मिलती। ये जो मास ग्रेव्स मिल रही हैं, सौ से ऊपर कब्रें हैं, मास ग्रेव्स हैं, जिनमें आपको हर कब्र में सौ-सौ से ऊपर, डेढ़ सौ से ऊपर लोग मिलते हैं, जो जिंदा इसमें डाले गए थे। उनकी हड्डियाँ इसमें मिलती हैं।

सुरेश चव्हाणके : तो ये तो अधार्मिक भी है, मतलब इस्लाम के लिए भी तो सही नहीं है?

नायला कादरी : इस्लाम के लिए तो जो वहाँ हो रहा है, कुछ भी सही नहीं है। किसी मजहब के लिए भी सही नहीं है।

सुरेश चव्हाणके : मानवता के लिए भी सही नहीं है। न नैतिक है, न धार्मिक है, तो आखिर है क्या फिर?

नायला कादरी : हिटलर जो था, उससे भी बुरे हैं। इन्होंने पूरे बलूचिस्तान को एक कंसंट्रेशन कैंप बना दिया है। ऐसा जगह बना दिया गया है कि जहाँ पर सिर्फ मौत मिलती है। आदमखोर हैं ये! खाते हैं! और एक बात बताऊँ कि ये जो ट्रेड है, ऑर्गन ट्रेड, ऑर्गन ट्रेड में मुल्लवीस है पाकिस्तान की आर्मी!

सुरेश चव्हाणके : बिल्कुल, मैं दर्शकों को बताना चाहूँगा कि ऑर्गन ट्रेड का मतलब होता है कि मनुष्यों के अवयवों को निकालकर उसे बेचा जाता है और दुनिया भर के बाजारों में उन अवयवों की बड़ी कीमत है। एक व्यक्ति को अगर आप बेचने जाएँगे तो उसके पैसे नहीं आएँगे, लेकिन अगर अलग-अलग निकालकर बेचें, उसकी आँखें निकालकर बेचें या उसके विभिन्न अवयवों को निकालकर बेचें तो ज्यादा तो ऐसा बलूच के साथ हो रहा है। क्या अंतरराष्ट्रीय बिरादरी इसपर कोई ध्यान नहीं देती?

नायला कादरी : जुर्माना खामोशी है। क्रिमिनल साइलेंस है, जो बलूच की जेनोसाइड के ऊपर हो रहा है कि जो यू.एन. कहता है कि जेनोसाइड या नस्लकुशी, किसी की एथनिक क्लीनजिंग उसके जो इंडिकेटर्स हैं, वो सारे-के-सारे बलूचिस्तान में आपको मिलेंगे, जो हम पे वो कर रहे हैं। क्या है कि हमें तो उन्होंने इंसानियत से बाहर निकाल दिया है और इस तरह से कत्ल-ए-आम हो रहा है और वो इसपर खुशियाँ मनाते हैं और कौन हैं, जिनको ये मार रहे हैं! डॉक्टर्स हैं, इंजीनियर्स हैं, प्रोफेसर्स हैं···

सुरेश चव्हाणके : मतलब, जो बलूच समाज के अच्छे लोग हैं, लीडर्स हैं, बेहतरीन लोग हैं, उनको मारा जाता है।

नायला कादरी : उनको मारा जाता है। मार रहे हैं।

सुरेश चव्हाणके : ओहो! ये कहानी तो शायद, दुनिया में कहीं पर भी, IS जो अत्याचार कर रही है, उससे भी ज्यादा है?

नायला कादरी : तो ISS तो इन्होंने बनाई है। ये जो सूजा पाशा है, IS का जो रिटायर्ड चीफ था, वो ISS भर्ती कर रहा है, ट्रेनिंग कर रहा है। IS की सारी भर्ती कराची से हो रही है, पंजाब से हो रही है। इनके पास बेरोजगारों का एक लश्कर है, क्योंकि इनके पास एग्रीकल्चर नहीं है, इनके पास जरात नहीं है, इनके पास इंडस्ट्री नहीं है, इनके पास कोई मैसिव बेस नहीं है, इकोनॉमिक बेस नहीं है। इनके

पास सिर्फ एक कारोबार है, एक इंडस्ट्री है, वो है टेररिस्ट! आप मजहब के नाम पर लोगों को पागल करो मदरसों में और फिर उसके बाद लोगों को भेजो कि वो मारें! सिवाय इसके आप किसी को कहीं जंग लड़नी है, पाकिस्तान को बोल दो, वो जाकर लड़ लेंगे, पैसे मिल जाएँगे। वो चले जाएँगे। इनके पास और कुछ नहीं है सिवाय इस एक फन के, जो इन्हें आता है, किराए पर लड़ना! किराए के कातिल हैं ये और यहाँ जो है सिचुएशन, वो मैं आपको बताऊँ कि देखनेवालों का क्या है कि बलूच कह रहा है कि इंडिया आओ, हमारी मदद करो! ये हम सिर्फ इंडिया से नहीं कह रहे, ये हम सारी दुनिया से कह रहे हैं।

सुरेश चव्हाणके : और आपकी स्थिति सुनने के बाद तो लगता है कि पूरी दुनिया से आपको मदद करने की जरूरत है।

नायला कादरी : जरूरत है, लेकिन जो लोग हैं, जिनके पास जमीर है, जिनके पास इंसाफ की सोच है, उनके पास पावर नहीं है। मुझे यकीन है कि जहाँ भी मैं गई हूँ, मैं जवाहरलाल यूनिवर्सिटी गई हूँ, मैं स्टूडेंट्स से मिली हूँ। जहाँ भी मैं गई, जहाँ भी लोगों से मिली हूँ, वो तैयार हैं, उठने को, हमारे साथ आने को, लेकिन जो पॉलिटिकल विल है, वो तो हुकूमतों की होनी चाहिए न! वो तो गवर्नमेंट्स की होनी चाहिए।

सुरेश चव्हाणके : केवल इतना ही कारण नहीं है, मुसलमान के प्रति भारत सरकार का रवैया, मैं बिल्कुल खुलकर बोलता हूँ, आपको बुरा न लगे, लेकिन अफगानिस्तान हो या बाकी देशों में भी जो अनुभव रहा है, वो ठीक नहीं रहा है, इसलिए आप लोगों को उसका खामियाजा भुगतना पड़ रहा है। चलिए, ये तो भारत की बात हुई, भारत एक अलग देश है, लेकिन जो इस्लामिक देश हैं, उन देशों ने आपकी कोई मदद नहीं की? खासकर के सऊदी अरेबिया, जो अपने आप को बड़ा मुसलमानों का ठेकेदार और न जाने क्या-क्या मानता है।

नायला कादरी : सऊदी अरेबिया हो चाहे ईरान हो, चाहे चीन हो, चाहे अमेरिका हो या ब्रितानिया हो, ये सब तो पाकिस्तान को मस्नूई साँस दे रहे हैं, एक मरे हुए मुल्क को, एक फेल्ट स्टेट को…

सुरेश चव्हाणके : क्यों?

नायला कादरी : इनके इंटरेस्ट हैं ये। जमीर नहीं है। जमीर पर तो कोई फैसला नहीं करता। आपके इंसाफ पर और अमन पर तो फैसले नहीं होते। ये तो आम लोग करते हैं, ऐसे फैसले! स्टेट्स के पास तो हार्ट नहीं होता, स्टेट्स

के पास सिर्फ इंटरेस्ट होता है तो मैं अभी जो इंडिया आई हूँ, मैं तो सभी से यही कह रही हूँ कि मैं कोई भीख माँगने नहीं आई कि आओ, बलूच की मदद करो। नहीं, हमें जरूरत नहीं है। अपना इंटरेस्ट देखो। आपको अगर ISS से, तालिबान से, अलकायदा से और इन सबको मिलाओ तो इसका मतलब पाकिस्तान बनता है, उससे जान छुड़ानी है तो बलूचिस्तान की आजादी से बड़ी बात और क्या है? आपको ये यूरेशिया, आपकी जो स्ट्रेटेजी है, आपको सेंट्रल एशिया के लिए रास्ता चाहिए, ये बंबई से निकले कराची, कराची से आगे तो सारा बलूचिस्तान है तो आपको जो सेफेस्ट रास्ता मिलता है, जो शॉर्टेस्ट रास्ता मिलता है, वो आपको बलूचिस्तान देता है।

सुरेश चव्हाणके : भारत की गैस पाइप लाइन जो अटकी हुई है, वो भी वहाँ से आ सकती है।

नायला कादरी : कभी नहीं आएगी, जबकि बलूच मुतमइन नहीं होगा।

सुरेश चव्हाणके : ···कहाँ, वहाँ पर चीन बना रहा है···

नायला कादरी : इसमें ये है कि ग्वादर का जो नेवल बेस बना रहा है, जो मिलिट्री बेस बना रहा है चीन, वो भी तो इंडिया के लिए बना रहा है। तो यदि आप ग्वादर बेस को रोकने के लिए बलूच की आज मदद नहीं करेंगे तो कल ये आप के लिए मसला बनेगा। आप चाबहार तक पहुँचोगे कैसे, आपको तो ग्वादर से होकर जाना है। तो ग्वादर पर तो चीन बैठा हुआ है, आप कैसे जाओगे? और आप वहाँ बिलियंस ऑफ डॉलर्स खर्च कर रहे हो।

सुरेश चव्हाणके : मतलब रणनीतिक दृष्टिकोण से भी हिंदुस्थान को पाकिस्तान की मदद क्यों करनी चाहिए? ये आप पक्ष रखें।

नायला कादरी : बात ये है कि मैं ये नहीं कह रही कि जेनोसाइड हो रहा है तो जरूर आओ, आपको तो···

सुरेश चव्हाणके : ये तो हिंदुस्थान का नैतिक आधार पर भी कर्तव्य है। हम 'वसुधैव कुटुम्बकम्' की बात करते हैं। ये हिंदू फिलोसॉफी है। हमने दुनियाभर के कितने मुल्कों को शांति सेना से लेकर, क्या ये जो आजादी है, ब्रिटिशों के बाद मिली हुई, उसके पहले भी दुनिया भर में हिंदुस्थान ने मदद की हुई है। नैतिक आधार पर तो होनी ही चाहिए। अनुभव बुरे हैं, इसलिए सवाल उठता है और आपने बड़ा अच्छा मुद्दा बताया कि रणनीतिक आधार पर भी ये मदद होनी चाहिए तो क्या भारत आपकी किसी तरह की कोई मदद नहीं कर रहा है?

नायला कादरी : आज तक तो नहीं की! आज 65 साल हो गए, बलूच पाकिस्तान से जान छुड़ाने के लिए जद्दोजहद कर रहा है। लाखों लोग इसमें हमारे मारे गए। और गायब हुए, लेकिन आज तक हिंदुस्तान ने हमारी मदद नहीं की। कभी वो आ जाते हैं हिंदुस्तान के पास, जिया उल हक आ जाता था, कभी भुट्टो आ जाता था, कभी···

सुरेश चव्हाणके : ···मुशर्रफ!

नायला कादरी : तो क्या है कि कभी क्रिकेट डिप्लोमेसी कर रहे हैं। कभी कह रहे हैं कि कार्ड हैं, अगर आप बलूचिस्तान पे बात करोगे तो हम कश्मीर पर उछलेंगे, नहीं तो चुप कर जाओ! वो आपसे टाइम लेते हैं तो वो इतने स्मार्ट हैं, वो इतने कन्नींग हैं कि 65 सालों से वे आपको ये बता रहे हैं कि देखो, बलूचिस्तान के लिए बात करोगे तो तुम्हारे लिए मसला बनेगा, लेकिन आपके लिए तो मसला बना ही जा रहा है।

सुरेश चव्हाणके : बना ही हुआ है···बना ही हुआ है।

नायला कादरी : तो आपको धोखा देते रहे हैं वो।

सुरेश चव्हाणके : तो क्या आपको मोदीजी से अपेक्षा है कि वो करेंगे?

नायला कादरी : देखिए, इंदिरा गांधीजी बहुत ज्यादा एक कमिटेड और बहादुर लीडर रही हैं इंडिया की, लेकिन उन्होंने भी इंडिया के अंदर काफी मसाइल का सामना किया, लेकिन मोदीजी को तो उससे बहुत बड़ा मैंडेट मिला है। इतना बड़ा मैंडेट जो मोदीजी के पास है, मेरे खयाल में हिंदुस्तान की तारीख में किसी के पास नहीं रहा। तो इस सूरते हाल में मोदीजी इतने स्ट्रॉन्ग हैं कि उनको बनता है कि वो इंदिरा गांधीजी से भी बड़ा स्टेप लें, जब वो बांग्लादेश में, बांग्लादेश में जो हिंदुस्तान के ये रहे हैं, मफादात रहे हैं, उन मफादात के हिसाब से तो उन्होंने अपना एक स्टेप लिया, लेकिन आप इस स्टेप को इस तरह से नहीं कर सकते कि बलूचिस्तान से आपको कोई फायदा नहीं है तो इतने बड़े फवायद, जो आपको बलूचिस्तान में मिल रहे हैं, उसपर मोदीजी को एक स्टैंड; हमारे लिए नहीं हैं, हमारे लिए मत लो, हम 65 साल से लड़ रहे हैं, आपकी मदद के बगैर हम आगे भी लड़ लेंगे।

अगर आज, नाउ और नेवर, आपने हिंदुस्तान के लोगों के इंटरेस्ट में स्टेप नहीं उठाया तो इसका जवाब भी आप ही को देना होगा। हम तो लड़ रहे हैं, हम तो लड़ेंगे।

सुरेश चव्हाणके : तो क्या चाइना आज आपको, उसका दमन नहीं शुरू

हुआ, क्योंकि उसका उतना बड़ा प्लांट लग रहा है और इतना पैसा लगा रहा है और एक तरीके से आपमें और चाइनावालों में लड़ाई लड़ती रहे; ये पाकिस्तान की रणनीति है।

नायला कादरी : देखिए, चाइना की जो हुकूमत है, वो खुद एक गैर अवामी, गैर-जमुहरी हुकूमत है। डिक्टेटरशिप है। दुनिया में सबसे ज्यादा जो मौत की सजा है, वो चाइना के लोगों को दी जाती है। तो जब तक चाइना में डेमोक्रेसी नहीं आती, चाइना इस पूरे खिद्दे में, पावर की तरह, एक साम्राज्यवादी पावर की तरह आगे बढ़ता रहेगा। तो इस वक्त अगर चाइना को कोई कंटेन कर सकता है, एक तो चाइना के अपने अंदर जम्हूरियत तब्दीली के लिए पूरी दुनिया को कोशिश करनी चाहिए। हिंदुस्तान को भी कोशिश करनी चाहिए।

सुरेश चव्हाणके : खैर, वो तो बड़ा मुद्दा है।

नायला कादरी : बड़ा मुद्दा है…

सुरेश चव्हाणके : लेकिन बलूच के नजरिए से अगर हम देखें तो वो कैसे करेंगे आप? इतनी बड़ी चाइना जैसी महाशक्ति, उनसे कैसे लड़ेंगे? पाकिस्तान जैसे दरिंदे से कैसे लड़ेंगे, क्योंकि आप लोगों ने तो ऐसी कोई सेना भी नहीं बनाई, जैसे कि नेताजी सुभाष चंद्र बोस ने बाहर जाकर बनाई थी?

नायला कादरी : नहीं, हमारी सेना है।

सुरेश चव्हाणके : है, क्या रणनीति है आपकी? आप लोगों की रणनीति कुछ ऐसी लगे कि आप लोग जीत सकते हैं तो फिर शायद कई लोग आपकी मदद के लिए आगे आ सकते हैं।

नायला कादरी : देखिए बात ऐसी है कि उस घोड़े पर लोग शर्त लगाते हैं, जो रेस जीते। हमें इस बात का अंदाजा है। मैं सिर्फ ये कहूँगी कि जो बलूच शर्मचार हैं, जो बलूच फ्रीडम फाइटर्स हैं, वो पचास हजार से ज्यादा तो खुद लड़ रहे हैं और बलूचिस्तान के अंदर लड़ रहे हैं, पहाड़ों में और कभी ऐसा नहीं हुआ कि जो पाकिस्तानी फौज से हमारे शर्मचारों का मुकाबला हो और वो जीत जाएँ। वो इतनी सारी ताकत, जो आप बता रहे हैं, उनके पास है, उसके बावजूद, क्योंकि उनके पास ईमान नहीं है, उनके पास वो विल पावर नहीं है, क्योंकि वो तो अपनी तनख्वाह के लिए लड़ते हैं। बलूच तो अपने मादर-ए-वतन के लिए लड़ रहा है न! बलूच तो अपने नंगो-नामुश के लिए लड़ रहा है। हमें तो मौत से कोई डर नहीं लगता! अब ये है कि चीन है अगर तो चीन के जो मफादात हैं, वो सिर्फ बलूचिस्तान के खिलाफ

नहीं हैं। चीन ने स्ट्रिंग जो बनाया है, वो तो साउथ चाइना में भी, इंडियन ओसियन में भी, आपके ऊपर तिब्बत, चारों तरफ से तो उन्होंने आपको घेरा है। तो बलूचिस्तान के लिए जब आप बात करते हो तो आप एक तरह से वो चाइना का घेरा तोड़ रहे हो। आप वो घेरा तोड़ रहे हो और ये पहली दफा नहीं है। बलूचिस्तान में चीन ने कभी जमाने में भी कोशिश की थी। नाकाम हुआ था। बलूचिस्तान में पुर्तगीज भी आए कि साथ आएँ और उन्होंने दुनिया की बहुत सी जगहों पर कब्जा कर लिया, वो गोवा में हुकूमत बनाकर बैठे हुए थे, लेकिन वो बलूचों को फतह नहीं कर सके। अभी भी हमारे पास पसनी में वो तोपें मौजूद हैं, वो असलहा मौजूद है...

सुरेश चव्हाणके : जिससे आप लोगों का युद्ध हुआ...

नायला कादरी : नहीं, वास्को-डी-गामा फेंककर गया! भाग गया! हारकर गया!

सुरेश चव्हाणके : नहीं तो ऐसे में आप लोगों ने कोई जैसे तिब्बतियों ने भारत में एक सरकार बनाई है, निर्वासित सरकार बनाई है, ऐसा कोई प्रयोग आपने जमीन पर शुरू किया, कहीं पर?

नायला कादरी : देखिए, ये सब तो हो सकता है, अभी एक आजाद बलूचिस्तान की एक हुकूमत का कयाम तो आया, अब उसमें ये कि उसमें अभी और यकीकी की जरूरत है, हमें और उसमें शामिल होने के लिए या और उसको और इंक्लूसिव बनाने की जरूरत है और जहाँ तक सिर जमीन का ताल्लुक है, जैसे आपने बांग्लादेश को यहाँ एग्जाइल में गवर्नमेंट दी या तिब्बत को दी; हमें तो वो जमीन भी नहीं चाहिए। हमारे पास है जमीन, जहाँ हम अपनी गवर्नमेंट बना सकते हैं। अभी भी बलूचिस्तान के अंदर हमारे पास ऐसे इलाके हैं कि जहाँ हमारा कंट्रोल है, जहाँ बलूच शर्मचारों का कंट्रोल है। पाकिस्तान का कंट्रोल नहीं है। तो बलूचिस्तान में तो वैसे भी पाकिस्तानी हो या चीनी हो, वो खुलेआम चल-फिर ही नहीं सकते। वो सिर्फ मुस्सलाह हो के या टैंकों पे या हेलिकॉप्टर पर आते हैं। ऐसे तो वो फिर नहीं सकते! आपको बलूचिस्तान में कहीं पाकिस्तान का परचम नजर नहीं आएगा। पाकिस्तान का झंडा नजर नहीं आएगा। हमारे स्कूलों के बच्चे अपनी जो स्कूल की किताबें हैं, उनके आखिर में जो पाकिस्तान का नेशनल एंथम लिखा होता है, पहले दिन, पहले फाड़ के फेंक देते हैं।

सुरेश चव्हाणके : कितने प्रतिशत बलूच पाकिस्तान सरकार के खिलाफ होंगे?

नायला कादरी : भाई, सौ फीसद खिलाफ हैं। इस वक्त जो सरकार का हिस्सा है, पार्लियामेंट में बैठे हुए हैं या दिखा रहे हैं कि हम इनके साथ हैं, ये भी जब अपनी प्राइवेट महफिलों में बैठते हैं तो पाकिस्तान को बुरा बताते हैं। बलुचिस्तान में कोई भी पाकिस्तान के साथ नहीं है। कुछ हैं जिनको लालच है, कुछ हैं, जो खौफ में हैं, कुछ हैं, जिनका जमीर बिका हुआ है, जो पाकिस्तान के साथ हैं इस वक्त, लेकिन जिस दिन पता चलेगा कि बलूचिस्तान आजाद हो रहा है तो सबसे पहले ये भागकर आएँगे।

सुरेश चव्हाणके : जो क्रूरता पाकिस्तान दिखाता है, जिसमें आपने कहा कि रेप किए जाते हैं, मर्डर किए जाते हैं और क्या-क्या ऐसी चीजें होती हैं, जो दुनिया को जानना जरूरी है?

नायला कादरी : देखिए ऐसी सिचुएशन है, जिसमें कि आपको जंग की सूरते हाल है और वहाँ कोई इंसान महफूज नहीं है। वो आएँगे पूरे-के-पूरे देहातों को, टाउंस को बमबारी करेंगे, फिर उसके बाद आकर गोलियों से भून देंगे लोगों को और किसी को करीब आने नहीं देंगे कि वो आके मदद करे। जख्मी चीखते रहेंगे, बच्चे-औरतें चीखती रहेंगी। उसके बाद कुछ को उठा के ले जाएँगे, बाकी सारी ख्वातीन को उठाकर ले जाएँगे, पता नहीं है कि वे कहाँ हैं, वे जो हैं, उनका अंजाम क्या है, वो जाहिर है कि किस हालात में होंगे, पता नहीं। वो 200 के करीब लोगों को उठाकर ले गए हैं कलात ऑपरेशन के नाम पर···

सुरेश चव्हाणके : वो ट्विटर पर भी हम देख रहे थे और देखने के बाद ही उसे बहुत बड़े पैमाने पर सुदर्शन चैनल के ट्विटर पर, पर्सनल एकाउंट पर भी बलूच एक्टिविस्ट ने एप्रोच किया, उसके बाद ही हमने तय किया कि हम आपकी बात को हिंदुस्थान के लोगों के सामने और दुनिया के लोगों के सामने हम रखेंगे। इस पूरी एक्टिविटी में जो ह्यूमन राइट्स एक्टिविस्ट हैं, जो कि भारत में कहीं भी आतंकियों का हमला हो जाता है तो भारत की आर्मी के खिलाफ, भारत की पुलिस के खिलाफ खड़े हो जाते हैं और भारत सरकार उनको बहुत महत्त्व देती है। ऐसे सोशल, एक्टिविस्ट कहे जानेवाले लोग आपके लिए खड़े नहीं होते?

नायला कादरी : अभी तक तो नहीं हुए।

सुरेश चव्हाणके : ये नाटक भारत में ही चलता है सिर्फ···

नायला कादरी : हाँ, देखिए इनको ये फायदा है कि ये जम्हूरियत है। ये जम्हूरियत है। दुनिया की सबसे बड़ी जम्हूरियत है। खुशनसीब हैं, सब लोग, जो भारत में रहते हैं। किसी भी मसले के ऊपर वो अपना इजहार कर सकते हैं और

गवर्नमेंट उनको ये एहतराम देती है, जो सिटीजंस को देना चाहिए। इसमें ये है कि बहुत बड़ा मैदान है खुला कि ये अपने जमीर की आवाज पर उठें और बलूचिस्तान के लिए हिंदुस्तान में मुजाहरे करें, एक्टिविज्म करें, ये जो इंटरैक्टिव थिएटर करते हैं, आपके बॉलीवुड की जो फिल्में बनती हैं। इन सबके अंदर अगर आप बलूच का मुद्दा उठाएँगे तो उससे एक पॉलिटिकल विल बनने के लिए जो सूरते-हाल बनेगी और आपकी जो सरकार है, वो भी देख रही है, वो भी देख रही है सबकुछ! उनके ऊपर वो असर पड़ेगा कि कैसे आपको फैसला लेना है, जब भारत की आवाम उठके, इतना एक्टिविज्म के लिए आपके पास स्पेस है, इतनी डेमोक्रेसी है कि वो उठकर इस चीज को उठाएँगे तो उनकी जिम्मेदारी बनती है और उनका फायदा है इसमें। मोदी सरकार के लिए भी एक आसानी हो जाएगी।

सुरेश चव्हाणके : नहीं हमने तो सुदर्शन में पहले भी इस मुद्दे को उठाया है। मैं कहता हूँ कि बलूच की सरकार की जो भी रणनीति हो, लेकिन बलूच को आजाद कराने के लिए, जो कि वास्तव में आजाद है और जिसके ऊपर गुलामी थोपी गई है, उससे मुक्ति दिलाने के लिए भारत सरकार को पूरी मदद करनी चाहिए और भारत सरकार मदद करे न करे, जब करे, हिंदुस्थानियों को तो मदद करनी चाहिए। तो हिंदुस्थानी कैसे मदद कर सकते हैं? जनता कैसे मदद कर सकती है?

नायला कादरी : जनता सबसे बड़ी इस चीज में मदद कर सकती है कि जनता जो इनके मजाहरे कर सकती है। सड़कों पर आ सकती है और अपने कॉलेज में, यूनिवर्सिटी में इस मसले को उठा सकती है और इससे एक पॉलिटिकल मोमेंटम डेवलप होता है, ये हो सकता है और फिर ये कि आपके पास जो मीडिया है, मीडिया में बेशुमार ऐसे चैनल्स हैं, जो डिपेंड नहीं करते कि सरकार क्या कर रही है, क्या नहीं कर रही है।

सुरेश चव्हाणके : बहुत से चैनल तो हिंदुस्थान के खिलाफ ही षड्यंत्र करते हैं, वो आपकी क्या मदद करेंगे?

नायला कादरी : ये जम्हूरियत का एक हिस्सा है, लेकिन ये कि हिंदुस्तान के अंदर रहकर वे हिंदुस्तान के खिलाफ बोलते हैं। खुशी-खुशी बोलते हैं, जब उनको अंदाजा होगा कि पाकिस्तान में लोग कैसे जी रहे हैं···

सुरेश चव्हाणके : वो अंदाजा नहीं है। हमारे यहाँ जो आजादी है, वो स्वराचार में बदल गई है और हिंदुस्थान के खिलाफ बोलो तो भी हिंदुस्थान में कुछ नहीं होता है, बलूचिस्तान की घटनाओं के बाद जरा आँखें खुलनी चाहिए उनकी।

नायला कादरी : हाँ! हाँ! नहीं, हिंदुस्तान पर मत बोलो, उसके मसाइल पर बोलो।

सुरेश चव्हाणके : आजादी है! लेकिन ऐसी मीडिया क्या मदद करेगी? आम हिंदुस्थानी क्या मदद कर सकता है?

नायला कादरी : आम हिंदुस्तानी सबसे बड़ी मदद जो कर सकता है, वो पहले वो पहले, फैसला खुद करे, अपने जमीर के सामने, अपने दिल में खुद ये फैसला करे कि हिंदुस्तान को बलूचिस्तान के साथ खड़ा होना चाहिए और बलूचिस्तान को…

सुरेश चव्हाणके : मुझे तो लगता है तो आपके साथ खड़ी होगी। सरकार तो जो भी करे, दुनिया भर से आपको जो भी मदद मिलेगी, हिंदुस्थान से जनता की मदद तो मिलती होगी।

नायला कादरी : जनता की मदद हमें सोशल मीडिया पर तो नजर आती है। इसके अलावा भी दिल से ये महसूस होता है कि दिल से एक रिश्ता है हिंदुस्तान के लोगों का बलूचिस्तान के लोगों से। आज से नहीं है, हजारों साल से है। हमारी तहजीबें हैं…

सुरेश चव्हाणके : परंपराएँ हैं। एक-दूसरे के संबंध रहे। मैंने सुना है कि जो पानीपत की लड़ाई हुई थी भारत में, अब्दाली के साथ उसमें जो मराठा थे, उनमें से कई सैनिकों को बंदी बनाकर बलूचिस्तान लेकर जाया गया था, वहाँ छोड़ा गया था। उनमें से बहुत से परिवार आज भी वहाँ पर हैं।

नायला कादरी : हाँ, मराठा आप कह रहे हैं। हाँ, मराठा जो हैं आज बहुत, क्योंकि वे बहुत मार्शल किस्म के लोग हैं तो आज भी जो पाकिस्तान के खिलाफ जंग हो रही है बलूचों की, उसमें बढ़-चढ़कर वो जंग लड़ रहे हैं। बिल्कुल सही कह रहे हैं।

सुरेश चव्हाणके : वो आपके साथ हैं तो भारत में आपको महाराष्ट्र सेक्टर से ज्यादा मदद मिल सकती है।…तो आपकी रणनीति उस दिशा में भी होनी चाहिए और क्या आप कार्यक्रम के आखिर में कहना चाहेंगी। हम वैसे आपको बार-बार भी मौका देंगे, क्योंकि हम एक ह्यूमन राइट्स के तौर पर, क्योंकि हम वसुधैव कुटुंबकम् की बात करते हैं तो कुटुंब का हिस्सा तो आपके बलूच भी हैं, हमारे बलूच भी हैं। हम ऐसा कहेंगे। तो हम मदद करना चाहेंगे। कार्यक्रम के आखिर में आप लोगों से क्या अपील करना चाहेंगी?

नायला कादरी : मैं ये कहना चाहूँगी कि आपको अगर अपने साथ हमसाए में एक आजाद बलूचिस्तान देखना है और एक खुशहाल बलूचिस्तान देखना है, जो आपकी सिक्योरिटी, आपकी हिफाजत और आपकी तरक्की के लिए, जो आपको जरूरत है सेंट्रल एशिया के मार्केट्स खोलने के लिए, आपको जो जरूरत है एनर्जी की सप्लाई के लिए, वो सारी जरूरतें अगर आपको चाहिए और टेररिज्म, मजहब के नाम पर जो लोग आते हैं, हाफिज सईद के तौर पर और मसूद अजहर है, उस तरह के लोग आते हैं और अजमल कसाब की तरह के लोग आते हैं, ऐसे लोग नहीं चाहिए, भारत में तो आज खड़े हो और बलूच के साथ एक कंधे से कंधा मिलाकर बलूच की आजादी की जद्दोजहद में हमारा साथ दो और कल के लिए हिंदुस्तान और बलूचिस्तान दो सिस्टर नेशंस की तरह, दो बहनों की तरह, भाई भी नहीं कहूँगी, क्योंकि भाई लड़ते हैं आपस में, बहनें नहीं लड़ती हैं तो दो बहनों सिस्टर स्टेट्स की तरह हम रहेंगे और इसमें जो, दूसरा एक उन्सर ये भी आता है कि हिंदुस्तान ने हमेशा एक बढ़-चढ़कर आजादी की ज्योत को सपोर्ट किया है तो ये आपकी तारीख के लिए एक और सुनहरा चैप्टर है, जो खुल रहा है बलूचिस्तान की⋯

सुरेश चव्हाणके : ⋯और एक शत्रु का शत्रु मित्र है, ऐसा भी होता है, उस बहाने भी आपको मदद करनी चाहिए। इस बहाने पाकिस्तान का टुकड़ा करने का भी एक मौका हो सकता है। कितने टुकड़े हो सकते हैं पाकिस्तान के अगर हिंदुस्थान मदद करे?

नायला कादरी : भारत ठीक से मदद करे तो देखिए पाकिस्तान बचता ही नहीं है। पाकिस्तान असल में क्या है, इस वक्त लाहौर, सियालकोट, गुजराँवाला, ये है पाकिस्तान, बाकी जो अटक से ऊपर है, उसमें पेशावर है, इस्लामाबाद है, वो सब तो अफगानिस्तान है⋯

सुरेश चव्हाणके : वो कभी वैसे भी भारत था⋯

नायला कादरी : इस तरफ जो है, सिंधु है, दरिया-ए-सिंध के इधर भी और उधर भी सिंध देश है। बलूचिस्तान और हिंदुस्तान की, जो अजीम तहजीबें हैं, मिरगढ़ की और अजंता-एलोरा की तहजीबें उनके मेल से बना है, सिंधु तो वो हमेशा हमारे बीच मोहब्बत का और अमन का एक रहेगा तो पाकिस्तान कहाँ बचता है फिर? मुझे नहीं लगता कि ढाई-तीन डिस्ट्रिक्ट के साथ कोई मुल्क बन सकता है, वो भी ऐसे लैंड लॉक के⋯

सुरेश चव्हाणके : और हमको पाकिस्तान को सिर्फ शत्रु के नाते खत्म नहीं करना है। पाकिस्तान दुनिया का बहुत बड़ा खतरा बन चुका है और आतंकवाद का केंद्र है, कैंसर है, इसलिए भी पाकिस्तान का खत्म होना और उसका मिटना जरूरी है। आज हमारे लिए आपने टाइम निकाला, मैं आपका आभारी हूँ और आपके इस मूवमेंट को दोबारा सुदर्शन पर दिखाएँगे। जनता से मैं आह्वान करूँगा कि सरकार खुलेआम कितना कुछ कर पाती है, ये तो देखनेवाली बात है और खुलकर दिखाने की जरूरत भी नहीं है। इंटरनल भी बहुत कुछ मदद करते हैं। हमारा ही नहीं, दुनिया के सिरदर्द को, कैंसर को, पाकिस्तान को हम मिटा सकते हैं। आपने टाइम निकाला, मैं आपका आभारी हूँ।

□

8

आजम खान

मोहम्मद आजम खान से मुलाकात पहले शो से प्रयास की सूची में थी। 'भारत माता को डायन' कहनेवाले तथा अनेक विवादास्पद बयानों के कारण विवाद में रहनेवाले आजम खान के विरुद्ध स्वयं कई भाषणों में भी बोल चुका था, परंतु दो वर्षों के प्रयासों के उपरांत भी आजम खान का इंटरव्यू नहीं हो पा रहा था। दो महीने की रणनीति बनाई। वैसे तो इतनी जल्दी लिखना नहीं चाहिए, क्योंकि मुझे अभी भी कई लोगों के लिए संभव है, यह रणनीति उपयोग में लानी पड़ सकती है, लेकिन इस पुस्तक में भी मुझे कुछ ऐसी चीजें पाठकों को देनी चाहिए, इसलिए इसका खुलासा यहाँ पर करता हूँ।

आजम खान इंटरव्यू नहीं देना चाह रहे थे और नहीं देंगे, यह तो स्पष्ट था। पर हम लेना चाहते थे, यह भी उतना ही स्पष्ट था। तो कैसे हो, तो हमने आजम खान के अहं वाले स्वभाव को जान लिया था।

तब हमने पत्रकार भगिनी को आजम खान का समय तय करने के लिए उत्तर प्रदेश सरकार के कार्यक्रम में भेज दिया। वहाँ कई लोगों के सामने जब उसने 'सुदर्शन' में इंटरव्यू लेना है कहा, तो आजम खान ने सब लोगों की भीड़ के सामने कहा कि 'सुदर्शन' वाले दो सालों से मेरे पीछे पड़े हैं। अपने मालिक चौहान साहब को कहिए, हिम्मत है तो रामपुर में आकर इंटरव्यू ले लें, वैसे तो ये उनकी धमकी थी। पर इस धमकी में ही आजम खान ने अनजाने में ही मुलाकात के लिए सहमति दे दी थी। हमारी पत्रकार ने इस बात को लपक लिया और कहा कि वो कौन सी बड़ी बात है, चौहान साहब तो आपसे मुलाकात के लिए आप पाकिस्तान में बैठे हों तो वहाँ भी आ जाएँगे। इससे आजम खान और चिढ़ गए। और उन्होंने कहा कि पहले फोन करके पूछ तो लीजिए, तब हमारी रिपोर्टर ने कहा कि यह पूछने की

आवश्यकता नहीं है। मुझे पूरा भरोसा है। आप दोबारा सोचना है तो सोच लीजिए। ऐसा कहने पर आजम खान और चिढ़कर बोले कि तो आइए, कल मिलते हैं! शायद वह भूल भी गए थे कि वह रमजान के रोजों का पहला दिन था और भरी दुपहरी का समय उन्होंने मुझे दिया था। जब मैं रामपुर के लिए निकला तो आजम खान को लगा कि मुझे अगर कुछ होता है, यदि मेरी गाड़ी पर एक पत्थर भी फेंका जाता है तो उसका बड़ा नुकसान उनको झेलना पड़ेगा। इसलिए उन्होंने उनकी सरकार की सुरक्षा मेरे घर से ही लगा दी थी। मैं रामपुर पहुँचा। भरी दोपहरी में रोजा में होने के बावजूद भी आजम खान इंटरव्यू के लिए आए। ये जानकर मुझे अच्छा लगा। एक तो शिक्षा क्षेत्र का कार्य करता रहा हूँ, समझता हूँ। इसलिए आजम खान के बनाए विश्वविद्यालय देखकर भी मुझे अच्छा लगा। ये बात हमने मुलाकात में एक सकारात्मक पहलू के रूप में भी रखी, हालाँकि अब जब उनके भ्रष्टाचार की बात बाहर आई है तो वह इसी इंटरव्यू से तथ्य के रूप में बाहर निकली है। इंटरव्यू देखने या पढ़ने से आपको पता चलेगा! पर शॉर्ट में बताता हूँ कि मैंने जान-बूझकर भव्य यूनिवर्सिटी को देखकर कहा कि करोड़ों रुपए का निवेश हुआ होगा! मुझे पता था कि सत्ता और संसाधन से चूर हुए आजम खान करोड़ रुपए के शब्द को रोकेंगे और उससे कोई बड़ी बात कहेंगे। हुआ वैसे ही, मैंने जैसे ही कहा कि आपने करोड़ों रुपए का निवेश किया है तो उन्होंने कहा कि सिर्फ करोड़ों नहीं, खरबों रुपए का निवेश किया है।

मैंने बात को वहीं छोड़ दिया। मुझे पता था कि जब कभी भी सरकार बदलेगी तो उन पर यह भी बीतेगी। वैसे ही योगी सरकार आने के बाद उनकी गिरफ्तारी होने के बाद उनकी इस बात में और कागजात में जमीन-आसमान का अंतर था। स्वयं योगीजी ने भी मुझे कहा कि आपकी उस मुलाकात में आजम खान ने जो कहा है, तब से हम लोगों के मन में ये था कि इसका उपयोग करेंगे, अब उनकी गिरफ्तारी करनी है, आप ओरिजनल फुटेज हमें भी दो तो मैंने उससे सहमति भी जताई। यह मुलाकात इसलिए भी ऐतिहासिक है कि आजम खान की गिरफ्तारी में इस मुलाकात की निर्णायक भूमिका है। मुझे पता था—'धागा हो या जुबान, लंबी हो तो उलझ जाती ही है' आजम खान की लंबी जुबान नहीं, वह इस मुलाकात में पुन: साबित किया।

मुलाकात के बाद

इस मुलाकात ने मुझे अब तक के सबसे ज्यादा दर्शक दिए हैं, वैसे मैं समझता था कि आजम खान उत्तर प्रदेश के बड़े नेता हैं और वहीं के लोग इस मुलाकात को ज्यादा देखेंगे, परंतु ऐसा नहीं रहा। मुझे दुनिया के कई देशों के मिलनेवाले भारतीयों ने इस मुलाकात के बारे में बहुत अच्छी प्रतिक्रियाएँ दीं, बल्कि मेरा 'चलते-चलते' ही अधिक पहुँचने में इस मुलाकात ने निर्णायक भूमिका निभाई। आज भी यूट्यूब पर करोड़ों लोग इसको देख चुके हैं। देख रहे हैं। रिकॉर्ड दर्शकों के लिए भी इसे याद रखा जाएगा।

कई लोग ऐसा मानते हैं कि इस इंटरव्यू के बाद मेरे विरुद्ध हुए एफ.आई. आर. के पीछे आजम खान ही थे, जिन्होंने अपने सुपर सी.एम. होने के प्रभाव का दुरुपयोग किया, हालाँकि मैंने कभी ऐसा इसलिए नहीं कहा, क्योंकि मैं सबूतों के बगैर, तथ्यों के सिवा कोई बात नहीं करता। हाँ, यह भी कह सकते हैं कि तर्कसंगत बातें उनके इस षड्यंत्र में शामिल होने की तरफ इशारा आवश्यक करती हैं। सबसे बड़ी बात ये रही कि वह भले ही मुझे उनकी सत्ता में एफ.आई.आर. करके गिरफ्तार नहीं कर पाए, परंतु उनकी अधूरी इच्छा को पूरा करने का काम उनके चेले उत्तर प्रदेश के तब के डी.जी.पी. जावेद अहमद, जो योगी सरकार आने के बाद भी तुरंत नहीं हटाए गए थे। इसलिए उनके 20 दिनों के कार्यकाल में ही उन्होंने मुझे संभल की केस में सरकार को अँधेरे में रखकर गिरफ्तार करवा लिया था, हालाँकि उसमें मैं झुक जाता या पीछे हट जाता या संभल जाने की अपनी जिद छोड़ देता तो भी मैं गिरफ्तारी से बच सकता था, परंतु संभल हिंदुस्थान का अविभाज्य अंग है, यह साबित करने के लिए मैं जाऊँगा और आजम खान की मुझे गिरफ्तार करने की इच्छा पूर्ण करने में मेरा ये निश्चय डी.जी.पी. को अवसर प्रदान करेगा, ऐसा षड्यंत्र उन्होंने किया था, अर्थात् इस मुलाकात के प्रसारण के बाद आजम खान इतने आहत हुए थे कि उनका वह गुस्सा उन्होंने मुझ पर फर्जी केस करके निकाला, परंतु कर्म अपना कार्यकर्ता है। जब मैं आपके सामने यह पुस्तक प्रस्तुत करने जा रहा हूँ, तब आजम खान पूरे परिवार के साथ जेल में हैं और इसी मुलाकात में दिए गए खरबों रुपयों की जुबानी के कारण।

स्थान : जौहर विश्वविद्यालय परिसर, रामपुर
प्रथम प्रसारण तिथि : 12 जून, 2016

सुरेश चव्हाणके : नमस्कार! 'चलते-चलते' के लिए आज हम आपके सामने एक ऐसी शख्सियत को लेकर आए हैं, भले ही उनसे आप असहमत हो सकते हैं, लेकिन उनको आप इग्नोर नहीं कर सकते। जिनको दुनिया का सबसे बड़ा मुस्लिम नेता भी कहा जा सकता है।

आजम खानजी, आपका स्वागत है। दुनिया का बड़ा नेता इसलिए कह रहा हूँ कि आप जिस उत्तर प्रदेश के मंत्री हैं, वो उत्तर प्रदेश अगर हम देशों की तुलना में लोकसंख्या देखें, आबादी देखें तो पाँचवें-सातवें नंबर पर आता है और आपके जो तीखे बाण हैं, तीखे शब्द हैं या ऐसे-ऐसे बयान हैं, जिससे दुनिया भर में तो अपनी पहचान बना ही ली है।

आजम खान : सवाल का जवाब देता हूँ। सवाल गलत! जवाब गलत! सीधे सवाल का सीधा जवाब! टेढ़े सवाल का टेढ़ा जवाब! जो प्रश्न होगा, उसका जवाब मिलेगा। समाज जो सवाल मुझसे करता है, मैं उसमें कोई कंजूसी नहीं करता, बेईमानी नहीं करता। जवाब देता हूँ।

सुरेश चव्हाणके : अभी तो सवाल पूछा ही नहीं है मैंने! अभी तो परिचय ही बता रहा हूँ।

आजम खान : और भी सवाल की बात कर रहा हूँ, जिसकी वजह से मैं बदनाम हूँ।

सुरेश चव्हाणके : *(हँसते हैं)* तो आपके प्रति इतना गुस्सा है, लोगों के मन में कि आपके साथ 'चलते-चलते' कर रहा हूँ, यह जब मैंने सोशल मीडिया पर डाला तो 39,000 क्रमेंट आए। आज तक हिंदुस्थान में मैंने इतने मंत्रियों और नेताओं के साथ 'चलते-चलते' किया, किसी के लिए इतने कमेंट नहीं आए।

आजम खान : मोहब्बत की बुनियादी शर्त है, नफरत और नाराजगी। यही लोग जो मुझसे इतनी नफरत करते हैं, ये मुझसे इतना ही प्यार करेंगे, जब मेरी असल जिंदगी को जानेंगे और जब उन्हें ये मालूम होगा कि मैं कैसा इंसान हूँ तो ये सारे लोग मुझसे मोहब्बत करनेवाले, इसलिए हो जाएँगे कि जैसा मैंने कहा कि मोहब्बत की शुरुआत हमेशा नफरत से होती है।

सुरेश चव्हाणके : लेकिन ये जानेंगे कैसे? आपका तो वही परिचय हम

जानते हैं, जो सारे टी.वी. वाले और मीडियावाले दिखाते हैं।

आजम खान : आप जनवाएँगे। आप बताएँगे।

सुरेश चव्हाणके : लोग ये कहते हैं कि आजम खानजी को पूछिए कि वो गले में कौन से विष की थैली रखते हैं? जो इतने सालों से खत्म ही नहीं हो रही है और शायद सेल्प वहाँ डूबा रहता है आकर के विष कभी खत्म ही नहीं हो रहा।

आजम खान : ···लेकिन कोबरा अभी तक नहीं मरा।

सुरेश चव्हाणके : हाँ, तो क्या कारण है?

आजम खान : ये तो कोबरा बताएगा।

सुरेश चव्हाणके : नहीं, तो आपको पूछ रहे हैं, आपको कहा गया है सीधे-सीधे।

आजम खान : मैं तो हर हाल में खुश हूँ। मोहब्बत करनेवाले मोहब्बत करें, उससे खुश हूँ। नफरत करनेवाले नफरत करें, खुश हूँ। अपने काम-से-काम रखता हूँ और बहुत ही ईमानदार हूँ अपने काम में।

सुरेश चव्हाणके : लेकिन अपनी ईमानदारी के साथ दूसरों का सम्मान भी करना चाहिए न!

आजम खान : किसका नहीं किया?

सुरेश चव्हाणके : मैंने देखा, आपके यहाँ पर आपने मछली पाली हुई है, मुर्गी पाली हुई है, बकरी पाली हुई है, गाय भी पाली हुई है, जो कि शायद हिंदू नहीं जानते होंगे, लेकिन आप हिंदुओं के प्रति मन में मोहब्बत नहीं पालते!

आजम खान : ये आपसे किसने कह दिया? इतना बड़ा विश्वविद्यालय है आपके सामने···

सुरेश चव्हाणके : ··· हाँ, करोड़ों रुपए की इन्वेस्टमेंट है···

आजम खान : ···खरबों! खरबों रुपए की!

सुरेश चव्हाणके : ···खरबों रुपए की!

आजम खान : खरबों रुपए की है। मेडिकल इंस्टिट्यूट बना रहा हूँ। इसमें 80 प्रतिशत पैसा मेरे हिंदू दोस्तों का है।

सुरेश चव्हाणके : क्या बोल रहे हैं!

आजम खान : हाँ, सच है।

सात करोड़ रुपया सिर्फ मस्जिद बनाने में हिंदुओं का लग चुका है। देते हैं मुझे, क्योंकि भरोसा करते हैं मुझ पर।

सुरेश चव्हाणके : दो मस्जिदें आपने यहाँ बनाईं, लेकिन एक भी मंदिर नहीं बनाया।

आजम खान : मंदिरवाले लोग भेजिए।

सुरेश चव्हाणके : मैं देता हूँ।

आजम खान : भेजिए!

सुरेश चव्हाणके : जौहर यूनिवर्सिटी में मंदिर बनाने के लिए सुरेश चव्हाणके…

आजम खान : मंदिर बनाने के लिए तो पैसा मेरे पास है।

सुरेश चव्हाणके : तो!

आजम खान : मंदिर में आनेवाले भेजिए।

सुरेश चव्हाणके : क्यों नहीं आएँगे? हम आएँगे तो माथा टेकेंगे और अभी तो बहुत समय तक आपसे सवाल पूछने हैं।

आजम खान : बात मंदिर की नहीं है। बात ये साबित करना है कि मस्जिद के लिए भी मुझे हिंदू दोस्त पैसा देते हैं। इस विश्वविद्यालय के लिए भी मुझे हिंदू दोस्तों ने पैसा दिया है और इतना दिया है, जिससे पूरा विश्वविद्यालय तैयार हो जाएगा और हमसे कहते हैं, पाकिस्तान चले जाओ।

सुरेश चव्हाणके : …क्योंकि आप भारत माता को डायन कहते हैं।

आजम खान : ये तो बात बहुत पुरानी हो गई।

सुरेश चव्हाणके : …फिर भी!

आजम खान : … बहुत पुरानी हो गई। देखिए, असल में तकरीर का एक फन है और वो फन सबको नहीं आता, मुझे आता है; पैदाइशी तौर पर आता है। हमने कहा था, कानपुर के एक जलसे में कि वो माँ जो अपने बच्चे के खून की प्यासी है, वो माँ नहीं है, बल्कि डायन है और लोगों ने इसे भारत माँ से जोड़ दिया। इसमें हमारी कोई गलती नहीं।

सुरेश चव्हाणके : …तो आपको भारत माता से कोई आपत्ति नहीं, आप भारत माता की जय कहने को तैयार हैं?

आजम खान : मैं मादर-ए-वतन कहता हूँ और आप जिद में लाते हैं, आप लोग नोंचते हैं!

सुरेश चव्हाणके : …प्यार से बात कर रहा हूँ आजम खानजी, कहाँ नोंच रहा हूँ?

आजम खान : ···आप लोग मजबूर करते हैं, इस बात के लिए कि ओवैसी वो कहे, जो आप चाहते हैं।

सुरेश चव्हाणके : क्यों गंदे आदमी का नाम ले रहे हैं? क्यों गंदे आदमी का नाम ले रहे हैं?

आजम खान : ···क्योंकि उससे फायदा होता है आपको।

सुरेश चव्हाणके : मेरा तो आपसे सवाल है कि आप जो इतना बड़ा विश्वविद्यालय बना रहे हैं और कहते हैं कि लोगों ने आपको करोड़ों रुपए दिए, पैसे दिए हैं और आप उनके प्रति मन में इतना द्वेष क्यों रखते हैं? आपकी हर बात हिंदुओं के खिलाफ क्यों जाती है?

आजम खान : कोई एक बात; कोई एक बात बताएँ आप! मगर क्योंकि आपकी दुकान ही इससे चलती है; मैंने कहा न कि हम तो आइटम गर्ल हैं आपके, जैसे फिल्मों में होते है, अगर आप हमें गाली नहीं देंगे, हमें सांप्रदायिक नहीं कहेंगे, देशद्रोही नहीं कहेंगे, पाकिस्तान चले जाओ नहीं कहेंगे तो आपकी दुकान कहाँ चलेगी? हमारे सिवा कोई माल है ही नहीं आपके पास।

सुरेश चव्हाणके : नहीं, नहीं, ऐसा नहीं है।

आजम खान : हमसे मजबूत विरोधी कहाँ मिलेगा आपको?

सुरेश चव्हाणके : चलिए, हमें शौक है आइटम गर्ल, आइटम सॉन्ग देखने का, आप नाचना बंद कर दीजिए। हमारा शो बंद हो जाएगा। आप हमारे शो के लिए क्यों आइटम कर रहे हैं।

आजम खान : हम नाचना बंद कर दें?

सुरेश चव्हाणके : हाँ!

आजम खान : ···और आपको नाच देखने का बड़ा शौक है!

सुरेश चव्हाणके : ये तो···ये तो···

आजम खान : ···तो कैसे तय होगा? आपका शौक है नाच देखना और मैं नाच बंद कर दूँ! तो फिर कैसे कारोबार चलेगा आपका?

सुरेश चव्हाणके : कुछ अच्छा काम करिए। ये यूनिवर्सिटी चलाइए, ये करिए कहाँ वो, वोट की राजनीति के लिए, मुख्यमंत्री बनने के लिए, मुसलमानों के वोट लाने के लिए। मुलायम सिंह को देने के लिए, क्यों इतना···

आजम खान : अपमान नहीं करें आप हमारा···

सुरेश चव्हाणके : कभी नहीं करें।

आजम खान : ···प्रधानमंत्री बनना चाहते हैं, हम मुख्यमंत्री नहीं बनना चाहते। आई वांट टू बी प्राइम मिनिस्टर!

सुरेश चव्हाणके : ये ब्रेकिंग न्यूज है!

आजम खान : बिल्कुल, प्रधानमंत्री बनना चाहते हैं और कहते हैं, या तो पागलखाने भेजो हमें या प्रधानमंत्री बनाओ। इंसल्ट न करें। पूरे राजनीतिक जीवन में एक दाग दामन पर नहीं है।

सुरेश चव्हाणके : खैर, उसपर तो मैं, क्योंकि मेरे पास आपके खिलाफ या आपके भ्रष्टाचार की कोई बात नहीं है तो वह मैं नहीं कहूँगा; जो सवाल लोगों ने पूछे हैं, वो हैट्रेड के हैं, हैट्रेड के हैं।

आजम खान : ···एक सवाल···

सुरेश चव्हाणके : ··· कई सवाल हैं।

आजम खान : ···एक सवाल···

सुरेश चव्हाणके : मैं कहता हूँ कि 39 लाख सवाल हैं। लोग कहते हैं; जैसे डायनवाला प्रश्न था, वैसे ही···भारत मातावाला सवाल था, उसका भी आपने जवाब दिया।

आजम खान : कोई एक सवाल?

सुरेश चव्हाणके : आप कहते हैं कि मुसलमान प्रताड़ित किए जा रहे हैं हिंदुस्थान में, मैं कहता हूँ कि हिंदुस्थान का बहुसंख्यक अगर मुसलमानों को प्रताड़ित करने लगे तो मुसलमान यहाँ रह ही नहीं पाते, बढ़ ही नहीं पाते, फल-फूल नहीं पाते।

आजम खान : यही गलत खयाल है!

सुरेश चव्हाणके : क्यों?

आजम खान : यदि आप ऐसा करेंगे तो पूरे देश का भविष्य खतरे में आ जाएगा।

सुरेश चव्हाणके : देखिए, मतलब सच बोलें हम तो आप कहेंगे कि देश का भविष्य खतरे में आ जाएगा।

आजम खान : सच कह रहे हैं आपसे, रोकिए आर.एस.एस. को और कम्युनल फोर्सेज को कि ये स्ट्रेटेजी बहुत महँगी पड़ जाएगी। मेरे जैसे लोग नहीं मिलेंगे; जो किसी भी कीमत पर इस बात के लिए तैयार न हों कि कोई मूवमेंट हिंदुस्तान में आतंक पर आधारित नहीं चलना चाहिए। किसी को हथियार उठाने

की इजाजत नहीं होनी चाहिए, लेकिन 6 दिसंबर,1992 को मस्जिद गिराने के लिए डायनामाइट का इस्तेमाल हुआ था और यही सबसे बड़ी गलती थी।

सुरेश चव्हाणके : तो एक बहुत बड़े कलंक को पोंछा गया न!

आजम खान : कौन सा कलंक?

सुरेश चव्हाणके : बाबर तो आपका था नहीं; बाबर से आपका क्या संबंध; आपके पूर्वज तो हिंदू थे न!

आजम खान : नहीं, हमारे पूर्वज हिंदू नहीं थे!

सुरेश चव्हाणके : तो क्या थे, कहाँ से आए थे?

आजम खान : इंसान थे!

सुरेश चव्हाणके : आप अनुत्तर मत करिए।

आजम खान : न, हम इंसानों की संतान हैं! जिनका धर्म नहीं है, वो भी इंसान हैं।

सुरेश चव्हाणके : ...तो क्या कोई धर्म नहीं था!

आजम खान : किसका?

सुरेश चव्हाणके : इतनी पीढ़ी के मुसलमानों का?

आजम खान : न जाने कितने लोग रहे दुनिया में, जिनका कोई धर्म नहीं और बड़े काम किए।

सुरेश चव्हाणके : बापू का एक भजन है—'रघुपति राघव राजाराम, सबको सन्मति दे भगवान्, ईश्वर-अल्ला तेरो नाम!'

आजम खान : ...समझाइए, आर.एस.एस. को समझाइए।

सुरेश चव्हाणके : ...ये सिर्फ मंदिरों में होता है, मस्जिद में कब होगा?

आजम खान : मस्जिद में होता है...

सुरेश चव्हाणके : ईश्वर-अल्ला तेरो नाम ये कब होगा मस्जिदों में? अयोध्या में प्रभु राम, जो करोड़ों हिंदुओं की आस्था के प्रतीक हैं, एक टेंट में बैठे हैं, उस टेंट का कपड़ा बदला नहीं जा रहा।

आजम खान : ...मस्जिद गिराकर!

सुरेश चव्हाणके : ...वहाँ पर ए.सी. लगाना है।

आजम खान : ...मस्जिद गिराकर? ये राम का चरित्र होता, अगर राम होते? मस्जिद गिराते आप?

सुरेश चव्हाणके : मुसलमानों के लिए मस्जिद कोई पवित्र स्थान नहीं होता, मस्जिद बदली जा सकती है।

आजम खान : राम मस्जिद गिराते? राम मस्जिद गिराते? राम मुसलमानों को मारते? बच्चों को तेजाब में गिराते गुजरात की तरह, राम अगर होते? राम होते तो ये कुछ नहीं होता!!

सुरेश चव्हाणके : अब आप ज्यादा गुजरात-गुजरात मत करिए, क्योंकि गुजरात से ज्यादा बड़े कांड तो उत्तर प्रदेश में हो गए। सबसे बड़े कांड तो यू.पी. में··· मथुरा अकेले इतना बड़ा कांड हो गया।

आजम खान : वो अलग सवाल है और हम आपको ये भी बतला दें···

सुरेश चव्हाणके : यदि राम के प्रति इतनी आस्था है तो उत्तर प्रदेश में राम का मंदिर बनने में आजम खान की कोई निर्णायक भूमिका होगी?

आजम खान : आपको एक आस्था और बतला दें और इस्लाम के बारे में बतला दें; एक सौ एक लाख बीस हजार पैगंबर आए हैं दुनिया में, ये कुरान कहता है।

कुरान के हर शब्द पर हमारा ईमान है, अगर एक शब्द हम नहीं मानते तो हम मुसलमान नहीं हैं।

कुरान कहता है, लगभग एक लाख बीस हजार पैगंबर आए, जिनमें चंद के नाम कुरान में हैं, तकरीबन बीस नाम; एक लाख बीस हजार में से बीस को कम कर दें, बाकी वो नाम हैं, जो कुरान में नहीं लिखे हैं, उनमें राम भी हो सकते हैं, उनमें कृष्णजी भी हो सकते हैं···

सुरेश चव्हाणके : ···तो उनका मंदिर बनाने में कोई···

आजम खान : ···भी हो सकते हैं···

सुरेश चव्हाणके : उनका मंदिर बनाने में कोई भूमिका हो? मुलायम सिंह बनाना चाहते हैं, लेकिन आजम खान आड़े आते हैं, ऐसा लोग कहते हैं।

आजम खान : ···मस्जिद गिराकर?

सुरेश चव्हाणके : ···ये तो गिर गया न, अभी क्या?

आजम खान : ···बहुत सम्मान है? इतने बहुमत का हिंदुस्तान, एक बाईस सौ साल पुरानी इमारत को डायनामाइट से उड़ा दिया···ये है···ये है···ये बहादुरी है आपकी?

सुरेश चव्हाणके : 36,000···

आजम खान : 500 मीटर तक; 22/23 दिसंबर, 1949 की रात तक नमाज हुई है और सुबह मूर्तियाँ रखी मिलीं। 500 मीटर तक मुसलमान नहीं जा सकता।

सुरेश चव्हाणके : ...अच्छा मानिए...

आजम खान : ...500 मीटर तक एग्जीक्यूटिव ऑर्डर से मुसलमान नहीं जा सकता। एक भीड़ जाकर वहाँ मस्जिद को गिरा देती है, क्या बहादुरी है!

सुरेश चव्हाणके : अच्छा मानिए कि एक बिल्डिंग को बम लगाकर उड़ा दिया, किसी इंसान पर तो बम नहीं फेंका न! इस्लाम के नाम पर कितने बम धमाके, क्या-क्या, गले काटे जा रहे हैं।

आजम खान : ...देखिए, मन की बात आ गई न, वो सब आपके लोग हैं।

सुरेश चव्हाणके : IS हमारे लोग हैं?

आजम खान : हाँ!

सुरेश चव्हाणके : अलकायदा हमारे लोग हैं?

आजम खान : अरे! ये भी सामने आ जाएगा कि अलकायदा के लोग किसके हैं। ये तो सामने आ गया कि बीजेपी के एम.पी. दाऊद से कितनी बार बात करते हैं एक महीने में। प्रधानमंत्रीजी पाकिस्तान गए थे, बिना किसी इन्फॉर्मेशन के। उस कमरे में कौन-कौन लोग थे। आई चैलेंज्ड कि आप फोटो रिलीज कीजिए।

सुरेश चव्हाणके : ...नहीं, ये तो आपका एक...हम मीडियावाले हैं, लेकिन हमसे ज्यादा आपकी होशियारी है। मीडिया में हमसे ज्यादा आप बने रहते हैं और इसीलिए दाऊद का और मोदी का नाम जोड़ दिया।

आजम खान : तो क्यों नहीं फोटो रिलीज करते? प्रधानमंत्री...

सुरेश चव्हाणके : ...अब जो फोटो है ही नहीं, वो कैसे रिलीज होगा?

आजम खान : क्यों नहीं है फोटो? सबूत नहीं रखना...

सुरेश चव्हाणके : मैं आपको चैलेंज करता हूँ, आप करिए रिलीज। जिस सोर्स ने आपको बताया है कि दाऊद और मोदी एक साथ थे, वो फोटो दे दे।

आजम खान : हमारे देश का प्राइम मिनिस्टर पाकिस्तान के प्राइम मिनिस्टर के साथ मिलता है और कोई फोटो नहीं है। इज दिस नॉट अ कॉन्सपिरेसी?

सुरेश चव्हाणके : वीडियो हैं।

आजम खान : कहाँ हैं?

सुरेश चव्हाणके : सारे चलाए न!

आजम खान : कहाँ है वीडियो?

सुरेश चव्हाणके : सारे चैनलों ने चलाए।

आजम खान : उस कमरे का कहाँ है?

सुरेश चव्हाणके : आप रिलीज करिए।

आजम खान : मैं रिलीज करूँ। मैं गया था पाकिस्तान?

सुरेश चव्हाणके : आपने आरोप लगाया है तो आप रिलीज करिए न!

सुरेश चव्हाणके : पाकिस्तान जाने के लिए तो आप खुद कह रहे हैं, जाना चाहते हैं, हम कहें, पाकिस्तान चले जाओ तो आप गुस्सा होते हैं और आप कहते हैं कि मोदीजी मुझे लेके जाते नहीं।

आजम खान : मैंने कहाँ कहा?

सुरेश चव्हाणके : अभी तो आपने कहा।

आजम खान : वो तो फोटो के लिए कह रहा हूँ।

सुरेश चव्हाणके : फिर आप कह रहे हैं कि एक इतने बड़े नेता को···

आजम खान : मेरे परिवार के लोग पाकिस्तान में हैं। मैं सगी बहन के बच्चों को नहीं पहचानता। उनकी कहाँ शादियाँ हुईं, ये भी नहीं जानता। आज तक पाकिस्तान नहीं गया, लेकिन हमारे प्राइम मिनिस्टर बगैर सिक्योरिटी के क्लीयरेंस लिये अपने दोस्त से मिलने चलने जाते हैं। उनकी माँ के लिए मालियाबादी आम ले जाते हैं, कश्मीर की शॉल ले जाते हैं और सरहदों पर लोग मारे जाते हैं। उन्होंने तो कहा ये था कि प्रधानमंत्री बनने के सौ दिन के अंदर पाकिस्तान का अस्तित्व खत्म कर दूँगा। कहाँ है?

सुरेश चव्हाणके : ···नहीं, नहीं, सिक्यूरिटी ले जाने की क्या जरूरत? शेर कभी देखता नहीं इधर-उधर, शेर तो···

आजम खान : अरे जानवर है शेर! इंसान बनो!

सुरेश चव्हाणके : हा-हा-हा···

आजम खान : जानवर है शेर! जानवर नहीं बनना, इंसान बनना है।

सुरेश चव्हाणके : आप बड़ी इंसानियत दिखा रहे हैं लोगों को। देखिए, वहाँ पर मुलायम सिंह के नाम से ह्यूमैनिटी फैकल्टी आपने खोला है। मुलायम सिंह के नाम से ह्यूमैनिटी नाम का अगर कुछ है तो यहाँ है।

आजम खान : बुरा है?

सुरेश चव्हाणके : मुल्ला मुलायम कहते हैं न! मुल्ला मुलायम···

आजम खान : बुरा है?

सुरेश चव्हाणके : नहीं, अगर काम अच्छा हो रहा है तो नहीं है।

आजम खान : आपको वो हिंदू भी पसंद नहीं हैं, जो किसी मुसलमान के लिए हमदर्दी रखते हैं।

सुरेश चव्हाणके : नहीं, ऐसा हम नहीं कहते हैं। यह हिंदू ही रख सकता है, ये भी मैं आपको बताता हूँ। आपका ये काम अच्छा है, इसमें हम आपके साथ हैं। इसमें हम आपके साथ हैं।

आजम खान : हमारा कोई बुरा काम तो बताइए।

सुरेश चव्हाणके : बताएँगे न, दिखाएँगे अभी लोगों को। एक बात माननी पड़ेगी, आप राजनीतिक दृष्टिकोण से बड़े चतुर हैं। जनरली, जो गुरु होता है न, चेला उसका धर्म अपनाता है। उसके जैसा बनना चाहता है। आप एक ऐसे चेले हैं मुलायम सिंह के, आपने, आजम खान ने, मुलायम सिंह को मुल्ला मुलायम बना दिया। कितना प्रेम भरा है मुसलमानों के अंदर…

आजम खान : मुल्ला मुलायम बनाने से कोई लाभ नहीं हुआ, राजनीतिक लाभ नहीं मिला।

सुरेश चव्हाणके : क्यों? आज आप मुख्यमंत्री हैं। नाम के नहीं हैं बस!

आजम खान : अरे कहाँ? अच्छा, अब आपका ये षड्यंत्र भी है कि मैं मंत्री से भी निकाला जाऊँ!

सुरेश चव्हाणके : आपको प्रधानमंत्री बनना होगा तो ये मंत्री तो छोड़ना होगा न!

आजम खान : पहले तो ये कहा जाता था कि उत्तर प्रदेश के साढ़े चार मुख्यमंत्री हैं और ये अखिलेश यादव आधे हैं, उन चार में से एक मैं था, अब भी क्या यही राय है?

सुरेश चव्हाणके : हाँ! आज मुख्यमंत्री से ज्यादा भीड़ आपके पास है।

आजम खान : इसलिए कि मैं लोगों के काम आता हूँ, इसलिए कि मैं झूठ नहीं बोलता, इसलिए कि मैं सच्चा हूँ और मेरे दामन पर कोई दाग नहीं है।

सुरेश चव्हाणके : इसलिए भी कि मुख्यमंत्री के पास कुछ है ही नहीं; जो साइन करने से डरता है; जो फाइल पर खुद साइन करने के बजाय सेक्रेटरी से साइन करवाता है, ऐसा तो मुख्यमंत्री है।

आजम खान : ऐसा नहीं है। वो तो उनके सिस्टम का एक हिस्सा है। ये तरीका रहता है। सारे विभाग नहीं देख सकता मुख्यमंत्री!

सुरेश चव्हाणके : मुलायम सिंह को आपने वोटों का एक गट्ठा, पूरे वोट बैंक बनाकर आप मुलायम सिंह के साथ ऐसे खड़े हैं कि मुलायम सिंह आपको छोड़ नहीं सकते। अमर सिंह को गले लगाना हो तो भी आपकी परमिशन चाहिए।

आजम खान : नहीं, मेरी परमिशन नहीं है।

सुरेश चव्हाणके : शायद इस बार परमिशन नहीं है ?

आजम खान : नहीं, बिल्कुल नहीं! स्टिल आई डोंट एग्री!

सुरेश चव्हाणके : अच्छा! ऐसा क्या बुरा है अमर सिंह में? शेरो-शायरी करते हैं, लोगों के शौक पूरे करते हैं। अच्छा बोलते हैं।

आजम खान : ...शेरो-शायरी, जो ट्रक के पीछे लिखी होती है, वो वाली ?

सुरेश चव्हाणके : देखिए, आदमी अगर एकदम घटिया होता तो मुलायम सिंह को इतना प्यारा क्यों होता ? जब मुलायम सिंह दल में न रहते हुए उनको अपने दिल में रखते हैं तो कुछ तो है अमर सिंह में!

आजम खान : (मौन हो जाते हैं) !

सुरेश चव्हाणके : आपका मौन कुछ कहना चाह रहा है ?...आप बोलना नहीं चाह रहे अमर सिंह पर ?

आजम खान : जरूरी थोड़े ही है कि हर बात पर कुछ बोला जाए ?

सुरेश चव्हाणके : आप राज्यसभा में भेज रहे हैं उनको नेता बनाकर के। अब समाजवादी पार्टी की जो पॉलिटिकल अफेयर डील्स होंगी वो अमर सिंह करेंगे।

आजम खान : जितने अपमानित होकर वो जा रहे हैं, अगर मेरे साथ ऐसा होता तो मैं जिंदगी भर प्रधान भी नहीं बनता।

सुरेश चव्हाणके : हँसते हुए, अपमानित तो आपको भी किया गया था, जब पार्टी छोड़ी थी।

आजम खान : छोड़ी नहीं थी; मैं निकाला गया था।

सुरेश चव्हाणके : हाँ, इसी मुलायम सिंह के लिए।

आजम खान : मैं नेताजी को भी दुरुस्त कर देता हूँ, जब वो कहते हैं कि मैंने छोड़ी थी; मैं कहता हूँ कि नहीं नेताजी, मैंने पार्टी छोड़ी नहीं थी, आपने मुझे निकाला था।

सुरेश चव्हाणके : आप तो नेताजी को मालिक कहते हैं पार्टी के; इतना स्वाभिमानी व्यक्ति एक मालिक के नीचे राजनीति की नौकरी क्यों कर रहा है ?

आजम खान : क्या करें ?

सुरेश चव्हाणके : खुद अपना दल बनाएँ!

आजम खान : दल के प्रधानमंत्री हैं हम।

सुरेश चव्हाणके : नहीं, खुद दल बनाइए, लड़िए! इतना बड़ा वोटबैंक है···

आजम खान : *(बच्चों की ओर इशारा करते हुए)* बच्चों का भविष्य देखें या दल बनाएँ?

सुरेश चव्हाणके : नहीं, ये तो देखिए, ये तो आपके रिटायरमेंट का प्लान होना चाहिए।

आजम खान : क्यों? क्यों?

सुरेश चव्हाणके : रिटायरमेंट के बाद देखिए इनका भविष्य। अभी तो राजनीति करिए···

आजम खान : किसी ने रिटायरमेंट के बाद इतना बड़ा काम किया हो, उसका नाम बता दीजिए।

सुरेश चव्हाणके : ये तो ठीक है, ये तो जीवित रहते भी नहीं किया है। ये तो मानना पड़ेगा कि वैचारिक दृष्टिकोण से विरोधी हैं, लेकिन जो यूनिवर्सिटी का आपका काम है···

आजम खान : हमारे साथ रहेंगे तो हमारे विचारों के साथ हो जाएँगे, क्योंकि हम इतने अच्छे इंसान हैं।

सुरेश चव्हाणके : नहीं देखिए, हमारा अपना होने के लिए बहुत कुछ बदलना पड़ेगा।

आजम खान : क्या बदलना पड़ेगा, बस कुरते का रंग ही तो बदलना पड़ेगा!

सुरेश चव्हाणके : रंग की कोई बात नहीं है, मुझे तो बड़ा विस्मय लगा कि आपने काला रंग क्यों पहना हुआ है, ये तो IS वाले पहनते हैं।

आजम खान : ये हमेशा मैं काली वर्दी पहनता हूँ, क्योंकि प्रोफेट पहनते थे।

सुरेश चव्हाणके : लेकिन आजकल ये पहन के लोग गलत काम कर रहे हैं।

आजम खान : मेरे प्रोफेट पहनते थे, इसलिए मैं पहनता हूँ और बाकी लोग क्यों पहनते हैं, ये मैं नहीं जानता।

सुरेश चव्हाणके : *(हँसते हुए)* राजनीति की बात को कंटिन्यू करते हैं। सुना है कि उत्तर प्रदेश के चुनाव में मुख्यमंत्री के तौर पर आजम खान को प्रोजेक्ट किया जाएगा और समर्थन देने के लिए देशद्रोही ओवैसी की पार्टी रहेगी और वो दिल्ली की जामा मस्जिद का इमाम, जो जन्म के अधिकार पर वहाँ बैठकर इस्लाम की

कितनी बदनामी कर रहा है, जिसकी कोई क्रेडिबिलिटी नहीं है, वो आदमी आपको प्रोजेक्ट कर रहा है।

आजम खान : दोनों आपके हैं।

सुरेश चव्हाणके : ये क्या बोल रहे हैं आप? दोनों सुरेश चव्हाणके के सामने आने की हिम्मत नहीं करते हैं।

आजम खान : दोनों आपके हैं।

सुरेश चव्हाणके : मैं चैलेंज कर रहा हूँ कि दोनों को 'चलते-चलते' हुए में…

आजम खान : एक सौ पच्चीस करोड़ का हिंदुस्तान, जिसमें हिंदू-मुसलमान सब मिलकर रहते हैं, इसमें सब जानते हैं कि आप इनके हैं और ये आपके हैं।

सुरेश चव्हाणके : …वे आ नहीं सकते सामने! वे चोर हैं।

आजम खान : …जो भी हैं, वे आपके हैं। वे आपके हैं और आपके काम आएँगे। वे आपके हैं और आप उनके हैं।

सुरेश चव्हाणके : …लेकिन वो आपको मुख्यमंत्री का कैंडिडेट बनाना चाहते हैं।

आजम खान : आप जिन दिल्लीवालों की बात कर रहे हैं, उन्हें दो पेट्रोल पंप, दो गैस एजेंसियाँ किस सरकार के मंत्री ने दी?

सुरेश चव्हाणके : ये मैं नहीं जानता।

आजम खान : मैं जानता हूँ! 'आपकी सरकार' के मंत्री ने, जो अभी गवर्नर हैं उत्तर प्रदेश के।

सुरेश चव्हाणके : आप हमारी सरकार के मंत्री क्यों कह रहे हैं? मैं तो एक पत्रकार हूँ, मेरा राजनीति से क्या संबंध। मैं एक हिंदुत्ववादी हूँ और हिंदुत्ववादी हूँ, इसलिए एक मुसलमान से ईमानदारी से बात करने के लिए तैयार हूँ।

आजम खान : कमजोर बात है, आप अपने ऑर्गेनाईजेशन से दामन छुड़ा ही नहीं रहे।

आजम खान : बिल्कुल नहीं, संघ की बात करें तो मैं स्वयंसेवक था, स्वयंसेवक हूँ और स्वयंसेवक रहूँगा और स्वयंसेवक होने का मुझे कोई नुकसान मंजूर है, कोई फायदा मंजूर नहीं है। आजम खान के सामने कह रहा हूँ, मैं स्वयंसेवक हूँ।

आजम खान : आप समाजवादी हो जाइए न!

सुरेश चव्हाणके : इसके लिए समाजवादी होने की क्या जरूरत है? संघ का स्वयंसेवक होना अपने आप में एक परिचय है।

आजम खान : यही फर्क है कि संघ का स्वयंसेवक समाजवादी नहीं है।

सुरेश चव्हाणके : हिंदुत्व में समाजवाद है, हिंदुत्व में मानवतावाद है। हिंदुत्व में सबकुछ है। प्रधानमंत्री तो संन्यासी व्यक्ति हैं, सबकुछ छोड़ चुके हैं। देश के लिए इतना काम करनेवाला प्रधानमंत्री कहाँ मिलता है! आपका मुख्यमंत्री पाँच बजे के बाद टेनिस खेलने जाता है, स्विमिंग करने जाता है।···अठारह घंटे काम करते हैं।

आजम खान : हमारा प्रधानमंत्री देश में रहता ही नहीं है।

सुरेश चव्हाणके : ···कहीं भी रहे, देश के लिए है, देश के लिए है।

आजम खान : अफगानिस्तान चले जाएँ, बिना बताए पाकिस्तान चले जाएँ, किसी के साथ···

सुरेश चव्हाणके : ···सऊदी अरेबिया चले जाएँ, ईरान चले जाएँ। ये सारे दुनिया के मुसलमान मोदी से प्रेम करते हैं; हिंदुस्थान के मुसलमान नहीं करते। क्या भारत के आतंकी मुसलमान नहीं करते न! आप तो मोदी के खिलाफ हमेशा बोलते रहते हैं, क्या मोदी ने एक भी अच्छा काम नहीं किया? हम भी स्वीकार करते हैं कि आपने ने कुछ काम अच्छा किया।

आजम खान : ···सेल्फी लेना सिखाया।

सुरेश चव्हाणके : देखिए, मन बड़ा करिए।

आजम खान : ···दो काम किए···

सुरेश चव्हाणके : ···क्या मोदीजी ने कोई भी अच्छा काम नहीं किया?

आजम खान : क्या किया?

सुरेश चव्हाणके : अठारह घंटे काम करते हैं···

आजम खान : ···वो तो एक रिक्शा चलानेवाला भी करता है।

सुरेश चव्हाणके : देश चला रहे हैं, रिक्शा नहीं चला रहे!

आजम खान : हम रिक्शावालों को ई-रिक्शा बगैर एक रुपया लिये दे रहे हैं और आपके देश के प्रधानमंत्री···

सुरेश चव्हाणके : ···आपके देश के नहीं, हमारे देश के···

आजम खान : ···चलिए, हाँ···

सुरेश चव्हाणके : ···चलिए नहीं, हमारे देश के कहिए। इस देश के सारे संसाधनों पर मुसलमानों का बराबर का अधिकार है, ऐसा प्रधानमंत्री ने कहा।

आजम खान : इसीलिए अलीगढ़ मुस्लिम यूनिवर्सिटी और जामिया मिल्लिया इस्लामिया को खत्म कर दिया, ताकि मुसलमान पढ़ न सकें, मजदूरी करें सड़कों पर।

सुरेश चव्हाणके : क्यों, क्या आपके यहाँ हिंदू नहीं पढ़ते? आप तो स्वाभिमान से कहते हैं कि आपके यहाँ हिंदू पढ़ते हैं!

आजम खान : ...ये इंस्टीट्यूशन मोदीजी ने नहीं बनाया है और हम इस बात के लिए फिक्रमंद भी हैं और डरे हुए भी हैं कि जिस दिन उनकी नजर इस पर पड़ जाएगी, पता नहीं इसका क्या अंजाम होगा।

सुरेश चव्हाणके : ये पूरा हो जाएगा, आपको और मदद मिल जाएगी।

आजम खान : किससे?

सुरेश चव्हाणके : सरकार से...

आजम खान : कौन सी सरकार?

सुरेश चव्हाणके : हिंदुस्थान की...

आजम खान : गवर्नर ने सिग्नेचर कर दिए थे तो प्रधानमंत्री की डाँट पड़ी थी गवर्नर पर।

सुरेश चव्हाणके : वो तो पुराने प्रधानमंत्री थे।

आजम खान : नरेंद्र मोदीजी थे।

सुरेश चव्हाणके : अच्छा, इनके कार्यकाल में! यदि चाहें तो अभी भी रोक सकते हैं, लेकिन मुझे नहीं लगता कि मोदीजी ऐसा कुछ करेंगे।

आजम खान : नहीं रोक सकते, क्योंकि देश कानून से भी चलता है।

सुरेश चव्हाणके : और मोदीजी हैं, इसलिए कानून से चलता है, नहीं तो ऐसे भी लोग थे, जो कानून ताक पर रखकर न जाने क्या-क्या चलाते थे।

आजम खान : ऐसा कानून, जिसमें देश का प्रधानमंत्री नेशनल-इंटरनेशनल क्लीयरेंस लिये बगैर दुश्मन मुल्क में अपना जहाज उतार ले, अगर कुछ हो जाता? अगर प्रधानमंत्री को जरा सी फाँस लग जाती! हिंदुस्तान में लाखों मुसलमान मार दिए गए होते।

सुरेश चव्हाणके : अच्छा, आपको ये चिंता है, मुझे लगा आप मोदीजी की चिंता कर रहे हैं। मोदी की सिक्योरिटी की। आपकी चिंता भारत के मुसलमानों के लिए थी।

आजम खान : क्यों नहीं होनी चाहिए? गुजरात की तरह मारे जाएँ!

सुरेश चव्हाणके : प्रधानमंत्री की नहीं है?

आजम खान : प्रधानमंत्री तो ऐसी जगह चले गए, जहाँ वो सेफ थे। वो तो आतंकवादियों में चले गए, उन्हें कौन कुछ कर लेगा, वे तो सेफ थे। नवाज शरीफ के यहाँ चले गए और उन्हीं के यहाँ खतरा है, लेकिन अगर प्रधानमंत्री को कुछ हो जाता तो क्या होता देश में? आपको पता है, जब गांधीजी की हत्या हुई थी, तब लोग जमा होना शुरू हो गए थे और हथियार भी इकट्ठे होना शुरू हो गए थे। मौलाना अबुल कलाम आजाद भी थे, प्रधानमंत्री नेहरू साहब के पास और बाजुओं से पकड़कर उठा लिया, क्या करते वो? कहा, 'चलिए ऑल इंडिया रेडियो।' ऑल इंडिया रेडियो लाए और कहा; डायरेक्ट टेलीकास्ट हुआ, उस समय प्रधानमंत्री का कि बापू की हत्या एक सिरफिरे नाथूराम गोडसे ने की है! नतीजा यह हुआ कि नफरत का तूफान जो उठा था, वो दब गया।

सुरेश चव्हाणके : लेकिन यह भी कहा जाता है कि वहाँ एक एक्स्ट्रा गोली भी मिली थी, जो नाथूराम की बंदूक से ज्यादा थी, तब के राजनेता भी नहीं चाह रहे थे कि गांधी जीवित रहें।

आजम खान : देखिए, आर.एस.एस. से कोई नहीं जीत सकता!

सुरेश चव्हाणके : क्यों?

आजम खान : आपको जो अंग्रेज कह देगा, आप वही कहोगे। बापू की हत्या को भी आपने इससे जोड़ दिया, क्योंकि बापू को आप मानते ही नहीं! आप तो नाथूराम गोडसे के माननेवाले हैं...

सुरेश चव्हाणके : एक्स्ट्रा गोली मिली थी वहाँ!

आजम खान : आप तो बापू के हत्यारे को सम्मान देते हैं।

सुरेश चव्हाणके : देखिए, हम तो, हम तो बापू को जितना मानना चाहिए, उतना मानते हैं। हम सिर्फ इतना नहीं मानते कि 'दे दी हमें आजादी बिना खड्ग, बिना ढाल, साबरमती के संत तूने कर दिया कमाल'!

हम इस देश में...तलवार चलाकर, इस देश के लिए अपने शरीर में बम बाँधकर, ब्रिटिशों को भगानेवाले क्रांतिकारी को नहीं भूलना चाहते और उसमें मुसलमान भी था, उसका भी हमें अभिमान है।

आजम खान : आर.एस.एस. ब्रिटिशर्स के खिलाफ था ही नहीं!

सुरेश चव्हाणके : क्या बता रहे हैं आप! यही तो आपकी खासियत है। एक झूठ को आप बार-बार, बार-बार बोलकर सच साबित करना चाहते हैं।

आजम खान : अच्छी बात है आर.एस.एस. ने अपना उसूल मेरे ऊपर तय कर दिया।

सुरेश चव्हाणके : सीख लीजिए आप…

आजम खान : सीख रहा हूँ। आप ही से तो सीख रहा हूँ, तभी तो जिंदा हूँ!

सुरेश चव्हाणके : गांधी के साथ क्रांतिकारियों की तो बात करिए।

आजम खान : बापू के हत्यारे को सम्मान देंगे, बापू से ज्यादा?

सुरेश चव्हाणके : कभी नहीं कहा।

आजम खान : क्यों?

सुरेश चव्हाणके : देखिए, हमने बापू से ज्यादा नहीं दिया, हालाँकि नाथूराम कोई सिरफिरा नहीं था; नाथूराम कोई गुंडा नहीं था; नाथूराम कोई आतंकवादी नहीं था। वो तीन पुस्तक लिख चुका था। नाथूराम एक पेपर का संपादक था। नाथूराम एक बुद्धिजीवी था…

आजम खान : बापू की हत्या करनेवाले को आप हत्यारा नहीं कहेंगे?

सुरेश चव्हाणके : नहीं, हत्यारा तो वो है, उन्होंने फाँसी भी ली और उनको पता था, उन्होंने अपने भाषण में, अपने पत्र में कहा है कि मैं ऐसा काम करने जा रहा हूँ कि मुझे इससे सम्मान नहीं मिलेगा; शतकों तक मुझे निंदा सहनी पड़ेगी, लेकिन हिंदुस्थान के लिए ये काम जरूरी है। मैं उनका समर्थन नहीं कर रहा हूँ, मैं उनका पक्ष दे रहा हूँ।

आजम खान : 60 साल में सम्मान मिल गया, कहाँ शतक आए? 60 साल में सम्मान दे दिया आपने, कहाँ शतक आए।

सुरेश चव्हाणके : गांधीजी को भी अपनी गलतियों से भविष्य में बचना चाहिए। ये घटनाएँ प्रिय नहीं होतीं, लेकिन ऐसी घटनाएँ इतिहास बनाती हैं। इससे सीख लेनी चाहिए। इसीलिए आप गांधी बनने का प्रयास मत करिए, ना जिन्ना बनने का प्रयास करिए।

आजम खान : बापू को जिन लोगों ने सुना है, वो बापू को जान नहीं सकते। बापू को पढ़ने की जरूरत है। आर.एस.एस. के साथ एक बड़ी परेशानी ये है कि वो फुटपाथ पे रखा हुआ, जो इतना सा किताबचा होता है, उसे पढ़कर आर.एस.एस. का कार्यकर्ता बनता है। इनसे कहिए, इतिहास पढ़ें और इतिहास पढ़ने के लिए बहुत मोटी-मोटी पुस्तकें पढ़नी पड़ती हैं!

सुरेश चव्हाणके : इतिहास किसका पढ़ें? चाटुकारों का लिखा हुआ इतिहास पढ़कर के क्या फायदा है। इतिहास वो पढ़ना चाहिए, जो सच्चा था। ब्रिटिशों के जो गुलाम थे, मुगलों के जो गुलाम थे, उनका लिखा हुआ…

आजम खान : डॉ. ताराचंद को आप चाटुकार कहेंगे क्या?

सुरेश चव्हाणके : मैं नाम लेकर नहीं बुला रहा। बाबर को शहंशाह कहनेवाला, औरंगजेब जैसे दुष्ट आदमी को शहंशाह कहनेवाला इतिहास क्या हो सकता है?

आजम खान : राजा-महाराजा लेकर आए थे मुगलों को, मैं नहीं लाया था।

सुरेश चव्हाणके : वो तो जिन्होंने लाया, वो स्वार्थी थे।

आजम खान : क्यों आप मुझसे इतिहास के पन्ने उलटवाना चाहते हैं।

सुरेश चव्हाणके : नहीं, मैं आपको नहीं कह रहा, लेकिन...

आजम खान : जो लोग विदेशियों को लेकर आए थे, वो हिंदुस्तानी थे। विदेशी खुद नहीं आए थे भारत में! टीपू सुल्तान को मरवानेवाले भी हिंदुस्तानी थे।

सुरेश चव्हाणके : लूटने के लिए आए थे और आज उनका महिमामंडन हो रहा है। वो लुटेरों के नाम से बनी मस्जिद के लिए आप कह रहे हैं कि बाबरी शहीद हो गई। राम मंदिर को...

आजम खान : बाबर ने बाबरी मस्जिद नहीं बनवाई, यही नहीं मालूम आपको!

सुरेश चव्हाणके : उनके नाम से, मैं कह रहा हूँ उनके नाम की...क्यों प्रेम है, क्यों प्रेम है बाबरी मस्जिद से...

आजम खान : ...आपने नाम बदल दिया होता उसका, सुदर्शन मस्जिद रख दिया होता! क्या परेशानी थी?

सुरेश चव्हाणके : *(हँसते हैं)* ऐसा होता तो उसके अंदर एक मुसलमान भी नहीं जाता।

आजम खान : आप जानते हैं, आप कितने कट्टर हैं?

सुरेश चव्हाणके : नहीं, मैं हूँ। मैं इतना कट्टर हूँ कि...

आजम खान : मुसलमान को मंदिर में नहीं आने देंगे? लेकिन हमारी मस्जिद में कोई भी हिंदू भाई जा सकता है।

सुरेश चव्हाणके : मैं आजम खान को कहता हूँ, अभी इस वक्त हम लाइव कैमरे में जाएँगे; दुनिया का कोई भी मंदिर आपको आने से रोकेगा नहीं।

आजम खान : अरे, हिंदुओं को रोकेंगे। मैं तो मुसलमान हूँ।

सुरेश चव्हाणके : नहीं, कोई नहीं रोकेगा। एक मस्जिद में सुरेश चव्हाणके को लेकर जाइए।

आजम खान : ...उस मस्जिद में अगर रोक दिए जाएँ तो वो मस्जिद ही नहीं होगी।

सुरेश चव्हाणके : ···रोके जाते हैं। प्रवेश ही नहीं है। अपनी महिलाओं को प्रवेश नहीं है।

आजम खान : आपने बहस ही बदल दी। किसने कहा कि महिलाओं को रोका जाता है ? मस्जिद में महिलाओं और मर्दों की एक साथ जमात होती है। आप खाना-ए-काबा में चले जाइए। मस्जिद-ए-नबी में चले जाइए, लेकिन हाँ, कंधे-से-कंधा मिलाकर आप नहीं खड़े होते, रसूउल्लाह के जमाने में हुआ करते थे, जब अखलाकी तौर पर समाज खराब होने लगा, तब महिलाओं को अलग खड़ा किया जाने लगा, लेकिन मस्जिद में औरतें नमाज के लिए अलाउड हैं।

सुरेश चव्हाणके : खैर, हम धार्मिक मसले पर ही ज्यादा बात कर रहे हैं, क्योंकि···

आजम खान : ···आपकी दोस्ती हुई भी तो दिल्ली के इमाम से! आपकी दोस्ती हुई तो हैदराबाद की बिरयानीवाले से।

सुरेश चव्हाणके : बिल्कुल नहीं! मैं एज अ सुरेश चव्हाणके बताता हूँ, इन दोनों को मैं देशद्रोही, नमकहराम कहता हूँ। ये कभी भी हिंदुस्थान के नहीं हो सकते। जो परिवार के नहीं हो सकते।

आजम खान : आर.एस.एस. का नमक खाते हैं।

सुरेश चव्हाणके : ···तो उसके भी हराम हो गए न, अगर ऐसा है तो!

आजम खान : ···तो फिर हम क्या करें, हमारी तो मजबूरी है।

सुरेश चव्हाणके : हमें एक समय ये चलेगा कि मुँह पर बोलनेवाला आदमी चलेगा, लेकिन आप अगर काम अच्छा करने का दावा करते हैं तो अच्छा बोलिए न, अच्छा बोलने में क्या दिक्कत है।

आजम खान : भारत में कोई मूवमेंट अगर हथियार के साथ चलता है, अगर दहशत के नाम से चलता है तो भारत का हितैषी नहीं है।

सुरेश चव्हाणके : मदरसों में पढ़ाया जाता है। किसी संघ की शाखा में, किसी संघ के विद्यालय में शस्त्र नहीं दिया जाता। प्रधानमंत्री बनना है तो बनिए न! सीधा होके, हिम्मत से बनिए। हौसला रखिए। टक्कर दीजिए। ये सारा हेटर्ड फैलाने के लिए, मुसलमानों के लिए तो है, फिर भी हम ये मानते हैं कि आज हिंदुस्थान में मुसलमानों का कोई आपसे बड़ा नेता नहीं है, ये फैक्ट है।

आजम खान : जो हिंदू मेरे पास आ जाते हैं, मैं उनका भी नेता हो जाता हूँ, क्योंकि वो मुझे समझ लेते हैं।

सुरेश चव्हाणके : ···अभी तक ऐसे हिंदू दिखे हैं, मिले नहीं हैं।

आजम खान : आप दस बार मिल लीजिए मुझसे; मैं आपसे मिलूँगा, फिर देखूँगा, आप कैसे बुरा कह लेंगे मुझे।

सुरेश चव्हाणके : मिलूँगा न!

आजम खान : आई चैलेंज, इसलिए कि हम तो बिल्कुल खुली पुस्तक हैं। आप हमारे घर में चलिए, रहकर देखिए कैसा घर है हमारा, कैसा जीवन है। आप हमारे साथ रहिए। हमारी सिक्योरिटी में शायद एक-दो हिंदू हों। सरकार चली जाती है तो, सिर्फ एक रोशनलाल नाम का है, जो हमारे साथ रहता है। हम तो कभी मुसलमान को नहीं रखते। बताइए, आपके प्रधानमंत्री ने, आर.एस.एस. के नेताओं ने कितने मुसलमानों को रखा है?

सुरेश चव्हाणके : नहीं, और लोगों का तो मुझे नहीं पता, मेरी सिक्योरिटी में कभी मुस्लिम भी सिक्योरिटी में आ जाते हैं तो मुझे लगता है···

आजम खान : वो तो रुटीन वे में आ जाते होंगे, लेकिन मेरी इच्छा से रहते हैं।

सुरेश चव्हाणके : फिर ऐसे अगर आजम खान हैं तो ऐसे आजम खान क्यों नहीं दिखते?

आजम खान : ऐसा ही है। आप नहीं देखते, क्योंकि उससे आपका कोई फायदा नहीं है।

सुरेश चव्हाणके : हम बिना ब्रेक चला रहे हैं और तीन बार अब तक मैं बोल चुका हूँ कि ऐसे शैक्षणिक काम के लिए, कोई भी ये काम करे, हम वहाँ पर आजम खान है या कौन है, ये नहीं देखते। काम अगर अच्छा है तो उसकी मदद होनी चाहिए।

आजम खान : हमने अपने पूरे जीवन में एक भी हिंदू को नुकसान पहुँचाया हो, अपनी कलम से या अपनी जुबान से, अपने से, आप मुझे उसका नाम बता दें।

सुरेश चव्हाणके : मोदी इतना अच्छा काम कर रहे हैं, आप उनको नुकसान ही तो पहुँचा रहे हैं।

आजम खान : अरे, आप क्योंकि मोदीजी से नाराज हैं, इसलिए बार-बार ये प्रश्न कर रहे हैं। आर.एस.एस. से उनकी लड़ाई है। वो कहते हैं कि मैं आर.एस.एस. से ऊपर हूँ। आर.एस.एस.···

सुरेश चव्हाणके : *(हँसते हैं)।*

आजम खान : आप ये प्रश्न बार-बार करकर मुझसे ये सुनना चाहते हैं, जिसे सुनकर आर.एस.एस. खुश हो आपकी, मोदी नाराज हों।

सुरेश चव्हाणके : ···तो आपको मोदीजी की नाराजगी की कहाँ चिंता है?

आजम खान : नहीं, चिंता है। देश का बादशाह नाराज हो जाएगा तो प्रजा का क्या होगा? मोदीजी प्रधानमंत्री नहीं हैं, बादशाह हैं। बताओ, इतना महँगा सूट कौन पहनता है?

सुरेश चव्हाणके : *(हँसते हुए)* उन्होंने एक सूट पहन लिया, वो भी गिफ्ट का और बेचा···

और वो भी बेचा कितने में, फिर आप कहेंगे कि प्रधानमंत्री बिजनेस करते हैं।

आजम खान : ये अच्छी बात है? देश के बादशाह के कपड़े नीलाम हों, ये अच्छी बात है?

सुरेश चव्हाणके : अगर यूनिवर्सिटी की मदद के लिए आपके ऊपर प्रेम करनेवाला आपका कोई फैन आपकी इस जैकेट को अधिक पैसे देकर खरीदना चाहे तो इस यूनिवर्सिटी की मदद के लिए आपको वो जैकेट देनी चाहिए।

आजम खान : वो मुझे जलील करना चाहता होगा, अगर उसे देना होगा तो वो बगैर इस जैकेट को लिये देगा, लेकिन क्योंकि वो घटिया आदमी है, वो मेरी जैकेट खरीदना चाहता है, इसलिए ऐसे घटिया आदमी की कोई मदद नहीं···

सुरेश चव्हाणके : आपको ऐसा क्यों लगता है कि लोग आपके खिलाफ हैं? आपके कपड़े उतारना चाहते हैं?

आजम खान : जो किसी के लिबास खरीदते हैं, किसी के कपड़े खरीदते हैं और फिर देखते हैं पैंट उठाकर कि इसमें बाईं टाँग थी, इसमें दाहिनी टाँग थी और ये देखो इसमें क्या-क्या था! इससे सम्मान नहीं बढ़ता!

सुरेश चव्हाणके : आपको क्यों लगता है कि आपके खिलाफ, आपके पार्टी में भी आपके खिलाफ षड्यंत्र होता है, आपको लगता है। आपके···

आजम खान : मैंने तो कभी नहीं कहा; आप कह रहे हैं।

सुरेश चव्हाणके : नहीं, आप तो कह रहे हैं न कि अमर सिंह को आपकी इच्छा के बगैर ले लिया तो आपके खिलाफ ही हो रहा है।

आजम खान : बहुत से काम इच्छा के बगैर होते हैं। पार्लियामेंट्री बोर्ड में अक्सरियत से जो तय हो जाए, मेरा रेजोल्यूशन है, मेरा रेजोल्यूशन है।

सुरेश चव्हाणके : लेकिन आप मुसलमानों से चंदा लेते नहीं हैं, ऐसा भी सुना है।

आजम खान : घटिया से नहीं लेता।

सुरेश चव्हाणके : क्यों?

आजम खान : नहीं लेता; अब वो दिल्लीवाला देगा तो थोड़े ले लूँगा? वो बिरयानीवाला देगा तो कैसे ले लूँगा, वो तो आपका आदमी है, उससे कैसे ले लूँगा?

सुरेश चव्हाणके : *(हँसते हुए)*, जो अपने माँ-बाप का नहीं, जो अपने धर्म का नहीं, वो मेरा क्या हो सकता है?

आजम खान : आर.एस.एस. का है। आर.एस.एस. का है।

सुरेश चव्हाणके : खैर, ये इतना सारा जो काम बचा है; लोग कहते हैं कि आप बड़े-बड़े सपने दिखा रहे हैं, ये कैसे पूरे होंगे? अभी तो कितना काम पड़ा है।

आजम खान : हमारी जापान गवर्नमेंट से बात चल रही है, वो लोग कैंसर की यहाँ पर यूनिट लाना चाहते हैं, कैंसर की रिसर्च लैब लाना चाहते हैं, उसके ट्रीटमेंट के लिए डॉक्टर लाना चाहते हैं; अगर हो गया तो ये बहुत बड़ा काम होगा और आपको एक खुशखबरी यह भी देना चाहते हैं, हमारे जैसे मुसलमान को, जिसे आप बहुत बुरा आदमी समझते हैं, डॉ. वेणुगोपाल, जिन्होंने पहला बाईपास इंडिया में किया था, जिन्हें बाईपास का जनक कहते हैं, वो शायद किसी भी दिन हमारे मेडिकल कॉलेज को जॉइन करनेवाले हैं और वो हमसे कहते हैं कि 'अरे यार, तुम तो बड़े अच्छे आदमी हो, लोग तुम्हें बुरा क्यों कहते हैं?'

सुरेश चव्हाणके : हम भी तो कह रहे हैं अच्छे हैं, तो आप दिखिए न!

आजम खान : अब कैसे दिखें? कैसे दिखें?

सुरेश चव्हाणके : अपनी जुबान में मिठास लाइए न! विष की जो थैली रखी है, उसको जरा निकाल दीजिए बाजू में। हिंदुओं के बारे में प्रेम से बात करिए।

आजम खान : लोग कहते हैं, मैं जिससे बात कर लेता हूँ, वह मेरा हो जाता है, अब और कहाँ से प्रेम लाऊँ? अब मेरा वो प्रेम तो है नहीं, जो गोरखपुर वाले का…

सुरेश चव्हाणके : आप एक बार बात कर लेते हैं तो दो-तीन दिन आपकी ब्रेकिंग न्यूज चलती है। गोरखपुर वाले का क्या है, वो तो संन्यासी है। त्यागी आदमी है।

आजम खान : हाँ! हाँ! हाँ!

सुरेश चव्हाणके : आप उनको शादी करने की सलाह देते हैं।

आजम खान : बुरी बात है क्या?

सुरेश चव्हाणके : एक हिंदू संत को, जिसने अपना सबकुछ त्याग दिया, उसको शादी की सलाह देना, वो कोई मुल्ला-मौलवी है? चार-चार शादियाँ करे?

आजम खान : एक ही से नहीं गुजारा हो पाता, चार कौन करेगा? एक ही

परेशान कर देती है। तो शादी वो क्यों नहीं कर रहे हैं?

सुरेश चव्हाणके : नहीं, ये तो हिंदू धर्म में एक परंपरा है।

आजम खान : अगर सारे लोग शादी करने से मना कर दें तो क्या होगा, समाज तो खत्म हो जाएगा।

सुरेश चव्हाणके : नहीं, समाज तो वैसे भी डरा हुआ है। पैंतीस सालों बाद जब मुसलमान हिंदुस्थान में ज्यादा हो जाएँगे तो क्या होगा पता नहीं, वैसे भी डरा हुआ है।

आजम खान : मुसलमान चार शादियाँ करना शुरू कर दें तो पैंतीस सालों में नहीं, और पहले हो जाएगा।

सुरेश चव्हाणके : ...कर ही रहे हैं न!

आजम खान : कहाँ कर रहे हैं?

सुरेश चव्हाणके : आपका कहना है कि पाँच-छह से चार पर आ जाएँ।

आजम खान : नहीं, पाँच-छह की तो इजाजत ही नहीं है।

सुरेश चव्हाणके : अच्छा, चार की है? चार की है, चौवालीस की है।

आजम खान : हाँ, चार की है, लेकिन कहाँ करते हैं। मैं ही नहीं कर सका, दूसरा कौन हिम्मत करेगा?

सुरेश चव्हाणके : नहीं, ऐसे जो ज्यादा बोलनेवाले होते हैं, उनकी घर में कम चलती है, मैं जानता हूँ।

आजम खान : ये किसने बता दिया आपको?

सुरेश चव्हाणके : भाभीजी खुश हो जाएँगी।

आजम खान : हर शरीफ मर्द अपनी बीवी से डरता है।

सुरेश चव्हाणके : हमारी कई चीजों में भले असहमति हो, लेकिन आपने ये जो शैक्षणिक कॉम्प्लेक्स यहाँ खड़ा किया है, यूनिवर्सिटी खड़ी की है, इसको हम लोगों को दिखा रहे हैं। इसीलिए दिखा रहे हैं कि अच्छा काम कोई भी करे, उसको हम दिखाने के लिए तैयार हैं; लेकिन हम चाहते हैं कि इसके साथ-साथ आप जरा देशभक्ति का माहौल भी अपने कैंपस में लगाएँ। आपने इओनेक्स थिएटर से लेके तमाम चीजें, राष्ट्रपति भवन, साउथ ब्लॉक अपना ही खड़ा किया है। प्रधानमंत्री तो आप जब बनें, पार्लियामेंट भी आप खड़ी कर रहे हैं, तो यहाँ जरा हिंदुस्थान का भी तिरंगा लहराए। भारत माता का नाम हो, देशभक्ति बढ़े, यहाँ से निकलनेवाला जो स्टूडेंट हो, वो कभी IS में सहभागी ना हो, वो राष्ट्रधर्म के निर्माण में लग जाए, ऐसा भी कुछ करिए!

आजम खान : देखिए, कैसे ये सभ्य गालियाँ सुननी पड़ी हैं! बहरहाल, हम जो राष्ट्रध्वज लगा रहे हैं, ये देश का सबसे ऊँचा राष्ट्रध्वज होगा, 230 फीट ऊँचा होगा और 15 अगस्त को हम ही इसे चढ़ाएँगे।

सुरेश चव्हाणके : हम आशा करते हैं कि देश का तिरंगा, जो सबसे अधिक ऊँचाई पर लगा रहे हैं…

आजम खान : …मैं प्रधानमंत्री का दावेदार हूँ…आप…मुझसे बड़ा देशभक्त कौन है?

सुरेश चव्हाणके : जिन्ना ने भी यही कहा था और बन नहीं पाए तो दूसरा देश बना लिया।

आजम खान : बापू ने तो चाहा था कि देश न बँटे। मौलाना आजाद ने अन डिवाइडेड हिंदुस्तान का सपना देखा था और सपना ही नहीं देखा था, उसी को देखते-देखते मर गए थे।

सुरेश चव्हाणके : …नेहरू ने तो क्या-क्या योजनाएँ बना के रखी थीं।

आजम खान : …लेकिन आप दोनों ने, पं. जवाहरलाल नेहरू ने और सरदार पटेल साहब ने मिलकर देश बाँटा है। पाकिस्तान आपने बनाया है। हमारे पास 1947 में ऑप्शन था पाकिस्तान जाने का, आपके पास नहीं था। माफ कीजिए, आप नहीं जा सकते थे पाकिस्तान, हमारे पूर्वज जा सकते थे, हम नहीं गए पाकिस्तान, क्योंकि हमें यहाँ ये सब करना था।

सुरेश चव्हाणके : उनमें से बहुत से जो यहाँ रह गए, वो बोलते हैं कि लड़ के लिया पाकिस्तान, अब हम हँस के लेंगे हिंदुस्थान!

आजम खान : कितना मारोगे मुसलमानों को अपने ये नारे देकर आप?

सुरेश चव्हाणके : इसमें झूठ क्या है? मेरे अंदर हिम्मत है कि मैं कैमरे के सामने…

आजम खान : आपके अंदर हिम्मत नहीं है। आपके अंदर हिम्मत नहीं है। आपको ये हिम्मत दी गई है, क्योंकि आप इसी के लिए काम करते हैं।

सुरेश चव्हाणके : कौन हिम्मत देगा, हम तो उसकी *(ईश्वर की)* हिम्मत पर चलते हैं।

आजम खान : उसकी हिम्मत पर चलते तो गुजरात में मुसलमानों को क्यों मारते? गाय के गुमान पर इंसान की जान ले लेंगे?

सुरेश चव्हाणके : तो दादरी में जो फ्रिज के अंदर निकला वो गाय का मांस था न!

आजम खान : ···तो इंसान मार देंगे।

सुरेश चव्हाणके : ···गाय तो···गाय तो···

आजम खान : इंसान मार देंगे आप इसके लिए? कितने प्रदेशों में गाय कटती है कानून से। ममता बनर्जी के ओथ में गए आपके मंत्रीजी, जहाँ गाय कटती है कानून से!

सुरेश चव्हाणके : बंद होना चाहिए।

आजम खान : ये है आपका दोहरा चरित्र। दिल्ली में प्रधानमंत्री की नाक के नीचे पाँच सितारा होटल में जिंदा गाय जाती है, काटी जाती है, बेची जाती है, मेनू में गाय के गोश्त की कीमत···

सुरेश चव्हाणके : हम एज अ सुदर्शन टी.वी. इस माँग को करते हैं कि देश के किसी फाइव स्टार नहीं, सेवेन स्टार नहीं···

आजम खान : आप कहिए प्रधानमंत्री से···

सुरेश चव्हाणके : कहेंगे!

आजम खान : कहिए प्रधानमंत्री से···कहिए कि पाँच सितारा होटल में कल से या तो गाय बंद हो या प्रधानमंत्री त्यागपत्र दें।

सुरेश चव्हाणके : आपको त्यागपत्र में ज्यादा रुचि है कि गाय का मांस रोकने में?

आजम खान : ···मुझे प्रधानमंत्री बनना है!

सुरेश चव्हाणके : तो लड़िए न, लड़िए, सामने आइए, चुनाव लड़िए। चलिए आजतक के कार्यक्रम में हालाँकि ये अब तक का मेरा सबसे लंबा इंटरव्यू हुआ, हिंदुस्थान को आपको सवाल ही इतने पूछने हैं कि क्या करूँ! टाइम की कमी है, अदरवाइज बहुत कुछ पूछना है, दोबारा उसके लिए आएँगे।

आजम खान : बहुत-बहुत धन्यवाद!

सुरेश चव्हाणके : आपको इस यूनिवर्सिटी के काम के लिए शुभकामनाएँ देते हैं और आशा करते हैं कि हमारी ये भेंट···, यहाँ पर जो विष है, जाएगा, अमृत आएगा, मिठास आएगी। धन्यवाद!

□

9

मोहम्मद सलीम

वैसे तो मैंने कई वामपंथी नेताओं के साथ शो किए हैं। परंतु इस पुस्तक के पहले भाग में मैं मोहम्मद सलीम का इंटरव्यू सम्मिलित कर रहा हूँ, जिससे कि साम्यवाद व इस्लाम की विसंगतियाँ भी उधेड़ सकूँ कि कोई मोहम्मद का बंदा, कट्टर मुसलमान और लेनिन, स्टालिन एवं माओ का कट्टर बंदा एक साथ कैसे हो सकता है; और है तो वह उसे कैसे न्यायसंगत उत्तर दे सकता है, यह मुझे भी देखना था! अब आपको दिखा व पढ़ा रहा हूँ।

बंगाल वामपंथियों की सरकार के जाने के बाद वे कांग्रेस के साथ हो गए। इसलिए अब सिद्धांतों की तो नहीं, समझौतों की राजनीति करनेवाले वैचारिक मुलाकात में क्या कहेंगे, यह भी मुझे देखना था वैसे तो मोहम्मद सलीम लोकसभा में ही प्रभावी हिंदी के साथ सरकार पर आक्रामक प्रहार करने के लिए जाने जाते थे। बंगाल से ताल्लुक रखने के बावजूद उनकी हिंदी तुलनात्मक रूप में अन्य लोगों से ठीक है। वैसे दाढ़ी-टोपी न होने के कारण या दाढ़ी रखकर मूँछें निकालने जैसी कोई बात न होने के कारण उनको लोग कट्टर मुसलमान नहीं मानते थे। परंतु उनकी पार्टी, उनकी विचारधारा, उनकी हिंदू विरोधी नीतियों के कारण यह मुलाकात रोचक होनेवाली थी। वैसे तो मैं उनसे मुलाकात उनके संसदीय क्षेत्र में करना चाहता था। परंतु वे मुझे बंगाल में बुलाकर खतरा मोल लेना नहीं चाहते थे, इसलिए उन्होंने मुझे दिल्ली में ही साक्षात्कार देना तय किया। यह एक मजेदार अनुभव था।

मैं विद्यार्थी जीवन से ही वामपंथियों के विरुद्ध बहुत पढ़ चुका था। बहुत कुछ सुन चुका था। एक वरिष्ठ वामपंथी मेरे सामने थे, लेकिन समय 30 मिनट का ही था। उसी में मैंने राजनीति, धर्म, अध्यात्म, इस्लाम, हिंदुत्व, वामपंथियों की देशभक्ति और राष्ट्रवाद से दूरी से लेकर नरेंद्र मोदी एवं संघ परिवार तक के प्रश्नों

को समाहित किया है। कई लोगों को लग रहा था कि मेरी मुलाकात पूर्ण नहीं होगी, पर मेरी आज तक की यशस्विता है कि धुर विरोधी एवं आलोचक भी मेरी मुलाकात बीच में छोड़कर कभी नहीं गए और वही क्रम इस मुलाकात में भी रहा। मेरे समर्थक किसानों के साथ खड़े होने, श्रमिकों के लिए एक वर्ष भी मिस किए बगैर प्रति वर्ष निरंतर मजदूर दिवस पर मजदूरों के लिए कार्यक्रम करने, समय-समय पर उनके लिए आवाज उठाने को लेकर अनेक वामपंथी मेरे प्रशंसक भी रहे हैं। दूसरी ओर ममता बनर्जी का हिंदू विरोधी चेहरा स्पष्ट हो रहा था और उसका मैं पूरी ताकत से विरोध कर रहा था, इसलिए भी वामपंथी थोड़े से सॉफ्ट थे। इसका लाभ भी मैंने इस मुलाकात में पूरा उठाया। आशा है यह आपको अच्छी लगेगी।

मुलाकात के बाद

मुलाकात के बाद, विशेषकर महाराष्ट्र में, मोहम्मद सलीम के छत्रपति शिवाजी महाराज के प्रति बयान का काफी विरोध हुआ।

राजस्थान के विभिन्न क्षेत्रों में भी प्रदर्शन किए गए एवं देश के विभिन्न भागों के राजाओं को लेकर दिए गए इनके बयान से निश्चित ही हिंदुस्थान की माटी, उससे उभरे नायक और उन पर आस्था रखनेवालों से इन्हें सहानुभूति या उनके प्रति कोई सम्मान नहीं है। यह पुनः इस मुलाकात ने साबित किया। बंगाल की सराहना तो करनी ही थी। संसद् के अंदर के इनके सहयोगी और विरोधियों ने भी मुझे कॉम्प्लीमेंट भेजे। इस मुलाकात में केरल के वामपंथी एवं बंगाल के वामपंथियों के बीच का विवाद और दूरी भी मुझे समझ में आई। वैसे वामपंथ हिंदुस्थान की भूमि से समाप्ति की ओर है, फिर भी मोहम्मद सलीम जैसी घोर वामपंथियों से मिलकर, उनके बारे में जानकर अपनी जानकारी को दुरुस्त करने का समाधान मुझे मिला।

स्थान : नॉर्थ एवेन्यू, दिल्ली

प्रथम प्रसारण तिथि : 5 अगस्त, 2017

सुरेश चव्हाणके : नमस्कार! हम आपके सामने एक ऐसे सांसद को लेकर आए हैं, जो हैं तो बंगाल से, कम्युनिस्ट हैं, कट्टर कम्युनिस्ट हैं, लेकिन हिंदी में आपने लोकसभा में उनके बड़े फर्राटेदार भाषण सुने होंगे। तीखे बोलों के लिए जाने जाते हैं। हमारे साथ मोहम्मद सलीमजी हैं। आपका स्वागत है 'चलते-चलते' में!

मो. सलीम : नमस्कार!

सुरेश चव्हाणके : आपकी कट्टरता का उल्लेख किया हमने...

मो. सलीम : आपने जो कहा, इसमें दो शब्द में आपत्ति है हमें...

सुरेश चव्हाणके : कौन से?

मो. सलीम : एक कट्टरता और दूसरा तीखे शब्द! मैं, हो सकता है कि शब्दावली हमारे पास कम है तो आप कुछ शब्द को समझते होंगे कि तीखा है।

सुरेश चव्हाणके : हैं, कम शब्द हैं, जो आपके पास, लेकिन वो बड़े तीखे होते हैं!

मो. सलीम : और दूसरी बात ये है कि कट्टर तो मैं अब तक नहीं ही बन पाया और किसी भी चीज में कट्टरता चाहे कम्युनिज्म में हो, चाहे और भी किसी चीज में हो कट्टरता, और कट्टरता से उसको बचना चाहिए।

सुरेश चव्हाणके : नहीं! नहीं! मैं तो आपको, आपने दाढ़ी-मूँछ रखी नहीं, इसलिए आप कट्टर मुसलमान नहीं, ऐसा मैं नहीं कह रहा हूँ, लेकिन आपका कम्युनिज्म तो कट्टर है न!

मो. सलीम : नहीं!

सुरेश चव्हाणके : आर.एस.एस. के कितने लोगों को केरल में मार रहे आप, अब इससे बड़ी कट्टरता और क्या चाहिए?

मो. सलीम : जो एक-दूसरे को मारते हैं, वो कट्टरता की वजह से होता है, चाहे वो केरल में हो, चाहे उत्तर भारत में हो, कहीं भी हो और ये संघ परिवार के खिलाफ इसलिए तो मैं हूँ न कि वो धर्म को, जो कट्टरतापन है, उसको उगा रहे हैं, चाहे वो हिंदू सांप्रदायिकता हो, चाहे मुस्लिम सांप्रदायिकता हो, कटुता पैदा करने के लिए धर्म का स्थान नहीं है।

सुरेश चव्हाणके : आपने एक भी मुसलमान को केरल में नहीं मारा, लेकिन सारे हिंदुओं को मार रहे हैं?

मो. सलीम : आप केरल के बारे में पिछले चार-पाँच साल से जानकारी रख रहे हैं, अगर आपको सही मालूम होता तो मुस्लिम लीग और सी.पी.आई.एम. में मैं जब नौजवान नेता था, उस वक्त यही शिकायत जर्नलिस्ट करते थे।

सुरेश चव्हाणके : अभी भी जवान हैं आप!

मो. सलीम : मैं कह रहा हूँ, जब डी.एफ.आई. में मैं करता था तो आप केरल की हिस्टरी अगर देखेंगे, वो भी गलत है। वो वहाँ पर मुस्लिम लीग के हाथों हमारे नौजवान कार्यकर्ता मारे गए और हमारे नौजवानों ने भी कुछ मुस्लिम लीग के

ऊपर बदला उतार लिया तो ये वॉयलेंस का जो कल्चर है, वो खराब है। न तो ये संगठन या वो संगठन, न ये धर्म, न वो धर्म!

सुरेश चव्हाणके : मतलब आप निंदा करते हैं कि जो केरल में कम्युनिस्ट आर.एस.एस. के स्वयं सेवकों को मार रहे हैं, उसकी आप निंदा करते हैं?

मो. सलीम : मैं एक साथ दोनों की निंदा करता हूँ···जो आर.एस.एस. के हाथ में, जब बाकी लोग मारे जाते हैं या केरल में जो कम्युनिस्ट मारे जा रहे हैं।

सुरेश चव्हाणके : आर.एस.एस. वाले कहाँ मारते हैं? वो मारते नहीं हैं। यही तो हमारा आरोप है।

मो. सलीम : इसी को तो कट्टरता कहते हैं। इसी को तो कट्टरता कहते हैं!

सुरेश चव्हाणके : हमारा यही तो आरोप है कि आर.एस.एस. इतना बड़ा हिंदू संगठन होने के बावजूद उनको मारता नहीं है।

मो. सलीम : ऐसा है नहीं! आप अगर ये देखते तो आपके भी समझ में आता। केरल में बोल रहा हूँ, अभी जो मारे गए हैं, आर.एस.एस. के कार्यकर्ता मारे गए तो जो पकड़े गए, वो भी आर.एस.एस. वाले हैं। चूँकि आर.एस.एस. को जो छोड़कर सी.पी.एम. में चले गए, उनकी आपने हत्या कर दी। आपके लोग, आप नहीं, ऐसे लोग हैं और वो इसलिए कर रहे हैं, देखिए, आर.एस.एस. तो पूरे देश में है, फिर केरल में क्यों कर रहे हैं? चूँकि कन्नड़, दक्षिण कन्नड़ में आर.एस.एस. का अच्छा गठन है और जिस तरह से ममता बनर्जी माओवादी का इस्तेमाल कर रही थीं, झारखंड से ले जाकर के हमारे कार्यकर्ता को मार रही थीं, आजकल उस तरह से ये केरल-कर्नाटक को बेस करके आप केरल से हमारे साथ वैचारिक लड़ाई नहीं लड़कर के; आप समझ रहे हैं, चलो हम निपट लेंते हैं तो चाहे हमारे लोग कहें, चाहे आपके लोग कहें, वो निपट लेने का जो सशस्त्र हो, वो गलत है और आप कहते हैं आर.एस.एस., तो आज इस देश में कौन सा संगठन है, जो अस्त्र की, शस्त्र की पूजा करते हैं या शस्त्रपूर्ण व्यवहार करते हैं? आपने वैचारिक बात···

सुरेश चव्हाणके : आप, आपका आपका तो चिह्न ही शस्त्र है पार्टी का!

मो. सलीम : वो चिह्न किसका है? वो शस्त्र किसान का और मजदूर का है।

सुरेश चव्हाणके : अरे, तो अरे! अरे! दुनिया में कहीं पर भी कम्युनिस्टों ने वैचारिक लड़ाई लड़ी है? भाषण तो वैचारिक देते हैं आप लोग, लेकिन सब जगह आप हथियार उठाते हैं।

मो. सलीम : कम्युनिस्ट एक विचारधारा है। आप ये कहें तो आर.एस.एस. की क्या विचारधारा है? पूरी दुनिया में नहीं···

सुरेश चव्हाणके : नहीं! आपकी···आपकी विचारधारा तो ऐसी है···

मो. सलीम : नहीं! मैं ये नहीं पूछ रहा हूँ···

सुरेश चव्हाणके : आपकी विचारधारा तो ऐसी है कि जिस विचारधारा में आपके नाम से लेकर फोटो तक आपके कार्यालय में विदेशी चिंतकों के होते हैं। भारत के शिवाजी महाराज का फोटो क्यों सी.पी.आई. के ऑफिस में नहीं होता?

मो. सलीम : क्योंकि शिवाजी महाराज भी युद्ध किए थे मुगल के साथ! जैसे मुगल का कोई नेता का नहीं रहता हमारा···

सुरेश चव्हाणके : हाँ!

मो. सलीम : वैसे शिवाजी महाराज का भी नहीं होता है। ये समझ लो आप, चूँकि अब कुछ लोग ऐसे होते हैं कि मुगल के जो नवाब थे या राष्ट्रराजा थे, उसको पूजेंगे और जो राजा-राजा में झगड़ा हुआ, हमें क्या लेना-देना इस राजा से उस राजा का!

सुरेश चव्हाणके : हाँ! हाँ! तो आप इस माटी के राजा को नहीं मानते न!

मो. सलीम : किसी देश के राजा को नहीं मानते। जो राजा की राजनीति खत्म करके मजदूरों ने राज किया, हम उसको मानते हैं। इस देश में भी अगर ऐसी कोई मिसाल आप दो, हम उनको मानते हैं।

सुरेश चव्हाणके : आप तो ऐसे लोग हैं, आप जिस मार्क्स की बात करते हैं, उसके अनुसार तो धर्म तो अफीम है, प्वाइजन है तो एज अ मोहम्मद सलीम इस्लाम को मानते हैं कि कम्युनिज्म को मानते हैं?

मो. सलीम : पहला सवाल ये है कि आपने मार्क्स को पूरा नहीं पढ़ा है। जो कि एक तो अफीम और प्वाइजन एक नहीं है तो उन्होंने प्वाइजन नहीं कहा···

सुरेश चव्हाणके : चलिए, उन्होंने प्वाइजन नहीं कहा। अभी तो मुझे प्वाइजन के नाम ज्यादा पता नहीं हैं न! जितने कम्युनिस्टों को प्वाइजन के नाम पता हैं, उतने मुझे पता नहीं···

मो. सलीम : शासक वर्ग जितने होते हैं, विश्व में कहीं भी वो क्या करते हैं, धर्म का प्रयोग करते हैं, एक नशे की हालत में पैदा करने के लिए लोगों को, हालाँकि उनकी जो अपनी परेशानी है, उससे उसको परे हो करके; वो जो दूसरा सवाल उनके सामने लाया जाता है, नशे के कारण ऐसा होता है, न है क्या उनके

सामने झूठा हो जाता है। इसलिए वो कहे कि जो दुर्बल है, कमजोर है, जिसका कोई सहारा नहीं है, धर्म उसका सहारा बनता है और धर्म सहारा बनता है बेसहारे का।

सुरेश चव्हाणके : नहीं! लेकिन···लेकिन अगर मैं एक लाइन में कहूँ···

मो. सलीम : लेकिन कुछ लोग ऐसे हैं, जो अपने स्वार्थ से वो इस्तेमाल करते हैं, उसकी हकीकत से जो लड़ाई है, हकीकत में जो लड़ाई है, भूखा है, लेकिन धर्म के नाम पर जब होता है तो भूखे रहेंगे, लेकिन हम देख लेंगे!

तो वो क्या होता है राजा या सम्राट् या जो शोषक है, उससे लड़ने के बजाय वो एक किसान दूसरे किसान के ऊपर लड़ जाता है, एक मजदूर दूसरे मजदूर के ऊपर लड़ जाता है। हम उस तरह के धर्म का जो गलत प्रयोग है···

सुरेश चव्हाणके : नहीं! एक लाइन में अगर मैं जवाब आपसे चाहूँ कि एज अ मार्कसिस्ट आप मार्कसिस्ट ज्यादा हैं या मुसलमान हैं?

मो. सलीम : आपको क्या लगता है मुझे देखकर के? आप बोलिए! आपको देखकर के क्या लगेगा कि पत्रकार ज्यादा हैं या एक सात्त्विक हिंदू संघी हैं?

सुरेश चव्हाणके : मैं हिंदू हूँ। इसका मुझे अभिमान है। मैं स्वयंसेवक हूँ, इसका भी मुझे अभिमान है। ये दोनों चीजें मेरी पत्रकारिता में आड़े नहीं आतीं।

मो. सलीम : नहीं! नहीं! मैं तामसिक नहीं बोला, सात्त्विक बोला।

सुरेश चव्हाणके : इसके लिए मैं आपका आभारी हूँ, लेकिन दोनों चीजें मेरे प्रोफेशन में आड़े नहीं आतीं।

मो. सलीम : देखिए, एक तो है न, कोई राजसिक होते हैं, कोई तामसिक होते हैं, कोई सात्त्विक होते हैं, जब भी किसी के अंदर, हिंदू-मुसलमान की बात नहीं, जब तामसिक गुण बढ़ जाता है तो वह हत्या में चले जाते हैं, गुंडे बन जाते हैं और जब उनके अंदर सत्य गुण बढ़ता है तो वो फिर सात्त्विक होते हैं या राजसिक गुण होता है तो राजा होते हैं तो आपको हमें देखकर के क्या लग रहा है?

सुरेश चव्हाणके : तो आप तो, दर्शनशास्त्र के विद्यार्थी रहे, मैं जानता हूँ, इसलिए आप दर्शन से जवाब देंगे, लेकिन···

मो. सलीम : मैं भारतीय दर्शन से जवाब दूँगा!

सुरेश चव्हाणके : हाँ, लेकिन मार्क्स दर्शन भारतीय दर्शन को मानता कहाँ है? यही तो गलत है। मार्क्स जब मार्क्सवाद लिखे तो पूरे विश्व का इतिहास पढ़े और पूरे विश्व के दर्शन पढ़े, पूरे विश्व की अर्थनीति पढ़े। भारत की भी पढ़े।

सुरेश चव्हाणके : इसलिए···

मो. सलीम : और उसके बाद उसका निचोड़ निकाले, इसलिए मार्क्सवाद जो है, वो कोई एक देश का नहीं है, पूरे विश्व का है।

सुरेश चव्हाणके : इसलिए आपको चाइना भी पराया नहीं लगता और रशिया भी पराया नहीं लगता?

मो. सलीम : क्योंकि पूरी दुनिया हमारी है। आर.एस.एस. का भी देखता हूँ···

सुरेश चव्हाणके : हाँ, इसलिए चाइना इस देश की सीमा पर जो आतंक मचा रहा है, आप उसके खिलाफ बोलते नहीं हैं।

मो. सलीम : सरकार नहीं बोल रही है। खामोश हो गई। दो-तीन चैनल चिल्ला रहे थे, लेकिन वो चार सौ पाँच···पहुँचे थे, अब चालीस पर पहुँचा दिए तो वहाँ पर तो दो महीने से हम देख रहे हैं कि छप्पन इंच का जो सीना है···

सुरेश चव्हाणके : तो आप बोलिए न! आप क्यों नहीं बोल रहे हैं?

मो. सलीम : प्लीज-प्लीज! छप्पन इंच का जो सीना है, हम तो बोल ही रहे हैं, हमारी सीमा पर कोई भी आएगा और बिखरेगा तो सीमा की रक्षा जरूरी है, चाहे हम किसी दूसरे की सीमा पर जाएँ या दूसरा कोई···इसी को बोलते हैं इंसानियत और इसी को बोलते हैं यूनिवर्सल सार्वजन्य! तो हमारी सीमा की रक्षा करना हमारा फर्ज है, लेकिन हम समझते हैं कि कोई भी युद्ध जो है, वो कोई समस्या का समाधान नहीं है। हर गोली के बाद···

सुरेश चव्हाणके : तो फिर चाइना को हाथ जोड़कर बात करें?

मो. सलीम : आप कर रहे हैं। हम तो नहीं कर रहे हैं। आप कर रहे हैं।

सुरेश चव्हाणके : नहीं! नहीं! आप कहाँ निंदा कर रहे हैं? आप तो चाइनीज सेना को शांति सेना कहकर स्वागत कर रहे हैं!

मो. सलीम : आप हमारा बयान देखे नहीं हैं। अच्छा ये देख लीजिए, ये होता है आपका प्रचार! ये संघी कार्यक्रम है। हमारे कौन से बयान में चाइना की सेना को शांति सेना बोला गया?

सुरेश चव्हाणके : हाँ, सिक्सटी टू में!

मो. सलीम : हाँ, सिक्सटी टू में जो हुआ था, सीमा को लेकर के जो हुआ था, हम जो बात कहे थे, आज जो बात आप कह रहे हैं, जो कांग्रेस ने भी कही। नेहरू नहीं मान रहे थे। उस वक्त राजीव गांधी माने बाद में कि सीमा को लेकर जब संघर्ष होता है तो फिर उसके लिए अभी ज्वाइंट कमीशन बैठा है और जो सुषमाजी अपने बयान में बोली हैं कि बातचीत चल रहा है, उसे डिप्लोमैटिकली बातचीत

करना पड़ता है। आज के विषयों में वो शिवाजी महाराज, औरंगजेब का जमाना कुछ और था, जब तलवार ले करके एक-दूसरे की सीमा पर दखल दे देते थे। आज सब दुनिया में युद्ध दे करके एक देश, दूसरे देश के ऊपर काबिज नहीं होता, तब तो अमेरिका, पूरा लैटिन अमेरिका दखल कर लेता या सोवियत रशिया पूरा यूरोप दखल कर लेता और हम भी आसपास के कुछ छोटे-छोटे राज्यों को दखल कर लेते, वो नहीं होता है।

सुरेश चव्हाणके : और आज भी हत्याएँ करके कहाँ केरल के बाहर पहुँच रहे हैं। बंगाल भी हाथ से बाहर चला गया है।

मो. सलीम : अच्छी बात बोले। आपने बंगाल में जब आप खुद हमसे नहीं लड़ पाए तो एक भाड़े के··· जैसे ट्रोजन हॉर्स होता है न, उस तरह से आप दीदी के जो मम जो कांग्रेस के फैक्ट्री में तैयार हुए थे, उसको आप मार्केट किए और आर.एस.एस. ये कहती है कि आज ममता बनर्जी जो है, वो होती नहीं, अगर आर.एस.एस. नहीं होता तो। आपने खुद एक ऐसा यंत्र तैयार किया कि वहाँ के कम्युनिस्ट को भी खत्म करे, लेकिन हमेशा फ्रैंक···होता है, वो अपने आप के ऊपर भी हमला वही कर रहे हैं। विरोधी पक्ष को नहीं मान रहे हैं, जो लोकतंत्र को नहीं मानते हैं, वो ऐसा हो सकता है कि भाई, जो हमारे दुश्मन हैं, वो आपके भी दुश्मन हो सकते हैं।

सुरेश चव्हाणके : आप···आप···अब ममता बनर्जी ने जो राम धनु है, उसको रंग धनु कर दिया!

मो. सलीम : ममता बनर्जी आई, जब वामपंथी से लड़के, तो उस वक्त उन्होंने, एक जो बनाए थे इंद्रधनुष, हम उसको कहते थे, जो इंद्रधनुष है, उसमें जमात-ए-इस्लामी भी थे, जमात-ए-उलेमा हिंद भी थे, आर.एस.एस. भी थे, बीजेपी भी थे, मुस्लिम लीग भी थे, सब इकट्ठा होकर के लड़ रहे थे कि इससे लड़ना है···

सुरेश चव्हाणके : अब केवल मुसलमान रह गए!

मो. सलीम : नहीं! अब आपके···आपके निर्देश के मुताबिक स्क्रिप्ट, आर.एस.एस. के संघ नागपुर से निकलता है, ममता बनर्जी उसके डायलॉग बोलती हैं।

सुरेश चव्हाणके : हाँ-हाँ-हाँ! और इसलिए आर.एस.एस. वालों को मरवा रहे हैं?

मो. सलीम : कभी-कभी ऐसा होता है। आर.एस.एस. को मारते हैं केरल में! क्या हुआ आर.एस.एस. के नेता को आर.एस.एस. ने मार दिया तो? कभी-कभी मुस्लिम, मुसलमान को नहीं मारता है? अय्यूब, जो डी.एस.पी. है, जो मारा वो तो मुसलमान था। मारा गया। उसको कौन मारा? जो मिलिटेंट है, वह भी तो मुसलमान है। तो ये जो कहना है कि हिंदू...

सुरेश चव्हाणके : लेकिन...लेकिन...लिंचिंग में आपने ये उदाहरण नहीं दिया?

मो. सलीम : नहीं! मैं बोल रहा हूँ, दिया, हमने दिया आप हमारी बात नहीं सुनते हैं।

सुरेश चव्हाणके : हम बहुत सुनते हैं!

मो. सलीम : इंसानियत का सवाल और है और धर्म का सवाल और है। कभी धर्म इंसानियत का होता था और अब आजकल हैवानियत के लिए धर्म का प्रयोग हो रहा है, हम उसके खिलाफ हैं।

सुरेश चव्हाणके : हाँ! हैं न, आई.एस.आई.एस. वाले यही कर रहे हैं...

मो. सलीम : बिल्कुल!

सुरेश चव्हाणके : आई.एस.आई.एस. वाले यही कर रहे हैं...

मो. सलीम : हाँ, उनका धर्म थोड़ी है। वो तो धर्म का बल प्रयोग है। दुष्प्रयोग है तो ये चाहे आई.एस.आई.एस. वाले हों या कोई भी हों, देखिए क्या होता है, न धर्म को एक कवच की तरह; मैं वही बात बोला उस दिन, ये जो मोदीजी बोले, उस दिन कि चादर ओढ़ लेता है, दिन में कुछ रहता है, रात में कुछ होता है। मैं उनका कोट किया। मोदीजी का कोट किया। मैं मॉन्स्टर-वास्टर कोट नहीं किया कि गोरक्षा के नाम पर गुंडा तत्त्व जो है, वो चादर ओढ़ लेता है तो आई.एस.एस. वाला क्या कर रहा है, जो गुंडई कर रहा है, जो आतंकवाद फैला रहा है तो इस्लाम के नाम पर वो धर्म का चादर ओढ़ ले रहा है तो ये चादर बांग्लादेश में अगर वो बहुमत का राजनीति करेगा तो इस्लाम का चादर ओढ़ेगा। पाकिस्तान में इस्लाम का चादर ओढ़ेगा और भारत में करेगा तो हिंदुत्व का चादर ओढ़ेगा। चादर का रंग बदल जाएगा, लेकिन चादर, चादर ही है।

सुरेश चव्हाणके : हा-हा-हा! कहाँ आप ओढ़ने देते हैं? यहाँ के हिंदू को तो आपने हताश करके रखा है। सारे-सारे लेफ्ट, सारा पूरा विपक्ष मिलकर हिंदू के खिलाफ आग उगलता है।

मो. सलीम : नहीं, हिंदू के खिलाफ कौन आग उगलता है?

सुरेश चव्हाणके : विपक्ष में हिंदू भावनाओं का आदर होता है। ऐसी घटना बताइए तीन साल में, जो विपक्ष ने हिंदू के लिए आवाज उठाई?

मो. सलीम : अच्छा, आप देखो, जब भी तीन साल में ऐसा हुआ है कि हिंदू···अब तो खुद मैं भाषण जब दिया था इण्टॉलरेंस के ऊपर, आपने कहा था··· क्या पहली बार कहे थे, पृथ्वीराज कपूर के बाद, यह पृथ्वीराज के बाद पहली बार हिंदू का जागरण हुआ है, तो जब जागरण हो रहा है तो उसके खिलाफ भी क्यों बोलें? पक्ष में भी क्यों बोलें? जो असहाय होता है, जो कमजोर होता है, जो दबे-कुचले होते हैं, जो जिसका नुकसान हो रहा है, अब आप बोलेंगे कि अडानी के लिए आप क्यों नहीं बोले, वो तो हिंदू हैं, अंबानी के लिए क्यों नहीं बोले, वो तो हिंदू हैं, जब उनका बोलबाला होता है तो आप भी उनके पक्ष में नहीं बोलेंगे, अगर उनके पक्ष में काम भी करेंगे, लेकिन आप बोलेंगे कि आप किसान के लिए बोल रहे हैं, हम किसान के लिए बोलेंगे, जो दबा है, कुचला है, उसके लिए बोलिए आप···

सुरेश चव्हाणके : हम तो···हम तो किसान के लिए ही बोलते हैं। देखिए, हम तो अडानी-अंबानी और उद्योगपतियों के पक्ष में हैं नहीं और उनको मीडिया में आने का तो बिल्कुल काम ही नहीं है।

मो. सलीम : आप तीन दिन में बोलिए···एक बार तीन वर्ष में, सुदर्शन ने चैनल में जो फैसला सरकार ने किया है, जिससे अडानी-अंबानी को फायदा हुआ, आप उसका आलोचना किए हैं?

सुरेश चव्हाणके : नहीं! ऐसा कोई फैसला नहीं हुआ, इसलिए हमने नहीं बोला।

मो. सलीम : इसे कहते हैं कट्टरता···

सुरेश चव्हाणके : लेकिन हमने एक फैसले का सरकार का विरोध किया, जिसमें भारत के मीडिया में विदेशी धन को उन्होंने आने दिया और मैं और आगे बढ़कर कहता हूँ कि विदेशी धन तो छोड़िए, भारत के मीडिया में अंबानी को क्यों आने दिया? अंबानी को नहीं आने देना चाहिए, अगर उद्योगपति मीडिया में आएँगे तो क्या होगा?

मो. सलीम : आपने कहा कि साम्राज्यवाद के खिलाफ लड़ते हैं। आप कभी साम्राज्यवाद···ये शब्द इसमें इस्तेमाल करते हैं?

सुरेश चव्हाणके : हम खिलाफ हैं सम्राज्यवाद के?

मो. सलीम : नहीं, संघ परिवार का··· !

सुरेश चव्हाणके : हम···हम केवल भारतीयवाद जानते हैं।

मो. सलीम : संघ परिवार का···संघ परिवार का कोई लिटरेचर आप हमें भेज दीजिए, जिसमें सम्राज्यवाद के खिलाफ कहा गया हो।

सुरेश चव्हाणके : मैं कोई संघ का, मैं कोई संघवाला करके थोड़ी आपका इंटरव्यू कर रहा हूँ! मैं भारत के पत्रकार के नाते आपका इंटरव्यू कर रहा हूँ।

मो. सलीम : चूँकि आप कह क्या रहे हैं, संघियों को मार रहे हैं तो मैं ये कह रहा हूँ।

सुरेश चव्हाणके : उनके लिए कोई बोल नहीं रहा है, इसलिए मैं उनका पक्ष लेकर के आपसे बात कर रहा हूँ।

मो. सलीम : उनके लिए··· !

सुरेश चव्हाणके : ममता बनर्जी के इस कार्यकाल में जो वहाँ पर आततायी चल रहा है, वो कैसे मतलब···उसको कैसे रोका जाए?

मो. सलीम : ये बहुत अच्छी बात है। ये देखो ममता बनर्जी एक व्यक्ति नहीं है। उसके पीछे एक राजनीतिक तत्त्व है और वो तत्त्व को खड़ा किया गया था देशी और विदेशी पूँजी मिल करके और जो प्रतिक्रियावादी ताकत है कि कम्युनिस्ट को हटाओ। जिस तरीके से हो, उस वक्त आपने ये नहीं देखा कि किसको हटाने के लिए किसका इस्तेमाल कर रहे हैं, उमा भारतीजी जब गईं तो जब भी जाती हैं कलकत्ते में, वो बोलती हैं ममता को भूलना नहीं चाहिए। आज की जो ममता है, उसके पीछे जब कांग्रेस से टूटकर वो निकली तो वो कांग्रेसी थीं, जो कांग्रेस को अब गाली देती हैं।

सुरेश चव्हाणके : शत्रु का शत्रु कभी मित्र भी होता है, होता है!

मो. सलीम : हाँ! इसका मतलब क्या हुआ? आज आप उसको शत्रु क्यों मान रहे हैं?

सुरेश चव्हाणके : और लड़ाई में सारे दाँव आपके बारे में सही निकलेंगे, ऐसा नहीं है।

मो. सलीम : नहीं! मैं ये नहीं मानता हूँ। शत्रु के शत्रु मित्र होते हैं। ये राजा-रजवाड़े के तथ्य हैं। हम ये नहीं मानते हैं। हमारा··

सुरेश चव्हाणके : आज भी तो कांग्रेस के साथ यही डर दिखाकर गए न कि बीजेपी हमारी शत्रु है तो कांग्रेस उनकी शत्रु है तो हम उनके मित्र हैं।

मो. सलीम : नहीं! नहीं! हमारा ये तथ्य है कि हम शत्रु बनकर नहीं गए हैं राजनीति में! कोई किसी का शत्रु-मित्र नहीं होता है। राजनीति में एक-दूसरे के विरोधी होते हैं या अपने पक्ष में हैं तो पक्ष में होते हैं, अब हम हमारे यहाँ पर है, ममता बनर्जी के खिलाफ क्या, अब आप हमसे हाथ मिलाएँगे? नहीं मिलाएँगे, क्योंकि हम समझते हैं बीजेपी के साथ ममता बनर्जी का जो झगड़ा है, वो घरेलू झगड़ा है, वो कोई वैचारिक झगड़ा नहीं है। आज तक तृणमूल कांग्रेस ने ममता बनर्जी संघ परिवार के खिलाफ एक भी ऐसा दस्तावेज आप नहीं निकालकर पाओगे। हमारे पास तो कई मिलेगा, जैसे मुस्लिम सांप्रदायिकता के खिलाफ भी एक भी नहीं मिलेगा। हिंदू सांप्रदायिकता के खिलाफ भी नहीं मिलेगा। उसको कहीं-न-कहीं वो जब पाला पड़ता है···

सुरेश चव्हाणके : लेकिन, क्या अगर कांग्रेस कभी आपकी बड़ी दुश्मन बन जाएगी तो आप बीजेपी के साथ नहीं जाएँगे, क्योंकि ये क्या होता है, ये आर.एस. एस. चोला बदल लेता है। कम्युनिस्ट अपना चोला बदलता नहीं है। ये परेशानी की बात है।

सुरेश चव्हाणके : हा-हा-हा! विदेशी चोला है, कैसे बदलेंगे?

मो. सलीम : नहीं, ये है कि जो आउटलुक होता है न, विचार होता है न, वो समय-समय पर अदलता-बदलता नहीं है, वो हकीकत में हो जाएगा, अगर टैक्टिक्स है, वो आप बदल सकते हो, लेकिन जो वैचारिक सिद्धांत है, वो बदलता नहीं है।

सुरेश चव्हाणके : वैसे ममता बनर्जी की बड़ी ताकत बांग्लादेशी घुसपैठिए हैं। जिनको गोल्ड मेडल देना होगा। तो आपको देना चाहिए। आप आज भी बांग्लादेशी घुसपैठियों को हिंदुस्थान से बाहर निकाल देना चाहिए, इसका साथ देंगे आप?

मो. सलीम : हम ये समझते हैं। एक सेकंड सुन लीजिए आप··· ?

सुरेश चव्हाणके : अगर आप कह रहे हैं कि क्यों नहीं किया, तो आज सुदर्शन चैनल कैमरे पर से हिंदुस्थान से बांग्लादेशी घुसपैठियों को निकाल देना चाहिए।

मो. सलीम : मैं इनके साथ-साथ ये कह रहा हूँ कि बांग्लादेशी सिर्फ नहीं! पाकिस्तानी हों, दूसरे बर्मीज हों, विश्व के किसी भी स्थान से घुसपैठी अगर हमारे देश में अगर आता है, इन्क्लूडिंग बांग्लादेशी, उसको निकाल देना चाहिए।

आप इसीलिए सिर्फ बांग्लादेशी कहते हैं और बल्कि आर.एस.एस. क्या कहती है बांग्लादेशी भी नहीं, बांग्लादेश से जो मुसलमान आए हैं, उसको निकाल देना चाहिए।

सुरेश चव्हाणके : हाँ! हाँ! मुसलमान को भी निकालना पड़ेगा न!

मो. सलीम : आप बांग्लादेशी बोलो न!

सुरेश चव्हाणके : नहीं! नहीं!

मो. सलीम : आप बांग्लादेशी बोलो न! आप बांग्लादेशी बोलो न!

सुरेश चव्हाणके : नहीं! नहीं! क्यों वहाँ का हिंदू बेचारा कहाँ जाएगा, जो 27 परसेंट था कभी।

मो. सलीम : हाँ···ये धर्म का राजनीति हो गया!

सुरेश चव्हाणके : जो कभी वहाँ, क्योंकि···उसकी मातृभूमि है ये!

मो. सलीम : सेक्युलर पक्ष···कम्युनिस्ट पक्ष···

सुरेश चव्हाणके : हिंदू के लिए कहीं तो देश रखेंगे दुनिया में, कोई?

मो. सलीम : नेपाल तो था न!

सुरेश चव्हाणके : हाँ! तो कहाँ, वो भी आप लोगों ने कर दिया न !

मो. सलीम : तो इसका मतलब क्या है?

सुरेश चव्हाणके : वो तो यूरोप के साथ हाथ मिलाकर कम्युनिस्टों ने उसको सेक्युलर कर दिया।

मो. सलीम : नहीं! आप ये कह सकते हैं कि चीन के, साथ हाथ मिलाकर के तो माओवादी तो माने जाते हैं ये लोग··· ? यूरोप क्यों बोल रहे हैं आप?

सुरेश चव्हाणके : नहीं, यूरोप इसलिए बोल रहा हूँ कि यूरोप यूनियन, यूरोपीय यूनियन के खरबों यूरो से कम्युनिस्ट नेताओं को खरीदा गया नेपाल में और वहाँ के हिंदू राष्ट्र को सेक्युलर किया गया।

मो. सलीम : तो मैं ये कहता हूँ कि इसका मतलब क्या है···अगर हिंदू राष्ट्र भारत में बन जाएगा तो उससे सिक्योर नहीं रहेगा। किसी भी वक्त उसको भी उलटाया ही जा सकता है।

सुरेश चव्हाणके : नहीं! अभी तो नहीं उलटने देंगे! हिंदू जाग चुका है हिंदुस्थान का!

मो. सलीम : नहीं! बात ये है···

सुरेश चव्हाणके : इसलिए तो आप खत्म होते जा रहे हैं···

मो. सलीम : अच्छा, हिंदू कौन है ? हिंदू कौन है ?

सुरेश चव्हाणके : आप अपने आप को मानते हैं कि नहीं ? आपके पूर्वज हिंदू थे !

मो. सलीम : अच्छा, ये हिंदू शब्द क्यों आया ?

सुरेश चव्हाणके : आपके पूर्वज हिंदू थे ! ये आप मानते हैं कि नहीं ?

मो. सलीम : जब आपके पूर्वज और हमारे पूर्वज भी हिंदू शब्द नहीं जानते थे, तब भी हम भारतीय थे और अब भी हम भारतीय हैं और हिंदू शब्द बाद में आया। ये भारत भूखंड जो है न···

सुरेश चव्हाणके : जब भी आया उस सारे समाज में आपके···आपके पूर्वज हिंदू थे, ये कहने में क्या अड़चन है ?

मो. सलीम : नहीं ! नहीं ! इसलिए हमें अड़चन है। आपको नहीं है चूँकि हिंदू शब्द दिया, जो अरब से और ईरान से जो लोग आए वो···वो दिया हिंदू शब्द। हिंदू शब्द हमारे संस्कृति में नहीं है। वेद में कहाँ है, आप बताओ न ? भारतीय···

सुरेश चव्हाणके : चलिए, आप सनातनी मानते हैं अपने आप को ?

मो. सलीम : मैं···मैं आप मेरी बात मानिए। हाँ ! हिंद सनातन आदि अनंत, इसको आप मानो एक इंसान के नाते !

सुरेश चव्हाणके : आप मानते हैं ?

मो. सलीम : हाँ ! एक इंसान के नाते। यहाँ से इसका शुरुआत हुआ। हिंदू–मुसलमान बाद में आया। सिख–ईसाई सब बाद में आया। पहले इंसान आया, जब एक तरह से अलग–अलग नाम होता है···

सुरेश चव्हाणके : नहीं ! तो ठीक है न···

मो. सलीम : भारतीय मूल में क्या आपत्ति है आपको ?

सुरेश चव्हाणके : हमें कोई नहीं ! हमें कहाँ आपत्ति है ? आपत्ति आपको है।

मो. सलीम : नहीं···है, देखिए जब जो···

सुरेश चव्हाणके : क्योंकि आप एज अ कम्युनिस्ट भी देशों की सीमाओं को नहीं मानते और एज अ मुसलमान भी देशों की सीमाओं को नहीं मानते आपकी दोनों आइडियोलॉजी···

मो. सलीम : नहीं, आप जो ये कहते हैं कि···

सुरेश चव्हाणके : आपकी दोनों आइडियोलॉजी में भी आप देश की सीमाओं को नहीं मानते और आप अपनी कम्युनिज्म की आइडियोलॉजी में भी देश की

सीमाओं को नहीं मानते तो फिर हिंदुस्थान बचता कहाँ है, आपकी आइडियोलॉजी में?

मो. सलीम : मेहनतकश इस दुनिया से जब अपना हिस्सा माँगेंगे, एक बाग नहीं, एक खेत नहीं, सारी दुनिया माँगेंगे!

सुरेश चव्हाणके : हाँ! तो यही तो प्रॉब्लम है न! इसलिए आपके लिए पाकिस्तान और हिंदुस्थान एक ही हैं।

मो. सलीम : वसुधैव कुटुंबकम् क्यों बोलते हैं?

सुरेश चव्हाणके : इसलिए आपको हिंदुस्थान और पाकिस्तान···

मो. सलीम : वसुधैव कुटुंबकम् क्यों बोलते हैं?

सुरेश चव्हाणके : आपको तो हाफिज सईद ज्यादा करीब का लगेगा और मोदी दूर के लगेंगे···

मो. सलीम : मैं समझता हूँ कि अगर मेरा बस चले, मेरा बस चले तो विवेकानंद के कहने के मुताबिक मैं ये जितने संघी हैं, सबको उपनिषद् पढ़ाऊँ और एक बार उपनिषद् पढ़ लेंगे तो ये सब विचार से ऊपर उठ जाएँगे। उपनिषद् नहीं पढ़ते हैं न!

सुरेश चव्हाणके : हा-हा-हा!

मो. सलीम : गोलवलकर पढ़ते हैं!

सुरेश चव्हाणके : आपने उपनिषद् पढ़कर क्या किया?

मो. सलीम : मैं उपनिषद् पढ़ा।

सुरेश चव्हाणके : मैं जानता हूँ कि पढ़ा है, लेकिन क्या किया वो पढ़कर के आपने?

मो. सलीम : इसलिए वेदांत···आप वेद पढ़ते हैं, मैं वेदांत पढ़ता हूँ और स्वामी विवेकानंद वेदांत पढ़ने को बोले हैं।

सुरेश चव्हाणके : आपके कार्यकाल में तो स्वामी विवेकानंद···जहाँ स्वामी विवेकानंद और आपके···नेताजी सुभाषचंद्र बोस का क्या हाल किया आपके शासन में!

मो. सलीम : बिल्कुल गलत! स्वामी विवेकानंद को इसलिए आप देखिए, सुन लीजिए, मैं पार्लियामेंट में बोला कि ये भी एक बीजेपी के साधुजी एम.पी. हैं, वो गुस्सा हो गए। मैं बोला, देखो बंगाल के लोग ऐसे हैं। स्वामी विवेकानंद को एक बार स्वामीजी बोल दिए तो और विश्व में हम किसी भी स्वामी को स्वामीजी नहीं

बोलेंगे। एक ही को बोलेंगे, जब एक बार हम महात्मा गांधी को गांधीजी बोल दिए तो बड़का, छोटका, मँझला, जो भी गांधी आया, हम उसको गांधीजी नहीं बोलेंगे!

सुरेश चव्हाणके : आप···आप दावा करते हैं कि आप इतने लिबरल हैं, पॉजिटिव हैं।

मो. सलीम : हाँ, बिल्कुल!

सुरेश चव्हाणके : सकारात्मक सोचते हैं तो जरा मैं आपके मुँह से मोदीजी ने किए हुए कुछ अच्छे काम सुनना चाहता हूँ।

मो. सलीम : बिल्कुल! अच्छा जब वो कहते हैं कि हम भ्रष्टाचार मिटाएँगे तो ये शब्द हमें कुछ आशा देता है, लेकिन जब वो कहते हैं कि नोटबंदी करके भ्रष्टाचार को खत्म कर दिया तो हम निराश हो जाते हैं, जब वो कहते हैं कि हम आतंकवाद को मिटाएँगे तो हमें आशा जगती है···

सुरेश चव्हाणके : फिर भाषा का छल··· ? मैं कहता हूँ कि सीधे भाषा में बोलिए न कि मोदीजी ने चार काम अच्छे किए। दस किए। जितने किए···

मो. सलीम : एक काम अच्छा किए। आडवाणीजी, मुरली मनोहर जोशीजी सबका मैं आदर करता हूँ, लेकिन इन सबको बोले कि जितना सत्तर साल से ज्यादा हो गए, सबको रिटायर्ड कर दो। बैठा दो किनारे में। अकसर राजनीति में ऐसा नहीं होता था। लोग अपने उसको मानते थे, लेकिन उन्होंने जो बोला सो किया, ठीक है। राष्ट्रपति बनते समय भी जो कुछ लोग समझे थे कि आडवाणीजी बन जाएँगे, लेकिन नहीं किया। वो ये स्पष्ट किया। दूसरा काम वो अच्छा किए हैं, वो ये है कि योगीजी को उत्तर प्रदेश में मुख्यमंत्री बना दिए हैं तो ये जो छल था न, जैसा आर.एस.एस. राष्ट्रीय स्वयंसेवक संघ कहता था हिंदू स्वयंसेवक नहीं कहता था। अपने को भारतीय जनता पार्टी इतना बोले कि हिंदू! गर्व से कहो हिंदू! लेकिन हिंदू जनता पार्टी नहीं कहकर भारतीय जनता पार्टी कहता था, अब आप बोलेंगे कि नहीं, भारत के होकर भारतीय नहीं तो हिंदू क्यों? बोलो तो वो जो ये जो कपटता थी या ये जो परदा था, वो परदे को हटा दिए हैं तो ये साफ-साफ है। आमने-सामने दिखने को मिलता है।

सुरेश चव्हाणके : तो आपको हिंदू शब्द से आपत्ति क्यों है? क्या प्रॉब्लम है? ये हिंदू ही तो बहुसंख्यक हैं तो आपको योगी के भगवे कपड़े पर आपत्ति है, इसका मतलब?

मो. सलीम : मैं आपत्ति कहाँ किया? मैं···मेरा आपत्ति है नहीं! नहीं! बिल्कुल

नहीं! रंग में मत जाओ। रंग तो चोला है।

सुरेश चव्हाणके : आप तो खुद कह रहे हैं न कि योगी को बनाने के बाद बीजेपी एक्सपोज हो गई तो इसका मतलब आपको योगी पर आपत्ति है?

मो. सलीम : राजनीति में जो छल था···

सुरेश चव्हाणके : योगी की बराबरी का एक आदमी बताइए आपके पास···

मो. सलीम : नहीं! मेरे पास तो छोड़ दो, आप ये बताओ कि···

सुरेश चव्हाणके : आप तो कम्युनिस्ट होकर भी फैब इंडिया का कुरता पहनते हैं। तीन, साढ़े तीन हजार रुपए का!

मो. सलीम : हाँ! तो हमारे पास डिजायनर्स नहीं हैं न! डिजायनर्स नहीं हैं न! रेडीमेड है।

सुरेश चव्हाणके : तीन-साढ़े तीन हजार रुपए का कुरता! बंगाली! आप कम्युनिस्ट हो, जरा···हाथ करघे के कपड़े पहनने चाहिए···

मो. सलीम : ये फैब इंडिया का मतलब ही यही है कि इंडियन फैब है। ये भारतीय है।

सुरेश चव्हाणके : हाँ!

मो. सलीम : आपके जो सिल्की हैं, आपके जो सिल्की हैं न!

सुरेश चव्हाणके : ये तो साढ़े छह सौ रुपए का है।

मो. सलीम : जैसे बोले, अच्छी बात बोले कि एक भी योगीजी जैसा आदमी आपकी पार्टी में दिखा दो! मैं आपके सवाल पर आ रहा हूँ।

सुरेश चव्हाणके : हाँ, दिखाइए···

मो. सलीम : होना नहीं चाहिए! नहीं है···

सुरेश चव्हाणके : नहीं! मैं कह रहा हूँ कि मोदीजी की अच्छाई की हम कुछ बात कर रहे थे तो मोदीजी की कुछ अच्छाई कुछ आप बोल रहे थे···

मो. सलीम : मैं तो बोला···अच्छा बात एक तो बोला, जो आप बोल रहे थे, क्या-क्या गिनाना पड़ेगा न!

सुरेश चव्हाणके : बोलिए न!

मो. सलीम : अच्छा मैं बोला कि आतंकवाद के खिलाफ जब वे बोलते हैं तो अच्छा लगता है। लोग भी मर रहे हैं, लेकिन दिक्कत इस बात की है, अच्छी बात है, जो मैं बोल रहा हूँ। अच्छा काम मैं पहले बोला, जब एक साल हुआ था, दो साल हुआ था तो अच्छा काम हुआ। अच्छा काम के अंदर जैसा आप देखो कि मोदीजी···

मैं बोला ये कि कल-छल और कपटता नहीं है। स्पष्ट बात है। ये तो अच्छी बात है न ? राजनीति में अकसर छल और कपट होता है। तो ये बोलते आप, इसमें भी कुछ निकाल रहे हैं, फिर आप ये खुद कहे कि योगीजी का लिबास देखकर आप क्यों ऐसा बोल रहे हो! मैं आपको उलटा बोल रहा हूँ। ये छल हो जाता है। लिबास देखकर नहीं कहना चाहिए। मेरे सामने कोई अगर भगवा कपड़ा पहनकर चला आए या बड़ा दाढ़ी या टोपी लेकर चला आए, उसको देख करके मैं सरेसर नहीं झुक जाऊँगा, चूँकि वो ड्रामा भी हो सकता है। होता है न ?

सुरेश चव्हाणके : हाँ! हाँ! हाँ!

मो. सलीम : अच्छा, रामलीला में कोई अगर हनुमान बनकर आता है तो ये समझना पड़ेगा कि वो हनुमानजी नहीं है, वो हनुमानजी का रोल प्ले कर रहा है। इतना ही अंतर है तो किसी को मैं योगी-साधु-संत-मौलाना-पीर मैं उनके लिबास देख करके नहीं मानता हूँ। हकीकत उनके काम से देखता हूँ तो मोदीजी भी जो किए हैं, अच्छा काम कि जो बीजेपी क्या है ? किस वर्ग का प्रतिनिधित्व करती है ? और किसके स्वार्थ में काम करती है ? ये वाजपेयीजी, आडवाणीजी, मुरली मनोहर जोशीजी, वो राजनाथ सिंह को देख करके लोगों को समझ में नहीं आ रहा था। मोदीजी के आने के बाद ये परदा हट गया है।

सुरेश चव्हाणके : आप गरीब की बात करते हैं। गरीब माँ का बेटा प्रधानमंत्री बना है। इससे बड़ी खुशी की बात तो कम्युनिस्टों को होनी नहीं चाहिए ?

मो. सलीम : नहीं! ये तो अच्छी बात है। लोकतंत्र ही है। ये लोकतंत्र का देन है कि कोई भी इस देश में…

सुरेश चव्हाणके : लेकिन राहुल गांधी को इस देश का प्रधानमंत्री बनाने के लिए आप उनका समर्थन कर रहे हैं ?

मो. सलीम : फिर आप बोल रहे हो ? कौन बोल रहा है ?

सुरेश चव्हाणके : तो आप विपक्ष एक कर रहे हैं न, हालाँकि विपक्ष में से नितीश भाग गए!

मो. सलीम : दोनों हाथ हवा में उठाकर सरेंडर करते हुए!

सुरेश चव्हाणके : देखिए, जमीन पर गरीबों की संख्या सबसे ज्यादा किसी पार्टी में है, लोक प्रतिनिधियों में, तो बीजेपी के पास है।

मो. सलीम : बिल्कुल गलत है! सबसे ज्यादा क्रिमिनल बैकग्राउंड के अगर प्रतिनिधि हैं…

सुरेश चव्हाणके : मतलब आप``आपको गरीब नहीं दिखेंगे?

मो. सलीम : नहीं! मैं इलेक्शन कमीशन का दिखा रहा हूँ।

सुरेश चव्हाणके : आपको गरीब, गरीबों का प्रतिनिधित्व करनेवाली पार्टी बीजेपी है कि नहीं, कांग्रेस की तुलना में अगर बात करें तो``

मो. सलीम : बिल्कुल नहीं, आज जो राज्यसभा में जितने मैंबर आए हैं करोड़पति के नीचे तो कोई नॉमिनेशन ही नहीं मिलता है।

सुरेश चव्हाणके : करोड़पति तो आप भी हैं अभी``

मो. सलीम : नहीं!

सुरेश चव्हाणके : कम्युनिज्म को आप आनेवाले दिनों में कैसा देखते हैं, जबकि लोग मान रहे हैं कि अभी कम्युनिज्म खत्म हो रहा है?

मो. सलीम : हर दौर में ये कहा जाता था, हिटलर का जब बहुत बड़ा बोलबाला था। पूरे विश्व उसके पैर तले थे, जब हमारे देश के संघ के इडियोलॉक लोग कहते थे कि चलो, हिटलर का रास्ता हमें अपनाना पड़ेगा। उस वक्त भी कम्युनिज्म खत्म बताया जा रहा था, लेकिन बाद में यही कम्युनिज्म है, जो हिटलर के फाँसीवाद को खत्म किया और दो करोड़ लोगों की मौत शहादत के बिनाह पर``हम विश्व को बचाए तो आज भी आप देखो, मैं ये नहीं कह रहा हूँ कि कल ही कम्युनिज्म बहुत अच्छा हो जाएगा, जब किसान आत्महत्या कर रहे हैं, तो जब हमारे देश में विदेशी कंपनी आकर उसका बीज, उसका खाद, उसका सबकुछ जो मैं अ``अ``अ``कभी संघ परिवार भी यही कहते थे``

सुरेश चव्हाणके : हूँ! मैं आज भी कहता हूँ``

मो. सलीम : तो उसका जब पूरा शोषण होगा, तो उस किसान की आवाज को, दबे-पिछड़े की आवाज को, कोई को तो बोलना पड़ेगा। जो बोलेगा वही कम्युनिस्ट``

सुरेश चव्हाणके : हाँ-हाँ-हाँ! मैं भी बोलता हूँ तो मुझे कम्युनिस्ट मानेंगे?

मो. सलीम : आप अगर बोलते हैं तो मंदसौर में जब किसानों की हत्या हुई, उत्तर प्रदेश में, तो आप उसको जरा दिखाते``

सुरेश चव्हाणके : नहीं, हम ही बोले। वहीं नहीं, वहीं नहीं, हम सब जगह बोलते हैं। हम आज भी कहते हैं, अब तो हम कल एक कार्यक्रम करने जा रहे हैं फसल जिहाद``

मो. सलीम : *(कुछ बुदबुदाते हुए``)*

सुरेश चव्हाणके : आपको एक बात बता दूँ, फसल जिहाद एक नया जिहाद का प्रकार आया है।

मो. सलीम : मैं···जिहाद शब्द से हमारा परहेज है।

सुरेश चव्हाणके : हाँ, तो फिर भी आपको सुनना पड़ेगा न! क्योंकि वो लोग तो फसल जिहाद कर रहे हैं, ऐसा हमने एक फॉलोवर पकड़ा है, इस्लाम का! जो जिहाद करता है, झूठे बीजों को लेकर किसानों को देता है, दस हजार टन उसके पास बीज मिले हैं।

मो. सलीम : तब तो कोई मल्टीनेशनल कंपनी का प्रतिनिधि होगा वो?

सुरेश चव्हाणके : आई.एस.एस. को भी आप मल्टीनेशनल कहते हैं?

मो. सलीम : आई.एस.एस. भी मल्टीनेशनल है भाई!

सुरेश चव्हाणके : हाँ, तो आप कहाँ उसको हिंदू विरोधी मानेंगे? भारत विरोधी नहीं मानेंगे? चलिए, खैर फसल जिहाद के लिए आप सुदर्शन देखिए···

मो. सलीम : आई.एस.एस., जो है, मल्टी नेशनल है। मल्टीनेशनल का मतलब है कि कई देशों में अभी बीजेपी मल्टीनेशनल हो गई न और जो उसका ओवरसीज बीजेपी है, इतना बढ़ रहा है तो वो मल्टीनेशनल है···

सुरेश चव्हाणके : आपकी पार्टी तो ऑलरेडी इंटरनेशनल है न, मल्टीनेशनल?

मो. सलीम : हाँ! इंटरनेशनल, मल्टीनेशनल नहीं! इंटरनेशनल और मल्टीनेशनल में फर्क है।

सुरेश चव्हाणके : हाँ! हाँ!

मो. सलीम : क्योंकि हम एक ही विश्व मानते हैं न!

सुरेश चव्हाणके : हाँ! हिंदू तो कहता है न कि 'वसुधैव कुटुंबकम्'! हम तो पूरे विश्व को अपना परिवार मानते हैं!

मो. सलीम : मानते हो कि बोलते हो? मंत्र उच्चारण और मंत्र का पालन में फर्क है!

सुरेश चव्हाणके : ये हर हिंदू, पेड़ के नीचे जंगल में बैठनेवाला हिंदू भी विश्व को अपना परिवार मानता है।

मो. सलीम : जो अच्छे इस्लाम, जो सही इस्लाम कहते हैं, जो सही हिंदुज्म की बात करता है। हिंदुज्म की बात करता है या सही क्रिश्चियनिटी की बात करता है और उसको अगर वो प्रयोग में लाता है तो कम्युनिज्म से उसका विरोध बहुत कम है और जो पाखंडी होते हैं, बोलते कुछ हैं, करते कुछ और हैं, उससे विरोध ज्यादा हो जाता है।

सुरेश चव्हाणके : हा-हा-हा! ये मोहम्मद सलीम का कम्युनिज्म का वर्जन है। मॉडर्न और एकदम दिखानेवाला।

मो. सलीम : दिखानेवाला क्यों? मैं दिखाता हूँ कुछ···मैं तब लाल कपड़ा पहनकर के आता। आपको देखिए, भगवा रंग पहनकर, कुरता पहनकर आना पड़ा! हमें लाल पहनने की जरूरत नहीं है। हमारा लाल हमारे दिल में है।

सुरेश चव्हाणके : मैं हमेशा पहनता हूँ।

मो. सलीम : क्योंकि हमारे दिल में है, आपके दिल में नहीं है··· !

सुरेश चव्हाणके : मैं हमेशा पहनता हूँ ये···

मो. सलीम : लोग बाहर वो दिखाते हैं, जो दिल के अंदर में नहीं होता है!

सुरेश चव्हाणके : देखिए, आपने मेरे इंटरव्यू चालू होने से लेकर पाँचवीं बार मेरे रंग के ऊपर आपत्ति की है···

मो. सलीम : नहीं! आपत्ति नहीं है।

सुरेश चव्हाणके : मणिशंकर अय्यर ने भी यही किया था।

मो. सलीम : नहीं! मैं आपत्ति नहीं किया। आपमें तो तिरंगा भी है। आपत्ति क्यों करेंगे?

सुरेश चव्हाणके : हाँ, देखिए, तिरंगा है, सब जगह है।

मो. सलीम : आपत्ति क्या है? हमारा तिरंगा, तिरंगा में सिर हमारा है···

सुरेश चव्हाणके : तिरंगा, तिरंगा अंदर भी है और उसके लिए जान देने के लिए भी तैयार हैं।

मो. सलीम : यही तो है नहीं! नहीं! नहीं! जान भी नहीं देना चाहिए। सब लोग जानते हैं, जिसको विज्ञान मालूम है, अंदर में खोदने से ही लाल निकलेगा।

सुरेश चव्हाणके : हा-हा-हा! चलिए, आप दर्शनशास्त्र के विद्यार्थी हैं, इसलिए बड़ी बातें करते हैं। अच्छे-अच्छी! और ये आपकी अच्छी-अच्छी बातें ही हैं, अभी आपको कम्युनिस्टों का राष्ट्रीय नेता बना रही हैं और राष्ट्रीय नेतृत्व अभी आप करने जा रहे हैं।

मो. सलीम : मैं एक छोटा सा कार्यकर्ता हूँ।

सुरेश चव्हाणके : भले आपकी पार्टी का राष्ट्रीय वजूद न हो, लेकिन आप राष्ट्रीय पटल पर अच्छी बातें बोल रहे हैं, लेकिन अच्छी बातों के साथ-साथ आप अच्छा काम करेंगे तो हिंदुस्थान शायद आपको उस दिशा में कोई सहयोग करे।

मो. सलीम : करता हूँ। आपको ये मालूम होना चाहिए, मैं जहाँ भी चुनाव

लड़ा और वहाँ पर कभी या बाहर में भी आप जितने भी धर्म के नाम पर पूछें, मैं धर्म के नाम पर सवाल-जवाब नहीं करता हूँ, क्योंकि धर्म अलग रखना चाहिए और राजनीति अलग रखना चाहिए। जहाँ धर्म से राजनीति मिला देंगे तो कहीं वह आई.एस.एस. बन जाएगा, कहीं वह आर.एस.एस. बन जाएगा।

सुरेश चव्हाणके : तो आप आई.एस.एस. और आर.एस.एस. को एक जैसा मानते हैं?

मो. सलीम : नहीं! नहीं!

सुरेश चव्हाणके : फर्क है न? आर.एस.एस. भी तो अच्छा ही है न?

मो. सलीम : बहुत फर्क है, जितना किंडरगार्टन में और पोस्ट ग्रेजुएशन में फर्क है, उतना फर्क है...

सुरेश चव्हाणके : चलिए, मतलब आप आर.एस.एस. को अच्छा भी मानते हैं?

मो. सलीम : मैं किंडरगार्टन बोला। अभी शुरुआत है...

सुरेश चव्हाणके : हा-हा! ठीक है...

मो. सलीम : फिर बदलता रहता है मामला...

सुरेश चव्हाणके : चलिए, आपने समय निकाला, अपनी बात रखी...

मो. सलीम : इब्तदा इश्क में रोता क्या, देखिए, आगे-आगे होता क्या...

सुरेश चव्हाणके : हा-हा-हा! आशा करते हैं, आगे अच्छा ही होगा। धन्यवाद!

मो. सलीम : धन्यवाद!

□

10

डी.जी. वंजारा

डी. जी. वंजारा स्वतंत्र भारत में सबसे ज्यादा प्रताड़ित किए गए अधिकारियों में सबसे बड़ा नाम है। विश्व इतिहास में भी शायद ये नहीं हुआ होगा!

अपना कर्तव्य निभाने के आरोप में वह भी आतंकवादियों का एनकाउंटर, जिसमें उनकी जान और अन्य साथी अधिकारियों की जान जा सकती थी। आतंकवादी जाते तो मुख्यमंत्री की जान जा सकती थी। ऐसे कर्तव्य निभाने के आरोप में जेल गए और यह सभी वह 32 अधिकारी थे, जो आतंकवाद विरोधी लड़ाई के सबसे बड़े सेनानी थे। वंजाराजी का विरोध उनके हिंदुत्ववादी होने के कारण भी रहा। डी.जी. वंजाराजी वह व्यक्ति हैं, जिन्होंने मोदीजी के गुजरात को अपराधमुक्त, जिहादमुक्त हिंदुस्थान बनाने की कल्पना को मूर्त रूप दिया था। इसलिए कई अन्य अधिकारियों की तुलना में इनको शिकार बनाया गया।

एक समय ऐसा था, जब कहते थे कि गुजरात को तीन दाढ़ी चलाती हैं।

सफेद दाढ़ी, यानी मोदीजी, काली दाढ़ी, अर्थात् अमित शाहजी और लाल दाढ़ी मतलब डी.जी. वंजारा।

वंजारा 9 वर्षों तक जेल में सड़ाए गए, अगर वह मोदीजी के विरुद्ध एक वाक्य बोलने के लिए भी तैयार हो जाते तो न केवल उनको जेल से छोड़ा जाता, बल्कि उसका बहुत बड़ा लाभ उनको दिया जा सकता था।

इसके उपरांत उन्होंने कभी भी विचारों से बेईमानी नहीं की। उनके नौ वर्षों का उनके बच्चों, परिवार सभी पर बहुत ही दुःखद परिणाम रहा। उन्होंने यह बातें अपने मनोगत में कही हैं। डी.जी. वंजाराजी एक आध्यात्मिक व्यक्ति होने के कारण इस घटनाक्रम को भी साधारण घटना की तरह देखते हैं। यह अन्य अधिकारियों और राष्ट्र-धर्म की लड़ाई लड़नेवाले लोगों को देखना-समझना चाहिए।

'सुदर्शन' तो उनकी गिरफ्तारी के पहले दिन से लेकर ही उनके साथ खड़ा था। अपने वर्षों के इस संघर्ष में कई बार उनके समर्थन में हमने शो चलाए। उनसे मिलने गए, जब वह गुजरात के बाहर मुंबई में एक स्थान पर बंद किए गए थे तो उनसे मिलने जानेवालों में मैं पहला व्यक्ति था। उनके लिए 9 वर्षों से आवाज उठानेवाला व्यक्ति उनसे मिलने आया है। यह बहुत ही भावुक क्षण था। हम लंबे समय तक बैठे रहे, चिंतन किया और उसमें इस मुलाकात की भूमिका तय हुई। मुलाकात मुंबई के जुहू चौपाटी पर हुई। नैसर्गिक दृष्टिकोण से बहुत ही सुंदर ऐसी लोकेशन पर अपने जीवन के संघर्ष को भगवद्गीता के बोध के साथ उन्होंने बताया।

हम जब इस प्रकार से किसी के साथ खड़े होते हैं तो हमारे विरोधी तो छोड़िए, कई बार हमारे साथी तक भी भ्रमित होते हैं और पूछते हैं कि आप इतना साथ क्यों दे रहे हो? तो हम कहते हैं कि हमारा तो नारा है 'साधु, संत, सती, सैनिक को सताएँ तो हमको बताएँ।' हम मानते हैं कि कोई सरकार किसी ईमानदार अधिकारी को सता रही है तो इसका मतलब कि वो अधिकारी कतई गलत नहीं हो सकता और इसलिए हमें उसके साथ खड़ा होना ही चाहिए और हम हुए। वंजाराजी के मामले में हम केवल मोदीजी के करीबी थे, इसलिए खड़े नहीं हुए, बल्कि आतंकवाद विरोधी कठोर पुलिसिया कार्रवाई का प्रतिनिधित्व उन्होंने किया था। इसलिए उनको समाप्त करना, उनको प्रताड़ित करना, इसका एक उद्देश्य था। इस्लामी आतंकवाद के विरुद्ध खड़े होनेवाले का क्या हश्र होता है, यह दिखाना भी था। इसलिए भी उनको प्रताड़ित किया गया था। इसीलिए हम उनके साथ खड़े थे।

साक्षात्कार के बाद

डी.जी. वंजाराजी के 'चलते-चलते' को भी अपेक्षा से अधिक समर्थन मिला। मेरे लिए भी ये आश्चर्यजनक बात थी कि न केवल रिटायर्ड हुए, बल्कि वर्तमान पुलिस सेवा में कार्य करनेवाले विभिन्न राज्यों के डी.जी.पी. या बड़े-बड़े आई.पी.एस. अधिकारियों से लेकर सामान्य पुलिस कॉन्स्टेबल तक कई लोगों ने मुझे इस इंटरव्यू के लिए धन्यवाद दिया। मुझे याद है कि मैं राजस्थान के माउंट आबू गया था तो उदयपुर में एयरपोर्ट पर जब होता तो वहाँ के पुलिसवाले, मैं आनेवाला हूँ, ये जानकर इस इंटरव्यू के लिए धन्यवाद करने पहुँचे थे। यही अनुभव मुझे उन्हीं दिनों में धर्मशाला में भी मिला। इतना ही नहीं, जहाँ हिंदी भाषा की बहुत

ज्यादा चर्चा नहीं होती, उस तमिलनाडु में 'गणेशन' नाम के एक सब-इंस्पेक्टर ने मेरी सुरक्षा के दरमियान इस इंटरव्यू के लिए मुझे धन्यवाद किया। विशेष बात यह भी रही कि क्या आध्यात्मिक क्षेत्र के लोगों ने भी इस शो को काफी पसंद किया है।

डी.जी. वंजाराजी आसाराम बापूजी के भक्त हैं। मुझे लगा, केवल उनसे संबंधित आध्यात्मिक लोग ही सराहना करेंगे, परंतु ऐसा नहीं था, मुझे विभिन्न राज्यों के साधु-संतों के द्वारा वही प्रतिक्रिया मिली, आम दर्शकों के बारे में कहा तो स्वाभाविक था, गुजरात में सबसे ज्यादा देखा गया, परंतु राष्ट्रवादी दर्शकों में सुदूर तक इसको देखा गया, यहाँ तक कि कई अनिवासी भारतीयों ने भी इ-मेल या विभिन्न माध्यमों से अपनी प्रतिक्रिया मुझ तक पहुँचाई, जब मैं इंटरव्यू के बाद उनको मिला तो वह कह रहे थे कि उनकी पीड़ा को 'सुदर्शन' ने मंच दिया था और वह भी सकारात्मक पहलू के साथ। इसका धन्यवाद वंजाराजी जब भी मिलते हैं, आज भी करते हैं।

मेरे लिए समाधान की, उससे भी अधिक अनुभूति इसलिए हुई कि मैं जिस व्यक्ति के लिए नौ वर्षों तक उनके साथ खड़ा रहा, विभिन्न विरोधों के बावजूद अपनी भूमिका पर डटा रहा, वह यह पुस्तक लिखे जाने से पहले जब मिले थे तो आध्यात्मिक क्षेत्र में कार्य कर रहे थे, उनकी यह रुचि देखकर भी समाधान हुआ कि न केवल मैंने डी.जी. वंजाराजी के जेल जाने से पहले के कार्य का समर्थन किया, बल्कि जेल से आने के बाद भी जिस शालीनता, जिस समर्पण भावना के साथ वह देशभक्ति का कार्य कर रहे हैं, वह प्रशंसनीय है। यह समाधान किसी भी उस पत्रकार को कभी नहीं मिल सकता, जो अपनी भूमिका नहीं निभाता, किसी के साथ कठिन-से-कठिन स्थिति में खड़े होने का साहस नहीं करता, मुलाकात, आपने भीड़ देखी, पढ़ी होगी, अब आपकी प्रतिक्रियाओं की प्रतीक्षा है।

स्थान : जुहू चौपाटी, मुंबई
प्रथम प्रसारण तिथि : 5 मार्च, 2016

सुरेश चव्हाणके : नमस्कार! मुंबई के जुहू चौपाटी से आपका 'चलते-चलते' में स्वागत कर रहा हूँ। आज हमारे साथ एक ऐसे व्यक्तित्व हैं, जो आजादी के बाद पुलिस के अधिकारी के तौर पर सबसे ज्यादा प्रताड़ित किए गए।¨ गुजरात पुलिस के महानायक डी.जी. वंजाराजी! आपका स्वागत है 'चलते-चलते' में!

डी.जी. वंजारा : थैंक्यू वेरी मच! थैंक्यू वेरी मच! सो काइंड ऑफ यू चव्हाणके साहब, सो काइंड ऑफ यू!

सुरेश चव्हाणके : आज···आज हिंदुस्थान जान गया है कि आपके ऊपर कितना अन्याय हुआ। कैसे आपको प्रताड़ित किया गया और आठ साल का एक लंबा समय आपको जेल में बिताना पड़ा, लेकिन ये सब पूरा जो वाकया हुआ और इतने दिन ये सारी घटना चली, इसके ऊपर हिंदुस्थान सुनना चाहता है, जानना चाहता है, समझना चाहता है।

डी.जी. वंजारा : इसके बारे में पहली बात तो चव्हाणके साहब, मैं आपको बताऊँगा, गुजरात पुलिस ने···

सुरेश चव्हाणके : हाँ!

डी.जी. वंजारा : 2002 से लेकर और जब हम जेल में गए, तब तक और उसके बाद भी आतंकवाद के खिलाफ जो भी मुहिम चलाई, वो मुहिम अत्यंत आवश्यक थी।

सुरेश चव्हाणके : हाँ! और सबसे बड़ी थी, क्योंकि हिंदुस्थान में एक साथ कई जगह आतंकवादी हमले हो रहे थे और गुजरात में आप लोगों की क्षमता के कारण कुछ भी नहीं हो रहा था।

डी.जी. वंजारा : हाँ, तो हुआ ऐसा कि 2002 में गोधरा कांड हुआ। लोग जिंदा जलाए गए। उसकी प्रतिक्रिया आई। पोस्ट गोधरा राइट्स हुए और पोस्ट गोधरा रॉइट्स के बाद फिर ये आतंकवादी हमला होना शुरू हो गया, लेकिन ये देश के खिलाफ एक प्रकार का युद्ध ही चालू हो गया।

सुरेश चव्हाणके : हाँ, युद्ध ही था!

डी.जी. वंजारा : देश के खिलाफ एक युद्ध था और जैसे युद्ध कि प्रतिक्रिया करनी पड़ती है, इसी तरह से हम लोगों को, जितने डिटरमिनेशन से आतंकवादी हमले हो रहे थे, उतने ही डिटरमिनेशन के साथ हमारी सरकार की जो पॉलिसी थी, गुजरात सरकार की जो पॉलिसी थी, जीरो टॉलरेंस फॉर टेररिज्म आतंकवाद के खिलाफ! जीरो टॉलरेंस तो विद मैचिंग डिटरमिनेशन गुजरात पुलिस ने कार्रवाई की! एंटी टेरर ऑपरेशंस किए और उसके फलस्वरूप मैं कह सकता हूँ कि गुजरात को दूसरा कश्मीर बनने से गुजरात की पुलिस ने अटकाया है।

सुरेश चव्हाणके : ये कहा जाता है कि आप लोग इतने ज्यादा इनवॉल्व थे इसके पीछे, आतंकवादियों की गतिविधियों के पीछे कि न केवल गुजरात, बल्कि

देश के दूसरे हिस्से में होनेवाली घटनाओं पर भी आप इतने डीप पहुँच गए थे कि शायद आप लोगों को ज्यादा फ्रीडम दिया जाता और आप लोग जेल के बाहर रहते तो भारत से आतंकवादियों की जड़ों को ही उखाड़ देते, इसलिए बड़ा ऊपर से गेम प्लान हुआ।

(आकाश में वायुयान गड़गड़ाहट के साथ गुजरते हुए)

आपकी बिल्कुल सही बात है, अक्षरधाम वगैरह जो हमले हुए और गुजरात के भूतपूर्व होम मिनिस्टर को भी मार दिया गया और ऐसी दूसरी घटना न घटे, इसलिए गुजरात पुलिस ने प्रोएक्टिव बनकर कार्रवाई की और बड़ी-बड़ी घटनाओं को अंजाम होने देने में अटकाया तो हमारे जेल में जाने के बाद गुजरात में ही नहीं, बल्कि देश के अन्य स्थानों में भी आतंकवादी हमले हुए और सबसे बड़ा हमला मुंबई शहर में हुआ। आप अच्छी तरह से जानते हैं तो···वो एक युद्ध ही था। गुजरात पुलिस के जेल के अंदर जाने के बाद ही 26/11 हुआ 166 निर्दोष आदमी मारे गए। दूसरे कई सैकड़ों घायल हुए और देश की बेइज्जती हुई तो गुजरात पुलिस ने जो कामगीरी की, जो कार्रवाई की, जो कर्तव्य किया, उस कर्तव्य से गुजरात को ही नहीं, पूरे देश को फायदा हुआ।

सुरेश चव्हाणके : बिल्कुल फायदा हुआ, लेकिन नुकसान सबसे ज्यादा आपको और आपकी टीम को झेलना पड़ा!

डी.जी. वंजारा : आजादी के बाद यदि सबसे ज्यादा किसी पुलिस ने सहन किया है तो वो गुजरात की पुलिस है। ऐसे तो अन्यत्र भी हुआ है।

(आकाश में वायुयान गड़गड़ाहट के साथ गुजरते हुए)

सुरेश चव्हाणके : यही तो इस देश का दुर्भाग्य है कि जब हमारे पुलिस ऑफिसर या सेना के जवान या पैरा मिलिट्री फोर्स के जवान नक्सलवादियों के साथ आतंकवादियों के साथ मारे जाते हैं तो उनकी शहीदी मनाने के बजाय, उसपर दुःख व्यक्त करने के बजाय इस देश की यूनिवर्सिटियों में उनके मरने पर त्योहार मनाया जाता है। आनंद मनाया जाता है। ये तो दुर्दशा है···

डी.जी. वंजारा : ये शॉकिंग बात है कि ये सब चीजें अपने देश में हुई हैं और मैं आपको मेरी जो असली एक पीड़ा है, जो मेरे भीतर बटोर के मैं बैठा हुआ हूँ, वो मैं आपको कहना चाहता हूँ।

सुरेश चव्हाणके : बिल्कुल! बिल्कुल! बताइए।

डी.जी. वंजारा : ···कि जब ऐसी कोई घटना घटती है, जब नेशनल

सिक्योरिटी के ऊपर जोखिम खड़ा होता है, अब ये नेशनल सिक्योरिटी के ऊपर जोखिम खड़ा कौन करेगा, वो तो बाहर से या भीतर के जो आतंकवादी हैं या तो एंटी नेशनल फोर्सेज हैं, कुछ भी कह दो, तो ऐसे जो लोग हैं, उनकी ओर से ही जोखिम खड़ा होता है, उसका जवाब देने के लिए हमारी जो पद्धति है, हमारा जो लोकतंत्र है, हमारा जो सिस्टम है, वो जवाब देने के लिए पुलिस होती है। पुलिस को ही तो जवाब देना पड़ेगा न!

सुरेश चव्हाणके : हाँ! हाँ! हाँ!

डी.जी. वंजारा : कुछ भी होता है तो उसका जवाब सिक्योरिटी फोर्सेस को देना पड़ेगा न!

सुरेश चव्हाणके : हाँ! हाँ! हाँ!

डी.जी. वंजारा : किसी-न-किसी प्रकार के लोग खड़े हो जाते हैं और आतंकवादियों की…

सुरेश चव्हाणके : पैरवी करते हैं!

डी.जी. वंजारा : पैरवी करते हैं!

सुरेश चव्हाणके : इस देश का ह्यूमन राइट कमीशन करता है। मीडिया करता है। सोशल एक्टिविस्ट, तथाकथित सोशल एक्टिविस्ट…

डी.जी. वंजारा : हाँ-हाँ! आतंकवादियों की तरफ में बोलनेवाले कई लोग खड़े हो जाते हैं, लेकिन आज मैं मेरी पीड़ा बताता हूँ कि पुलिस की तरफ से बोलनेवाला कोई होता नहीं है।

सुरेश चव्हाणके : कोई नहीं होता!

डी.जी. वंजारा : हम आठ साल जेल में रहे तो हमको गुजरात की पुलिस को 'वी वर पिक्चर्ड लाइक डेमंस एंड मोंसटर्स' (हम लोग राक्षसों और निशाचरों की तरह प्रस्तुत किए गए) और ये चीजें हमें क्यों झेलनी पड़ीं? क्या पाप किया? गुजरात पुलिस ने क्या गुनाह किया? हम लोगों ने जो भी काम किया वो काम तो एक सिस्टम के अंतर्गत था।

सुरेश चव्हाणके : हाँ!

डी.जी. वंजारा : हम नहीं करते तो, गुनाह होता तो हमने तो हमारा फर्ज निभाया, हमारा धर्म निभाया और निर्दोषों को बचाया। देश की एकता, अखंडता और सार्वभौमत्व सलामत रहे, उसके लिए हमने काम किया तो उस कामगीरी के लिए तो हमारा एप्रिशिएशन होना चाहिए।

सुरेश चव्हाणके : होना चाहिए!

डी.जी. वंजारा : हमारी कदर होनी चाहिए थी। हमारी कदर नहीं भी हो तो हम समझ सकते हैं, लेकिन हमारे साथ इस प्रकार का दुर्व्यवहार हो और हमारे फेवर में कोई बोलनेवाला न हो…

सुरेश चव्हाणके : सुदर्शन बोलता रहा है, लेकिन…

डी.जी. वंजारा : हाँ! सुदर्शन बोलता रहा, क्योंकि आपके चैनल का नाम ही ऐसा है और आप खुद ऐसे हैं। कोई-न-कोई बात तो होती है!

सुरेश चव्हाणके : हम जब आपके पक्ष में बोलते थे, क्योंकि अरेस्ट से लेकर तमाम घटनाओं पर तो लोग हमको कहते हैं कि देखो ये किसका साथ दे रहे हैं! तबसे हम यह कहते थे और मुझे याद है कि एक साल पहले मैं आपको यहाँ मुंबई में मिलने आया था, तब भी मैंने आपको ये कहा था कि समुंदर के सातवें तल में भी अगर सत्य को दबाया जाए तो भी वह एक दिन बाहर जरूर आता है और आज वह सत्य बाहर आया है, इसलिए आपकी व्यथा बिल्कुल इस देश के सामने जानी चाहिए, जो आपके साथ हुआ, कम-से-कम आनेवाले लोगों के साथ नहीं होना चाहिए। इशरत जहाँ, जोकि सबसे बड़ा मुद्दा, देश की बेटी मासूम और न जानें क्या-क्या, क्या-क्या; एक आतंकवादी के लिए आठ साल तक, दस साल तक इस देश की मीडिया ने लोगों के सामने बातें बताईं, अब वो सत्य सामने आना चाहिए, क्योंकि आज भी कई लोग इशरत के बारे में सहानुभूति, सिम्पैथी और एक भावना उसके प्रति जगा के रखना चाहते हैं।

(आकाश में हेलीकॉप्टर गड़गड़ाहट के साथ गुजरते हुए)

डी.जी. वंजारा : अभी इसमें सिर्फ इशरत जहाँ का नाम लिया जाता है, जनरल प्रजा में जान-बूझकर!

सुरेश चव्हाणके : बाकी नाम नहीं लिया जाता!

डी.जी. वंजारा : जान-बूझकर, ऐसी एक इंप्रेशन खड़ी करने की सफलता पूर्वक कोशिश की गई कि समझो कि किसी, कोई निर्दोष कॉलेज जानेवाली लड़की को पुलिस ने मार दिया। एक ऐसा इंप्रेशन खड़ा कर दिया गया, क्योंकि इसके पीछे क्या था, वो किन-किन लोगों के साथ थी, उसके बारे में तो कोई बताता ही नहीं है। 2004 में ये एनकाउंटर हुआ। ये जो एनकाउंटर है, उसमें जो मुख्य जो चीज है, वो ये है कि ये लश्कर-ए-तैएबा (तैय्यबा) का ये ऑपरेशन था। लश्कर-ए-तैएबा ने चार लोगों को भेजा गुजरात में। उस वक्त के गुजरात के माननीय मुख्यमंत्री नरेंद्र

भाई मोदी, उनकी हत्या करने के लिए, तो ये चार लोग थे। दो पाकिस्तानी थे।

सुरेश चव्हाणके : उसमें दो पाकिस्तानी थे! ये कोई नहीं बताता!

डी.जी. वंजारा : हाँ, दो!

सुरेश चव्हाणके : इशरत जहाँ अगर इनोसेंट थी तो दो पाकिस्तानियों के साथ क्या कर रही थी?

डी.जी. वंजारा : हाँ···तो इसमें दो पाकिस्तानी थे अमजद अली राणा, जीशान जौहर; दो पाकिस्तानी थे। एक दूसरा भारतीय था—जावेद शेख करके और चौथी जो है, ये लड़की थी, इशरत जहाँ थी। तो दो पाकिस्तानियों के साथ एक हिंदुस्तानी आतंकवादी है और उसके साथ इशरत जहाँ है और ये चारों की प्लानिंग थी इनकी, जो हैंडलिंग है, वो मुजम्मिल कर रहा था पाकिस्तान से और इनका उद्देश्य था गुजरात के मुख्यमंत्री की हत्या करने का। ये सुसाइड बॉबिंग के लिए तो, वे लोग वहाँ आए थे तो आज तक जो भी प्रचार, अभी भी मतलब कुछ सत्य तो बाहर आ रहे हैं, लेकिन प्राधान्य सिर्फ इशरत जहाँ के ऊपर ही बताया जाता है, ताकि इस देश की सभ्यता-संस्कृति को ध्यान में रखते हुए एक स्त्री दाक्षिण्य जैसी चीज हिंदुस्तान में है···

सुरेश चव्हाणके : हाँ-हाँ!

डी.जी. वंजारा : तो लड़की का नाम आगे करके एक गलत ढंग से सहानुभूति लेने की, जो कोशिश सफलतापूर्वक की गई है तो उसके बारे में मैं ये कहना चाहता हूँ कि बाकी के तीन प्रूव्ड टेररिस्ट के साथ वो थी। वो सिर्फ यहाँ से वहाँ आई, ऐसा नहीं है। जो मीडिया ने पिक्चर किया, लेकिन लोग पूरे देश में अलग-अलग जगह पर घूमे हैं।

सुरेश चव्हाणके : हाँ! हाँ! हाँ! हूँ! हूँ!

डी.जी. वंजारा : ये लोग अलग-अलग जगह पर घूमे हैं। साथ में रहे हैं और अल्टिमेटली जब वो आ···जा रहे थे, गांधी नगर की ओर फाइनली अपना टारगेट फिनिश करने के लिए तो हमारे पास पूरे इनपुट्स थे। आई.बी. की ओर से इनपुट्स थे और जो भी इनपुट्स आई.बी. देती है, वो इनपुट्स सिर्फ कन्सर्न पुलिस को देती है। ऐसा नहीं है, वो सेंट्रल गवर्नमेंट है, क्योंकि ये सेंट्रल आई.बी. है। सेंट्रल आई.बी. के इनपुट जो हैं, वो लोकल पुलिस के पास आते हैं। मतलब लोकल स्टेट के पास आते हैं और ये सेंट्रल गवर्नमेंट के पास भी जाते हैं। सेंट्रल गवर्नमेंट की तो एजेंसी है सेंट्रल आई.बी.। ये कोई मतलब चोरी-छुपे से किया होनेवाला काम नहीं है। ये तो पूरा सिस्टम जानता होता है। ऊपर से नीचे तक राइट फ्रॉम प्राइम मिनिस्टर टू द

लोकल पुलिस इनपुट्स का अर्थ ही ये है कि ऐसा कुछ होनेवाला है और उसके सामने ऐसी कुछ कार्रवाई···

सुरेश चव्हाणके : होनी चाहिए···

डी.जी. वंजारा : होनी चाहिए, या तो उसका मतलब काउंटर एक्शंस (मुँहतोड़ जवाब) होना चाहिए, इसलिए तो इनपुट होता है तो हमारे पास जो इनपुट्स था, उस इनपुट्स के आधार पर गुजरात की पुलिस एक्टिव हुई और फिर ये लोग जा रहे थे तो उस वक्त हम लोगों ने, गुजरात की पुलिस ने प्रिवेंटिव··· प्रिवेंटिव एक्शन लिया। वो गांधी नगर की ओर जा रहे थे। हमारे पास पूरा एक इंटेलिजेंस इनपुट था, जब पुलिस ने प्रिवेंट किया गुजरात को! पुलिस की टीम ने जब ये जो व्हिकल आ रहा था, उसको जब प्रिवेंट किया तो वो लोग उतरे और सीधा फायरिंग किया। इन लोगों ने जब पुलिस के ऊपर फायरिंग होता है तो भारत का कानून पुलिस को सत्ता देता है। पुलिस को सक्षम बनाता है।

सुरेश चव्हाणके : अधिकार देता है!

डी.जी. वंजारा : सेल्फ डिफेंस में वो काउंटर फायरिंग है। वो पुलिस कर सकती है तो काउंटर फायरिंग में ये लोग मारे गए। ये जो पूरा ऑपरेशन है, वो सक्सेसफुली ऑपरेशन किया गया अंडर द एजीज ऑफ सेंट्रल आई.बी. एंड सेंट्रल आई.बी. मतलब सेंट्रल गवर्नमेंट इटसेल्फ अपार्ट फ्रॉम द स्टेट गवर्नमेंट (मुठभेड़ सफलतापूर्वक केंद्रीय आई.बी. के ए.जी. और केंद्र सरकार की शिनाख्त पर की गई, जो कि राज्य सरकार का हिस्सा थी)

सुरेश चव्हाणके : यस! जोकि कांग्रेस की थी।

डी.जी. वंजारा : तो ये कोई···ये कोई ऐसी चीज नहीं है!

सुरेश चव्हाणके : हाँ! कि किसी छिटपुट चोर पर एक्शन लिया, ऐसी घटना नहीं है।

डी.जी. वंजारा : ऐसी घटना नहीं है। इट हैज इम्प्लिकेशन ऑन द नेशनल सिक्योरिटी (यह राष्ट्रीय सुरक्षा के साथ बाध्यकारी है)। नेशनल सिक्योरिटी बहुत बड़ी चीज होती है, यदि नेशनल सिक्योरिटी के ऊपर जोखिम है तो फिर पूरी प्रजा, देश के ऊपर जोखिम है न! हिंदुस्तान को गुलाम क्यों रहना पड़ा, एक हजार साल तक, क्योंकि नेशनल सिक्योरिटी को एक नेशनल सिक्योरिटी के नाते हम लोगों ने नहीं देखा, अभी जो सिस्टम खड़ा है, वो सिस्टम के अंतर्गत एक नेशनल सिक्योरिटी का कॉन्सेप्ट है और नेशनल सिक्योरिटी के कॉन्सेप्ट के अंतर्गत जब

एजेंसियाँ काम करती हैं तो ऊपर से नीचे सब लोगों को, ऑन पेपर ऊपर पता होता है तो यह कोई कह दे कि गुजरात पुलिस ने फेक एनकाउंटर किया तो इससे तो सिर्फ ये साबित होता है कि सिस्टम कैसे काम करता है, ये लोगों को पता ही नहीं है!

सुरेश चव्हाणके : या जान-बूझकर उसको किया जाता है, क्योंकि कई लोगों को तो पता है, क्योंकि कई लोग तो इस सिस्टम का हिस्सा हैं, जो आप इन सब पूरी चेन के बारे में बता रहे हैं, उसी में से कुछ लोगों ने झूठे एफीडेविट दायर किए।

डी.जी. वंजारा : ये सत्य तो अभी बाहर निकल रहा है, लेकिन शुरुआत में तो बात ये थी, जो ऑन पेपर ऊपर है कि इनका जो टारगेट है, वो तो नरेंद्र भाई मोदी थे।

सुरेश चव्हाणके : तो एक गुस्सा ये भी था कि आपने नरेंद्र मोदी को बचाया, जो कि नरेंद्र मोदी आज जहाँ तक पहुँचे हैं, भारत के प्रधानमंत्री बने हैं, तब भी ये सारे लोग, खासकर के कांग्रेस उनकी दुश्मन थी और नरेंद्र मोदी के आप एक तरीके से राइट हैंड थे और आपने इस एनकाउंटर को अंजाम देना, इसका अगर मैं विश्लेषणात्मक भाषा में बताऊँ तो नरेंद्र मोदी की तरफ चलनेवाली गोली के बीच में आप लोग आए थे, जिसमें आप लोग भी तो मर सकते थे।

डी.जी. वंजारा : बिल्कुल सही बात है! आपकी बिल्कुल सही बात है ये! जो बाटला हाउस में ऑपरेशन हुआ था···

सुरेश चव्हाणके : हाँ! दिल्ली में हुआ था···

डी.जी. वंजारा : वो दिल्ली में हुआ था तो वहाँ तो पुलिस इंस्पेक्टर शर्मा थे, वो शहीद हो गए। वो आतंकवादियों के ऊपर कार्रवाई करने के लिए गए थे तो आतंकवादी भी उसमें मारे गए। कुछ लोग भाग गए और जो क्रॉस फायरिंग हुई तो उसमें हमारे बहुत ही सक्षम पुलिस अधिकारी शर्माजी थे तो···

सुरेश चव्हाणके : राष्ट्रपति पदक उनको मिला था!

डी.जी. वंजारा : तो उनको भी शहीद होना पड़ा। तो यहाँ जो आपने बताया कि इनका टारगेट तो चीफ मिनिस्टर थे और चीफ मिनिस्टर को तो गुजरात की पुलिस ने सफलतापूर्वक ऑपरेशन करके बचा लिया। सफलतापूर्वक ऑपरेशन हो गया तो मतलब गुजरात के चीफ मिनिस्टर तो बच गए, लेकिन गुजरात की जो पुलिस है, उसने अपना कर्तव्य निभाया। गुजरात पुलिस के ऊपर झूठे इल्जाम

लगाकर हम लोगों को आठ-आठ साल जेल में रखा गया, हमको बचानेवाला कोई नहीं मिला।

सुरेश चव्हाणके : हाँ! आपका कहना है कि एक ऐसा माहौल बनाया जाए कि एक ईमानदार अधिकारी को राष्ट्र के प्रति कर्तव्य निभाने के लिए ये तथाकथित मानवाधिकारवाले लोग ड्रामा करने से बाज आएँ? उनको रोका जाए?

डी.जी. वंजारा : नहीं! उनको रोका जाए, इतना ही काफी नहीं है, लेकिन ऐसे कर्तव्यनिष्ठ पुलिस अधिकारी जो हैं, जो अपना फर्ज निभाते-निभाते उनको विक्टिमाइज किया जाता है और राजकीय षड्यंत्र का शिकार बनाकर उनको जेल में भेज दिया जाता है तो ऐसा कोई सेक्शन देश के अंदर में खड़ा होना चाहिए।

सुरेश चव्हाणके : जो राष्ट्रवादी ताकतें खड़ी हुईं···

डी.जी. वंजारा : ऐसा कोई सिस्टम इस देश के अंदर होने चाहिए कि वो कहे, कम-से-कम पुलिस के बारे में बोले तो सही! कानून भी कहता है, कानून भी कहता है कि कोई भी एक्यूज्ड उसके खिलाफ चार्जशीट होती है तो जब तक ट्रायल होने के बाद वो गुनहगार है, चार्ज प्रूव नहीं हो जाते तब तक वो इनोसेंट है।

सुरेश चव्हाणके : इनोसेंट है! बल्कि आपके केस में ये हुआ कि सरकारी मशीनरी भी आपके खिलाफ चली गई, जहाँ देश का गृहमंत्री चिदंबरम आपके साथ खड़ा होना उसका कर्तव्य है, जिसके लिए उसने कॉन्स्टीट्यूशन की कसम ली है, वो चिदंबरम राजनीति कर रहा है। षड्यंत्र कर रहा है और उस षड्यंत्र में शामिल न होनेवाले अधिकारी को प्रताड़ित कर रहा है। इससे बड़ा दुर्भाग्य क्या हो सकता है?

डी.जी. वंजारा : हम जेल में थे। हमारा कोई वॉइस नहीं था, लेकिन जब भी हमको मौका मिला, तभी कोर्ट में जाते थे और ऐसे कहीं आते थे, जाते थे, कहीं बोलने का मौका मिलता था तो हम कहते थे कि भाई हम निर्दोष हैं। हमारी बात कोई मानता ही नहीं था, क्योंकि इतना बड़ा हमला हो रहा था, इतना बड़ा कुप्रचार मीडिया के माध्यम से, प्रिंट मीडिया···इलेक्ट्रॉनिक मीडिया···

सुरेश चव्हाणके : ये सब कुछ मोदी को बचाने की सजा थी आप लोगों को, क्योंकि मोदी इनके टारगेट पर थे और आप मोदी को मतलब मोदी को परफॉर्मेंस करने में भी आप लोग सहयोग कर रहे थे, क्योंकि उनके राज्य में आतंकवादी हमले नहीं हो पा रहे थे और आप उनको बचा भी रहे थे। हिंदुस्थान को आप लोगों का आभार व्यक्त करना चाहिए कि आज जो हिंदुस्थान को प्रधानमंत्री मिला है, वो

प्रधानमंत्री यहाँ तक पहुँचे, इसके लिए जीवित रखने में आप लोगों की महत्त्वपूर्ण भूमिका है।

डी.जी. वंजारा : क्योंकि ये सब चीजें तो होती हैं, आतंकवादी सुसाइड बॉम्बर होते हैं तो जब खुद को मारकर दूसरे को मारना है तो ये कोई अशक्य चीज नहीं है। ये जो···

सुरेश चव्हाणके : और हमारे देश में भी कई मुख्यमंत्रियों को मारा गया। सुसाइड बॉम्बर से देश के प्रधानमंत्री को मारा जा चुका है। देश के···दुनिया के कई लोगों को मारा जा चुका है, लेकिन मोदी बच गए, जिनके खिलाफ दुनिया के खूँखार आतंकवादी संगठन थे तो ये गुजरात पुलिस को इसका क्रेडिट देना पड़ेगा।

डी.जी. वंजारा : क्रेडिट देना पड़ेगा! सिर्फ क्रेडिट देना पूर्णता नहीं है। सफीसिएंट नहीं है।

सुरेश चव्हाणके : न्याय देना पड़ेगा!

डी.जी. वंजारा : गुजरात पुलिस को न्याय भी देना पड़ेगा। गुजरात पुलिस ने बहुत सहन किया है। सीनियर ऑफिसर्स राइड फ्रॉम द लेबर ऑफ द डी.जी.पी.! डी.जी.पी. कक्षा के अधिकारियों से लेकर एडिशनल डी.जी.पी., आई.जी.पी., डी.आई.जी., सुपरिंटेंडेंट ऑफ पुलिस, डी.वाई. एस.पी., इंस्पेक्टर, सब-इंस्पेक्टर, कॉन्स्टेबल, हेड कॉन्स्टेबल तक के लोग 32 पुलिस ऑफिसर्स एंड मेन, तो ये सब लोग जेल में इतने समय के लिए रहे।

सुरेश चव्हाणके : ओहो! यह भी संख्या लोगों को पता नहीं कि इतनी बड़ी संख्या है?

डी.जी. वंजारा : इतनी बड़ी संख्या में!

सुरेश चव्हाणके : मतलब एक तर···एक तरीके से ये कहा जाए कि गुजरात पुलिस के जो हाथ-पैर, आँख-नाक-कान सबकुछ बंदी बना दिया गया था···

डी.जी. वंजारा : सबकुछ बंदी बना दिया गया था तो सबके पास ये इनफॉर्मेशन थी। इनकी एजेंसी ने बताया कि ये सब सच्चा ऑपरेशन है। उन्होंने कहा कि अरे भाई, ये तो हमारा ऑपरेशन है।

सुरेश चव्हाणके : हाँ! सर्टिफिकेट लेने के लिए उन्होंने कहा कि ये हमने किया है।

डी.जी. वंजारा : ये तो हमारा ऑपरेशन है। दिज थिंग्स आर ऑन द रिकॉर्ड!

दिज थिंग्स आर ऑन रिकॉर्ड! ऐसा सब होते हुए भी इनका, जो पॉलिटिकल टारगेट है, उस टारगेट तक तो वो पहुँच नहीं सके, लेकिन बीच में हम लोगों को आठ साल जेल में रहना पड़ा, जब ऑपरेशन सच्चा था। हेडली ने भी बताया कि भई, वो जो लखवी जो था, उसने बताया इसको मुजम्मिल के साथ अंगुली करके कि देखो भाई, ही इज द लीडर ऑफ वॉच्ड ऑपरेशन इन अहमदाबाद! इसका मतलब क्या है कि उसने स्पष्ट कह दिया कि ये हमारा ऑपरेशन था, गुजरात के चीफ मिनिस्टर को खत्म करने के लिए और वो ऑपरेशन वॉच्ड ऑपरेशन मतलब फेल्ड ऑपरेशन गलत ढंग से फँसा देना, वो भी तो गुनाह है, वो भी तो गुनाह है।

सुरेश चव्हाणके : बिल्कुल गुनाह है! खासकर ऐसे लोगों को जिन्होंने देश के लिए अपना सीना गोली-बंदूक के सामने लाया था।

डी.जी. वंजारा : हाँ! तो, तो ये जो चीज है तो कानून को आगे बढ़ना चाहिए, कानून को आगे बढ़ना चाहिए और कैसे बढ़ना चाहिए, वो तो जहाँ से चीजें बाहर निकल रही हैं, ये पूरा सेंट्रल गवर्नमेंट से ही तो सब निकल रहा है। सेंट्रल गवर्नमेंट के जो रिटायर्ड अधिकारी हैं, वो होम डिपार्टमेंट के हैं…

सुरेश चव्हाणके : उनको लगा कि ये सही माहौल है कि सत्य को बाहर लाया जाए, क्योंकि पहले तो बोल नहीं सकते थे। कितनी बड़ी बात है कि एक इतने बड़े अधिकारी को सिगरेट से दागा जाता है, वो मंदिर में दर्शन करने जाता है तो उसके पीछे पुलिस रहती है। मतलब कितना बड़ा दबाव था और कितनी क्रूरता थी, केंद्र सरकार की एक्टिविटी में!

डी.जी. वंजारा : आप सही बात बता रहे हैं मुझे। मेरी यही तो पीड़ा है, हम तो देश को बचाने के लिए रात और दिन एक कर रहे थे! मतलब गुजरात पुलिस है न, आई.बी. के ऑफिसर्स…

सुरेश चव्हाणके : हाँ! सारा सिस्टम, जो ईमानदार सिस्टम था, वो इसके लिए प्रयास कर रहा था।

डी.जी. वंजारा : हाँ, तो पुलिस जो है, सिक्योरिटी एपरेटस है। वो देश को बचाने के लिए हम लोग रात और दिन एक कर रहे थे और ये पॉलिटिकल जो एपरेटस है, वो हमको फँसाने के लिए देश की सलामती को सलामत रखने के लिए काम करनेवाले अधिकारियों को फँसाने के लिए, वो लोग रात और दिन काम कर रहे थे।

सुरेश चव्हाणके : सोहराबुद्दीन का मामला भी जो था, जो सोहराबुद्दीन

ऑलरेडी एक बड़ा क्रिमिनल था। देश के तीन–चार राज्यों का वांटेड था और ऐसा आदमी, जो कि एक खूँखार आतंकवादी था, उसको मारने के बाद भी देश का मीडिया देश की ह्यूमन राइट एक्टिविस्ट और देश की सरकारें पुलिस के साथ खड़ी होने के बजाय सोहराबुद्दीन के साथ खड़ी हो गईं, क्योंकि वह मुसलमान था।

डी.जी. वंजारा : सोहराबुद्दीन वॉज द कन्फर्म्ड अ टेररिस्ट! सोहराबुद्दीन के घर से झरनिया मध्य प्रदेश, सोहराबुद्दीन के घर में से 25 ए.के. फिफ्टी रायफल्स मिली एंड मोर देन फाइव थाउजेंड्स लाइव कार्टेजेज उसके घर में से मिले थे। गुजरात पुलिस ने पकड़े थे, इतनी ए.के. फिफ्टी सेवेन रायफल्स, वो किसके लिए लाकर रखी थी ? उसने क्यों रखी थी वो ? खिलौने तो थे नहीं तो इसके ऊपर से पता चल सकता है कि वो कोई सामान्य व्यक्ति नहीं था, कोई सामान्य गुनहगार नहीं था, लेकिन फिर भी जब ये घटना हुई, उसका जब एनकाउंटर हुआ तो उसके बाद यही बताया गया कि ये जो पॉलिटिकल षड्यंत्रकारी लोग हैं और उनके इशारे काम करनेवाले जो लोग थे, एजेंसियाँ थीं, उन लोगों ने यही बताया कि अरे भाई, ये तो 'ही वॉज अ स्मॉल टाइम क्रिमिनल'।

सुरेश चव्हाणके : हूँ! जोकि वो मुसलमान था, इसलिए मारा गया।

डी.जी. वंजारा : कि···कि···हाँ 'ही बिलॉन्स टू सर्टेन कम्युनिटी!'

सुरेश चव्हाणके : लेकिन उसकी अंत यात्रा में ए.के. 47 से अधिक गोलियाँ दागी गईं, उसका वीडियो है। हमने दिखाया है।

डी.जी. वंजारा : हाँ, वो पूरी दुनिया ने देखा है। लोगों ने देखा हुआ है, लेकिन फिर भी ऐसी जो चीजें हैं, उसको वो उसका अंडरस्टिमिशेन किया जाता है।

सुरेश चव्हाणके : प्रोपोर्सिनेट की बात करें तो गुजरात पुलिस को एक तरीके से हत्यारा और जैसे गुजरात पुलिस रोज एनकाउंटर करती है, ऐसी पिक्चर तैयार की गई, अगर हम नंबर की बात करें तो गुजरात पुलिस से कई गुना ज्यादा एनकाउंटर उत्तर प्रदेश में होते हैं, बिहार में होते हैं, बंगाल में होते हैं, केरल में होते हैं, लेकिन उसका नाम नहीं लिया जाता।

डी.जी. वंजारा : उस समय के अंतर्गत सबसे ज्यादा एनकाउंटर हिंदुस्तान में, यू.पी. में हुए सबसे ज्यादा!

सुरेश चव्हाणके : बल्कि कई गुना ज्यादा हुए···

डी.जी. वंजारा : और कई गुना ज्यादा एनकाउंटर यू.पी. में हुए थे, लेकिन

चूँकि वहाँ कोई पॉलिटिकल टारगेट नहीं था, जो पॉलिटिकल स्टेबलिशमेंट, जो पॉलिटिकल कांस्पिरेसी करके ये सब चीजें पुलिस के खिलाफ खड़ी की थीं, ऐसी कोई परिस्थिति यू.पी. में नहीं थी तो यू.पी. का कोई केस बाहर नहीं निकला, क्योंकि ये पूरे जो केसेज खड़े किए गए हैं, इसके पीछे जो पॉलिटिकल षड्यंत्र था, उसका उद्देश्य तो नरेंद्र भाई मोदी थे तो उनको मलाइन करने के लिए या तो उनकी, जो छाप खड़ी हो रही थी। 'ही वॉज बिकमिंग लार्जर देन हिज साइज' उन लोगों की नजर में जो इनके जो पॉलिटिकल राइवल्स थे।

सुरेश चव्हाणके : ये शायद दुनिया के इतिहास का एकमात्र केस होगा कि एक राज्य के 32 अधिकारी और जैसे कि आपने बताया कि छोटा सा अधिकारी से लेके या कॉन्स्टेबल से लेके राज्य के पुलिस प्रमुख तक लोग इसमें थे।

डी.जी. वंजारा : इसमें 32 जो अधिकारी हैं, मेनली सब गुजरात के ही हैं, लेकिन कुछ अधिकारी राजस्थान और आंध्र प्रदेश के थे। सबके परिवारों ने झेला। बहुत कुछ सहन किया, वो सब चीजें ओपनली बताना मुझे ठीक भी नहीं लगता है, क्योंकि जैसे आपने बताया तो हम लोगों ने तो कर्तव्य निभाया। भगवान ने बताया है गीता में कि 'कर्मण्येवाधिकारस्ते मा फलेषु कदाचन। मा कर्मफलहेतुर्भूर्मा ते सङ्गोऽस्त्वकर्मणि'। तो हम तो भगवान के कहे हुए रास्ते पर चल रहे हैं और हम हमारा कर्तव्य निभाते हैं, जब कर्तव्य निभाते हैं तो रास्ते में क्या कठिनाई आनेवाली है, वो हम कभी उसके ऊपर ध्यान नहीं रखते हैं कि या तो परिणाम क्या आनेवाला है, उसके ऊपर भी हमारी नजर नहीं रहती है। यदि परिणाम क्या आएगा, उसके ऊपर नजर रहेगी तो हम हमारा कर्तव्य निभा ही नहीं पाएँगे तो हमने हमारा कर्तव्य निभाया है और कर्तव्य का जो मार्ग है, वो कोई फूलों की शैया नहीं है, वो कंटकाकीर्ण मार्ग है, वो हम जानते थे और ये जो हमारी देश की सेवा की, जो हमारी भावना थी, लोगों के कल्याण की जो भावना थी निर्दोषों को बचाने की, जो भावना थी इस भावना की वजह से पॉजिटिव थिंकिंग की वजह से हमने तो आठ साल जेल में रहने के बाद भी झेल लिया, लेकिन हमारा जो परिवार है, उनके ऊपर तो हमारे से भी ज्यादा गुजरी है। यदि पर्सनल बात आपको मैं बताऊँ तो मेरा जो बेटा है, बेटे की शादी हो गई। एक बेटे की शादी हो गई। जो छोटा बेटा है वो आठ साल तक सब केसों के संदर्भ में ही रिमेंड एंगेज्ड विद मी ऑन लीव अब ये आठ साल जेल में मैं रहा, एक साल से मैं मुंबई में हूँ।

सुरेश चव्हाणके : ये भी जेल ही है।

डी.जी. वंजारा : ये भी एक प्रकार की जेल है, वो छोटी जेल थी, ये बड़ी जेल है। साबरमती जेल 5 स्कॉयर किमी. की थी, ये शायद 100 स्क्वायर किमी. की होगी। जेल ही है तो कहने का मतलब क्या है कि मेरे बेटे की शादी इज पेंडिंग, द मैरिज इज पेंडिंग कि जब मैं वापस जाऊँ तो मैं उसकी शादी करूँ। 9 साल से मैं बाहर हूँ। 'नाइन ईयर्स आई हैव कम्प्लीटेड अ नाइन ईयर्स' और जेल में जाने के बाद मैं दोबारा मेरे घर पर गया ही नहीं! मैंने निर्धारित किया था कि जब भी मैं घर पर जाऊँगा, पक्की जमानत लेकर जाऊँगा। आई विल कम आउट विद रेग्युलर बेल एंड देन आई विल गो टू माय रेजीडेंस। एंटरिम बेल वगैरह लेकर मैं घर पर जाने का मैंने निर्धारित कर लिया था कि मैं नहीं जाने का तो मैं जेल के अंदर ही रहा। किसी भी काम के लिए, कैसा कोई भी···

सुरेश चव्हाणके : बहाना नहीं बनाया!

डी.जी. वंजारा : कोई भी बहाना बनकर मैं नहीं गया और यहाँ भी जब मैं आ गया तो यहाँ तो यहाँ भी तो मैं जमानत पर हूँ, लेकिन फिर भी मैंने निर्धारित किया कि जब तक मेरे ऊपर जो शर्तें हैं कि भई, बंबई छोड़ना नहीं गुजरात में एंटर नहीं होने का, ये जो मेरे ऊपर शर्त लगी हुई है, जब ये शर्तें उठेंगी, पक्की उठेंगी, फिर भी मैं मेरे घर जाऊँगा। उसके पहले मैं नहीं जाऊँगा तो मैं अलग किस्म का आदमी हूँ! मेरी दृढ़ता, मेरा विचार अलग किस्म का है।

सुरेश चव्हाणके : क्योंकि आप गीता को फॉलो करते हैं। मतलब बड़े-बड़े योद्धाओं का नाम लिया जाता है। धर्म के कोटेशंस लेने के लिए या धर्म के रास्ते पर चलने के लिए बड़े-बड़े योद्धाओं का नाम लिया जाता है। आप भी वंजाराजी इतना संघर्ष क्यों कर पाए, ये आपके संघर्ष की इतनी बड़ी ताकत के पीछे क्या है, ये तो भगवद्गीता है?

डी.जी. वंजारा : जी, ये एक आध्यात्मिक मनोबल है और श्रीमद्भगवद्गीता है, वो श्रीमद्भगवद्गीता तो पूरी मनुष्यता के लिए है, भगवद्गीता में जो चित्रण है, वो व्यक्ति का ही है। व्यक्ति है, उसका शरीर है, उसकी इंद्रियाँ हैं, उसका मन है, उसकी बुद्धि है, ये सब चीजें कैसे काम कर रही हैं और कैसे एक इंडिविजुअल स्पिरिट से लेकर कॉस्मिक स्पिरिट जो है, उसकी कनेक्टिविटी कैसे हो और कैसे शक्ति प्राप्त की जाए, वो ही पूरा साइंस एंड आर्ट गीता के अंदर है तो ये सब चीजें हमने वहाँ से सीखीं जेल में हमने समय का सदुपयोग किया और फिर हम जेल में से बाहर आए, लेकिन आपने जो पहले पूछा तो बहुत कुछ तकलीफें हमें

झेलनी पड़ीं। हमारा मनोबल कितना भी मजबूत हो, लेकिन फिर भी जेल हमेशा जेल होती है।

सुरेश चव्हाणके : यस! वो तो झेलनी ही पड़ीं, अब व्यक्तिगत जीवन में आगे क्या सोचा है ?

डी.जी. वंजारा : व्यक्तिगत जीवन में एक चीज तो ये मेरे दिमाग में आ रहा है कि जो ये एक लेक्युना है अपने देश का, जो पूरा सिक्योरिटी सिस्टम है, 9/11 एक हमला अमेरिका में हुआ, उस 9/11 के बाद दूसरा 9/11 अमेरिका में नहीं हुआ···

सुरेश चव्हाणके : नहीं हुआ···

डी.जी. वंजारा : नहीं हुआ, उसके पाछे का एक ही कारण है कि वो हमला हो जाने के बाद पूरा देश एक हो गया। प्रजामत एक हो गया, सब पॉलिटिकल पार्टिज एक हो गईं और उसका जो पूरी लीगल सिस्टम है, उस पूरे लिगल सिस्टम को ओवरऑल किया। ओवरऑल करके उन्होंने एक होमलैंड सिक्योरिटी नाम का सिस्टम खड़ा किया। उसमें कानून से लेकर, एजेंसियों से लेकर, स्ट्रक्चर और फंक्शंस से लेकर सब चीजों को ऐसी तरह से फुल प्रूफ बनाया कि उसकी वजह से अमेरिका है। फ्रॉम टेरर पॉइंट ऑफ व्यू बिल्कुल सलामत है। इंडिया इज द सॉफ्टेट्स टारगेट ऑफ टेररिज्म इन द वर्ल्ड टुडे। आज की तारीख में भारत से बड़ा टेररिज्म का कोई टारगेट है नहीं और सबसे लंबा इतिहास है भारत का।

सुरेश चव्हाणके : हाँ, हाँ! एक तरीके से आतंकवादी के हाथ में ए.के. 47 है और पुलिस के हाथ में डंडा है, ऐसी ही स्थिति है।

डी.जी. वंजारा : ऐसी स्थिति है तो अपने देश के अंदर पोटा नाम का एक कानून था, आप जानते होंगे।

सुरेश चव्हाणके : हाँ, हाँ, हाँ!

डी.जी. वंजारा : पोटा नाम का एक कानून था, क्योंकि किसी एक पार्टी ने पोटा बनाया, जब दूसरी पार्टी सत्ता के ऊपर आई तो पोटा को निकाल दिया। टेररिज्म जैसी जो घटना है और टेररिज्म जैसा जो इश्यू है, वो एक नेशनल इश्यू है, उस नेशनल इश्यू के ऊपर कंसेंसेस होना चाहिए।

सुरेश चव्हाणके : बिल्कुल होना चाहिए!

डी.जी. वंजारा : पूरा देश एक होना चाहिए। प्रजा एक होनी चाहिए। वो तो है लेकिन पॉलिटिकल पार्टीज एक नहीं हो रही हैं।

सुरेश चव्हाणके : वो भी होनी चाहिए!

डी.जी. वंजारा : और इसके ऊपर एक राजनीति चल रही है। एक तो देश के अंदर स्ट्रॉग एंटी टेरर लॉ होना चाहिए। उस एंटी टेरर लॉ के अंतर्गत होमलैंड सिक्योरिटी जैसा सिस्टम कोई यहाँ खड़ा करना चाहिए। पुलिस को टेररिज्म के साथ डील करने के लिए विशेष सत्ताएँ उनकी होनी चाहिए और खास करके ऐसा प्रावधान होना चाहिए कि पुलिस जब एंटी टेरर ऑपरेशंस करती है तो उसकी सलामती भी होनी चाहिए। दैट शुड बी बिद इन द लॉ।

सुरेश चव्हाणके : ये तो सरकार के करने के काम हुए। आप भी व्यक्तिगत तौर पर···

डी.जी. वंजारा : नहीं! ये काम तो सरकार के करने का है, लेकिन फिर उसके लिए तो ओपीनियन तो बनना चाहिए न!

सुरेश चव्हाणके : हाँ! तो आप इसके लिए काम करेंगे?

डी.जी. वंजारा : तो उसके लिए तो ओपीनियन तो बनना चाहिए न! तो एक तो ये बात है। दूसरी बात ये है कि पुलिस के बारे में कोई बोलनेवाला चाहिए।

सुरेश चव्हाणके : हाँ!

डी.जी. वंजारा : पुलिस के बारे में, क्योंकि हम आठ साल जेल में रहे तो हमारे लिए कोई नहीं बोला एब्सोलुटली नथिंग! नो सेक्शन ऑफ सोसाइटी! हाँ, समाज की गुडविल हमारे साथ रही।

सुरेश चव्हाणके : तो आप आनेवाले दिनों में पुलिस के लिए देश भर के काम करना चाहते हैं?

डी.जी. वंजारा : तो पुलिस के लिए मतलब ऐसी कोई संस्था होनी चाहिए। ऐसी कोई संस्था होनी चाहिए···

सुरेश चव्हाणके : एन.जी.ओ. होनी चाहिए···

डी.जी. वंजारा : ऐसे कई एन.जी.ओ. होने चाहिए, सो दैट दीज···

सुरेश चव्हाणके : ऐसा मुझे लगता है कि ये काम हिंदुस्थान में आजादी के बाद हुआ ही नहीं। आप जैसा व्यक्ति करेगा। जो कि पद पर भी रहा और पद के कारण उसके ऊपर अन्याय भी हुआ और उसके बाद उसके लिए वो लड़ भी रहा है तो मुझे लगता है कि हिंदुस्थान और दुनिया के लिए बड़ा उदाहरण होगा। आपको जरूर ऐसा करना चाहिए और ऐसा करने के लिए हम आपके साथ हैं और हिंदुस्थान की जो सज्जन शक्ति है, वो भी आपके साथ खड़ी हो जाएगी। कार्यक्रम

के अंतिमत: अब हमारे दर्शकों को क्या संदेश देना चाहेंगे?

डी.जी. वंजारा : ये आतंकवाद जैसा जो युद्ध, जो अभी देश के ऊपर ठोंका गया है, उसके खिलाफ एक मत बनकर लड़ें! और पुलिस कहीं फँसे, सिक्योरिटी फोर्सेस के लोग कहीं फँसे, आर्मी के लोग कहीं फँसे, जेल में जाना पड़े तो उसके साथ भी खड़े रहें!

सुरेश चव्हाणके : बिल्कुल रहना चाहिए! बिल्कुल! हम आशा करते हैं कि वंजाराजी जैसे पुलिस के महानायक और जिन्होंने खुद इतना झेला है, उनकी भावना देश तक पहुँचेगी। आपने समय निकाला और 'सुदर्शन' के 'चलते-चलते' में हमारे दर्शकों के लिए जानकारी दी, इसके लिए हम आपके आभारी हैं!

डी.जी. वंजारा : थैंक्यू वेरी मच! थैंक्यू वेरी मच! सो काइंड ऑफ यू!

□

11

राकेश टिकैत

किसानों के नाम पर लंबे समय से चल रहे आंदोलन को सभी मीडिया कवर कर ही रहा था। सुदर्शन किसानों के प्रति ज्यादा समर्पित रहता है, कारण सुदर्शन एकमात्र टी.वी. चैनल है, जो स्वयं किसान परिवार से है। मेरे सभी रिश्तेदार भी किसान हैं।

स्वतंत्रता से लेकर अब तक किसानों की बातें तो सभी ने की, पर दुर्भाग्य से किसी ने भी किसानों की समस्याओं का अंत नहीं किया। इसलिए हम किसानों को पीड़ित मानते हैं। किसानों के प्रति समाज में अपनत्व तैयार करने एवं उन्हें अपने कार्य के प्रति सम्मान देने के उद्देश्य से 'सुदर्शन' पर प्रतिदिन शाम 7 और 9 बजे मेरा एक वीडियो वर्षों से प्रसारित करता है। जिसमें मैं कहता हूँ, 'देश भर में खाने का समय हुआ है। आपके थाली में जो अन्न है, वह भले ही आपके पैसों का हो, परंतु हमारे किसान भाई ने भी इसके लिए पसीना बहाया है। खाने के पहले बस मेरे उस किसान भाई को आप याद करिए। उसे भी अच्छा लगेगा और आपको भी अच्छा लगेगा, बस याद करिए।'

इस अपील में हमारे मन में किसानों के प्रति अपनत्व दिखता है। इसलिए हमारे हृदय में विशेष स्थान रखनेवाले किसानों के नाम पर प्रारंभ किए गए आंदोलन में खालिस्तानी दिखने से हम बड़े आहत थे। उसे हमने पुरजोर तरीके से उठाया भी। सरकार विरोधी सभी दल इस आंदोलन को सक्रिय समर्थन देकर राजनीति कर रहे हैं, यह दिख ही रहा था। पर किसानों के नाम पर नौटंकी चलती रही तो किसानों का ही ज्यादा नुकसान होगा। इससे हम दु:खी थे। दशकों बाद किसान आंदोलन में उतरा था, अगर वह दिशाहीन हो गया तो स्वतंत्रता के बाद से ही पीड़ित किसान की समस्याओं को फिर दशकों तक पीछे धकेला जाएगा! यह हमारा मानना है। हमें

किसानों के प्रति सरकार की नीयत पर कोई शक होने का कारण नहीं था। उलटा टिकैत सहित सभी ने इन कृषि कानूनों का समर्थन ही किया था! इसलिए इस विरोध को राजनीति मानकर हम चुप थे। पर राकेश टिकैत के नेतृत्व में मुजफ्फरनगर में किसान पंचायत का आयोजन किया गया, उसमें टिकैत ने 'अल्लाह हू अकबर' के नारे लगाए; जिसकी कोई आवश्यकता नहीं थी। इससे इस आंदोलन के कंधे पर सरकार विरोधी के साथ ही देश विरोधी खालिस्तानी और हिंदू विरोधी जिहादी होने की बात की स्पष्ट पुष्टि हुई, तो मैंने अब स्वयं इसमें उतरने का तय किया। राकेश टिकैतजी का 'चलते-चलते' तय हुआ।

'चलते-चलते' खुले में होता है और सामान्यत: गेस्ट ही होस्ट होता है तो उनके स्थान पर ही होता है।

टिकैतजी का ठिकाना आजकल दिल्ली बॉर्डर बना हुआ था तो उन्होंने वहाँ का स्थान निश्चित किया।

परंतु हमारी सुरक्षा की टीम और ज्यादातर मीडिया टीम को किसान आंदोलन में घुसे गलत तत्त्वों द्वारा गड़बड़ी की आशंका थी। अन्य मीडिया के साथ प्रतिदिन होती अभद्रता उसका कारण थी, वैसे सभी मीडियावाले अपने नाम और लोगो लगा माइक आई.डी. निकालकर रिपोर्टिंग कर रहे थे, पर 'सुदर्शन' ने कभी भी यह नहीं किया था। न हमारे रिपोर्टर पर किसानों ने कभी हूटिंग की थी। पर मेरे जाने से और वह भी शो की रिकॉर्डिंग खुले में होने से अराजक तत्त्वों को अवसर प्रदान करने जैसा था। स्थानीय पुलिस भी हमारी टीम से सहमत थी और किसान क्रांति गेट पर इंटरव्यू न हो, यह सलाह दे रही थी, परंतु मैंने कहा कि असली किसान हमारा विरोध नहीं करेगा और नकली को सँभालने की जिम्मेदारी टिकैत की है। हम क्यों चिंता करें? हमारे साथ कुछ होता है तो आंदोलन भटक जाएगा और यह हिंदू-मुस्लिम होगा, यह चिंता टिकैत समर्थकों को भी थी। किसी ने टिकैतजी को कहा कि सुरेशजी के साथ कुछ होने की अफवाह भर से हजारों हिंदुत्ववादियों को वहाँ पहुँचकर हमारे तंबुओं को उखाड़ने का मौका मिलेगा। आंदोलन सरकार विरोधी से हिंदू विरोधी होगा आदि-आदि कई प्रकार की चर्चाओं का बाजार गरम था। पर मैं अड़ा रहा। मैंने आजम खान के शहर में उसके विश्वविद्यालय में खुले में 'खतरनाक' इंटरव्यू किया था। इस तरह के कई साहस से हमारे विरोधियों पर दबाव यह हमारा स्वभाव भी है और रणनीति भी, हालाँकि राकेश टिकैतजी ने हमारी टीम को कहा कि 2013 के मुजफ्फरनगर दंगों में सुरेशजी और 'सुदर्शन' हमारे

साथ पूरी ताकत से खड़ा था और उसके लिए उन्होंने कई मुकदमों को झेला है। उनके किसानों के प्रति दृष्टिकोण पर हमें कोई संदेह नहीं है। उन्होंने भी अतिरिक्त सावधानी बरतने का तय किया। जो मैदान में स्पष्ट दिख रहा था। मैं भी स्वभाव अनुसार समय पर पहुँचा। सभी के दिलों की धड़कनें बढ़ रही थीं। कभी भी कुछ भी हो सकता था। हमारी टीम तो 20/25 लोगों की थी, पर वहाँ सैकड़ों किसान थे। उसमें कौन क्या है, किसी को पता नहीं था! पर मेरे वहाँ पहुँचने के पहले किसान जत्थे ने स्वागत किया। हम आगे बढ़ते रहे। कुछ लोग पीछे हट रहे थे तो कुछ पास आकर फोटो खिंचवाने लगे थे। कुछ लोग, उनको कौन सा शो पसंद आया, यह बता रहे थे तो कुछ लोग विभिन्न प्रकार से अपनापन दिखा रहे थे, पर आशंकाओं की संभावनाएँ शूट समाप्त होने तक जारी रहनी थीं। हमारी सुरक्षा और मीडिया टीम के साथ ही काफी समर्थक भी पहुँचे थे। टिकैत ने सैकड़ों इंटरव्यू दिए थे, पर किसी भी इंटरव्यू के लिए इतनी पुलिस फोर्स नहीं लगी थी। न देखनेवाले पहुँचे थे। टिकैतजी ने भी हमारा स्वागत किया, परंतु बारिश प्रारंभ हुई, परंतु हम डर गए, यह न लगे, इसलिए बारिश के बीच खुले में ही इंटरव्यू चलता रहा। स्वयं किसानों ने कैमरे पर छाते पकड़े। कई जगह तालियाँ, हँसी तो कई जगह टिकैत समर्थकों ने मेरी बात का समर्थन किया, पर फिर भी हम दोनों भीड़ से 20/25 फीट दूर थे, तब मैंने आखिर में भीड़ में घुसने का तय किया। पुलिस तथा उनकी और हमारी टीम भी यह नहीं चाहती थी, परंतु पिछले एक घंटे के माहौल से मैं आश्वस्त था। कोई कुछ करने आया भी होगा तो वह कुछ नहीं करेगा, इस आत्मविश्वास के साथ मैं घुसा भी और किसानों ने अपनाया भी।

यह इंटरव्यू उपस्थित लोगों के लिए कंटेंट से ज्यादा सुरक्षा और हिंदू संगठनों के वहाँ पहुँचकर संभावित हंगामे के केंद्र में रहा, पर मैंने अपने मुद्दों पर फोकस हटने नहीं दिया। आगे आप स्वयं पढ़ें, देखें और बताएँ।

साक्षात्कार के बाद

इस इंटरव्यू में राकेश टिकैतजी का हमें सरकार और किसानों के बीच मध्यस्थता करने की अपील करना, यह उनकी और हमारी टीम के लिए भी अचंभित करनेवाला था, हालाँकि राकेश टिकैत 'सुदर्शन' के कई कॉन्क्लेव कार्यक्रमों में आए थे, जिसमें आनेवाले दर्जनों मंत्रियों की और वे श्रोता, जो हम पर सरकार के करीबी होने का आरोप लगाते हैं, इस कारण भी यहाँ फील कर रहे होंगे। पर

इंटरव्यू अच्छा रहा। सैकड़ों लोगों की भीड़ के बीच इंटरव्यू निर्विघ्न और सद्भाव के साथ सार्थक विमर्श के साथ समाप्त हुआ। समाप्ति के आखिर में क्योंकि मैं ही जनता में घुसा था, इसलिए कुछ थोड़ी गरमागरम बातें भी हुई थीं। पर इंटरव्यू के आखिर में राकेशजी और उनकी टीम ने न केवल हमारा धन्यवाद किया, बल्कि इतने खतरनाक प्रश्न पूछने के उपरांत भी उन्होंने हम को दूध पीकर जाने के लिए कैमरे पर ही निमंत्रित किया, वैसे मेरा नियम है कि मैं जिनके इंटरव्यू करने जाता हूँ, उनके यहाँ पर पानी भी नहीं पीता हूँ। यह नैतिकता के साथ ही मेरे अपने निजी नियमों का क्रम रहा है, परंतु किसानों के प्रति लगाव और राकेश टिकैत के आत्मीय निमंत्रण को हमने स्वीकार किया। इंटरव्यू के बाद उन्हीं किसानों के बीच में हम करीब आधा घंटा रहे। उन्होंने हमारी पूरी टीम को लड्डू, चाय, मैं चाय नहीं पीता तो मेरे लिए दूध आदि आग्रहपूर्वक परोसा।

अन्य कई सकारात्मक बातें भी हुईं। मेरा बड़ा बेटा प्रदोष पहली पत्रकारिता प्रारंभ करने जा रहा है तो वह भी साथ में था। उसे किसानों ने अपने बीच बुलाकर मेरे बारे में सकारात्मक और गौरवपूर्ण बातें कीं। कोई तो हिंदुओं के लिए खुलकर आवाज उठाता है, इस पर हमें इनके प्रति आदर है, यह भी बताया। कुल मिलाकर अभूतपूर्व और अपेक्षाओं से परे सबकुछ रहा। सभी लोग हमको गाड़ियों तक प्रेमपूर्वक छोड़ने आए।

अब तक हुए किसी भी 'चलते-चलते' की तुलना में इस इंटरव्यू की चर्चा मीडिया में बहुत रही। प्रतिष्ठित समाचार-पत्रों के पोर्टल्स और अन्य डीजिटल न्यूज चैनलों ने इंटरव्यू पर विभिन्न प्रकार की रिपोर्ट बनाई। हजारों यूट्यूब चैनल पर भी इस पर शो के चाहे समर्थन में हो, विरोध में हो या थर्ड पार्टी अप्रोच के साथ हो, परंतु इस में कई प्रकार के मुद्दे सामने आए हैं। राकेश टिकैत के 'घर वापसी' का समर्थन करने का मुद्दा बड़ी चर्चा का विषय बना। उन्हें मुझे इंटरव्यू नहीं देना चाहिए, ऐसा कहनेवाले भी रहे। तथाकथित धर्मनिरपेक्ष मोदी विरोधी लोगों ने यह इंटरव्यू नहीं देना चाहिए था की बात की, परंतु इंटरव्यू में किसान विरोधी कुछ भी नहीं था, बल्कि किसान समर्थक ही सबकुछ था। इस कारण कोई खुलकर कुछ नहीं कह पाया। इस शो को जितनी बार भी चलाया, उतनी बाहर उसे बहुत अच्छी टी.आर.पी. मिली। फेसबुक पर पहले घंटे में 50 लाख लोगों ने केवल एक पेज पर ही देखा। यूट्यूब, ट्विटर और अन्य सभी प्लेटफॉर्म पर भी यह रिकॉर्ड ब्लॉक बस्टर शो साबित हुआ। शो के प्रदर्शित होने के कुछ समय बाद जब मैं मुजफ्फरनगर गया

तो राकेश टिकैतजी के, अपने क्षेत्र के लोगों ने भी उस इंटरव्यू की भरपूर चर्चा की। किसानों के प्रति हमारे कर्तव्यों को हमने निभाया था और आगे भी निभाते रहेंगे।

टिकैत परिवार राष्ट्रवादी और राष्ट्र-धर्म के प्रति निष्ठावान, आस्थावान परिवार है, यह संदेश कहीं-न-कहीं से आंदोलन की आड़ में लुप्त किया जा रहा था।

महेंद्र सिंह टिकैतजी से लेकर नरेश टिकैत, राकेश टिकैत और संपूर्ण किसान समाज अपनी आस्था, परंपराओं, रीतियों में शुद्ध मन से समर्पित रहा है।

टिकैत ने रुद्राक्ष की माला दिखाई। घर वापसी का समर्थन किया।

अपने को भगवान् राम के कुल का रघुवंशी बताया।

छत्रपति शिवाजी महाराज से रिश्ता बताया।

इन सब बातों से आंदोलन में स्वार्थपूर्ति के लिए शामिल नकली लोग, एजेंडाबाज, हिंदू विरोधी जहाँ 'आहत' और बेनकाब हुए, वहीं करोड़ों लोग, जो सही मायने में किसान हैं, किसान हित चाहते हैं, आंदोलन से सहानुभूति भी रखते हैं, उनमें बड़ा संदेश गया।

असहमति, विरोध-प्रतिरोध, आलोचना, आंदोलन लोकतंत्र में ही तो संभव है, लेकिन इसके चलते उन शक्तियों को शक्ति मिले, जिनके इरादे ही अराजक हैं। सीधे-सरल, सहज-शुद्ध मन और श्रम शक्तिवाले किसानों का जीवन अच्छा हो, शानदार हो, उनका सम्मान हो, इसके लिए हम हमेशा साथ खड़े हैं।

बाकी जो किसान मन की सहजता और श्रम के कंधे पर अपना एजेंडा चलानेवाले गैर-किसान आंदोलनजीवी हैं, उनके षड्यंत्र भी बेनकाब हों। राकेशजी ने मध्यस्थता के लिए मेरे पर भरोसा जताया। हम कोशिश करेंगे कि समाधान निकले। किसानों के मन में किसी कारणवश कोई संदेह या पूर्वग्रह भी हो तो उसका रास्ता निकले, यह हम चाहेंगे।

स्थान : किसान क्रांति गेट, गाजीपुर बॉर्डर
प्रथम प्रसारण तिथि : 20 सितंबर, 2021

सुरेश चव्हाणके : नमस्कार! आज का 'चलते-चलते' कुछ खास है। देश के एक नए बड़े नेता हमारे साथ हैं, जिनके साथ हम 'चलते-चलते' करने आए हैं। आज हमने तय किया कि क्यों हम मन में कोई बात लेकर जाएँ, खुली बात करें। इसलिए आज हमारे साथ देश का एक बड़ा सेकुलर चेहरा भी है, किसान नेता भी कह सकते हैं। टिकैतजी हमारे साथ हैं।

राकेश टिकैत : नमस्कार!

सुरेश चव्हाणके : वैसे कुछ लोगों को लगा कि आज मैं इंटरव्यू करने जा रहा हूँ तो आपके साथ क्या चर्चा होगी तो मैं दर्शकों को बताना चाहता हूँ कि मैं पुराना साथी हूँ…

राकेश टिकैत : पुराना, जी!

सुरेश चव्हाणके : मुजफ्फरनगर दंगे में सबसे पहले अगर कोई आपके साथ खड़ा हुआ था तो 'सुदर्शन' चैनल हुआ था और भारत में किसी चैनल पर अगर नोटिस पहली बजाई थी, सरकार ने, तो मेरे ऊपर बजाई थी।

इसलिए हम आपके साथ खड़े हैं और सब लोगों को यह भी बता दूँ कि हिंदुस्थान में 'सुदर्शन' जब से आया है, तब से हमारी जितनी किसान…मतलब कोई भी भारत सरकार के साथ की कॉन्क्लेव हुई है तो उनमें या तो आप रहे या आपके प्रतिनिधि रहे तो आज हमने सोचा कि हम एक पॉजिटिव वे में…

राकेश टिकैत : हाँ जी!

सुरेश चव्हाणके : ये विषय किसानों के हित में कैसे समाप्त हो सकता है, इसकी चर्चा आपके साथ करें।

राकेश टिकैत : जरूर!

सुरेश चव्हाणके : तो चलते हैं अभी।

राकेश टिकैत : हाँ जी!

सुरेश चव्हाणके : जरा लोगों को गाँव भी दिखाई दे और आपकी प्रतिक्रिया भी पता चले तो कैसे ये होगा? आगे क्या होगा?

राकेश टिकैत : *(कुछ रुककर, सोचकर)* आप बीच-बचाव करवा दो। हमारे सींग फँस गए; सरकार के और हमारे…

सुरेश चव्हाणके : तो निकलना चाहिए न! ईगो आड़े नहीं आना चाहिए।

राकेश टिकैत : नहीं, ईगो नहीं, किसान की तो फसलों का रेट का सवाल है। सरकार को अपने व्यापारियों को फायदा देना है। एक किसान से सस्ते में फसलों को लूटो। व्यापारियों को दो और जनता को महँगे में बेचो। सरकार का यही मकसद है। उसी के लिए कानून आया है। उसी के लिए एम.एस.पी. गारंटी हम चाहते हैं। वो गारंटी हमको नहीं मिली। किसान अपनी फसलें आधे रेट में बेचता है। हमने कहा कि सरकार का जो भाव है और जो एम.एस.पी. भारत सरकार तय करती है, मिनिमम सपोर्ट प्राइस, उसकी हमको गारंटी दे दो कि इससे कम पर

खरीद नहीं होगी। वो बाजार खरीदे या सरकार खरीदे। किसी को व्यापार करना है, उसको लगता है कि मुझे ये बिजनेस करने में नुकसान है तो मत करो। कोई जबरदस्ती तो है नहीं!

सुरेश चव्हाणके : ये लोकतंत्र है!

राकेश टिकैत : लोकतंत्र है, लेकिन सरकार कह रही है न, हम जितना खरीद सकते हैं, उतना खरीदेंगे और सस्ते में आपका लुटेगा।

सुरेश चव्हाणके : मैं अपना पक्ष रख रहा हूँ। मैं तो चाहता हूँ कि आप दुगने पैसे माँग कह रहे हैं। मैं तो कहता हूँ कि चार गुना मिले किसान को। मैं भी किसान हूँ। मेरे ससुर किसान, मेरे मामा किसान, मेरे भाई की भी तरफ से किसान। कोई उसमें हर्ज नहीं, लेकिन एक प्रैक्टिकल सॉल्यूशन पर अगर वो बात होती है तो फिर क्योंकि खरीदनेवाला भी तो अपना आदमी है। जो फाइनली खरीदनेवाला आम व्यक्ति है। मैं बिचौलिए की बात नहीं कर रहा, वो भी हमारा है। तो कोई ऐसा बीच का रास्ता नहीं निकल सकता?

राकेश टिकैत : हमने अभी मार्किट रेट नहीं माँगा। हमने जिस हिसाब से दूसरी वस्तुओं की कीमतें बढ़ीं वो नहीं माँगी। हमने वो माँगी?···

सुरेश चव्हाणके : नहीं! तो क्या आप पुरानी व्यवस्था पर सहमत हैं, जो पहले से चल रही थी?

राकेश टिकैत : उसे करवा दो। उससे तो बढ़िया काम नहीं!

सुरेश चव्हाणके : हूँ!

राकेश टिकैत : 1967 में पहली बार देश में गेहूँ की खरीद हुई। वो 76 रुपए क्विंटल भारत सरकार ने रखी।

सोने का भाव 200 रुपए तोला था। 12 ग्राम का सोना, 12 ग्राम आते थे। तीन क्विंटल गेहूँ में एक तोला सोना आ जाता था। आज दिलवा दो हमको।

सुरेश चव्हाणके : नहीं! ये तो देखिए···

राकेश टिकैत : नहीं होगा।

सुरेश चव्हाणके : लॉजिक रखने के लिए तो अच्छा है।

राकेश टिकैत : ठीक है···

सुरेश चव्हाणके : लेकिन इससे ताली भी मिलेगी···

राकेश टिकैत : नहीं-नहीं! ठीक है! नहीं हो सकता!

सुरेश चव्हाणके : लेकिन ये हो नहीं सकता। आप भी जान रहे हैं।

राकेश टिकैत : हाँ! C2 प्लस 50 वाला जो फॉर्मूला है, जो भारत सरकार ने अपने घोषणा-पत्र में कहा स्वामीनाथन की एक कमिटी बनी थी, उसने एक फॉर्मूला दिया था कि किसानों को लाभकारी मूल्य देकर जितना उन पर खर्चा होगा, उनको 50 प्रतिशत जोड़कर दे देंगे। वो दिलवा दो।

सुरेश चव्हाणके : हूँ!

राकेश टिकैत : तो वो नहीं देंगे···

सुरेश चव्हाणके : तो, आपकी इतनी बार चर्चा हुई है, वो तो कह रहे हैं कि हम तैयार हैं, बस कानून वापस लिये बगैर!

जो हो सकता है, वो करना है। तो क्या फर्क पड़ता है इधर से खाओ या इधर से!

राकेश टिकैत : नहीं-नहीं! ऐसा नहीं है। कानून अभी लागू नहीं है। मध्य प्रदेश में उन्हीं की सरकार है, 177 मंडी बेच कर निकाल दी।

सुरेश चव्हाणके : हूँ!

राकेश टिकैत : अगर कानून ठीक होते तो बिहार का किसान तो बहुत फायदे में होता! वहाँ की मंडी 16 साल से बंद हो गई। वहाँ की मंडियाँ··· वहाँ का किसान तो बहुत प्रोग्रेस करता!

सुरेश चव्हाणके : नहीं तो, कौन बंद करना चाह रहा मंडी?

राकेश टिकैत : सरकार।

सुरेश चव्हाणके : मुझे तो नहीं लगता। हम खिलाफ हैं इसके।

राकेश टिकैत : आप खिलाफ हो तो ठीक है। मैं दिखाता हूँ। पूरा दस्तावेज भेज दूँगा।

सुरेश चव्हाणके : हाँ!

राकेश टिकैत : वहाँ की मंडियाँ इन्होंने बंद कर रहे हैं, अब ये···

सुरेश चव्हाणके : हूँ!

राकेश टिकैत : ठीक है। मंडियाँ बंद कर रहे हैं और वे मंडी, जो खाली जगह थी, उनकी जो मंडी में जो जगह है, उसको हम बेचेंगे अब। मध्य प्रदेश के प्रस्ताव चले गए कि धीरे-धीरे मंडियाँ बेचेंगे।

सुरेश चव्हाणके : खैर, मैंने ये तय किया कि आज की इंटरव्यू में जो बात होगी, उसका मैं सरकार से भी फॉलोअप करूँगा। जैसे आप मध्य प्रदेश का कह रहे हैं तो हम शिवराज चौहानजी को ये प्रश्न पूछेंगे। उनका उत्तर क्या है आपको?

राकेश टिकैत : नहीं, पूरा दस्तावेज दूँगा।

सुरेश चव्हाणके : मतलब हम एक मंच पर लाने का हमारा प्रयास रहेगा। ऐसा हो जाए और उसका समाधान हो जाए तो इससे अच्छी बात क्या हो सकती है!

राकेश टिकैत : किसान अपनी 40 क्विंटल फसल आठ दिन तक लाइन में लगा रहता है वो… 40 क्विंटल अपनी फसल नहीं बेच पाता। एक व्यापारी बीस हजार क्विंटल फसल खरीदकर वो कहाँ बेचता है? वो मार्किट हमको भी बता दो।

सुरेश चव्हाणके : इन सब चीजों पर नियंत्रण होना चाहिए। देखिए, पिछले दिनों जो लहसुन का हुआ; इंदौर और मालवा की तरफ लहसुन कितने में मिल रहा था? और मार्केट में 1500 रुपए तक चला गया था। ये तो जहाँ पर भी कालाबाजारी होती है, उसका विरोध होना चाहिए।

टिकैत : यही तो है कालाबाजारी!

सुरेश चव्हाणके : हाँ, बिल्कुल! बिल्कुल…इसलिए…लेकिन मुझे क्या लगता है कि जो चोर है, उस चोर को पकड़ने के बजाय अगर ईगो के कारण राजनीतिक कारणों से टकराव होगा और कोई सॉल्यूशन ही नहीं निकलेगा, मतलब जो भी सॉल्यूशन निकले, हो सकता है, 100 प्रतिशत सॉल्यूशन नहीं निकलता, 75 प्रतिशत निकलता, लेकिन एक साल में वो 25 प्रतिशत का लॉस हो गया न?

राकेश टिकैत : हमने ये कहा कि जोन से मामलों में बातचीत नहीं हुई, उससे अगला मामला ले लो। उसको छोड़ दो पेंडिंग में। सरकार ने कहा कि नहीं, पहले तीन ये कानून! इसमें सहमति दो! मतलब देश में पार्लियामेंट तो बड़ी चीज है। पार्लियामेंट में कानून बाद में आए। गोदाम पहले बनवा दिए इन्होंने। तो क्या कंपनी को ये पता था कि जो हम गोदाम बनवाएँगे और उसका हम कानून पार्लियामेंट में लेकर आ जाएँगे?

सुरेश चव्हाणके : मैंने आपके ये किसी इंटरव्यू में सुना था तो इसलिए मैं लाया, तो 1978 में भी गोदाम बने हुए थे।

राकेश टिकैत : वो तो दे दिए अडानी को।

सुरेश चव्हाणके : तब तो ये कानून नहीं था?

राकेश टिकैत : नहीं! नहीं! दूसरा…

सुरेश चव्हाणके : दूसरा क्या है! मार्केट रिसर्च होता है। मैं बिल्कुल ये नहीं कहता कि नहीं! नहीं! एक भी गोदाम नहीं बना है, लेकिन आज जिस प्रकार का मार्केटिंग स्टाइल है, उसमें रिसर्च पहले होता है लोगों को पता होता है कि आनेवाले

दिन में ये फायदे की चीज है, अब इसमें निवेश करो। लॉन्ग टर्म निवेश लोग करके रखते हैं और मुझे ऐसा लगता है कि कोई भी बनाए, सरकार तो नहीं बना सकती, सब जगह पर, आप जानते हैं, शायद कुछ सरकारें बना भी पाएँ, लेकिन बिहार जैसी सरकारें इसपर पैसे भी नहीं लगा पाएँगी। तो क्या फर्क पड़ता है कि अगर मैं बनाऊँ? आप अडानी अंबानी छोड़ दीजिए सुरेश चव्हाणके बनाए? और वाजिब दाम पर, वो वहाँ पर रहे तो क्या फर्क पड़ता है?

राकेश टिकैत : आप सस्ते में क्यों खरीदोगे? आप मार्किट को दे दोगे न?

आप इस पर कानून बना दो कि एम.एस.पी. के नीचे पर खरीद नहीं होगी। भारत सरकार ने कहा कि इसके नीचे पर अगर किसान फसल बेचेगा तो उसको नुकसान होगा।

सुरेश चव्हाणके : लेकिन सौ प्रतिशत लोगों की फसल एम.एस.पी. पर खरीद हो सकती है क्या?

राकेश टिकैत : आप उसपर कानून बना दो न! भाई, किसी को व्यापार करना होगा, अगर उसको चने में नुकसान होगा तो क्यों खरीदे वो सस्ते में, ये है कि ये इससे नीचे पर व्यापार करना होगा तो नहीं खरीदेगा, किसी आम आदमी को चाहिए तो उसका सौदा हो जाता है और इसमें भी दो साल में रास्ता बैठ जाएगा, अगर मार्केट सस्ता होगा तो किसानों को···

सुरेश चव्हाणके : अच्छा, जो बात आप कर रहे हैं, इसपर कोई, क्योंकि इसपर आपके साथ सपोर्ट करनेवाले और भी बुद्धिजीवी लोग हैं। क्या आपने इसका कोई फाइनेंशियल वर्क फ्लो बनाया है कि कितने रुपए में बनेंगे? कितने जाएँगे? लॉस क्या हो सकता है? सरकार को अपनी जेब से कितना लगाना पड़ सकता है?

राकेश टिकैत : सब बना रखा है। सरकार को नहीं लगाना पड़ेगा। सरकार को एक रुपया नहीं लगाना पड़ेगा। हमने ये नहीं कहा कि सरकार खरीद करेगी पूरे की। मार्किट खरीद करे। बाजार खरीद करे। वो उसके नीचे पर खरीद न करे, क्योंकि क्या होता है कि जो व्यापारी हैं, वो ये दिखाकर कि जी, ये तो खराब है, गिल्ला है, लाल दाना है, सस्ते में खरीदेगा। उसको एम.एस.पी. पर बेचता है, फिर और अगर कानून यह बन जाएगा कि एम.एस.पी. से नीचे कोई खरीद नहीं करेगा तो उसका सीधा लाभ किसान को होगा।

सुरेश चव्हाणके : बिल्कुल, मैं दर्शकों को ये भी बता दूँ कि जो दावा आप कर रहे हैं, मैं उस आँकड़े को 'सुदर्शन' पर प्रेजेंट करना चाहता हूँ कि जो आप कह

रहे हैं, आपको कहने का अधिकार है, अगर कोई यह कह रहा है कि नहीं! नहीं! ये टिकैत ये कह कैसे रहे हैं तो मैं आपके साथ हूँ। उसके विरोध में हूँ। लोकतंत्र है, आप दो रुपए ज्यादा माँग सकते हैं। सरकार दो रुपए कम की बात कर सकती है। बात होने में भी कोई हर्ज नहीं है, लेकिन वो बात व्यावहारिक हो, ये कौन तय करेगा? क्योंकि आप अड़े हैं, यहीं हो। सरकार भी अड़ी है। मैं ये नहीं कहता कि सरकार रोज आपके साथ चर्चा के लिए तैयार है।

राकेश टिकैत : न!

सुरेश चव्हाणके : तो फिर अब हल निकलेगा कैसे? बोला गया है कि मेरे हिसाब से सॉल्यूसन निकलेगा कैसे?

राकेश टिकैत : सरकार कंडीशन लगाकर बात करती है। वो कह रही है कि हमें कानून वापस नहीं लेने और आप बात कर लो तो इसका मतलब फैसला सुना दिया उन्होंने…

सुरेश चव्हाणके : मैं तो ये मानता हूँ ये जो बड़े-बड़े आई.ए.एस. ऑफिसर हैं न, उनसे ज्यादा किसान होशियार होता है और आप तो हैं ही, इसीलिए तो होशियारों के नेता आप बने हैं और कोई बुरी बात नहीं है तो क्यूँ नहीं कि हम ऐसा खाएँ, फिर दोहराता हूँ और ऐसा खाने से अगर किसी का समाधान है तो हमें क्या फर्क पड़ता है?

राकेश टिकैत : वे कंडीशनल बात करना चाहते हैं…

सुरेश चव्हाणके : ठीक है न! थोड़ी देर के लिए, थोड़ी देर के लिए आप ऐसा कहते हैं कि हमें ये तीन कानूनवाला ठीक है, रखो। अंदर का ये प्रोविजन हमारे अनुसार होना चाहिए, तो क्या फर्क पड़ता है?

राकेश टिकैत : नहीं, ऐसा नहीं है न, कंडीशन लगा के…

सुरेश चव्हाणके : ऐसा करने से क्या होता है, लोगों को लगता है कि आप राजनीतिक दलों का एजेंडा चला रहे हैं, ऐसा लोगों को लगता है।

राकेश टिकैत : कहाँ है राजनीति? नहीं! नहीं! राजनीतिक दलों का कोई एजेंडा नहीं है। अच्छा राजनीतिवाला कहाँ है? एक-आधा मिले तो भेज देना यहाँ। हमारे तो टेंट-वेंट सब फट गए। पहले तो ये आए। बीजेपीवाले आए। यहाँ कंबल दे गए। टेंट दे गए, जब उनको पता चला कि हाँ, दिख जाओ। एक दिन आए गए थे यहाँ। गाड़ी पर स्टीकर लगा था उनका। वे यहाँ पर सब्जियाँ लग रहे थे ताड़ने। तो भाग गए। उस दिन से फिर कभी नहीं आए।

सुरेश चव्हाणके : यहाँ बीजेपीवालों को भगा देते हैं तो कैसे आएँगे वे?

राकेश टिकैत : यहाँ कोई भी नहीं आता। यहाँ वे भी नहीं आते, अब तो आना-जाना सबने छोड़ दिया।

सुरेश चव्हाणके : कांग्रेस आपको मदद कर रही है, इसमें मुझे कोई आपत्ति नहीं है।

राकेश टिकैत : नहीं कर रही है, अगर कोई मदद···मदद करे तो···

सुरेश चव्हाणके : नहीं! इसलिए क्योंकि सरकार के विरुद्ध आंदोलन चलेगा न, तो विपक्ष के लोग मदद करेंगे।

राकेश टिकैत : न! न! न! नहीं कर रहे हैं मदद!

सुरेश चव्हाणके : और मैं तो कहता हूँ, करनी चाहिए, क्योंकि चुनाव के बाद ये नहीं करेंगे, जो मिलता है, अभी ले लीजिए, बाद में ये एक रुपया नहीं देंगे।

राकेश टिकैत : ये अब भी नहीं कर रहे हैं।

सुरेश चव्हाणके : अगर किसान यूनियन के अकाउंट में अगले 25 साल के आंदोलन चलने का पैसा अभी जमा हो जाए तो सुरेश चव्हाणके आपके साथ है।

राकेश टिकैत : ये, ये, ये, एक रुपया भी नहीं दे रहा कोई···

सुरेश चव्हाणके : तो लीजिए, ये राहुल गांधी को मत छोड़िए।

राकेश टिकैत : किससे लें?

सुरेश चव्हाणके : चार्टर्ड प्लेन ले करके प्रवास करते हैं, सारे देने को तैयार हैं न?

राकेश टिकैत : कहाँ हैं? कहाँ हैं? कहाँ हैं?

सुरेश चव्हाणके : हाँ, खालिस्तानी से मत लीजिए बस! खालिस्तानी इस विषय पर हमारा विरोध है। खालिस्तानी से मत लीजिए···

राकेश टिकैत : भेजना जरा उनको कहाँ हैं? यहाँ कोई नहीं देता। न यहाँ कोई लेता। ठीक है? यहाँ पर दाल-रोटी अपने गाँव से चलाते हैं लोग। हम अगर गाँव में रहते तो रोटी तो घर पर भी खाते। हमारे जो हिस्से का है, हम यहीं खाएँगे।

सुरेश चव्हाणके : क्योंकि खाने पर भी कुछ लोग कहते हैं कि यहाँ पर बादाम बँट रहा है, खजूर बँट रहे हैं तो मैं कहता हूँ, क्या गलत है?

राकेश टिकैत : बाँट रहा है यहाँ, जो जिसको बाँटना है।

सुरेश चव्हाणके : क्या गलत है? अगर कुछ राजनीतिक स्वार्थ क्यों न हो,

अगर किसानों को कोई बाँट रहा है, आपको नहीं कह रहा हूँ, मैं एक बात कह रहा हूँ, बाँट रहा है तो खाने दीजिए न! हमारा किसान भाई खाएगा तो क्या नुकसान है?

राकेश टिकैत : यहाँ आया तो नहीं कोई, अगर आ जाए तो कोई दिक्कत नहीं! भई, कांग्रेस वालों को एलीगेशन लगाते हैं कि कांग्रेसवाले, अब कैप्टन कांग्रेस का, वो कहे जी मेरे यहाँ आंदोलनवाले हैं।

सुरेश चव्हाणके : क्योंकि आप तो उनके खिलाफ बोलते नहीं हैं···

राकेश टिकैत : किनके खिलाफ?

सुरेश चव्हाणके : पंजाब सरकार के···

राकेश टिकैत : कानून पंजाब सरकार लेकर आई कि ये लेकर आए कानून तो···

सुरेश चव्हाणके : नहीं, चुनाव राज्य में आप जा रहे हैं तो आप केवल योगीजी के राज्य में जा रहे हैं। बीजेपी के राज्य में जा रहे हैं, लेकिन आप पंजाब में क्यों नहीं जाते?

राकेश टिकैत : पंजाब में भी जा रहे हैं, सब जगह जा रहे हैं। हम तो पूरे देश भर में जा रहे हैं। ऐसा नहीं! हम कर्नाटक गए। तमिलनाडु गए। हम अभी आंध्रा जाएँगे। अभी छत्तीसगढ़ जाएँगे। 28 तारीख को सब जगह जा रहे हैं।

सुरेश चव्हाणके : लेकिन आपका गुस्सा बीजेपी पर ज्यादा है?

राकेश टिकैत : सरकार जब इनकी है, कानून तो ये लेकर आए हैं न! कानून तो···बीजेपी की भी नहीं है सरकार···अगर सरकार बीजेपी की होती तो भी वह बातचीत कर लेती, सरकार तो मोदी की है और मोदी सरकार को बड़ी कंपनियाँ चलाती हैं। इसका आपको भी नहीं पता···

सुरेश चव्हाणके : आपको मोदीजी पर शक है?

राकेश टिकैत : पूरा शक है!

सुरेश चव्हाणके : हाँ, क्यों है?

राकेश टिकैत : पूरा शक है! देश का प्रधानमंत्री···कभी किसानों से बातचीत नहीं करी।

सुरेश चव्हाणके : किसान मतलब? टिकैतजी, ऐसा नहीं होता!

राकेश टिकैत : नहीं! नहीं! हम नहीं! न! न! न! वो और किसान बहुत हैं। कोई मसले हैं, आप बैठकर किसी भी सब्जेक्ट पर बातचीत नहीं करोगे, इन्होंने घोषणा-पत्र में नहीं कहा कि हम स्पेशल ट्रेन लेकर आएँगे और उसका परदा,

चद्दर, कंबल उतारकर उसके रेट भी बढ़ाएँगे। इन्होंने देश को बरबाद कर दिया। प्राइवेटाइजेशन कर-करके!

सुरेश चव्हाणके : मुझे क्या लगता है कि ये यहीं गड़बड़ हो जाती है। होता क्या है कि आप किसान आंदोलन में हैं…

राकेश टिकैत : हम उनके साथ हैं!

सुरेश चव्हाणके : देखिए, नहीं! नहीं! आप या तो अभी किसान बनकर आंदोलन करिए या तो कंज्यूमर बनकर करिए!

राकेश टिकैत : क्यों न करें हम?

सुरेश चव्हाणके : मेरा ये कहना है कि भाई, ट्रेन है, जिसको नहीं बैठना है, नहीं बैठेगा।

राकेश टिकैत : कहाँ जाएगा?

सुरेश चव्हाणके : जिसको महँगा लगता है?

राकेश टिकैत : कहाँ जाएगा?

सुरेश चव्हाणके : हम एक साथ दो भूमिका क्यों निभाएँ?

राकेश टिकैत : क्यों?

सुरेश चव्हाणके : अभी किसान की समस्या का समाधान हो, ऐसा मैं चाहता हूँ।

राकेश टिकैत : नहीं! नहीं! सारा समाधान साथ में होगा। साथ ही होगा।

सुरेश चव्हाणके : फिर तो आप राजनीति कर रहे हैं, ऐसा हो जाएगा…

राकेश टिकैत : राजनीति कहाँ कर रहे हैं? इलेक्शन लड़ रहे हैं क्या?

सुरेश चव्हाणके : नहीं लड़ेंगे?

राकेश टिकैत : न!

सुरेश चव्हाणके : परिवार से भी नहीं लड़ाएँगे?

राकेश टिकैत : परिवार, क्या पता भाई मुझे कौन कहाँ जाने लगे!

सुरेश चव्हाणके : अरे! आपका पूरा-पूरा कंट्रोल है।

राकेश टिकैत : अपनी जिम्मेदारी हम लेंगे कि हम इलेक्शन नहीं लड़ेंगे।

सुरेश चव्हाणके : मतलब परिवार का कोई लड़ सकता है?

राकेश टिकैत : हमें नहीं पता, परिवार का क्यों? हम कहाँ ये गारंटी ले लें।

सुरेश चव्हाणके : अच्छा, आपको क्या लड़ने में दिक्कत है? मतलब इसमें भी मेरा समर्थन है, आपको कि आप लड़िए न! किसानों का नेता कोई चुनाव लड़े,

जीते, मंत्री बने, मुख्यमंत्री बने, कुछ, क्या नुकसान है?

राकेश टिकैत : नहीं! नहीं! हम तो अपना आंदोलन चलाएँगे।

सुरेश चव्हाणके : ये किसान कब तक केवल राजनीतिक लोगों के नारे लगाता रहेगा?

राकेश टिकैत : नहीं! नहीं! किसी के नारे नहीं लगते यहाँ पर! यहाँ किसी के नारे नहीं लगते!

सुरेश चव्हाणके : विरोध में तो लगते हैं न! किसी के भले पक्ष में न लगें?

राकेश टिकैत : नहीं! नहीं! विरोध…

सुरेश चव्हाणके : लेकिन ऐसे नारे लगते हैं कि उसका फायदा किसी-न-किसी को हो ही जाता है।

राकेश टिकैत : नहीं! किसको? आप इशारा बताओ न, किसको फायदा हो जाता है?

सुरेश चव्हाणके : कांग्रेस को हो रहा है।

राकेश टिकैत : भाई, नारे भी सरकार बताएगी क्या?

सुरेश चव्हाणके : अब यू.पी. में आपने किसान की जो पंचायत की, उसका सेंट्रल आइडिया गन्ना था। मैं अभी आते समय गन्ने का रेट देख रहा था, जो पेमेंट देख रहा था तो अखिलेश सरकार ने चौदह से सत्रह तक सत्तावन हजार करोड़ का पेमेंट किया। योगी सरकार ने तो एक लाख बाईस हजार करोड़ का पेमेंट कर दिया।

राकेश टिकैत : बताओ, ये जो झूठे आँकड़े सबको दे दिए…

सुरेश चव्हाणके : ये आँकड़े झूठे हैं?

राकेश टिकैत : मैं बता रहा हूँ न! जिस-जिसने ये आँकड़े बताए हैं कि प्रेस को भी दे दिया और देश के प्रधानमंत्री से भी झूठ बुलवा दिया, उनको कम-से-कम दो-दो साल की सजा करवा दो।

सुरेश चव्हाणके : बिल्कुल दो नहीं, उनको आजीवन होना चाहिए, अगर ये आँकड़े सरकार के झूठे हैं तो आजीवन होना चाहिए, दो साल क्यों?

राकेश टिकैत : एक बात बता दो, योगी सरकार ने एक रुपया बढ़ाया नहीं। भाई, रुपया बढ़ेगा, तभी तो भुगतान ज्यादा होगा। जब रुपया बढ़ाया नहीं, भुगतान ज्यादा हो गया।

सुरेश चव्हाणके : जो बैकलॉक था, वो भी उन्होंने दिया। जो पिछला पेमेंट करना था।

राकेश टिकैत : नहीं, गलत है! गलत है! गलत चीज है, गलत चीज है! कुछ नहीं करा।

सुरेश चव्हाणके : आपका कहना है कि पैसे नहीं दिए?

राकेश टिकैत : गन्ना···गन्ना कानून ये कहता है, जो गन्ना एक्ट है कि चौदह दिन में गन्ने का भुगतान होगा, चौदह दिन में भुगतान ही नहीं···

सुरेश चव्हाणके : पिछली सरकार कितने दिन में करती थी?

राकेश टिकैत : चौदह दिन में भुगतान नहीं होगा तो उसपर टैक्स देंगे हम ये? पहलेवाली सरकारों में भी यही था। आजवाली सरकार में भी यही है।

सुरेश चव्हाणके : कानून था, दे कब रहे थे, मतलब अखिलेश सरकार कितने दिनों में दे रही थी? कानून तो चौदह का है?

राकेश टिकैत : वो इनसे पहले दे देती थी, मायावती कुछ उनसे और पहले दी, जितना लेट होता जा रहा है, वो सबसे लेट होता जा रहा है।

सुरेश चव्हाणके : वो इस सरकार में हुआ है।

राकेश टिकैत : इस सरकार में और लेट हो रहा है। अगलीवाली किसी की आएगी, वो और ज्यादा लेट करेगी तो वो एक अलग चीज है।

सुरेश चव्हाणके : चलिए, हम साथ में स्क्रीन पर ये आँकड़े भी चलाएँगे। सरकार क्या कहती है, जिससे कि हम दोनों लोगों को अपना पक्ष रखने का मौका दें, अब बात आती है कि फिर मैं वहीं आ रहा हूँ, किसान आंदोलन, किसान आंदोलन तक सीमित रहे, ये अच्छा है।

राकेश टिकैत : क्यों? हम कन्ज्यूमर नहीं हैं क्या?

सुरेश चव्हाणके : नहीं! नहीं! मतलब इसमें···अल्ला-हू-अकबर का नारा···

राकेश टिकैत : दूसरा भी बोल रहा है, अब क्या कहा जाए?

सुरेश चव्हाणके : हरहर महादेव! लेकिन ये दोनों एक समान नहीं हैं न?

राकेश टिकैत : क्यों नहीं हैं? ये देश के संविधान ने···

सुरेश चव्हाणके : अल्लाह-हू अकबर असंवैधानिक नारा है!

राकेश टिकैत : क्यों?

सुरेश चव्हाणके : 'सुदर्शन' पर नहीं लगता, क्योंकि अल्लाह-हू-अकबर का मतलब है अल्लाह ही सर्वश्रेष्ठ है। हम कहते हैं कि आप जय अल्लाह कहो। अल्लाहू अकबर, भाई! अल्लाह महादेव से बड़ा कैसे हो गया?

राकेश टिकैत : भाई! हमने ये कहा है···

सुरेश चव्हाणके : नहीं! आप मुझे ये बताइए, स्वर्ग से टिकैतजी देख रहे होंगे तो उनको भी महादेव से बड़ा अल्लाह लगेगा क्या?

राकेश टिकैत : ये कह रहे हैं कि देश के संविधान ने हमको धाराएँ दीं, जो कानून बनाया, उसमें कहा कि सब लोगों को पूजन पद्धति करने का सबका अधिकार है।

सुरेश चव्हाणके : ठीक है न! लेकिन अल्ला-हू-अकबर नहीं, हर-हर महादेव! और उसी बराबरी का अल्लाह का नारा लगे, कोई प्रॉब्लम नहीं!

राकेश टिकैत : वही तो लग रहा है न!

सुरेश चव्हाणके : जय अल्लाह कहिए न!

राकेश टिकैत : वही तो कह रहे हैं हम!

सुरेश चव्हाणके : नहीं, अल्लाह-हू-अकबर का मतलब डिक्शनरी जिंदा है, मुझे अल्लाह से दिक्कत नहीं है। अल्लाह सर्वश्रेष्ठ है, इससे मुझे दिक्कत है।

राकेश टिकैत : 'सुदर्शन' चैनल कम-से-कम पहली बार तो ये कहा कि हमें अल्लाह से एतराज नहीं है। आपने तो कभी भी कहा ही नहीं!

सुरेश चव्हाणके : नहीं, कभी भी नहीं! मैं मतलब जो लोग मेरे दर्शक हैं, यहाँ पर देख रहे हैं, हमें अल्लाह से क्या मतलब है···

राकेश टिकैत : सब धर्म उसमें एक हैं। इसमें भी एक हो जाएगा, क्या दिक्कत है?

सुरेश चव्हाणके : ईशू भी सही! हमें किसी एक को सर्वश्रेष्ठ कहने में दिक्कत थी! है! और सबके सामने कह रहा हूँ कि महादेव से बड़ा कोई नहीं हो सकता!

राकेश टिकैत : बड़ा कोई नहीं है। कोई नहीं हो सकता! मैं तो उसी का भक्त हूँ। ये पहनता हूँ मैं···

सुरेश चव्हाणके : और उसका आपको उलटा नुकसान है क्या?

राकेश टिकैत : नहीं! ये है··· *(माला दिखाते रहे)*

सुरेश चव्हाणके : कौन सी है?

राकेश टिकैत : रुद्राक्ष पहनता हूँ, ॐ का है।

सुरेश चव्हाणके : नहीं! मैं ये देख रहा था कि चाँदी है? सोना है?

राकेश टिकैत : अरे, चाँदी है। ये देखिए! ये देखिए!

सुरेश चव्हाणके : हा-हा-हा! देखिए! देखिए! देखिए! ॐ पहन रहे हैं ! अच्छा ये है। ओम में त्रिशूल है क्या?

राकेश टिकैत : सब है, सब चीज है!

सुरेश चव्हाणके : क्रॉस है क्या? त्रिशूल है, त्रिशूल है?

राकेश टिकैत : ॐ में क्रॉस कैसे पा जाइएगा?

सुरेश चव्हाणके : नहीं! आप तो मिला सकते हैं, क्योंकि आपने तो दोनों को एक ला दिया है।

राकेश टिकैत : नहीं···नहीं···ऐसा नहीं है।

सुरेश चव्हाणके : नहीं! हमारी इसपर आपत्ति है और खुली आपत्ति है। हम तो कुछ···

राकेश टिकैत : आपकी हो सकती है आपत्ति!

सुरेश चव्हाणके : नहीं! बाकी को भी होनी चाहिए। नहीं, आप ये मानते हैं न कि महादेव से बड़ा कोई नहीं है?

राकेश टिकैत : उससे बड़ा कोई नहीं है।

सुरेश चव्हाणके : अच्छा, हम ये भी नहीं कह रहे हैं कि अल्लाह से बड़ा किसी को कहो; हमारा ये कहना है कि महादेव से बड़ा कोई नहीं है···

राकेश टिकैत : महादेव से बड़ा कोई नहीं है!

सुरेश चव्हाणके : तो फिर नारा चेंज करिए न, अल्लाह-हू-अकबर नहीं चाहिए।

राकेश टिकैत : नारा चेंज···ये नारा पिछले 35 साल से लगता है···

सुरेश चव्हाणके : गलत···गलती चली आ रही है तो क्यों आगे बढ़ाएँ?

राकेश टिकैत : ये नारा रुटीन में लग रहा है, पिछले 35 साल से लगभग।

सुरेश चव्हाणके : हाँ, आजतक आपको कोई ऐसा मिला नहीं, जो आपको इसका अर्थ बताए। अभी मैंने अर्थ बता दिया।

राकेश टिकैत : भाई! अर्थ आपने जरूर पढ़ा होगा। सारी चीजें पढ़ी होंगी तो आप बता रहे हो!

सुरेश चव्हाणके : नहीं! ये तो हमारा विषय···आप जानते ही हैं···इसलिए ये···मैं चाहता हूँ कि ये आप अगले सभा में अल्लाह जय कहें। चलेगा? अल्लाह-हू-अकबर न कहें। इससे आपका नुकसान भी हो गया। कई लोग, जो आपके साथी हैं, वो हमको कह रहे हैं, जैसे आज मैंने ट्वीट किया कि मैं आपका इंटरव्यू करने

जा रहा हूँ तो आपके संगठन के लोगों ने कहा, सुरेशजी, क्योंकि आप तो टिकैतजी से प्यार से बात करते हैं, हमको पता है तो उनको जरूर बताइएगा कि अल्लाह-हू-अकबर अगले मंच पर न लगे···देखिए, यहाँ पर भी कई लोग मुंडी हिला रहे हैं।

राकेश टिकैत : ये, ये नारे टिकैत साहब के टाइम पर लगते थे। हम देश को जोड़ने का काम करते हैं।

सुरेश चव्हाणके : हाँ! लेकिन टिकैत साहब ज्यादा होशियारी करते थे। आपमें कई गुण नहीं आए हैं, टिकैत साहब के। देखिए टिकैत साहब एक तरफ अल्लाह-हू-अकबर का नारा लगाते होंगे, लेकिन दूसरी तरफ अगर किसी जाट की बेटी को किसी ने हाथ लगाया तो फिर छोड़ते भी नहीं थे!

राकेश टिकैत : नहीं! वो तो आज भी है। कोई किसी की बेटी, किसी की लड़की को क्यों छेड़ देगा कोई।

सुरेश चव्हाणके : तो आज आप···वैसे तो किसी को भी नहीं लगाना चाहिए।

राकेश टिकैत : क्यों कर देगा?

सुरेश चव्हाणके : क्योंकि प्रायरिटी में किसकी लड़की को पकड़ना है, किसमें हैं?

राकेश टिकैत : न! न! नहीं! नहीं! देखो, हमको संविधान ने देश ने राइट दिया है। प्रॉयर्टी नहीं! लड़कियाँ-बेटी सब बराबर हैं!

सुरेश चव्हाणके : नहीं! वहाँ रेट है न, जाट की लड़की सात लाख, जैन की लड़की···हाँ-हाँ!

राकेश टिकैत : नहीं! नहीं! ऐसा नहीं है।

सुरेश चव्हाणके : लव जिहाद में रेट ही है।

राकेश टिकैत : नहीं! नहीं! ये गलत बात है।

सुरेश चव्हाणके : अच्छा छोड़ दीजिए, कोई बात नहीं! हम सहमति की बात कर रहे हैं। ऐसे व्यक्ति को छोड़ दीजिए!

राकेश टिकैत : नहीं! नहीं! ये गलत बात है, बेटी बेटी होती है···

सुरेश चव्हाणके : मेरा ये कहना है कि क्या जो शौर्य, पराक्रम और जो चीजें आपने 13 में दिखाई थीं, मैं नहीं कहता कि दंगे दोबारा होने चाहिए, लेकिन पुनः ऐसे किसी हमारी बहन के साथ कोई ऐसा करे तो राकेश टिकैतजी का वही रूप पुनः दिखाई देना चाहिए या हमें ऐसे बात नहीं···

राकेश टिकैत : नहीं तो क्यों करेगा कोई किसी लड़की के साथ···

सुरेश चव्हाणके : अगर करे तो?

राकेश टिकैत : भाई! वहाँ पर नईमा का आंदोलन हो, उस लड़की का अपहरण हो गया, वहाँ नईमा का। एक 89 में वहाँ चालीस दिन तक आंदोलन चला। लड़कियाँ किसी जाति को···

सुरेश चव्हाणके : नहीं, मुसलमान लड़की का भी नहीं हों···

राकेश टिकैत : नहीं गलत! गलत चीज है! आप गलत लाइन पर ले जाना चाह रहे हो! नहीं जाएगा। ये देश, यहाँ पर लड़कियाँ, बहू-बेटी सबकी बराबर हैं, वो किसी भी जाति-धर्म की हों और हमको खाप पंचायत में ये सिखाया है। हम तो जाते भी हैं, अगर हमारे गाँव की, वो किसी भी जाति की लड़की हो, उसकी ससुराल कहीं पर हो, जब हम जाते हैं तो हम उसको दो रुपए पाँच रुपए जब बारात में कहीं जाते थे या किसी गाँव में जाते हैं, आज भी हम देकर आते हैं।

सुरेश चव्हाणके : देखिए, हम भी शिवाजी महाराज के वंशज हैं। शिवाजी महाराज के पास किसी ने गलती से लड़की लाई थी, उन्होंने क्या कहा, ये सिर्फ हमारी माँ होनी चाहिए।

राकेश टिकैत : बेटियाँ तो बेटियाँ, शिवाजी महाराज का सिसौली से डायरेक्ट संबंध था।

सुरेश चव्हाणके : ठीक है बिल्कुल! और इसलिए हम आपसे बात कर रहे हैं।

राकेश टिकैत : हमारा परिवार का संबंध था पूरा!

सुरेश चव्हाणके : बिल्कुल! बिल्कुल! देखिए, खाप पंचायत के विरोध में सारे चैनल हैं। आप जानते हैं, लेकिन खाप पंचायत के समर्थन में किसी ने शो किया होगा तो मैंने किया है, क्योंकि हमारी पुरानी व्यवस्था है।

राकेश टिकैत : पुरानी व्यवस्था है।

सुरेश चव्हाणके : और ये व्यवस्था खत्म हो, ऐसा विदेशी शक्तियाँ चाहती हैं। वो शक्तियाँ आपके कंधे का उपयोग फिर हमारे खिलाफ न करें, ये न हो बस!

राकेश टिकैत : कहाँ हैं ये? एक-आध किसी को भेज दियो। इंतजार कर रहे हैं हम भी! इनपर चड्ढी करेंगे, आप भेज तो दो एक बार···

सुरेश चव्हाणके : ये राइट टाइम है!

राकेश टिकैत : आप भेज तो देओ उनको···

सुरेश चव्हाणके : उनसे लेना चाहिए, उनका उपयोग नहीं होना चाहिए, बस!

राकेश टिकैत : भेज देओ उनको, आ नहीं रहा कोई। यहाँ पर कोई नहीं आता!

सुरेश चव्हाणके : नहीं! लोगों को क्या लगता है कि आपका ट्विटर अकाउंट वेरीफाइड हो गया, उसपर इतने लोग आ रहे हैं!

राकेश टिकैत : भइया, पता तो हमें वो भी नहीं!

सुरेश चव्हाणके : वही न! आपको पता नहीं कौन आपका ट्विटर हैंडल चलाता है! ये ज्यादा डेंजर है। वो नहीं होना चाहिए। वो आपको चलाना चाहिए। आपका स्टाफ चलाए तो कोई बात नहीं, लेकिन अगर दूसरा चला रहा है तो ये तो गलत है। उसने वेरीफाइड भी करवा दिया।

राकेश टिकैत : ऐसा कुछ नहीं है, कोई भी वो होती है वो पूरी पोस्ट हमको बताते हैं। ये हैं, उसको हम फिर बदलते हैं कि इसपर क्या डालना है आपको!

सुरेश चव्हाणके : अच्छा, अब यू.पी. चुनाव की तरफ आते हैं, क्योंकि···

राकेश टिकैत : हाँ, चुनाव हैं, ये तो ठीक है!

सुरेश चव्हाणके : क्योंकि आप यू.पी. से हैं और यू.पी. में इतनी बड़ी बात हो रही है, योगीजी का क्या होगा? योगीजी को क्या टिकैतजी हराएँगे? ऐसा लोगों के पास प्रश्न है। क्या फॉर्मूला है? क्या नाराजगी है?

राकेश टिकैत : योगीजी से क्या नाराजगी है हमारी? हम तो उनका प्रमोशन चाह रहे हैं। वे प्रधानमंत्री बनें।

सुरेश चव्हाणके : आप चाहते हैं कि वो प्रधानमंत्री बनें?

राकेश टिकैत : हाँ! हाँ! क्यों नहीं चाहते हैं? भाई, सबसे ज्यादा सीटें यहाँ पर हैं तो प्रधानमंत्री बनें!

सुरेश चव्हाणके : लेकिन आप स्टेट में हराते हैं तो प्रधानमंत्री कैसे बनेंगे?

राकेश टिकैत : बाईस में!

सुरेश चव्हाणके : बाईस में जितवाएँगे तभी तो!

राकेश टिकैत : इनको तो, इनको तो···राष्ट्रपति बना दो।

सुरेश चव्हाणके : किनको?

राकेश टिकैत : मोदीजी को···

सुरेश चव्हाणके : हाँ!

राकेश टिकैत : और उनको प्रधानमंत्री बना दो बाईस में। दोनों का काम हो जाएगा।

सुरेश चव्हाणके : अच्छा यहाँ सी.एम. कौन बन जाए?

राकेश टिकैत : बन जाएगा यहाँ कोई, सी.एम. की लड़ाई क्यों लड़ें योगीजी? अब तो बड़े हो गए…

सुरेश चव्हाणके : नहीं! नहीं! नहीं! तो उस केस में आप बीजेपी में आकर सी.एम. बनेंगे?

राकेश टिकैत : हम नहीं बनते! हमें कहीं नहीं जाना! हमारे भरोसे कोई न रहे…

सुरेश चव्हाणके : क्यों? क्यों? हा-हा-हा!

राकेश टिकैत : हम कहीं नहीं जाते! योगी क्यों नहीं बनने चाहिए?

सुरेश चव्हाणके : नहीं, क्या है देखिए, ऐसा लोग मानते हैं। अच्छा हम भी अभी उत्तर प्रदेश में 17 साल से रह रहे हैं कि उत्तर प्रदेश में योगीजी ने कुछ तो अच्छा किया है। ऐसा नहीं कि सबकुछ अच्छा किया है। चलिए, कोई बात नहीं, 100 प्रतिशत कोई सहमत नहीं होता। कुछ तो अच्छा किया होगा?

राकेश टिकैत : हाँ! कर ही रहे हैं। अपने-अपने तरीके से सब अच्छा ही करे जाएँ।

सुरेश चव्हाणके : ये बहुत सावधानी से उत्तर दे रहे हैं!

राकेश टिकैत : नहीं! नहीं! हम ये कह रहे हैं कि सब अपने तरीके से…

सुरेश चव्हाणके : यहाँ राजनीति मत रखिए न!

राकेश टिकैत : नहीं! राजनीति नहीं है…

सुरेश चव्हाणके : किसान जैसे एकदम शुद्ध मन का होता है…

राकेश टिकैत : नहीं! नहीं! शुद्ध मन के हैं…

सुरेश चव्हाणके : आप कहिए, हाँ, कई चीजें योगीजी ने अच्छी की हैं।

राकेश टिकैत : क्या करी हैं योगीजी ने वो बताओ आप तो उसका जवाब दूँ मैं।

सुरेश चव्हाणके : तो मतलब कुछ भी नहीं किया? ऐसा आप कहना चाहते हैं?

राकेश टिकैत : उन्होंने करा क्या है? देखो, बिजली के रेट सबसे महँगे हैं उत्तर प्रदेश में। गन्ने का हमने तो कहा कि योगीजी को…

सुरेश चव्हाणके : ये जो गद्दारों को एनकाउंटर कर-करके ऊपर भेज रहे हैं, ये कोई कम काम है? ये बहुत बड़ा काम है। कई लोग सहमत होंगे। इससे ये अच्छा काम है।

राकेश टिकैत : ये बड़ा काम है। नहीं! नहीं! ठीक है, जो काम कर रहे हैं तो उसको कौन मने कर रहा है। देखिए, हमने ये कहा कि योगीजी को अगर नंबर एक पर आना है किसानों के उसमें तो गन्ने का वे पिचासी रुपए से ऊपर बढ़ाएँगे तो वे नंबर एक पर आएँगे। चालीस रुपए से ऊपर बढ़ाएँगे तो नंबर दो पर आएँगे। चालीस रुपए से नीचे जाएँगे तो नंबर तीन पर जाएँगे। अभी तो वे जीरो पर हैं तो अपना···। फैसला अपने आप उनको करना है।

सुरेश चव्हाणके : अभी फैसला दो-तीन-चार दिन में होनेवाला है।

राकेश टिकैत : चालीस के आसपास उम्मीद है कि बढ़ाएँगे तो वे बीच में लटकना चाहेंगे···

सुरेश चव्हाणके : तो अगर थोड़ा ज्यादा बढ़ाएँगे तो···

राकेश टिकैत : वे अगर अस्सी से ऊपर जाएँगे तो हम कहेंगे कि योगीजी ने भई अखिलेश और···

सुरेश चव्हाणके : तो आप प्रचार करेंगे?

राकेश टिकैत : हम तो कह देंगे···

सुरेश चव्हाणके : योगीजी का प्रचार करेंगे?

राकेश टिकैत : हम तो कह देंगे। हमें कहने में कोई दिक्कत नहीं है। निशंक इनका मुख्यमंत्री था। उसने उत्तर प्रदेश से दस रुपए गन्ने का रेट ज्यादा रखा तो टिकैत साहब हमेशा कहते रहे, भाई, निशंक ठीक करेगा काम भी। योगीजी ठीक करेंगे तो कह देंगे।

सुरेश चव्हाणके : नहीं! नहीं! रेट पर तो मैं आपके साथ हूँ। रेट पर तो मैं आपके साथ हूँ।

राकेश टिकैत : अल्लाह, वो जो गन्ने का मामला है, आलू का जो किसान है वो···

सुरेश चव्हाणके : देखिए आप, आलू कहते समय अल्लाह मुँह में आया। हा! हा! ये गड़बड़ है। ये गड़बड़ है। ऐसा होता है। देखिए अब आलू कहने के लिए भी अल्लाह मुँह में आ रहा है।

राकेश टिकैत : जो आलू का किसान है, वो बरबाद है और जो दूसरी फसलें किसान उगाता है, वो भी बरबाद है। इसमें भ्रष्टाचार यहाँ पर बहुत हो गया। योगीजी

को अपनी मॉनीटरिंग करनी चाहिए वहाँ पर कि उनके नाम पर उनके ही नेता, बीजेपी के विधायक कुछ तो जो उनके सिपहसालार हैं, वे अकेले रामपुर का एक डाटा हमने उनको सरकार को दिया। ग्यारह हजार लोगों के फर्जी एकाउंट बनाए। उनके नाम से सस्ते में फसलें खरीदी और महँगे में बेची। जो धान वहाँ पर पैदा भी नहीं होता, बिहार में पैदा होता है।

सुरेश चव्हाणके : फिर इसपे क्या हुआ ?

राकेश टिकैत : उसपर हुआ कुछ नहीं है अभी।

सुरेश चव्हाणके : ये तो कार्रवाई होनी चाहिए।

राकेश टिकैत : बिल्कुल होनी चाहिए।

सुरेश चव्हाणके : मैं आपके पक्ष में हूँ। आप मुझे इसके कागजात दीजिए। हम योगीजी को कहेंगे कि ये कागजात हैं। इसपर कार्रवाई क्यों नहीं ? अगर ऐसा है तो कार्रवाई होनी चाहिए।

राकेश टिकैत : है, बड़ा घपला है !

सुरेश चव्हाणके : देखिए, कोई गलत चीज के समर्थन का कोई कारण नहीं लेकिन मेरा कहना है कि केवल राजनीतिक कारणों से विरोध, ये नहीं होना चाहिए बस !

राकेश टिकैत : नहीं ! नहीं ! ये, ये हम राजनीति नहीं करते, हम तो राजनीति करते ही नहीं।

सुरेश चव्हाणके : नहीं ! आप करिए न राजनीति। करना किसको बंद है ? लोकतंत्र तो सबको छूट देता है। तो अब क्योंकि यू.पी. की बात हो रही है और यू.पी. में ओवैसी की भी एंट्री हो गई है···

राकेश टिकैत : ओवैसी तो जहाँ-जहाँ बीजेपीवाले जाते हैं, जहाँ-जहाँ चुनाव है, वो तो इनका गठबंधन है। आपस में ये गाँव के लोग कहते हैं। सबको पता है कि ओवैसी जो है, बीजेपी का चाचूजान है। ये गाँव के लोग कहते हैं।

सुरेश चव्हाणके : मैं तो कहता हूँ, आप उसके भी चाचूजान हैं !

राकेश टिकैत : मैं तो, हाँ ! हाँ ! न ! न ! न !

सुरेश चव्हाणके : क्यों नहीं हैं ? हम नहीं !

सुरेश चव्हाणके : वो तो उसकी ये तीसरी पीढ़ी है। इसके पहले तो हिंदू ही था। उस हिसाब से तो टिकैत उसके चाचा हुए। आपके पैर छूने चाहिए उसे।

राकेश टिकैत : देखो, जो बीजेपी का चाचूजान है, वो और क्यों सम्मान न दें ?

सुरेश चव्हाणके : अच्छा चलो! अच्छा चलो!

राकेश टिकैत : भाई वो…

सुरेश चव्हाणके : मैं कहता हूँ, राजनीति जो भी हो, रिश्ते में तो उसके आप चाचा लगते हैं कि नहीं?

राकेश टिकैत : हम तो लगें, क्या लगें, हमें तो खुद पता ही नहीं।

सुरेश चव्हाणके : अरे, आपके तो पैर पड़ना चाहिए।

राकेश टिकैत : वो बीजेपी का चाचूजान है। उसको वही तो चीज ठीक लग रही थी न? किसी को जो शब्द ठीक लगे, उसके बारे में वो कहना चाहिए।

सुरेश चव्हाणके : आपको डर है कि कहीं अल्लाह-हू-अकबर से जो मुसलमान आपके पास आना चाहिए था, वो ओवैसी के पास जा रहा है।

राकेश टिकैत : नहीं! नहीं! नहीं! हमें कोई डर नहीं है। हमें क्या है कि इलेक्शन लड़ना है? जिसको जहाँ जाना है, वो चला जाए। हमें कोई इलेक्शन नहीं लड़ना है!

(इंटरव्यू के बीच में कुत्ते के आने पर…)

सुरेश चव्हाणके : ये देखिए, मैं जहाँ भी इंटरव्यू करता हूँ, वहाँ पर ओवैसी आ जाता है। ये देखिए, ओवैसी आ गया। मेरे हर इंटरव्यू में ओवैसी की एंट्री… आप कोई भी 'चलते -चलते' देखिए जैसे उसका नाम आ जाता है…हालाँकि ये इनकी बदनामी है। मैं इन दोनों से माफी माँगता हूँ, क्योंकि ये ईमानदार होते हैं। यहाँ आना तो सूअर भी चाहिए था, लेकिन अब वो कुत्ते आ गए…

राकेश टिकैत : वो तो वफादार होते हैं। ये…

सुरेश चव्हाणके : ये वफादार होते हैं!

राकेश टिकैत : पहरेदार होते हैं ये!

सुरेश चव्हाणके : इसलिए मेरा ये कहना है कि ओवैसी का तो जमकर विरोध करिए न! क्यों नहीं करना चाहिए?

राकेश टिकैत : हमें क्या मतलब है किसी का विरोध करूँ? उससे…

सुरेश चव्हाणके : लेकिन आप मान रहे हैं न, आप उसके चाचाजान हैं?

राकेश टिकैत : हम नहीं मान रहे। बीजेपी का चाचाजान है वो…

सुरेश चव्हाणके : वो तो, उन दोनों का जो होगा…

राकेश टिकैत : उनका होगा, हमारा क्या रिश्ता है उनसे?

सुरेश चव्हाणके : वो भी तीसरी पीढ़ी का मुसलमान है तो इस हिसाब से आप उसके चाचा हुए न?

राकेश टिकैत : यहाँ पर भी बहुत हुए न! जो उससे कनवर्ट हुए हैं, बहुत हैं यहाँ पर। आप पहचानोगे थोड़े उनको! बहुत हैं, यहीं मिलेंगे आपको!

सुरेश चव्हाणके : तो उनकी भी घर वापसी कराएँगे। अच्छा है, ये सब एक संस्कृति में रहेंगे तो!

राकेश टिकैत : अगर ये इस काम पे काम कर देते तो कोई दिक्कत थोड़े थी!

सुरेश चव्हाणके : तो अभी भी करेंगे, हम मिलकर करेंगे।

राकेश टिकैत : करो! करो!

सुरेश चव्हाणके : घर वापसी आने दो, क्या नुकसान है, अगर कोई आदमी गया है तो आ भी तो सकता है न?

राकेश टिकैत : बिल्कुल! बिल्कुल!

सुरेश चव्हाणके : क्या नुकसान है?

राकेश टिकैत : कोई नुकसान नहीं होगा।

सुरेश चव्हाणके : अगर अभी जो भी कारणों से मतभेद है, वो खत्म हो जाएँगे।

राकेश टिकैत : बिल्कुल खत्म हो जाएँगे।

सुरेश चव्हाणके : तो फिर जरूरी नहीं कि आपको हरी टोपी पहननी पड़े।

राकेश टिकैत : हरी टोपी! हरी टोपी तो किसान का काम करती है।

सुरेश चव्हाणके : अच्छा!

राकेश टिकैत : ये किसान का है, ये? इससे कोई धार्मिक नहीं है ये।

सुरेश चव्हाणके : हाँ!

राकेश टिकैत : ये धार्मिक नहीं है। ये किसान का है।

सुरेश चव्हाणके : लेकिन इस एरिया को, जो हरित प्रदेश बनाने की माँग थी, टिकैत साहब की, उसको तो अब लोग हरा किसानोंवाला नहीं इस्लामवाला हरा मान रहे हैं।

राकेश टिकैत : नहीं! नहीं! वो नहीं! इस्लाम का जो कलर है, वो गहरा हरा है।

सुरेश चव्हाणके : और आपका फैंट है···

राकेश टिकैत : ये तो हलका···

सुरेश चव्हाणके : तो थोड़े कम कट्टर मुसलमान हैं आप?

राकेश टिकैत : नहीं! नहीं! वो नहीं है। हम क्यों कट्टर होंगे?

सुरेश चव्हाणके : हा-हा-हा! नहीं आप कह रहे हैं···

राकेश टिकैत : जातियाँ और धर्म हमारे संगठन में नहीं हैं।

सुरेश चव्हाणके : नहीं! धर्म तो एक ही है। बाकी तो मजहब है···

राकेश टिकैत : मजहब है···

सुरेश चव्हाणके : हाँ, इस देश के जितने भी चिंतक रहे वो सबने कहा है कि गाँव जब तक रामराज्य नहीं बनेगा, तब तक देश रामराज्य नहीं बनेगा!

राकेश टिकैत : नहीं! नहीं बन सकता···

सुरेश चव्हाणके : रामराज्य पर तो आप सहमत हैं न! या उसमें भी कुछ अल्लाह वगैरह कुछ शब्द निकालेंगे?

राकेश टिकैत : हाँ! हाँ! आपने बिल्कुल ठीक बात कही। हमारा जन्म स्थल जो है, वो अयोध्या है।

सुरेश चव्हाणके : अच्छा, तो राम भक्त हैं आप?

राकेश टिकैत : रामभक्त नहीं! राम हमारे परिवार के थे।

सुरेश चव्हाणके : अच्छा!

राकेश टिकैत : हाँ, राम हमारे परिवार के थे। राम रघुवंशी थे। हम भी रघुवंशी हैं तो हमारा तो जन्मस्थल ही अयोध्या है। हमारा राम, राम था! हम जब भी सुबह उठते थे तो हम राम-राम करते थे। हल जोतते थे तो ले राम का नाम, ये जो कुछ पार्टियाँ आईं बीच में, इन्होंने जै श्रीराम कर दिया!

सुरेश चव्हाणके : नहीं तो, उन्होंने ये कब कहा कि राम-राम मत कहिए। जिसको जै श्री राम कहना है, वो कहिए।

राकेश टिकैत : ऐं हाँ···

सुरेश चव्हाणके : जिसको सीता मैया कहना है, वो कहिए!

राकेश टिकैत : इन्होंने बदल दिया। इन्होंने बदल दिया। इन्होंने तो हमारे घर में ही झगड़ा करवा दिया।

सुरेश चव्हाणके : क्या?

राकेश टिकैत : भाई! अब हमारे जो पशु हैं, वो राम-राम को जानते थे। वे लें राम का नाम, अब उसमें वे कहें कि ले जय श्री राम का नाम, वो भूल जाएँ चक्का घूम जाता है, वो ही···

सुरेश चव्हाणके : नहीं, क्यों कहते हैं आप? आप कहिए राम! राम! राम! राम क्या और जय श्रीराम क्या!

राकेश टिकैत : इसमें घपला है।

सुरेश चव्हाणके : इसमें कुछ लोग जो हैं, पॉलिटिकलाइज करना चाहते हैं। हम राम के नाम को, आप हम या कोई भी हिंदू राम के नाम को पॉलिटिकलाइज नहीं कर सकता।

राकेश टिकैत : नहीं बदल सकता और नहीं करना चाहिए।

सुरेश चव्हाणके : राम-राम कहिए, राम-राम ही सही!

राकेश टिकैत : हम तो कह ही रहे हैं वही! ये जय श्रीराम कहते हैं। हमने कहा जी, जो पुरानी परंपरा चल रही है, उसको मत बिगाड़ो।

सुरेश चव्हाणके : ठीक है, ये कोई बात नहीं! बिगाड़ना नहीं! जय लगाना और ये बिगाड़ना नहीं है! जय लगा दिया। जय कर दिया···

राकेश टिकैत : हमारा जो गाँव का वो है, वो आज भी पूर्ण रूप से परंपरा ये है कि आपस में राम-राम करते हैं!

सुरेश चव्हाणके : आपके इसमें पूरी माँगों में गाँव विकसित हों ग्रामीण विकास के मुद्दे क्यों नहीं हैं?

राकेश टिकैत : नहीं! नहीं! सब हैं।

सुरेश चव्हाणके : क्यों नहीं गाँव ज्यादा समृद्ध हों? गाँव में क्यों नहीं सारा इंफ्रास्ट्रक्चर पहुँचे? और अगर वो पहुँचाना चाह रहा है तो उसके लिए थोड़ा खर्चा ज्यादा करना पड़ेगा तो आप आपत्ति ले रहे हैं, क्योंकि सरकार तो इंफ्रास्ट्रक्चर कर नहीं सकती। मैं अगर वहाँ लगाने जाता हूँ तो आप विरोध करेंगे।

राकेश टिकैत : कोई विरोध नहीं करेगा।

सुरेश चव्हाणके : क्यों? तो फिर विरोध केवल अडानी और अंबानी का ही क्यों?

राकेश टिकैत : नहीं! नहीं! अडाणी-अंबानी का नहीं है। हमारा ये है कि सस्ते में किसान मजबूत कैसे होगा? किसान मजबूत ऐसे होगा, जब उसकी फसलें ठीक बिकेंगी, जब उसको दूध का रेट ठीक मिलेगा। जब होगा ये नहीं कि आप बाहर की कंपनी बुलाकर दूध को पूरा बरबाद करोगे। दूध के किसान को उसका जो वेजिटेबल्स का किसान है, उसको भी लाभकारी होगा।

सुरेश चव्हाणके : दूध में मिलावट हो रही है!

राकेश टिकैत : उसको पकड़ो!

सुरेश चव्हाणके : हाँ!

राकेश टिकैत : ये तो मॉनीटरिंग करने की जरूरत है। दूध की कोई मिलावट कर रहा है तो पकड़ो। उसको सजा का प्रावधान होना चाहिए। उसके कौन पक्ष में

है ? जभी तो दूध के किसान को भाव नहीं मिल रहा कि ये मिलावट होती है, उसको पकड़ती नहीं···

सुरेश चव्हाणके : नहीं ! मैंने कहा न, भाव पे हम आपके साथ हैं, बल्कि मैं ये कहता हूँ कि शुद्ध दूध हर बच्चे का अधिकार है और वो अधिकार होना चाहिए।

राकेश टिकैत : अधिकार है ! अधिकार है ! दूध, फ्रूट सब उसका अधिकार है। यहाँ पर वेस्टेज बहुत होती है ।

सुरेश चव्हाणके : तो कोई गाँव के विकास का मॉडल बनाया है क्या कि ऐसा गाँव होना चाहिए ? बिल्कुल गाँव के विकास का मॉडल है !

सुरेश चव्हाणके : मेरा कहने का मतलब ये है कि क्यों नहीं आप अभी जो भी चुनाव हो रहे हैं, उन राज्यों में जाकर अपना एक घोषणा-पत्र देते कि ये हमारी माँग है, जो पार्टी इसमें अपने घोषणा-पत्र को जोड़ना चाहे, जोड़े।

राकेश टिकैत : हम तो कह रहे हैं कि घोषणा-पत्र सारी पार्टी जाए। न कि हम गाँव का विकास करेंगे। हम हॉस्पिटल देंगे। हम सड़कें देंगे। हम स्कूल देंगे। तो बनाए न ये अपने घोषणा-पत्र में ! डाल दे, लेकिन घोषणा-पत्र में कुछ डालते हैं, काम कुछ करते हैं ! भाई, इन्होंने कहाँ कहा कि हम रेल बेंचेंगे। हम ये जो···

सुरेश चव्हाणके : कौन सी रेल बेची ? कौन सी रेल बेची ?

राकेश टिकैत : सारी बेच दी !

सुरेश चव्हाणके : कौन सी एक बताइए ? एक नाम ?

राकेश टिकैत : ये सारे को···

सुरेश चव्हाणके : देखिए, किसी को स्टेशन चलाने को कुछ वर्ष देना बेचना नहीं होता।

राकेश टिकैत : तो लालकिले का क्या हुआ ?

सुरेश चव्हाणके : नहीं ! कोई वो थोड़े बेचा है, अगर इस सरकार ने कोई संपत्ति बेची होती तो आपसे पहले मैं खड़ा होता, ये भरोसा है न आपको, है कि नहीं भरोसा··· ?

राकेश टिकैत : बैंकिंग भी इन्होंने बेच दिए।

सुरेश चव्हाणके : नहीं, इसको मोनिटाइजेशन कहते हैं। इसको कहते हैं कि अभी-अभी यहाँ पर ये जो जगह, ये है अगर कोई ये कहे कि यहाँ पर ढाई सौ-तीन सौ किसान रह रहे हैं तो ये किसान कुछ खाते हैं ! कुछ पीते हैं ! इन चीजों का इतना लॉस है। इसलिए इस जगह की साफ-सफाई भी आप करो, लाइट भी आप लगाओ और यहाँ दुकान भी आप लगाओ तो क्या नुकसान है ?

राकेश टिकैत : अभी तो फिर आप ये भी कहोगे कि जो एन.एच.ए. हैं, वो एक कानून ले आए न कि एन.एच.ए. के पास कोई भी अब कॉमर्शियल एक्टिविटी नहीं होगी।

सुरेश चव्हाणके : क्यों नहीं होगी?

राकेश टिकैत : ये ले आए न कानून!

सुरेश चव्हाणके : क्या नुकसान है?

राकेश टिकैत : ये कानून ले आए न! उसका भी आप विरोध करो न! पाँच सौ मीटर···

सुरेश चव्हाणके : बिल्कुल हाँ···बिल्कुल···ये अधूरी जानकारी है आपकी!

राकेश टिकैत : नहीं-नहीं!

सुरेश चव्हाणके : उलटा गडकरीजी ने हमारे इंटरव्यू में ये कहा था कि हाइवे के बगल में बड़े-बड़े हब बनेंगे कॉमर्शियल, जिससे किसानों का जो माल है, वो हाइवे की कनेक्टिविटी के पास में आए और किसान अपनी कंपनी बनाकर वहाँ पर अपना गोदाम बना सकता है तो क्यों नहीं बनाता? देखिए, मैं महाराष्ट्र से आता हूँ, आप जानते हैं। हमारे यहाँ पर कॉपरेटिव मोमेंट बहुत पुराना है और वहाँ पर किसानों के बड़े-बड़े गोडाउन हैं। शुगर मिल किसानों की हैं। सक्सेस चल रहे हैं तो आप क्यों नहीं चलाते?

राकेश टिकैत : कौन से किसान की शुगर मिल है?

सुरेश चव्हाणके : महाराष्ट्र में है न!

राकेश टिकैत : क्या रेट मिल रहा है वहाँ पर?

सुरेश चव्हाणके : यहाँ से तो अच्छा ही है।

राकेश टिकैत : नहीं! नहीं! कहाँ है यहाँ से अच्छा?

सुरेश चव्हाणके : सब जगह है।

राकेश टिकैत : बताओ आप महाराष्ट्र में कहाँ है?

सुरेश चव्हाणके : पूरे महाराष्ट्र में!

राकेश टिकैत : 170 और 80 रुपए तक मिला है वहाँ उनको रेट।

सुरेश चव्हाणके : और यहाँ क्या है?

राकेश टिकैत : जो दूसरा, दूसरी किस्त आएगी, फिर तीसरी आएगी···

सुरेश चव्हाणके : नहीं, तो यहाँ कितना है?

राकेश किटैत : यहाँ पर जो सरकारें देती हैं, जो कि 325 रुपया है।

सुरेश चव्हाणके : तो फिर तो डबल है आपको!

राकेश टिकैत : नहीं! नहीं! मैं ये कह रहा हूँ कि वहाँ का भी नुकसान है।

सुरेश चव्हाणके : जब महाराष्ट्र के किसान से यहाँ डबल पैसे मिल रहे हैं तो फिर महाराष्ट्रवालों को कहना चाहिए कि यू.पी. जैसा रेट दे दो।

राकेश टिकैत : बहुत से स्टेट में⋯

सुरेश चव्हाणके : ये जानकारी तो मुझे भी नहीं थी। तो इसका मतलब तो आपको महाराष्ट्र से डबल पैसा मिल रहा है।

राकेश टिकैत : मैं ये कह रहा हूँ कि कर्नाटक, आंध्र प्रदेश, तमिलनाडु, जो ये स्टेट हैं, इनको दो सौ अस्सी रुपए के आसपास मिलता है। यहाँ पर जो कुछ इस साइड के हैं, वहाँ पर ये बढ़ाकर देते हैं। यहाँ पर स्टेट गवर्नमेंट देती है।

सुरेश चव्हाणके : यानी यू.पी. साढ़े तीन सौ दे रही है आपको?

राकेश टिकैत : अभी नहीं दे रही है। अभी तीन सौ पच्चीस रुपए हैं।

सुरेश चव्हाणके : चलो, सवा तीन सौ रुपए दे रहे हैं तो महाराष्ट्र में एक सौ सत्तर है और यहाँ सवा तीन सौ। योगी का तो धन्यवाद करना चाहिए।

राकेश टिकैत : वहाँ पर 280 है।

सुरेश चव्हाणके : फिर भी ज्यादा है।

राकेश टिकैत : कई⋯कई⋯

सुरेश चव्हाणके : फिर भी ज्यादा है टिकैतजी⋯कितना ज्यादा है!

राकेश टिकैत : ये कह रहा कि देना चाहिए न उनको?

सुरेश चव्हाणके : हाँ!

राकेश टिकैत : हम तो सबके लिए कह रहे हैं कि मिलना चाहिए, अब स्टेट की पॉलिसी उन्होंने इस तरह की बना रखी है, सरकार ने, यहाँ तो गन्ने की⋯ जो भी मुख्यमंत्री आया, उससे तो कुछ-न-कुछ बढ़वाते हैं यहाँ पे। वही तो कह रहे हैं कि मायावती ने अस्सी रुपए बढ़ाया अपने कार्यकाल में, अखिलेश यादव ने करीब चालीस-पैंतालीस रुपए बढ़ाए। योगीजी अभी जीरो पर हैं, फिर उनको भी तो बढ़ाना चाहिए न?

सुरेश चव्हाणके : मैं तो कह रहा हूँ न! अभी बढ़ेंगे⋯मैं आया हूँ न!

राकेश टिकैत : हाँ, तो बढ़ाओ!

सुरेश चव्हाणके : और अगर ज्यादा बढ़ेंगे तो आप योगी का प्रचार करेंगे, ये भी आपने कहा है।

राकेश टिकैत : जोन से नंबर पर आएँगे, हम उनको उसी नंबर पर देंगे⋯

सुरेश चव्हाणके : मतलब अगर उन्होंने पचास से ऊपर किया तो उनका

इक्यावन परसेंट से ज्यादा हो गया न!

राकेश टिकैत : दूसरे नंबर पर आएँगे!···नहीं-नहीं, उनका दूसरे नंबर पर आएगा···

सुरेश चव्हाणके : आप संकोच कर रहे हैं योगीजी का समर्थन करने में। क्या संन्यासी आदमी हैं, देखिए, योगीजी कोई अपने बाल-बच्चों के लिए तो···

राकेश टिकैत : अरे भई, हमने कहा तो कि प्रधानमंत्री बनें और क्या सपोर्ट चाहिए?

सुरेश चव्हाणके : वो कहना कोई अलोकतांत्रिक तो नहीं है?

राकेश टिकैत : नहीं! नहीं! ऐसा तो नहीं है। बनेंगे···

सुरेश चव्हाणके : कई लोग जानते हैं कि मोदीजी नाराज होंगे या अमित शाह। ऐसा कुछ नहीं है वो तो राजनीति है। ये सब चीजें चलती रहती हैं, लेकिन आप योगीजी के नाम पर संकोच क्यों कर रहे हैं?

राकेश टिकैत : नहीं! नही! ऐसा नहीं है। हम संकोच क्यों करेंगे? हम···

सुरेश चव्हाणके : हमारा जाट भाई तो भगवा कपड़ा देखने के बाद एकदम से प्रणाम करता है।

राकेश टिकैत : नहीं, जब वो मंदिर में रहते हैं, तब वहाँ तो वे मुख्यमंत्री हैं।

सुरेश चव्हाणके : क्यों नहीं बने वे?

राकेश टिकैत : वहाँ भगवा कपड़ा···

सुरेश चव्हाणके : खुद संन्यासी ही राजा बन जाए, इससे अच्छी बात क्या हो सकती है? यह तो सबसे आदर्श बात है।

राकेश टिकैत : नहीं, हम कहाँ मना कर रहे। बन तो रहे वे···

हाँ, राकेश टिकैत-भाई योगीजी बन तो रहे हैं, लेकिन जो मसले होंगे, वो तो समाधान उनको ही करना होगा, मुख्यमंत्रीजी को।

सुरेश चव्हाणके : क्योंकि मैने तय किया था कि हम एक सीरीज ऑफ इंटरव्यू करेंगे, जिसका ये पहला एपिसोड है, अब हम आपने जो-जो बातें उठाईं, हम सरकार के पास लेकर जाएँगे। सरकार का पक्ष स्क्रीन पर आँकड़ों में भी चलाएँगे। कुछ वीडियो में भी लाएँगे और हमारा प्रयास ये है कि हम एक ऐसी कॉन्फ्रेंस करें, जिसमें जैसे आपने कहा कि हम मध्यस्थता करें। हम सरकार और आपको एक मंच पर लाकर इसका समाधान कर देते हैं।

राकेश टिकैत : नहीं! नहीं! कर दो समाधान। हमारे जो मसले हैं, करवाओ न! क्या दस साल पुराना ट्रैक्टर बंद होना चाहिए देश में?

सुरेश चव्हाणके : नहीं होना चाहिए।

राकेश टिकैत : एन.जी.टी. ने बंद कर दिया।

सुरेश चव्हाणके : नहीं बंद होना चाहिए। सरकार ने भी कहा कि नहीं होना चाहिए। सरकार ने पॉलिसी लाई न···देखिए, ये क्या है कि ये अफवाहों की बात है।

राकेश टिकैत : नहीं! नहीं! अफवाह नहीं! अच्छा मैं करवाता हूँ कि ये ट्रैक्टर है और आप इसको ट्रांसफर करवा दो, किसी के नाम उसका हो जाएगा, दस साल पुराना ट्रैक्टर!

सुरेश चव्हाणके : ठीक है, अगर नहीं हो रहा है तो मैं कह रहा हूँ कि कानून बनाएँगे न!

राकेश टिकैत : नहीं, कानून बने न!

सुरेश चव्हाणके : अगर कुछ गलत है, देखिए, लेकिन उसके लिए सबकुछ बंद नहीं होना चाहिए।

राकेश टिकैत : अच्छा, सरकार मानेगी कैसे? वो रास्ता हमको भी बता दो! कौन सी प्यार की भाषा हम सरकार को बतावें कि वो मान जाएँ? हम प्यार से ही तो बात कर रहे हैं?

सुरेश चव्हाणके : जैसे, जैसे मेरे से कर रहे हैं, ऐसी बात करिए न!

राकेश टिकैत : ऐसे ही तो कर रहे हैं न!

सुरेश चव्हाणके : आप तो सरकार के सामने एकदम ऐंठ जाते हैं।

राकेश टिकैत : आपने देखा, ये जो कैसे दीवार बना दी, कँटीले तारों की दीवार, वो भी देख लो एक बार जरा···

सुरेश चव्हाणके : नहीं! आपके कंधे पर कोई देशद्रोही गद्दार इस देश के दुश्मन दुरुपयोग न करें। करते हैं न! घुसते नहीं क्या लोग आंदोलनों में?

राकेश टिकैत : नहीं! नहीं!

सुरेश चव्हाणके : आंदोलनों में घुसते नहीं क्या?

राकेश टिकैत : घुसेगा तो उसकी जिम्मेदारी है। घुसेगा तो उसका इलाज होगा।

सुरेश चव्हाणके : वो आपकी भी जिम्मेवारी है···

राकेश टिकैत : हमारे बीच में कोई घुसेगा तो उसका इलाज करेंगे न···

सुरेश चव्हाणके : लेकिन नहीं करते न! कुछ खालिस्तान के नारे लगे। खालिस्तानवाले आपके मंच पर आ गए।

राकेश टिकैत : नहीं! नहीं! कब कहाँ आ गए? उनको पकड़ो! कौन हैं?

सुरेश चव्हाणके : नहीं आने चाहिए! आपका भी काम है ये न!

राकेश टिकैत : उनको ये शब्द किसने दिया? 'खालिस्तानी' शब्द दिया है। सरकार ने···पाकिस्तानी शब्द सरकार ने दिया। क्या सरदार कौम अगर है तो खालिस्तानी है।

सुरेश चव्हाणके : नहीं, सवाल ही नहीं!

राकेश टिकैत : क्या मुस्लिम हैं तो!

सुरेश चव्हाणके : कुछ परसेंट खालिस्तानी हो सकते हैं, तो सरदार तो इस देश की शान हैं। महान हैं! सम्मान है! इसमें कोई दो राय नहीं!

राकेश टिकैत : जिस दिन देश को 2014 में···2007 में गेहूँ की जरूरत थी, प्रधानमंत्री मनमोहन सिंह थे, उन्होंने बड़े टिकैत साहब को बुलवाया, उनके साथ में दो लोग और थे। पंजाब से भी अजमेर सिंह लखोवाल थे। युद्धवीर सिंह भी थे। उन्होंने कहा कि देश में गेहूँ की कमी है। बाहर से गेहूँ मँगा रहे हैं, वो करीब 70 मिनट की मुलाकात हुई और आज चौदह साल हो गए, देश में एक किलो गेहूँ भी बाहर से नहीं आया। उन्होंने पॉलिसी बनाई। इस पर भारत सरकार को चाहिए कि चमकीली कोठियों में बैठकर के पॉलिसी नहीं बनती, जब तक ग्राउंड रिपोर्ट आपके पास में नहीं होगी।

सुरेश चव्हाणके : आप दीजिए न! हम देते हैं! देखिए, अब ये चमकीली कोठी है न! ये लगाने की क्या जरूरत है?

राकेश टिकैत : क्या लगाएँ?

सुरेश चव्हाणके : आज तक जिसने ये चमकीली कोठी की बात की है न, वो उसमें जाकर और चमक गया। कई मुख्यमंत्री थे, जिन्होंने कहा था, हम सरकारी कोठी नहीं लेंगे। बाद में ले ली।

राकेश टिकैत : न! ना! वो तो दोनों चीजें होती हैं न जहाँ पर···!

सुरेश चव्हाणके : ये तो जो आपका तंज है न! ये तंज के कारण लोगों को लगता है कि आपके इरादे पर शक होता है।

राकेश टिकैत : नहीं! नहीं! नहीं! हमारा वो नहीं है।

सुरेश चव्हाणके : भाई! हमारे प्रधामनमंत्री की कोठी क्यों न चमके? मैं ये कहता हूँ कि अमेरिका के राष्ट्रपति से अच्छा हमारा क्यों न हो?

राकेश टिकैत : नहीं, बनने तो लग रहे हैं न!

सुरेश चव्हाणके : हाँ तो, हो, क्यों न हो?

राकेश टिकैत : उसमें गाँवों की भी मिट्टी लग जाए न! इसमें क्या दिक्कत है?

सुरेश चव्हाणके : क्यों न हो? बिल्कुल लगनी चाहिए!

राकेश टिकैत : गाँव की मिट्टी!

सुरेश चव्हाणके : लोग कहते हैं, टिकैतजी के पास सैकड़ों करोड़ रुपए हैं। मैं कहता हूँ, क्यों न हों?

राकेश टिकैत : मेरे पास तो लाखों करोड़ रुपया है।

सुरेश चव्हाणके : मैं तो कहता हूँ, होने चाहिए।

राकेश टिकैत : ये गाँव के किसानों की प्रॉपर्टियाँ भी हमारी हैं।

सुरेश चव्हाणके : हिंदुस्थान के हर किसान को इतना अमीर होना चाहिए। क्या नुकसान है? उसमें तो तंज मत कसिए।

राकेश टिकैत : मजबूत होना चाहिए···ये किसान को चाहते हैं कि किसान तो फटेहाल में रहे।

सुरेश चव्हाणके : तंज मत कसिए। मेरा कहना है कि आपका फॉर्मूला, जो आपने चावलवाला फॉर्मूला दिया। क्यों नहीं हम धानवाला फॉर्मूला, हर एक फॉर्मूले को सरकार को देते? सरकार मतलब कौन है? हम ही तो हैं। आप और हम ही हैं, तो क्यों नहीं हम फॉर्मूला देते?

राकेश टिकैत : देखो, सरकार जब बैठकर बातचीत करेगी तो उसके मसलों का समाधान होगा।

सुरेश चव्हाणके : क्या ये बात किस्तों में हो सकती है?

राकेश टिकैत : बिल्कुल हो सकती है।

सुरेश चव्हाणके : एक-एक मुद्दे पर हो सकती है।

राकेश टिकैत : हमने कहा, उनको सरकारों को···सरकारों को कहा है कि तीन कानूनों पर बात नहीं हो रही है तो आप एम.एस.पी. पर बात कर लो। नहीं तो वो कह रहे हैं कि पहले तीन कानूनों पर बात होगी, तब एम.एस.पी. पर होगी।

सुरेश चव्हाणके : अच्छा, अब इस इंटरव्यू से आप क्योंकि हम इसलिए अंदर आ गए कि हमारा कैमरामैन थोड़ा ये दिखवाए···! ये देखिए, भाई! यहाँ पूरा गाँव बन गया है और इसको किसान क्रांति गेट कहते हैं। यहाँ यू.पी. और···

राकेश टिकैत : यहाँ पर 2018 में, यहाँ पर ही संघर्ष हुआ था पहला! ये वही गेट है, ये 2018 में हुआ···

सुरेश चव्हाणके : इसलिए हम अंदर आकर आपसे यहाँ बात कर रहे हैं

कि लोगों को थोड़ा-थोड़ा लेकर चलिए, थोड़ा उधर तक जाएँगे। जरा दिखाइए, ये चौधरी महेंद्र सिंहजी का भी थोड़ा फोटो दिखाइए! भाई, ये देखिए भाई, ये सबसे बड़े नेता थे। आप इनके भाई हैं। नरेशजी, थोड़े लोग ऐसा कहते हैं कि नरेशजी बीजेपी के प्रति सॉफ्ट हैं, आपकी तुलना में!

राकेश टिकैत : नहीं! सरकार अगर काम करेगी, हम सौ···

सुरेश चव्हाणके : नहीं, आ जाइए, लोगों ने मुझे कहा कि आप राकेश टिकैतजी के इंटरव्यू के बजाय नरेशजी का लीजिए···

राकेश टिकैत : नहीं! नहीं! हमारा ये है कि सरकार अगर कोई भी गलत कार्य करे···

सुरेश चव्हाणके : नहीं! नहीं! वो राजनीतिक नहीं है। ऐसा लोग कहते हैं!

राकेश टिकैत : नहीं, हम भी राजनीतिक नहीं हैं। सब एक ही हैं। सबका काम करें। हम किसी सरकार, किसी पार्टी से नहीं हैं, हम वो नहीं हैं, हमने तो बार-बार कहा है कि अगर बीजेपी की सरकार होती तो वह जरूर बातचीत करती। उनके वे जो बड़े नेता हैं, वे कहाँ हैं आजकल? उनका तो एक बार···

सुरेश चव्हाणके : उनका तो ये इंटरनल मैटर है न! हमको क्या फर्क पड़ता है न!

राकेश टिकैत : क्यों नहीं?

सुरेश चव्हाणके : उनकी पार्टी आडवाणी चलाएँ, मोदी चलाएँ, अमित शाह चलाएँ, हमको क्या मतलब है?

राकेश टिकैत : वे हमारे बीच में आते थे। उन्होंने हमसे वादा किया था।

सुरेश चव्हाणके : आप बीजेपी के सदस्य हैं? हैं क्या? नहीं! नहीं! एक मिनट, आप हैं क्या?

राकेश टिकैत : न!

सुरेश चव्हाणके : मैं भी नहीं हूँ।

राकेश टिकैत : न!

सुरेश चव्हाणके : तो उनका मुखिया कौन हो? बीजेपीवाले चिंता करें न, हम क्यों करें।

राकेश टिकैत : वे जब विपक्ष में थे तो हमारे बीच में आते थे, प्लेटफॉर्म पर हमारे, वे हमसे वादा करके गए थे।

सुरेश चव्हाणके : हमने तो हर प्लेटफॉर्म पर आपको लिया है···कि नहीं लिया है?

राकेश टिकैत : हमने कहा है कि…

सुरेश चव्हाणके : देखिए, मोदी सरकार के चार साल के प्लेटफॉर्म पर सबसे ज्यादा प्रश्न बीजेपी के सबसे बड़े मंत्री से आपने पूछे थे ताज होटल में! आपको याद होगा। तो हम तो हैं ही और हमारी भी इसपर कोई आपत्ति नहीं है कि आप फाइव स्टार होटल में हो, लोग फोटो निकालते हैं कि राकेश टिकैतजी फाइव स्टार होटल में बैठ गए।

राकेश टिकैत : नहीं! नहीं! वो वहाँ का, जयपुर का राजाराम मीर का घर है वो।

सुरेश चव्हाणके : मैं कह रहा हूँ तो कह रहा हूँ कि आप ताज होटल में, फाइव स्टार होटल में जाएँ, इसमें क्या नुकसान है? मुझे कोई आपत्ति नहीं है और आप बिल्कुल संकोच करते हैं।

राकेश टिकैत : नहीं! नहीं! जो जहाँ रुकाएगा, हम वहीं जाएँगे न!

सुरेश चव्हाणके : हाँ, तो इसमें कोई आप क्यों डिफेंस में आ जाते हैं?

राकेश टिकैत : नहीं-नहीं! हम नहीं आते!

सुरेश चव्हाणके : आप स्वीकार करिए, न मेरा फोटो है। मत कहिए वो फोटोशॉप है।

राकेश टिकैत : नहीं! नहीं! ये नहीं कहा!

सुरेश चव्हाणके : फोटो शॉप नहीं, ओरिजनल फोटो है।

राकेश टिकैत : नहीं! नहीं! ये नहीं कहा कि वो फोटोशॉप है। हमने कहा कि हमारा फोटो है। जयपुर का है। राजाराम मीर का घर था वो, वहाँ का है वो।

सुरेश चव्हाणके : तो कुल मिलाकर आज के इंटरव्यू में समापन हम इसपर कर रहे हैं कि चर्चा होनी चाहिए।

राकेश टिकैत : जी, बिल्कुल होनी चाहिए।

सुरेश चव्हाणके : फॉर्मूले देने चाहिए और जो फॉर्मूले दिए जाएँगे, उसकी चर्चा में अपना कोई ईगो नहीं होना चाहिए।

राकेश टिकैत : न! न! कोई नहीं!

सुरेश चव्हाणके : न सरकार का होना चाहिए!

राकेश टिकैत : अरे भाई! हमने ये कहा है, आप जो मंत्री वहाँ पे आते हैं, आप उनको फुल फ्लैश पॉवर देकर भेजो, फैसला हो जाएगा।

सुरेश चव्हाणके : अच्छा अगर मंत्रियों के नाम बदल दें?

राकेश टिकैत : नहीं! नाम बदलने से नहीं!

सुरेश चव्हाणके : अच्छा, आपको उसमें कोई दिक्कत नहीं है?

राकेश टिकैत : कोई दिक्कत नहीं है!

सुरेश चव्हाणके : तोमरजी तो अच्छे आदमी हैं!

राकेश टिकैत : बिल्कुल ठीक आदमी हैं। अगर उनको ये कह दें कि तोमरजी, आपको ये मामला निपटाना है तो तोमरजी निपटा देंगे, अगर उनको पावर दे दो, अब उनके भी हाथ में तो कुछ है नहीं, हाथ सबके बाँध रखे हैं इन्होंने!

सुरेश चव्हाणके : तो अच्छा है न! ऐसा पी.एम. चाहिए। किसी को नहीं छोड़ रहा है। गलत काम आप भी करेंगे, तो आपको भी नहीं छोड़ेगा।

राकेश टिकैत : हम तो गलत करते ही नहीं!

सुरेश चव्हाणके : नहीं! नहीं! अच्छा है, अगर ऐसा है तो क्या नुकसान है? देखिए, मुझे क्या लगता है कि नॉन ईश्यू को ईश्यू न बनाएँ। बीजेपी का अध्यक्ष कौन है, हमें क्या फर्क पड़ता है? उनका नेता कौन है? हमें अपना काम होना चाहिए।

राकेश टिकैत : हमारे पास में आते थे वे पहले, जब वे विपक्ष में थे। अच्छी-अच्छी बात करते थे। ऑर्गेनिक पर बात करते थे। सब चीजों पर बात करते थे, जब उनकी सरकार आ गई तो वे गायब हो गए, अब उनको तलाश कर रहे हैं कि वे कहाँ हैं!

सुरेश चव्हाणके : बिल्कुल! अब हम आपके साथ इन सारे मुद्दों पर सरकार से काम करवाएँगे। हाँ, आप उसमें बगैर राजनीति, बगैर ईगो किसी दूसरे का हस्तक्षेप नहीं करेंगे!

राकेश टिकैत : नहीं! नहीं! हमारा कोई ईगो नहीं है। कोई ईगो नहीं है।

सुरेश चव्हाणके : अब आप इस कैमरे पर वचन दे रहे हैं!

राकेश टिकैत : हमारा कोई ईगो नहीं है। हमारा ये है कि हमारी फसलों के दाम मिलें। सरकार जो हमारे मसले हैं, उसको शांतिपूर्ण तरीके से बैठकर के बातचीत करे।

सुरेश चव्हाणके : और कार्यक्रम के आखिर में जिसपर हमारी बड़ी चर्चा हुई, आप अल्लाह-हू-अकबर के बजाय जय अल्लाह! बुलवाएँ...

राकेश टिकैत : ये संविधान ने हमको जो राइट दे रखे हैं, वो नारा लगता रहेगा...

सुरेश चव्हाणके : आप हिंदू को नाराज कर रहे हैं न!

राकेश टिकैत : हिंदू क्यों नाराज होगा हमारे से?

सुरेश चव्हाणके : फिर महादेव छोटा हो जाता है?

राकेश टिकैत : महादेव छोटा हो ही नहीं सकता! महादेव कैसे छोटा हो सकता है?

सुरेश चव्हाणके : तो क्या फर्क पड़ रहा है? यही, यही गड़बड़ है!

राकेश टिकैत : जब महादेव कैसे छोटा… ?

सुरेश चव्हाणके : जब आप…आपको पता नहीं था तो आपने बोलना छोड़ दिया, लेकिन आज पता चला कि अल्लाह-हू-अकबर का मतलब अल्ला ही सर्वश्रेष्ठ है, आपको आज पता चला…

राकेश टिकैत : महादेव सर्वश्रेष्ठ हैं…

सुरेश चव्हाणके : नहीं! नहीं! मैं कह रहा हूँ, जब आपको आज पता चला तो फिर आपको क्या हर्ज है?

राकेश टिकैत : महादेव सर्वश्रेष्ठ हैं!

सुरेश चव्हाणके : अल्लाह-हू-अकबर में बदलाव करिए, क्या हर्ज है?

राकेश टिकैत : इसका किसी पंडित से पूछेंगे कि क्या है इसमें?

सुरेश चव्हाणके : नहीं! नहीं! महादेव तो सर्वश्रेष्ठ हैं ही! क्या हर्ज है ऐसा कहने में?

राकेश टिकैत : नहीं! नहीं! क्यों जब सर्वश्रेष्ठ महादेव हैं तो हर्ज क्यों नहीं है?

सुरेश चव्हाणके : चलिए आप ये कह रहे हैं कि अल्लाह नहीं, महादेव सर्वश्रेष्ठ हैं!

राकेश टिकैत : महादेव ही सर्वश्रेष्ठ हैं!

सुरेश चव्हाणके : चलिए, हर-हर महादेव! हर-हर महादेव, हर-हर महादेव! (अल्लाह-हू-अकबर! अल्लाह-हू-अकबर! के भी नारे लगने लगते हैं) अल्लाह-हू-अकबर! नहीं चलेगा। अल्लाह-हू-अकबर! नहीं चलेगा। ये गलत है। ये गलत है। अल्लाह-हू-अकबर! हर-हर महादेव! अच्छा-अच्छा एक मिनट, एक मिनट, ये नारे मुसलमान लगा नहीं रहे हैं न! मुसलमान कहाँ हर-हर महादेव कह रहा है? अच्छा-अच्छा, एक मिनट-एक मिनट कोई मुसलमान है यहाँ पर? कोई मुसलमान है यहाँ पर?

राकेश टिकैत : अरे रुको! एक मिनट सुनो! एक मिनट सुनो!

सुरेश चव्हाणके : जाट हिंदू ही है न?

अन्य : हम रघुवंशी हैं!

राकेश टिकैत : अच्छा, नाम पूछ लो क्या-क्या हैं?

अन्य : मेरा नाम चौधरी शाहिद वालियान है, पूरे मुजफ्फरनगर से हूँ।

राकेश टिकैत : ··· और ये मुजफ्फरनगर से हैं।

सुरेश चव्हाणके : अच्छा आप राम के वंशज हैं?

अन्य : मेरा नाम नूर मोहम्मद है, मुस्लिम जाट हूँ और रामजी का बिल्कुल पक्का अनुयायी हूँ और रघुवंशी हूँ।

सुरेश चव्हाणके : अच्छा-अच्छा! एक मिनट-एक मिनट, बड़ा अच्छा हो गया कि यहाँ कोई एक मुसलमान चाहिए। एक मिनट, एक मिनट, एक मिनट···

राकेश टिकैत : ये रघुवंशी हैं! राम के वंशज हैं!

सुरेश चव्हाणके : बहुत अच्छी बात कही। सारे मुसलमान ऐसा कहें तो समस्या का समाधान हो जाए!

अन्य : सब यही कह रहे हैं, लेकिन आपको पसंद नहीं आ रही है यह बात। आपको दिक्कत है इसमें?

सुरेश चव्हाणके : मुझे अल्लाह-हू-अकबर में दिक्कत है।

अन्य : अल्लाह और राम एक ही तो हैं। वो···वो एक ही हैं। अल्लाह! खुदा! राम! सब एक ही हैं।

सुरेश चव्हाणके : एक मिनट, एक मिनट, एक मिनट···ठीक है, एक मिनट, इतनी अच्छी चर्चा हुई है। इनको पूछ लेते हैं अल्लाह-हू-अकबर का मतलब! अल्लाह ही सर्वश्रेष्ठ है। यही तो होता है न! यही होता है तो क्यों ऐसा हो?

अन्य : अल्लाह-भगवान् से बड़ा है कोई क्या?

सुरेश चव्हाणके : हाँ, तो आप ये कहिए न कि महादेव! आप···आप, ये अपने ही लोग हैं न! चलिए, ये रामवंश को माननेवाले हैं। एक मिनट, एक मिनट आप कह रहे हैं कि अल्लाह-हू-अकबर का मतलब अल्लाह ही सर्वश्रेष्ठ होता है तो फिर महादेव क्यों? महादेव क्यों?

अन्य : अल्लाह! महादेव! भगवान्! सब एक ही तो हैं।

सुरेश चव्हाणके : अच्छा!

सुरेश चव्हाणके : अच्छा! एक मिनट, एक मिनट, एक मिनट···

राकेश टिकैत : सुन लो! जो जिस जाति में है, उसको लगता है कि ये जाति सबसे ऊँचे में है। हमने ये कहा कि गाँव के लोगों को, जो लोग गाँव में खेती करते हैं। शहर के लोग जो बड़ी-बड़ी कोठियों में रहते हैं, अगर गाँव के आदमी के हाथ

में मिट्टी लगी चली जाए तो उसके लिए कहने लगेंगे कि गाँव का आदमी है भाई, बगल को करो!

सुरेश चव्हाणके : नहीं! वो मूर्ख है, ऐसा जो कहेगा। वो गधा है। देखिए किसान का सम्मान सर्वश्रेष्ठ है। इसमें कोई दो राय नहीं। हमारा सिर्फ एक मुद्दा है कि किसी एक को बड़ा क्यों कह दें? दूसरा, ये किसान आंदोलन है, इसमें धार्मिक नारे लगाए, क्यों?

राकेश टिकैत : बढ़िया मीटिंग हुई। आप अपने मामले को निपटाओ, अगर सरकार आपकी बात माने!

सुरेश चव्हाणके : तो आप तैयार हैं कि हम मध्यस्थता करें?

राकेश टिकैत : हम ये कह रहे हैं कि कंडीशनल···सरकार कंडीशनल बात करना चाहती है। कंडीशनल बात न! किसान झुककर जाएगा न! बात करेगा···

सुरेश चव्हाणके : बिल्कुल!

राकेश टिकैत : जो भी, जो भी बात होगी, मकान के अंदर करो बात! पहले ही पर्चा लीक कर दिया तो पर्चा आउट हो जाता है वो···

सुरेश चव्हाणके : नहीं होना चाहिए!

राकेश टिकैत : जो भी बात करनी है, सरकार आकर बात करे!

सुरेश चव्हाणके : तो आज हम इस मुद्दे पर समापन करते हैं कि 'सुदर्शन' एक पहल करेगा कि सरकार और किसान एक मंच पर आएँ। जिन बातों पर सहमति हो सकती है, बगैर ईगो के हो और किसान की बात मानी जाए और किसान हित में निर्णय हो। किसी नेता के हठ पर निर्णय नहीं हो। कोई परदे के पीछे न हो। न उधर से हो, न इधर से हो। आमने-सामने हो तो जय जवान! जय किसान! राकेश टिकैत···

सुरेश चव्हाणके : अभी छोड़िए, न आपके समर्थक, नहीं! नहीं!

राकेश टिकैत : अभी जवान हैं! हम ही किसान हैं।

सुरेश चव्हाणके : नहीं! नहीं! हम भी हैं न!

राकेश टिकैत : भाई, देश के नौजवानों का नारा लगना चाहिए!

सुरेश चव्हाणके : हाँ, बिल्कुल लगना चाहिए।

राकेश टिकैत : इनकी भी तनख्वाह कम है। इनकी टीचर के बराबर तनख्वाह लगवाओ।

सुरेश चव्हाणके : बिल्कुल, बिल्कुल! सबकी लगनी चाहिए। पैरामिलिट्री

और पुलिस की जो तनख्वाह है, वो आर्मी के बराबर हो, ये हमारी माँग है। 'सुदर्शन' तो इस मुद्दे में है।

आप जानते हैं कि 'सुदर्शन' पर रोज रात आठ बजे मैं आकर ये कहता हूँ कि खाने से पहले किसान को याद करो। आपने कुछ देना नहीं है उसको। बस याद करो। अच्छा लगेगा! और आपको दस बजे आकर मैं कहता हूँ कि सोने से पहले जवान को याद करो। उसको अच्छा लगेगा और आप भी चैन की नींद सोएँगे। तो हमने सोचा कि जब इतनी सारी बातें हो रही हैं तो फिर क्यों पीछे रहें, हम भी चर्चा में आएँ!

राकेश टिकैत : आप आए, आपका धन्यवाद! आप दस महीने में···आप तो आते रहो यहाँ···

सुरेश चव्हाणके : नहीं, हमारी पूरी टीम आती थी। हमारी टीम आती थी कि नहीं?

राकेश टिकैत : नहीं, आती थी! सब आते थे। चलो, दूध पियो!

सुरेश चव्हाणके : हाँ, जरूर पिएँगे और सबके साथ फोटो भी खींचेंगे। आप भी धन्यवाद करिए, हम भी धन्यवाद करते हैं सब!

राकेश टिकैत : सभी का धन्यवाद! अच्छी बहस हुई और ये बहस पूरे देश में जानी चाहिए। एक सकारात्मक बहस ये हुई और आपका धन्यवाद कि आप यहाँ पर आए और आपकी समस्त टीम को और समस्त पत्रकार बंधु को धन्यवाद! जय हिंद! जय भारत!

सुरेश चव्हाणके : हम कहीं पर जाते हैं, हम कहीं भी जाते हैं न तो किसी के यहाँ पानी नहीं पीते। हमारा सिद्धांत है, जिसका इंटरव्यू लेने जाते हैं, लेकिन हम आज आपके यहाँ दूध पीकर जाएँगे!

राकेश टिकैत : ये हमारा थोड़ी न है!

□□□